民生时代：
政府转型与治理体系建设实践

主　编　郑敬高

中国海洋大学出版社
·青岛·

图书在版编目（CIP）数据

民生时代：政府转型与治理体系建设实践/郑敬高主编.—青岛：中国海洋大学出版社,2014.5
ISBN 978-7-5670-0613-3

Ⅰ.①民… Ⅱ.①郑… Ⅲ.①人民生活－研究－中国 Ⅳ.① D669.3

中国版本图书馆 CIP 数据核字（2014）第 092468 号

出版发行	中国海洋大学出版社		
社　　址	青岛市香港东路 23 号	邮政编码	266071
出 版 人	杨立敏		
网　　址	http://www.ouc-press.com		
电子信箱	20634473@qq.com		
订购电话	0532-82032573（传真）		
责任编辑	郑雪姣	电　　话	0532-85901092
印　　制	日照日报印务中心		
版　　次	2014 年 5 月第 1 版		
印　　次	2014 年 5 月第 1 次印刷		
成品尺寸	170 mm × 230 mm		
印　　张	25.625		
字　　数	500 千		
定　　价	58.00 元		

序

在一次座谈会上,讨论起当前我国政府建设的理念,身为公务员的曾经的同学们七嘴八舌地提出了一大堆名词、概念。一些词汇显然已经过时了,如"威权政府"或"权威政府";有些应该摈弃的概念如"集权政府""全能政府"也被翻捡了出来。当然,这些只是个别人不经意间提出的错误、不合时宜的概念,绝大多数人都没有把它们当作先进的政府理念来信仰和追求,没有必要在这里浪费篇幅去辨析。大家感兴趣的是如下一些流行的、时髦的词汇:法治政府、电子政府(网上政府)、阳光政府(透明政府)、高绩效政府、服务型政府、民主政府、公共政府、责任政府、诚信政府(有公信力的政府)、回应型政府、有限政府、自治政府、廉洁政府、廉价政府、创新型政府等。这些词汇在一定意义上显示出当前我们在政府建设中追新求变的倾向。但是,随着讨论的深入可以发现,许多人对这些概念的内涵不甚了解,对于它们之间的相互关系也存在主次不清、整体把握不够的情况。

转型时期,我们究竟应该有怎样的政府建设理念?下面提出几个值得特别关注的概念加以申述,是以为序。

一、服务型政府

关于"服务型政府"的理念,我国当前的学术文献已经有比较充分的讨论,在党政部门的公共文件中也已是一个常用概念,但对这一概念的理解和使用仍然存在一些问题。

许多人认为这不是一个新概念,"为人民服务"是党和政府的宗旨,作为中国社会的主流话语至少已经存在了60年。"三个代表"重要思想就是对服务型政府的最好诠释。的确,如果从政权性质和行动终极目标来看,政府的所有工作都是为人服务的,但是需要我们进一步思考的是:在此语境下为什么还要再谈服务型政府的建设呢?

从日常词汇出发,我们不能把政府管制直接说成是服务,对食品生产企业的监管不是对企业的服务,而是对食品消费者的服务;同样,不能把政府收税叫作服务,将税收财政转化为对民生事务的支持才叫作服务。经济生活中有第一产业、第二产业、第三产业的划分,政府的行为如果立足于服务,那么它的职能定位就应该主要局限于类似服务业的活动。

当然,把政府工作简单地等同于社会的服务业也是不对的。建设服务型政府并不意味着政府没有"服务"以外的其他活动要做,而只是说要有与狭义的"服务"相适应的机构设置、工作目标和绩效考核方式,形成一套"服务型"的管理体制,至少在政府为民生、为市场经济提供直接服务的领域要建立起与服务相适应的工作机制。实际上,建设服务型政府的理念不是来源于传统的政治理念,而是来源于西方公共管理学中新的公共管理理论。这里所谓的"新",有新公共管理学针对命令、计划、管制等提出的方式方法上的转换,有新公共服务理论对政府职能中服务内涵的强调。

在转型时期建设服务型政府,除了服务的目标和理念之外,更重要的是构"型"。这里所谓的"型",一是在政府职能的设置上以服务来定位,二是在行为方式上由服务对象来主导。这种"型"的转变,不只是一个空洞的大道理,不仅仅是中央政府或地方政府管理体制的宏观改变,也与具体的政府职能部门密切相关,与具体的政府行为密切相关。

政府应该承担什么样的职能,古今中外没有统一的定位依据。全能政府是一种理念,人类社会所有的事儿都在政府的职能范围之内。服务型政府突出的是政府公共服务的服务职能,把服务当作政府的应然职能。个人或市场能够做的事情政府抢着去做,这不是服务;个人或市场需要但做不了或做不好的事儿,政府力所能及地去做,这就是服务。因此,我国当前的服务型政府建设,首当其冲的是梳理政府职能。

政府是公共社会唯一能够合法使用暴力的权力主体,受传统和部分本能的影响,拥有政府权力的机构和人员就有不受约束地使用公共权力的冲动。服务型政府建设就是要遏制这种冲动。命令、强制不是服务,自以为是地行动也不是服务,根据公民的需要而行动才是服务。一种政府行动或政府产品是不是公共服务,除了看行为或产品的性质之外,还要看其形成的方式。政府的服务对象是公众,由公众是否需要、公众是否满意来决定政府是否需要提供某种产品以及如何提供,这是服务型政府的内在要求。因此,服务型政府的建设,意味着政府机关及其公务人员转变工作作风和工作方式,放弃特权意识,放下身子,以服务对象为主导重构政府工作机制。

回应型政府的理念在一定意义上也是服务型政府观念的题中应有之义。随着网络时代与电子政务的兴起,政府治理被置于更广、更深的公众视野之中,政府服务的态度以及回应的速度越来越成为衡量公共绩效的重要标准,而回应却是完善公共服务体系、提高群众满意率与强化政府合法性源泉的重要基石。因此,政府的回应性是衡量政府服务质量的重要指标。以服务为宗旨的公共管理人员和机构应当定期地、主动地向公民、企业征询意见,解释政策和回答问题,对公众提出的问题和要求及时作出处置和负责的反应。具有充分回应性的政府模式与服务型政府是一个有机的统一体,积极而充分的回应促使政府角色发生变化,政府由原来的公共权力统治者变为市场秩序的监管者和公共服务的提供者。

民主政府、公共政府等概念,作为一种政府建设的理念,与服务型政府的理念多有重合之处。服务型政府的理念,既是人民政府的本质要求,又是转型时期政府转型的"构型"要求,在当前政府建设的诸多理念中无疑居于核心地位。

二、高绩效政府

政府绩效是指政府在社会经济管理活动中的结果、效益及其管理工作效率、效能,是政府在行使其功能、实现其意志过程中体现出的管理能力。通常认为绩效要素是一个"3E"结构,即经济、效率和效果,有的学者认为还应该加上质量。我们已经实施了很多年的市场经济,从公众到政府部门工作人员都有了较强的绩效意识,许多政府部门非常强调绩效管理和高绩效组织建设,一些公务员甚至认为公共管理学的知识主要就是关于提高政府绩效的知识。

从纯粹学术的角度讲,何谓政府绩效、如何提高政府绩效是所有公共部门都共同面对的世界性难题,对作为转型发展时期的中国政府更是一个需要长期面对的课题。结合当前各级政府部门的绩效管理实践看,制约高绩效政府建设的主要因素不是绩效管理的技术,而是政府绩效的观念。错误的绩效观念主要表现在以下几个方面。

其一,重视效果,忽视效果与经济、效率、质量等要素的综合考量。与企业绩效、工程绩效的一目了然不同,政府绩效的评估指标多来说且缺少统一尺度。一些地方从管理的简单化逻辑出发,对一些不能确定的、不能量化的指标干脆弃而不用,行政结果、工作成绩成为唯一的或主要的绩效标准,从而出现了不计成本的"市长工程"、不看质量的"面子工程",形成只问结果而不问过程、只问目的而不问手段的绩效管理模式,误导了转型中的政府建设。

其二,重视政府绩效,忽视社会绩效。高绩效的政府不能仅仅从政府部门的眼光看政府绩效,还要学会从社会的眼光看政府绩效。一项工作,如果市场主体、社会组织和政府部门都能够做,就应该从三者的绩效比较来看政府绩效。来自西方世界的所谓"新公共管理",主要的学术价值就在于让我们学会在考核政府绩效时进行不同主体的绩效比较。比如种地,可以是政府通过制订计划、直接组织的方式进行生产,也可以包产到户甚至完全放权给农民自己经营,还可以鼓励多种形式的企业组织以市场化的方式进行,可以在直观的比较中判断绩效的高低。在这里,高绩效的政府建设就是建立适应并支持高绩效种地模式的政府管理体制。

其三,用算经济账的方式看政府绩效。政治绩效、文化绩效、社会绩效等与经济绩效共同构成了完整的政府绩效体系。一个津津乐道于城市经营的地方政府,壮大了房地产经济,增加了财政收入,但破坏了传统的市井风俗,拆迁搞得人怨沸腾,很难说这就是高绩效的政府。

与高绩效政府密切相关的一个概念是廉价政府。在我国转型时期的政府建设理念中,"廉洁政府"常有人论及,但"廉价政府"一词并不流行,有人甚至认为廉洁政府就是廉价政府。从经济学的思维方式来看,人们把自己的一部分财产以税收等方式交给政府,希望交换到他们所希望的特定政府产品。同样一种物品,如果政府产品比市场产品更价廉物美,我们有理由说生产这一产品的政府是廉价的政府;同样是一种政府产品,如果甲地政府比乙地政府效率更高、成本更低,人们有理由把廉价政府的赞美之辞赋予甲地政府。人们不仅喜欢政府产品"物美",还有权利要求政府"廉价"。其实,以精兵简政、减少"三公"消费等为内容的政府体制改革,其本质正是在践行一种廉价政府的理念。我们应该让廉价政府的观念融入高绩效政府的概念中去,成为高绩效政府理念的一个重要方面。

三、法治政府

由于有党中央和国务院关于建设法治政府的专门文件,法治政府的理念获得了社会的广泛认同,已然是我国转型时期政府建设的主流话语。法治政府的本质不是政府用完善的法律制度去治民,而是政府自身的建设要合乎法律规范。建设法治政府的目的或价值主要集中在两个方面:一是规范政府行为可以总体上提高政府绩效,是高绩效政府建设的逻辑要求;二是通过法律制约公权力,防止政府机构及其工作人员的滥权和腐败。什么样的法律制度能够兼顾以上两个方面的要求?怎样的法制规范能够得到有效贯彻执行?能否正确地回答这些问题是能否建成法治政府的关键。法治政府建设的成熟技术,需要我们在实践中探索积累,需要模仿和借鉴,还需要良好法治环境的支持以及政府和公众的长期努力。这里要谈论的是与法治政府建设紧密相关的几个政府理念。

法治政府建设的内涵包括两个方面:一是对政府机构的赋权,二是对行权主体的问责。进行这两个方面的法律规范建设,就需要有有限政府、责任政府等观念来支持。

有限政府的观念涉及对政府能力和政府作用的认识。坚持有限政府的观念,既是政府的权力需要法律授予的逻辑前提,也是法律为政府授权的一个政治结果。在社会结构和社会分工日益复杂的今天,政府不是无所不知、无所不能的神明,政府也会有错误的决策和不当的行为方式,这就意味着政府(的能力及其作用)是有局限性的。政府需要法律授权,就是国家(人民)用法律为政府权力划定边界,为政府行为套上法律的笼头。尽管法律约束不能保证政府因此不犯错误,但古今中外的历史证明这是让政府少犯错误的最佳制度选择。政府权力的行使应当受到法律的严格限制,换言之,法治政府是有权力边界的政府。现实中普遍存在的政企不分、政资不分、政事不分现象,既是法治不完善、不健全的问题,也是对有限政府的认识不到位的表现。政府权力的边界究竟在什么地方,可以有各种各样的主张;首先承认政府权力是有边界的,这是现代公共管理必须具有的政府理念。

责任政府的概念,有政治学和法律学的不同解读。从政治学的视角看,政府必须对它的授权主体负责。现代政府就是对立法权力机关负责(议会制政府),对产生政府机关的选民负责(总统制政府)。如果政府的行为不能获得国家权力主体的满意,政府就要承担政治责任。从狭义的法制立场看,政府违法或者行使职权不当,应当依法承担法律责任,即所谓"有权必有责,违法受追究,侵权须赔偿"。政府越位是无合法授权的滥用权力,必须承担违法责任;政府不作为是没有履行其法定的义务,也是一种违法,必须为其失职行为本身和失职的后果负法律责任。在我国当前的法治政府建设实践中,责任政府的内涵主要是在后一个层面被广泛解读。责任政府的核心是能够追究政府的违法责任。没有健全的法律制度,追究政府机关及其工作人员的法律责任就无从谈起,而不能对行政主体有效问责,所谓法治政府就是一句空话。

所谓透明政府、阳光政府、廉洁政府,在一定意义上均可以看作是法治政府建设的必然要求。只有透明的政府才能让权力在阳光下运行,更好地接受社会监督,确保政府权力依法行使,成为法治政府。要求政府信息公开的法律又称为"阳光法"。除涉及国家秘密和依法受到保护的商业秘密、个人隐私等事项外,政府作出什么样的决策以及如何决策都要向公众公开,行政执法的依据、程序和结果都要及时公布,以方便公众监督政府是否依法行使权力。

诚信政府建设是指政府管理机关对法定权力和职责的正确履行程度。政府管理部门在自身能力的限度内实际的践约状态,包括政府管理部门的科学民主程度、行政行为的依法程度、作为公权力代表的公正程度以及政府官员的公信力等。政府诚信是一个政府应有的责任,政府要通过具体的政府守信事例表明和增加政府的诚信。规范政府的法律,在一定意义上可以解释为是政府对公众的一种事先的承诺,政府依法行政可以理解为是对承诺的兑现。政府作为社会规则的主要制定者和监督管理者,是诚信环境最主要的建设和保障力量,因此政府的行为具有强烈的示范效应和主要的引领作用。政府自身若不能践约守信,很难设想社会组织、企业和公民会把诚实守信当作信条或信仰去对待。市场经济就是法制经济;同时,市场经济也是诚信经济。个别地方政府为了更好地招商引资,非常重视投资环境的优化,但他们把投资环境优化的精力主要放在"三通一平"之类的基础建设和政府为企业服务上面,没有认识到诚信是最好的投资环境;在依法行政、权利保障、公平交易等诚信建设上不断地消耗着社会资本,很难说是投资环境的真正优化。

改革是我国转型时期的最大红利。社会的转型需要有政府管理体制的改革,政府管理体制的改革需要有正确的政府建设理念。

目 录

民生焦点

欠发达地区农村养老问题研究……………………………霍红敏 / 3
我国居民阶梯电价政策实践研究……………………………王耀斐 / 9
对实现小康社会居住目标的研究……………………………卢倩倩 / 16
关于南泉中心社区农村食品安全的调查报告…………………王丛丛 / 24
河北省雾霾治理的现状及对策………………………………姜　瑞 / 30
当前我国城市低保制度实施中存在的问题与对策……………李　瑶 / 37

政府转型

关于服务型民政价值内涵及实现途径的思考…………………赵　亮 / 47
绩效问责:地方责任政府构建的关键环节……………………刘　慧 / 52
基于公众满意度的政府绩效评估模式研究……………………王海丽 / 59
浅谈行政机关执法过程中的程序正义…………………………陈欲晓 / 66
从"封杀"打车软件浅论懒政思维以及治理……………………冷志刚 / 72
管理幅度对公共政策执行的影响研究…………………………焦继亮 / 77
胶州市政府采购流程及其优化研究……………………………王　菁 / 82
关于我国公务员养老保险制度改革的思考……………………李　超 / 89
完善集体土地征迁政策的几点思考……………………………王　琦 / 95

社会管理

浅谈如何加强对未成年女性的保护……………………………赵瑞凡 / 105

社区聘用制工作者队伍建设的问题及对策……………于　海／112
关于崂山区新型城市社区建设的调查研究……………李兆群／119
青年流动人口社会融入的困境与对策探讨……………元　菁／125
山东省新型农村社区建设存在的问题与对策研究………陈淑娜／131
广饶县社区治安管理现状分析及对策研究………………张文杰／137
我国农村"留守少年儿童"法制教育的困境及对策研究…鞠　涛／143
国外社区医疗服务模式分析及其对我国的启示…………武琳琳／149
提升外来务工人员未来认同的几点建议…………………马　奎／156
城市社区自治：公民参与的新途径………………………崔　野／163
浅析农村"留守儿童"问题及其解决之道………………李　姝／171

行业管理

新形势下中国海关改革与创新研究………………………李东超／179
检验检疫应对欧盟机电产品最新法规与技术壁垒的措施研究
……………………………………………………………张晓琳／186
论基层环保档案管理工作中存在的问题与对策
………………………………………………纪发文　于　冰／192
典型保税港区发展对青岛保税港区的启示与借鉴………林连蔚／197
山东省外来林木有害生物入侵现状及防治对策…………李　蕾／204
浅析检验检疫行政处罚自由裁量权的规范………………张志辉／211
山东半岛蓝色经济区陆海统筹建设的域外经验借鉴……韩宇召／217
技术贸易壁垒对我国出口的影响及应对措施……………吕珍燕／224
我国进出境动植物检疫工作中存在的问题及对策………袁丽君／231
浅论西方公共管理理论视角下的海关关税管理工作……徐　辉／236
组织行为学视角下的检验检疫系统人力资源管理………战亦飞／243
产品质量监督管理抽查制度的有效性研究………………刘立明／250
浅论我国警察体能训练的问题与对策……………………王璐萍／256
青岛海关守法信用评估机制探析…………………………蔡　禛／262

信息公开

政府信息公开的成本收益分析 ········· 王印红 徐国锐 / 271

基于政府信息公开的责任政府构建 ············· 张梦楠 / 281

我国网络反腐的起因、困境与出路 ············· 高文洁 / 287

文化与传媒

都市类报纸时政新闻报道科学化的途径探析 ········· 江翡翡 / 297

浅谈新媒体环境下政府的舆论引导 ············· 赵　冉 / 303

学习型学校共同愿景的构建研究 ··············· 秦　澎 / 309

促进现代职业教育集团化办学政策的建议 ········· 吕　程 / 316

青年活动的项目管理方式研究 ················· 宋玉晓 / 323

浅论青岛市中学民主政治建设中存在的问题及其对策 ··· 孔恬恬 / 331

广电体制改革背景下蓬莱广电自办节目的探析 ······· 宋莹艳 / 337

媒体话语权的寻租与防范 ····················· 钱　江 / 343

浅析中国传统文化对政府建设及管理的影响 ········· 张丽萍 / 348

威海市公园文化建设问题及对策研究 ············· 王　越 / 355

浅谈质检文化建设 ··························· 赵晓莉 / 361

"儒法理念"在反腐倡廉中的构建与应用 ··········· 杜蓓蓓 / 366

产业发展

促进中小企业发展的对策探讨 ················· 尚政涛 / 375

进一步提升高速公路经济社会效益的策略研究 ······· 李　翔 / 381

崂山茶产业的发展现状与前景展望 ··············· 王丽莎 / 387

推进青岛市城乡公交一体化发展的对策建议 ········· 王　潇 / 393

民生焦点

欠发达地区农村养老问题研究

霍红敏[①]

摘　要：随着老龄化社会的到来，养老问题将逐渐凸显出来，尤其是欠发达地区的农村养老问题将变得尤为突出。由于农村剩余劳动力转移、计划生育政策的实施和传统孝道文化的失落，使原本处于主导地位的家庭养老功能逐渐弱化，加上个人自养能力不足、社会养老保障体系不健全和集体养老缺失，农村养老问题面临严峻考验。如何化解欠发达地区的农村养老问题，已成为摆在各级政府面前的头号难题。本文在分析欠发达地区农村养老问题面临的困境基础上，提出了解决困境的几项措施。

关键词：农村养老　家庭养老　自我养老　互助式养老

2010年全国第六次人口普查结果显示，我国65岁及以上人口占总人口的8.87%。按照联合国的标准，一个地区65岁以上老人达到总人口的7%，即将该地区视为进入老龄化社会。由于计划生育政策的推行和大量农村剩余劳动力转移，造成农村地区的老年人口不论从绝对数量上还是从相对数量上都高于城镇，其人口老龄化速度也一直高于城镇。2010年，我国农村地区65岁及以上老年人口达到66 672 932人，占农村总人口的10.06%；预计到2040年，我国将有1.87亿农村老年人口。如何解决如此庞大的农村老年人口养老问题直接关系社会的和谐与稳定。

一、欠发达地区农村养老问题面临的困境

（一）家庭养老功能弱化

中国一直以儒家思想为主导，长期以来形成了"家庭养老"的传统模式，

[①] 霍红敏（1982—　），女，山东菏泽人，中国海洋大学2012级公共管理专业研究生。

赡养老人已成为国人责无旁贷的责任。这种以"孝"文化为传统的由家庭单位直接承担的赡养方式,两千多年来一直延续下来,早已根深蒂固地置于国人的思维之中。但近些年来,随着经济的发展、计划生育政策的实施,农村家庭结构的变化,传统的家庭养老功能正在逐渐弱化。

一是随着社会经济的发展,大批农村剩余劳动力源源不断地涌入城镇,务工流、求学流的存在使绝大多数年轻人常年居住在外,村里只剩下老人和孩子,很多村庄已成为名副其实的"空心村",本身已无劳动能力的老年群体,不仅无人照顾,还要负责料理孩子和农务,生活苦不堪言。对于他们来说,唯一的欣慰就是等到春节期间能有儿女围绕在身边。二是我国30多年来实行的计划生育政策改变了农村的家庭结构,使我国的农村家庭由原来的一对夫妻生育多名子女演变成今天的"4-2-1"模式。家庭规模的缩小、子女数量的锐减、养老成本的提高导致农村家庭养老负担加重,很多子女无力承担养老重任。三是传统孝道文化的失落,导致"孝老""爱老"不再作为一种社会准则。中国几千年来的儒家文化,一直把"孝"作为一种行为规范,不孝之人将受到社会的唾弃,所以"孝"作为一种传统社会美德被不断发扬光大。但是近些年来,随着西方"拜金主义"思想的渗透,一些人开始把追求经济利益放在第一位,传统"孝"文化逐渐遭到冷落,年轻人的思想观念发生变化,养老意识淡薄,缺乏对老人的关心与照顾。四是以传统农业为基础的农村经济衰落。老年人以前作为农业生产技术和经验的传播者的一家之主的地位不复存在,年轻人需要的不再是传统农业技术而是高科技,老年人在这方面的作用已慢慢被弱化。另外,个别年轻人开始把精力放在孩子身上,转而把赡养老人当成一种负担。

(二)个人自养能力不足

个人自养是指既不依靠子女供养,也不依靠社会养老保险,主要靠自身从事农业生产获得收入来维持生计的养老方式。农村老年人不像城市老年人那样有退休年龄,退休后可以凭借自己的工资实现自养。农村老年人没有固定的退休年龄,他们的劳动能力完全由自身身体状况决定:身体好点的,七八十岁依然能坚持劳作;体弱多病的,五六十岁便失去劳动能力。农村老年人常年从事农业生产,他们的主要收入是变卖农产品。一方面,随着自身年龄的增长,人们的劳动能力会逐渐减弱,劳动收入会越来越少,而患病的概率则会越来越高,养老成本也会越来越高,实现自我供养的难度会越来越大;一旦失去劳动能力,他们几乎等于失去了全部收入,生活会变得异常艰难。另一方面,随着物价水平的持续攀高,社会养老成本也在不断提高,农村老年人在身体健康的情况下仅靠农业收入实现自我养老已非常艰难,如若再遇到灾害、疾病等情况则根本无法实现个人自养。

(三)社会养老保障体系不健全

相对于城市而言,农村没有一整套完善的社会保障体系。20 世纪 80 年代之前,我国没有专门针对农民的养老保险,只有贫困农民才有社会救济。1994年 1 月,国务院发布《农村五保供养工作条例》,对符合条件的供养对象提供保吃、保穿、保住、保医、保葬(孤儿保教)五项生活保障措施。但条例对供养对象的要求十分严格,条例规定农村五保供养制度的供养对象为"老年、残疾或者未满 16 周岁的村民,无劳动能力、无生活来源又无法定赡养、抚养、扶养义务人,或者其法定赡养、抚养、扶养义务人无赡养、抚养、扶养能力的"。很多生活困难的老人因不符合条件而无法得到相关救助。2009 年 9 月,国务院发布《关于开展新型农村社会养老保险试点的指导意见》,探索建立个人缴费、集体补助、政府补贴相结合的新农保制度。年满 16 周岁(不含在校生),未参加城镇职工基本养老保险的农村居民,可在户籍所在地参加新型农村社会养老保险:一年 100 元、200 元、300 元、400 元、500 元、1 000 元、1 500 元七个档次,参保人员自主选择一个档次,按年缴费,多缴多得;政府在参保人缴费的基础上给予个人账户补贴,补贴不发给个人,计入个人养老保险账户,补贴标准每人每年 30 元,缴费即补;参保人年满 60 周岁、缴费符合规定年限,从 60 周岁的次月起,按月领取养老金;月领取养老金等于基础养老金加个人账户养老金。虽然各级政府高度重视新农保的实施工作,但由于受传统"养儿防老"思想的影响,农村老年人大多没有为自己买一份花钱并不多的保险,而把辛辛苦苦一辈子攒下的钱全都用在孩子身上,而且很多家庭也没有多余的钱投入到未来的养老上。一系列原因导致农民参保率一直不高,缴费水平普遍较低,保障力度与让农民"老有所养"的初衷相差甚远,失去了养老保险的意义。

(四)集体养老难当重任

农村集体养老主要是指集体经济组织对年老多病、无依无靠的老人进行赡养的形式,主要是指敬老院制度。最开始的集体养老就是农村的五保制度,但农村五保制度存在很多问题。首先五保制度的资金来源主要是村提留、乡统筹以及村的集体经济。农村税费改革以后,取消了农业税,五保制度的资金来源就受到了严重影响。再者,五保制度只是临时的救济,不能保障五保老人的长远生计,而且符合五保条件的人很少,很多需要照顾的老人被拒之门外。敬老院制度是为了补充农村五保制度的不足而兴起的一种养老形式,有乡镇政府投资兴办的,有村集体投资兴办的,也有个人兴办的,总体上看以乡镇政府兴办的敬老院为主体。敬老院面向所有老人,符合五保条件的老人可以免费入住,不符合条件的老人只要缴纳一定的费用也可以入住。但是就目前来看,农村敬老院在养老方面发挥的作用不足。首先,敬老院的主体地位不明确,它不是企业,不能成为自主经营、自负盈亏的社会主义市场经济主体。相当多的敬老院没有任何经济收入,仅靠政府那微弱的补贴很难维持其正常的功能。其次,很多老人受传统思想的影响,宁愿自己独居也不愿意去敬老院。他们认为只有无依无靠的人才会住进敬老院,若自己有孩子,就会被人误认为自己的孩子不孝顺,对他们来说,这是一种耻辱。再次,农村敬老院的数量有限,每个乡镇有2~3处敬老院,远远不能满足庞大的农村老年群体。

二、解决欠发达地区农村养老问题的措施

(一)改善和巩固家庭养老

虽然家庭养老面临种种挑战,但就目前我国农村地区的发展状况来看,家庭养老长期内依然是主要的养老方式,解决农村养老问题就要不断改善和巩固家庭养老。一是大力发展农村经济,扩大招商引资力度,兴办农村集体企业,使农民实现家门口就业。长期以来,由于缺乏足够的就业机会,大量的农村剩余劳动力源源不断涌入城市,他们常年在外务工,无暇照顾老人。通过实现家门口就业,可以把年轻人留在老人身边更好地尽到赡养义务。二是弘扬传统孝道文化。孝道是中国传统社会十分重要的道德规范,也是中华民族尊奉的传统美德。在中国传统道德规范中,孝道具有特殊的地位和作用,已经成为中国传统文化的优良传统。孝道作为传统文化的重要组成部分,是创建社会主义和谐社会必不可少的精神元素。要在社会上大力宣扬中华孝道文化,形成人人孝老爱老的良好社会风气,让每位老人都能拥有一个欢乐祥和的晚年生活。

(二)增加农民收入,提高自我养老水平

解决农民养老问题,必须从根本上增加农民收入。只有增加农民的收入,才能提高老年人的自养能力,使他们尽早、合理地安排自身的养老计划,提高生活质量。目前,农业收入仍是农民收入的主要来源,土地也是农民赖以维持

生计的依托,靠土地养老仍是绝大多数农民的选择。要使土地真正发挥养老保障的作用,就要保证土地的收益,使其能真正担负起农民养老的重任。根据我国农村的实际状况,改革土地制度、发展规模经营是目前农民增收的重要途径。这样,不仅可增加农民收入、改善农民生活水平,而且还可进一步提高农民参加社会养老保障的个人缴费能力。此外,政府可进一步扩大对农民补贴的范围,提高补贴的额度,通过规划引导和政策支持,发展园艺业和特种养殖业、乡村旅游业来增加农民收入。

(三)健全农村社会养老保障制度

农村养老不仅是家庭和个人问题,还是一个社会性问题,政府应该承担起自己的责任。首先,要继续完善2009年以来实行的新农保制度,加大政府投入力度,减轻农民负担,让农民都能买得起保险。通过加强宣传教育,让农民从思想上接受新型的养老模式,积极主动参加新型农村社会保险,从而扩大新农保覆盖面,实现"老有所养",真正发挥新农保的社会效应。其次,农村的社会养老保障还应体现在对农村养老基础设施和机构的建设上。农村老人不仅在物质上要求能吃饱穿暖,更希望能过个快乐充实的晚年。国家和地方财政应投资为农村老人建娱乐场所,购买娱乐设施,建设健身房,购置健身器材。再次,要完善农村医疗保障制度和最低生活保障制度。要完善新型农村合作医疗制度,确保农村老年人"病有所医"。要完善镇、村医疗服务功能,建立村卫生服务站,为老年人建立健康档案,制定新型农村合作医疗对老年人医疗保健服务的优惠政策,对农村老年人的个人缴费金额采取老年人个人缴纳一部分、政府补贴一部分的办法,并逐步走向全部由政府埋单的办法,以确保农村老年人人人享受到新型农村合作医疗保险。最低生活保障制度是农村贫困群众的最后一道保障线。建立农村最低生活保障制度,是消除城乡差别、构建和谐社会的重要举措。依据社会经济发展水平科学界定最低生活保障标准,社会救助经费以中央政府为主、地方政府为辅;同时,应充分发挥社会力量,鼓励民间组织在社会救助中发挥作用。

(四)积极探索发展互助式养老模式

要以村庄或社区为单位建立养老机构,前期运行资金由政府投入,后期积极吸纳非营利性社会组织参与,通过向企事业单位和个人开展募捐活动获取运行资金。村里符合条件的老人均可入住,生活困难的老人可以免费入住。有一定经济能力但生活无人照顾的老人也可以出少量的钱入住;鼓励年轻人参与互助式养老,他们可以通过定期去养老机构义务服务的形式为自己获得养老积分,只要积分达到一定数量,日后即可免费入住。互助式养老有自身的优点:一是互助式养老鼓励年轻人义务服务的形式,可以节省机构运行成本;二是互助式养老以村庄或社区为单位,对老年人来说有一种心理上的亲切感,他们可以不离开自己常年生活的村庄而得到照顾,老人之间彼此熟知,可以相互交流、相互慰藉,从而消除了刚入住时的陌生与不适感。

【参考文献】

[1] 张翠云. 人口老龄化背景下农村养老问题研究 [D]. 上海:上海工程技术大学,2010(01).

[2] 郭爱秋. 山东省农村空巢老人养老保障问题探究 [D]. 济南:山东财经大学,2013(06).

[3] 赵凤莲. 对欠发达地区农村养老问题的思考 [J]. 新疆财经学院学报(社会科学版),2006(02).

[4] 吴蓓. 中国农村家庭养老问题研究 [D]. 济南:山东大学,2012.

[5] 黄爱荣. 农村居家养老问题研究 [D]. 长春:吉林农业大学,2012.

我国居民阶梯电价政策实践研究

王耀斐 [①]

摘　要：我国居民阶梯电价政策存在阶梯电价幅度不合理、地区电量电价差异大、居民用电不公、困难家庭用电依然困难等问题。对此，本文梳理了国内外关于阶梯电价的文献，对我国电价政策的制定、演变和实践等进行了探讨，提出了合理设置阶梯电价的幅度、加强电力相关配套、多种方式促进居民用电公平、适度提高困难家庭的免费电量等措施，拟为我国阶梯电价政策更加灵活有效的执行提供一定参考，也试图为推动整个社会节约用电、科学用电尽绵薄之力。

关键词：阶梯电价　政策　实践研究

电力行业在我国是公共事业，电力行业的健康发展不仅对居民生活具有重要意义，而且对维护社会稳定、国民经济协调发展具有重大作用。2013年7月1日，居民阶梯电价开始在我国大部分地区施行，这是我国电价体制改革的重要举措，在当前建设资源节约型、环境友好型低碳社会的背景下更具有重要意义。

一、我国居民阶梯电价政策及实施现状

长期以来，我国一直对居民实行单一制电价。电力需求及负荷却随着季节、气候、用电习惯等因素的变化而变化。单一制电价没有将单价与消费量、消费时间、机器设备的利用状况（如负荷率）等相联系，使得电力市场的运行缺乏效率，单一制电价已不再适应我国社会的发展要求。2010年10月9日，国家发展和改革委员会正式下发了《关于居民生活用电实行阶梯电价的指导意

[①] 王耀斐（1986—　），男，山东济宁人，中国海洋大学2011级公共管理专业研究生。

见(征求意见稿)》(下称《征求意见》),《征求意见》明确提出在三年的时间内推行"居民阶梯电价政策"。

居民阶梯电价是指将现行单一形式的居民电价改为按户消费的电量分段定价,用电价格随用电量增加呈阶梯状逐级递增的一种电价定价机制。目前,我国居民阶梯电价以居民满足程度为标准将居民月用电量划分为三档,主要是基本用电需求、正常合理用电需求和较高生活质量用电要求,各档电价呈递增式特点。根据《征求意见》,全国各省市(西藏自治区、新疆维吾尔自治区除外)依据本地区居民用电情况制订了居民阶梯电价实施方案。本文依据我国东北、华北、华东、华中、西北、西南、华南7个行政区域划分标准,总结各区域阶梯电价实施情况如下。

华北地区:根据各省市经济发展和居民用电实际情况,各档标准都不同。第一档电量与第二档电量划分标准最高的城市是北京市(240千瓦时/月),其次是天津市(220千瓦时/月),河北、山西、内蒙古三省第一档电量都低于180千瓦时/月;第二档电量与第三档电量划分标准由高到低城市排序为北京市与天津市(400千瓦时/月)、河北省(280千瓦时/月),山西省与内蒙古自治区(260千瓦时/月)最低。与此同时,各省市对城乡"低保户"和"五保户"免费电量设置标准都为15千瓦时/月,以民政部门补助形式发放到困难群众手中,保证了群众用电的公平性与合理性。

东北地区:黑龙江、吉林、辽宁三省阶梯电价用电标准基本相同,第一档与第二档电量划分标准在170千瓦时至180千瓦时之间,平均收费标准保持在0.51元左右,第二档与第三档电量划分标准基本以260千瓦时和280千瓦时为划分标准。关于困难群众免费电量标准,三省都以10千瓦时为补贴标准,补贴形式都以先收后补的形式由民政部门发放。东北三省作为我国的老工业基地,阶梯电价的制定与实施关乎每个家庭,也最大程度地保证了人民群众的用电安全。

华东地区:各省的居民阶梯电价政策各有不同,主要体现为以下几点:各省市各档阶梯电量各有不同,整体来讲,各省市第一档电量范围最广的是上海市,江苏省与浙江省位居第二,山东省第三,福建省次之位居第四,江西省与安徽省最少;各省市各档电价整体排序分别是上海市、江西省、江苏省、安徽省、山东省、浙江省、福建省;大部分省市困难群众每月给予的免费电量是15千瓦时,而安徽省和江西省只有10千瓦时。

华中地区：各省制定的居民阶梯电价政策各有不同，主要体现为以下几点：河南省、湖北省、湖南省第一档阶梯电量相同，第二档电量范围湖南省最广（冬夏季），湖北省其次，河南省范围最窄；湖南省根据本省地理位置及气候特点，阶梯电价分为冬夏季和春秋季；三省城乡"低保户"和"五保户"，每家每户拥有10千瓦时免费电量；三省阶梯电价整体价格由高到低依次是湖南省、湖北省、河南省。

华南地区：各省制定的居民阶梯电价政策各有不同，主要体现为以下三点：各省阶梯电价政策普遍分为两季，如广东省与海南省分为夏季时段和非夏季时段，广西壮族自治区分为高峰时段和非高峰时段；由于各省经济发展不同，对城乡困难群众免费电量的补贴也不同，广东省对困难家庭每月补贴15千瓦时的免费电量，而广西地区与海南地区每月对困难家庭的补贴电量只有10千瓦时。

西南地区：各省市制定的居民阶梯电价政策各有不同，主要体现为以下两点：各省市各档电量各有不同，第一档最高的是贵州省非夏季电量（0～210千瓦时），其次是重庆市（0～200千瓦时），再次是四川省（0～180千瓦时），最后是贵州省的夏季和云南省的枯水期（0～170千瓦时）；阶梯电价收费总体来看，由高到低排序是四川省、重庆市、贵州省、云南省；对于城乡困难群众免费电量补贴，最高的省份是四川省和云南省（每月15千瓦时），最低的是重庆市和贵州省（每月10千瓦时）。

西北地区：各省市制定的居民阶梯电价政策各有不同，主要体现为以下几点：各档电量从整体来看，由高到低排序依次为陕西省、宁夏回族自治区、甘肃省、青海省；各档电价标准从高到低依次是甘肃省、陕西省、宁夏回族自治区、青海省；西北各省对困难群众都给予每月10千瓦时的免费电量；陕西省结合现实情况，以年为周期来计算居民用电。

二、我国居民阶梯电价政策的执行存在的问题

从以上的分析可以看出，本次施行的居民阶梯电价政策存在如下的几个问题。

（一）阶梯电价幅度欠合理

实行阶梯电价的目的是为了补偿电力企业生产成本，实现公民公平用电，同时也要实现环境与资源的保护，主要是通过拉开各阶梯电量及电费这一途

径来实现,因此各档电量及电价的设置是关系到我国居民阶梯电价实施效果的关键因素。目前,大部分地区第二档阶梯电价较第一档价格涨幅较低,难以形成节电意识。第三档较第一档电价涨幅较为明显,但第三档的用电居民覆盖率较小,不能保证对电力企业生产成本的补贴,易造成电力企业亏损。整体而言,阶梯电价幅度的欠合理所引致的结果与制定阶梯电价政策的初衷难以一致。

(二)各区域电量电价与当地经济发展水平契合度不高

居民阶梯电价政策的设定原则中要求各地区兼顾居民的承受能力,政策的制定要与区域内自然地理环境、经济发展程度、居民收入和用电水平等因素相适应。但是一些地区第一档电量较多,但价格也较高,总体上居民需要支付较多的电费;有的地区电价虽然较低,但各档电量相对较少,电量能否满足居民用电需要有待进一步检验。特别是"低保户"和"五保户"家庭是整个社会的弱势群体。现行政策每月只有10千瓦时或15千瓦时的免费电量,很难保障"低保户"和"五保户"家庭的基本生活。在我国目前区域差异性特别是区域收入的差异性较大,但电量与电价政策上的体现并不明显。

(三)居民用电不公问题突出

根据我国的现实情况,很多家庭有三口人,这些家庭用电量较大,阶梯电价的运行对多口家庭产生较大负担,由于多口之家认定较难,这也为阶梯电价的顺利实施带来一定难度。多口之家人数的划分存在一定问题,现行电价方案难以兼顾社会公平。我国大城市普遍存在人户分离的家庭,即实际居住人口与户籍登记人口不同,因此,以户籍制度为基础设计的阶梯电价政策会导致一定程度上的用电不公。现在仍存在多户居民共用一个电表的情况,用电量以"户"为单位来执行,因此,在合表用户群体实行阶梯电价比较困难。

三、我国居民阶梯电价政策的优化路径

对于上述存在的实际问题,结合目前的实际情况,本文提出如下的相关对策以解决目前我国居民阶梯电价政策执行中的一些问题。

(一)鼓励与惩罚相结合,避免电量悬殊性差异

在阶梯电价制度中,适度降低第一档电量。应依据地区发展制定适合城市居民的用电幅度,同时应降低农村电价,保证农民用最少的花费实现公平用电。普通的阶梯电价只是对用电过多的家庭或者用户多收取电费,并没有对

用电少的用户进行鼓励,所以可以在第一档电量下再设置一个下降分档,在下降分档中可以实行鼓励电价。随着城镇居民生活水平不断增加,城镇总体的用电需求越来越大,因此用户每月用电量超过第一档的,进入第二档、第三档是大势所趋。这要求电力和物价部门在国家政策范围内适度调整,通过措施的灵活性实现效果的时效性,最终通过实行浮动阶梯电价机制确保居民用电的稳定。实行浮动电价机制的前提是对信息的及时了解与准确掌握,要通过走访、企业报告、群众反馈等方式调查了解企业生产情况、电能生产燃料供应情况、人员成本情况、设备运转情况、电力设施的建设与维护费用、居民用电等情况,确定合理具体的电价。

(二)加强电力相关配套建设,充分发挥阶梯电价政策的效果

针对峰谷电价与居民集体电价契合度不高的问题,各地区在实行峰谷电价时,充分考虑电量与电价二者的效率,充分利用电力资源提升电网利用效率、节约用电。在不同时段,应该采取正确的方式来引导居民用电,如适度调整峰谷电价运行时段、及时告知居民峰谷时间、对在特定时间的用电予以鼓励,真正发挥峰谷电价"削峰填谷、平滑负荷曲线"的作用。要科学定置峰谷时段电价,适当考虑将尖峰时段与高峰时段合二为一,避免居民在低谷时段过度用电而造成电力资源的浪费;对"一表一户"用户采取灵活的选择方式,以季或年为单位结合阶梯电价运行,针对不同的用电习惯设置合理的缴费周期;建立峰谷电价动态调整机制,结合居民意见科学调整各时段的价格;推行峰谷电价相关配套设施,改造居民电表,安装峰谷分时电表并与阶梯电价相结合,从更大范围实现居民节约用电;加强宣传,让广大居民充分了解实施阶梯电价与阶梯电价的目的,提高居民对阶梯电价的接受程度。

要加快智能电网的建设与居民"一户一表"改造,保证阶梯电价硬件与技术的配套。通过建设智能电网,实现分时科学的电力管理,以建立在集成高速双向通信的网络为基石,通过先进的传感和观测技术、先进的装备技术、先进的控制策略,实现电网的安全、经济、高效、环保的目的,满足每户家庭每月用电的稳定。与此同时,要加快居民"一户一表"改造,保证每家每户拥有可计算阶梯电价的智能电表。除此之外,还要增加智能化电价计费系统开发研究的投入,大力推广智能化电价计费系统的运用,增加居民对阶梯电价的认识;采取合理、有效的激励措施,鼓励居民节约用电。要注意对当前已有的政策进行科学、系统化的提升,确保政策充分发挥作用。

（三）多措并举,促进居民用电公平

将现行的按月为周期缴费的阶梯电价更改为按年为周期的缴费电价。不同用户在每一年中总会有个别月份的用电超出当年其他月份的平均用电,在超出用电的月份中实行阶梯电价,相对而言是不公平的,所以将缴费的周期由按月改为按年,这样能够保证用户的缴费公平。因此,对通过电卡方式读表的用户以年为周期,对各档电量设定定额,在第一档电量限制范围内购电,超过第一档但在第二档电量范围的以第二档电价为准,依此类推;若第二、三档电量仍未用完,则可转到下年基础电量继续使用。

要加快"一户一表"改造,对于老建筑内合表用户要加快其改进速度,实现每家每户都有电表,避免因用电造成的不必要损失,这样有助于电力部门电价的统计。要制定科学有效的电量电费核算方法与制度。电力企业要根据居民实际用电情况来制定电量电费的核算方法与制度,对电量电费的计算要与实际用电量、计费档案、电价标准等标准进行,对计算完的电费予以审核,确保电量与电费的准确无误。

要实现缴纳电费形式多样化,如现在流行的网上银行、手机支付等。电力公司完全可以与相关的运营商进行合作,开展多种方式的电费收取业务,这不仅有利于电力公司的发展,最主要的是方便了居民、减少了缴费手续,从而节省了精力。电力公司收取电费的方式应随着社会的发展而与时俱进,这不仅是为居民提供更好的服务,最重要的是让居民对自己的用电量与电费做到心中有数。建立多渠道的收费方式不仅利于居民自己,更对用电不公问题建立多渠道解决方式。

（四）适度提高困难家庭的免费电量

由于各省市经济发展状况不同,居民生活压力也不同,如北京、上海、广州等一线城市及东部沿海地区,经济发展较好,居民消费水平高,困难群众如"五保户"和"低保户"生活压力更大,免费电量不能切实满足困难家庭的实际需求,因此可以适度提高困难家庭的免费电量。具体的措施有:第一,每月为困难家庭设置50千瓦时免费基础电量,解决困难家庭用电困难;第二,在位每户增加免费用电量的同时也可以按照每户中每个人的数量进行免费用电量的计算,如一个困难家庭,一共有五口人,每人每月平均10千瓦时的免费用电标准,这样这一个家庭每个月就有50千瓦时的免费用电;第三,考虑到季节性因素,比如冬季取暖等方面,可以在冬季来时对城镇"低保户"和农村"五保户"进行相应的电费补贴或者在冬季时增加他们冬季每个月的免费用电量。

【参考文献】

[1] 阮玮苹,滕云.关于我国实行居民阶梯电价的探讨[J].会计之友,2012(5).
[2] 蔡敬梅.对我国居民生活用电实行阶梯电价的几点思考[J].价格理论与实践,2012(5).
[3] 谢明.公共政策导论[M].北京:中国人民大学出版社.2002.
[4] 张金马.政策科学导论[M].北京:中国人民大学出版社.1992.
[5] 崇实,陈振明.公共政策[M].北京:中国人民大学出版社.1996.
[6] Jeffrey 1. Pressmen and B. Wiklavsky, Implementation (2nd, ed)(Berkeley, University of California Press, 1979).

对实现小康社会居住目标的研究
——以青岛市为例

卢倩倩[①]

摘 要：党的十八大报告提出："要建立市场配置和政府保障相结合的住房制度，加强保障性住房建设和管理，满足困难家庭基本需求。"全面提高城乡居民的居住水平，将是能否最终实现小康居住目标的关键。本文从青岛市城市居民居住水平现状入手，通过历史数据的统计与分析，预测到2020年青岛市城市一般居民所能达到的居住水平，与小康社会居民目标进行对比分析并得出结论，进而有针对性地提出进一步提高青岛市城市居民居住水平的对策建议。

关键词：青岛市 城市居民 小康社会 保障房建设

全面提高我国城市居民的居住条件是全面建成小康社会的重要内容之一。党的十八大报告提出："要在十六大、十七大确立的全面建设小康社会目标的基础上努力实现新的要求，确保到2020年实现全面建成小康社会宏伟目标，实现国内生产总值和城乡居民人均收入比2010年翻一番。"作为反映人们生活水平提高程度的重要指标，居住水平自然是小康社会研究中的一个重要领域。全面提高城乡居民的居住水平，在人均住房面积呈现大幅度增长的前提下，城乡居民的居住质量和居住环境得到明显改善和提高，将是决定最终实现小康居住目标的关键。

本文从居住消费、城市居民人均住房面积、户均人口发展趋势等相关指标着手，对城市居民住房问题进行深入研究，并结合实际对青岛市城市居民住房

[①] 卢倩倩（1985— ），女，山东青岛人，中国海洋大学2011级公共管理专业硕士研究生。

体系进行综合评价,为未来青岛市商品住宅发展目标提供重要的决策依据。

一、小康社会下城市居民的居住目标

从宏观上来说,城市居民居住水平应该包括两大主要方面:一是包括反映城市居民居住状况的指标(如住房面积、住房的设备设施),二是包括反映城市配套设施质量的指标(如居住环境、公共服务设施等)。因为,城市居住水平不仅是指要从住房数量上满足人们的居住需要,同时要求在居住质量上(公共服务、居住环境)也要在不同的阶段达到相应的标准。因此,城市居住水平是城市居住数量和城市居住质量特征的概括和总结,是反映城市居住发展建设的一个综合概念,是城市生活质量和城市化质量体系中不可或缺的内容之一。

住房和城乡建设部政策研究中心"全面建设小康社会居住目标研究"课题组对衡量居住水平的指标进行了系统研究,提出了到2020年全面小康社会居住总体目标:到2020年,居住数量与质量全面提高,彻底解决建筑质量通病,居住区规划布局合理、文化特色突出,配套设施齐全、现代,居住条件舒适、方便、安全,居住区内外环境清洁、优美、安静,住区服务质量优异,社区公共服务便利,实现以人为本、充分满足发展需要的小康居住目标。[①]

二、青岛市城居民居住水平的现状

根据全面建设小康社会居住目标总体要求,到2020年全面小康社会居住目标指标体系包括住宅数量、质量与品质、配套设施、环境与服务、消费支出等5个方面21项指标。其中,17项定量指标、4项定性指标,反映城镇居住水平的指标有16项,反映农村居住水平的指标有5项。[②]结合青岛市实际,本文选取最能直接反映城市居民居住水平的几项指标——城市居民人均可支配收入、城市居民家庭可支配收入、城市居民人均住房建筑面积和城市居民居住消费支出比率等来进行定量分析。

[①] 文林峰. 全面建设小康社会居住目标研究 [J]. 中国房地产研究, 2004(4): 1-25.
[②] 建设部政策研究中心. 中国全面小康社会的居住目标研究 [J]. 建设科技, 2004(29): 41-43.

（一）城市居住消费支出比率①

世界主要国家和地区在人均 GDP 超过 3 000 美元后，用于居住消费支出（包括房租、水电燃料费两项指标）的比重为 14.3%～25.9%。考虑到我国目前住房消费支出的实际情况，在测算居住消费支出的构成时，除包括国际一般居住消费支出构成的房租和水、电燃料支出外，还应包括物业管理费支出和住房装修支出。统计资料显示，2012 年青岛市城市居民人均消费性支出为 20 391 元，城市居民人均居住支出 1 971 元，居住消费支出比率约为 9.67%，比 2000 年增长 0.62 个百分点，年均增长速度 0.55%。

表 1 青岛市 2000—2012 年城市居民生活水平相关指标汇总

年 份	城市居民人均可支配收入（元）	城市居民户均人口（人）	城市居民家庭可支配收入（元）	城市居民人均消费性支出（元）	城市居民人均居住支出（元）	居住消费支出比率（%）
2000年	8 016	2.98	23 887.68	6 677	604	9.05
2001年	8 731	2.89	25 232.59	6 849	792	11.56
2002年	8 721	2.87	25 029.27	7 344	658	8.96
2003年	10 075	2.81	28 310.75	8 056	770	9.56
2004年	11 089	2.79	30 938.31	9 002	872	9.69
2005年	12 920	2.81	36 305.20	9 883	952	9.63
2006年	15 328	2.84	43 531.52	11 945	1 170	9.79
2007年	17 856	2.84	50 711.04	13 376	1 282	9.58
2008年	20 464	2.82	57 708.48	14 999	1 472	9.81
2009年	22 368	2.84	63 525.12	16 080	1 434	8.92
2010年	24 998	2.79	69 744.42	17 531	1 640	9.35
2011年	28 567	2.81	80 273.27	19 297	1 783	9.24
2012年	32 145	2.82	90 648.90	20 391	1 971	9.67

---

① 居住消费支出比率：是指居民消费支出中居住支出所占的比例。居民消费支出是指城乡居民个人和家庭用于生活消费以及集体用于个人消费的全部支出。包括购买商品支出以及享受文化服务和生活服务等非商品支出。主要分为食品、衣着、家庭设备用品及服务、医疗保健、交通与通讯、娱乐教育文化服务、居住和杂项商品与服务八项内容，居住支出是其中一项。

（二）人均可支配收入和家庭可支配收入

表1列明了2000—2012年，青岛市城市居民人均可支配收入和户均人口的发展变化，同时根据上述两项指标相乘得出2000—2012年青岛市城市居民家庭人均可支配收入。统计资料显示，2012年青岛市城市居民人均可支配收入32 145元，年户均人口2.82人，相乘得城市居民家庭可支配收入90 648.9元，约为2000年的3.79倍。

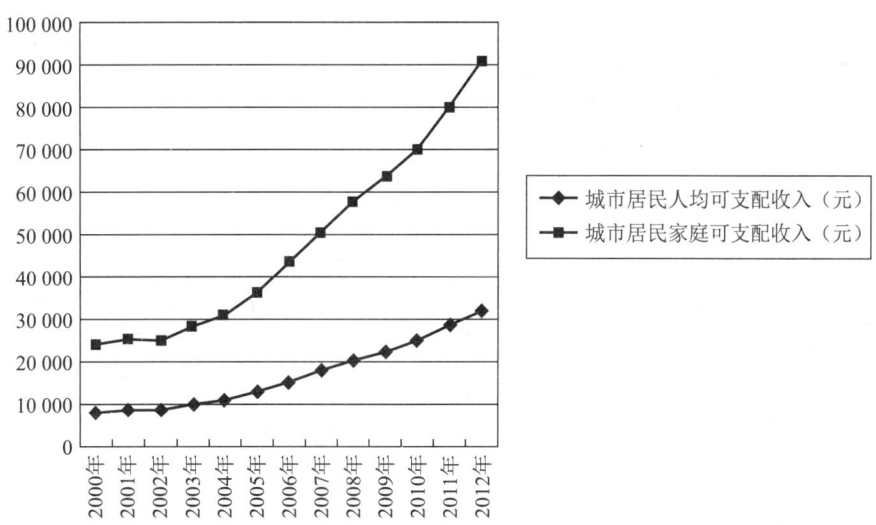

图1　2000—2012年青岛市城市居民人均可支配收入和家庭可支配收入趋势

（三）城市居民人均住房面积

统计资料显示，2012年，青岛市城市居民人均居住面积为27.86平方米，比2005年增长4.9平方米，增长21.3%，年均增长速度约为2.8%；比2000年增长7.1平方米，增长约34.2%，年均增长速度约为2.5%。

三、2020年青岛市城市居民居住水平的预测

（一）城市居住消费支出比率对比预测

统计资料显示，2012年，青岛市城市居民人均消费性支出为20 391元，城市居民人均居住支出1 971元，居住消费支出比率约为9.67%，比2000年增长0.62个百分点，年均增长速度0.55%。现用年均增长速度法测算2020年城市居民居住消费比率。方法1：根据测算2000—2012年居住消费比率的年均增长速度，2020年居住消费比率预测为10.1%；方法2：通过预测2020年

青岛市城市居民人均消费性支出和城市居民人均居住支出分别为42 921元和4 336元,得出居住消费支出比率为10.1%。两种方法测算结果相符。

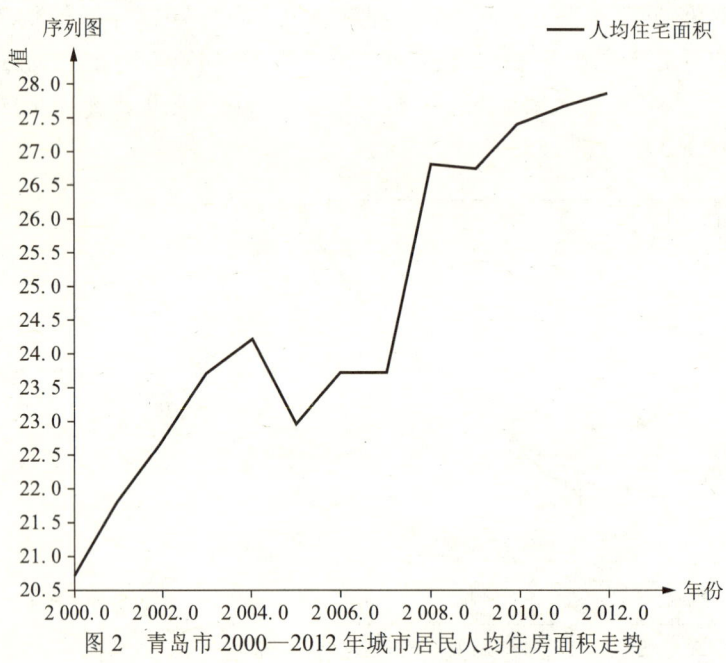

图2 青岛市2000—2012年城市居民人均住房面积走势

(二)对人均可支配收入和家庭可支配收入的初步测算

根据平均增长速度法进行测算,2000—2012年,青岛市城市居民人均可支配收入和家庭人均可支配收入的平均增长速度分别为12.3%和11.8%,预计到2020年,城市居民人均可支配收入和家庭人均可支配收入分别为81 311元和221 257元。

(三)对城市居民人均居住面积的预测

根据2000—2012年平均增长速度进行预测,到2020年青岛市城市居民人均住房建筑面积将达到33.94平方米。从变化趋势来看,2008年以来人均住房增长幅度有所放缓,2012年比2011年仅增长了0.19平方米,同时考虑我国房地产宏观调控政策,未来对住房需求尤其是投资和投机性需求会产生较大影响,在住房供给结构上以90平方米以下户型为主,人均住房面积增速会有所减缓。综合考虑,至2020年,人均住房面积基本能够达到33平方米以上,但一般不会超过34平方米,离全面建设小康社会居住目标的总体要求还有一定的差距。

四、实现全面小康社会居住目标的建议

参照实现全面小康社会居民的居住目标以及目前青岛市居民居住水平的状况,笔者认为,提高青岛市居民居住水平有以下几条对策建议。

(一)进一步完善住房供应体系,健全保障房筹建机制

完善保障性住房筹建机制,充分利用"建、购、改"等多种方式筹集保障性住房,建立保障性住房项目储备库,每年实现新开工一批、新规划一批、新储备一批,确保项目按照计划有序推进;鼓励优秀企业参与保障性住房建设,提高青岛市保障性住房的规划设计水平及建筑品质;充分考虑中低收入家庭生活对交通设施条件的需求,在公共交通干线和站点周边优先安排廉租住房和中小套型商品住房建设,引导全市居民树立合理、健康的住房消费观念,全面推行购租结合、理性适度、满足自住需求的住房梯度消费模式。

(二)运用金融政策,提高城市家庭住房消费能力

一是对中低收入阶层居民的住房信贷支持。成立国家住宅抵押贷款担保公司,作为政策性的住房担保机构,为中低收入居民家庭贷款购房提供贷款担保,使银行为其提供低于一般工商业贷款利率的住房消费贷款,并降低首付款比例。鼓励私人住宅抵押贷款担保与保险机构的发展,并在此基础上大力推动住宅抵押贷款证券化的发展,开拓住房抵押贷款二级市场,以降低贷款银行的流动性风险,使违约风险分散化。二是扩大住房公积金的覆盖面,加大征缴力度;扩大公积金的使用范围,允许有公积金余额的住房贷款户使用公积金偿还银行贷款本息和交纳房租。鼓励职工申请公积金贷款和商业银行贷款相结合的混合式贷款方式。

(三)增加居民收入,提高居住消费支出比率

要采取有效措施,千方百计提高居民可支配收入,不断完善社会保障机制,提高政府保障能力,减少家庭医疗保健、文化教育方面的负担,提高城市家庭用于居住消费的支出。同时,建立政府相关信息披露制度,加大政策措施宣传力度,增加市场通明度,引导城市居民树立正确、适度的消费观念。要积极创造有助于梯次消费的住房消费模式,使居民住房消费与国情市情相适应、与住房供给相适应。正确引导中小户型消费,使居民住房消费与收入水平相适应。继续加大租赁住房建设和供应,主要用于保障低收入居民、新参加工作的

大中专毕业生以及外来务工人员的基本住房需求。

（四）调整政策,逐步取消保障性安居工程中的经济适用房

从销售价格分析,经济适用住房单套的建筑面积控制在65平方米左右,虽然每平方米单价只有市场商品房的45%左右,但是几十万的总价对一些真正需要购买低价房的中低收入家庭来说仍然会产生较大的经济压力。而且中低收入家庭由于经济实力弱、社会资本少,所以获得经济适用房的机会比较少,导致部分经济适用房"经济"了个别非中低收入家庭。从管理的角度分析,目前经济适用房的退出,都是由于购房人家庭经济状况改善不再需要已购经济适用房而普遍采取直接上市出售的方式退出。这种退出机制的弊端在于,一方面不能实现经济适用房的循环利用;另一方面造成了国家土地收益及各种补贴的流失,从而削弱了利用经济适用房来调控房价的作用。因此,有关部门应通过调整保障性住房政策,逐步将经济适用房淡出市场。

（五）积极优化城镇人居环境

增强全民积极参与最佳人居环境建设的意识。公众是参与人居环境建设的主体,政府应积极加以引导和组织,创新公众参与机制,通过媒体宣传、征集方案、评比公示、表彰等手段激发公众的参与意识;社区单位可以成立由管理人员、专业人士、居民代表、企业代表等相关人士共同组成的工作委员会,共同策划和规划社区环境建设,并广泛征求民意,使社区环境建设成为每一位居民共同的责任。

总而言之,城市居民居住水平是反映一个国家经济发展、社会进步和人们生活改善的重要指标。随着社会经济的发展,人们对住房的面积、质量、功能、结构、环境等的要求越来越高,居民居住水平在衡量实现小康社会中的作用愈加明显。通过数据的统计与分析,笔者认为,青岛市城市居民要按时实现小康社会居住目标仍有一定压力,2020年前青岛市住房建设工作任务任重道远。

【参考文献】

[1] 李刚,王磊.青岛市中长期人口总量及结构预测[J].中国国情国力,2012(9).

[2] 建设部政策研究中心.全面建设小康社会的居住目标研究[J].建设科技,2004(29).

[3] 许绍基.建设小康社会与居住水平提高问题[J].广东经济管理学院学

报,2003(6).
[4] 朱顺泉. 我国城镇居民小康水平评价研究[J]. 国民经济管理,2004(6).
[5] 赵超. 我们距小康住房有多远[J]. 中国统计,2003(11).
[6] 文林峰. 全面建设小康社会居住目标研究[J]. 中国房地产研究,2004(4).
[7] 朱霭敏. 城市住宅小康居住目标的分析与北京地方性探讨[J]. 北京建筑工程学院学报,1995(3).
[8] 王秀芳. 加快货币化改革推行住房新机制是实现小康居住目标的根本途径[J]. 甘肃科技,2009(12).
[9] 钟彩艳. 中国省域城镇居民小康生活水平评价研究[J]. 新疆财经,2010(4).

关于南泉中心社区农村食品安全的调查报告

王丛丛①

摘 要: 食品安全问题一直备受人们的关注。相比较城市食品安全体系的日益完善,我国农村食品安全监管存在诸多隐患,当前农村食品安全现状令人担忧。本文从农村食品安全现状出发,阐述了南泉农村食品安全监管体系存在的问题,进而提出构建我国农村食品安全防范网络,以有效解决当前我国农村食品安全监管体系存在的问题。具体来说,应加强相应法律法规在农村的执行力度,增强对农村食品生产流通领域的监督,推进农村食品安全防控体系建设,着力构建农村食品安全监管网络并加强食品安全理念的宣传,逐步建立起符合我国农村实际情况的食品安全控制体系。

关键词: 南泉中心社区 食品安全 食品监管

"民以食为天,食以安为先。"人类繁衍,经济发展,社会进步,时刻离不开食品,食品安全关系到广大人民群众的身体健康。党和政府历来十分重视食品安全问题,1995年国家就颁布《食品卫生法》,对食品生产和流通企业的食品卫生标准、添加剂网使用、监管及法律责任都作出了详细的规定。同时,随着经济的快速发展和人民生产水平的日益提高,人民群众对食品安全的要求也越来越高,吃得卫生、健康是基本要求,崇尚绿色食品和有机食品是当前人们的普遍追求。因此,加强和改进对食品安全监管至关重要。然而,总有一些食品生产企业无视国家法律,唯利是图,在食品生产加工中不按标准生产,偷工减料、掺杂使假、以假充真、滥用添加剂,以非食品原料、发霉变质原料加工食品,致使食品质量安全方面的重大事故屡次出现,而这一现象在农村地区尤

---

① 王丛丛(1987—),女,山东青岛人,中国海洋大学2012级公共管理专业研究生。

为突出。

一、南泉中心社区的食品安全工作现状

南泉中心社区地处即墨市西南部,与城阳区交界,西邻胶州市,是青岛市的近郊镇。距青岛港30千米,距胶济铁路即墨客运站12千米,距青岛国际机场15千米。全社区共辖33个行政村,总人口4.8万人,总面积58平方千米。域内有食品生产加工者80多户(包括现做现卖);流通领域食品经营主体131户,餐饮单位60家,其中乡镇、村有餐饮单位10家,占餐饮单位总数的16%。

近年来,在上级食品安全办公室和市食品安全办公室的领导下,南泉中心社区的食品安全工作明显得到加强,取得显著成效,具体表现在以下几方面。一是领导重视。党委和政府高度重视食品安全工作,将食品安全工作纳入党委、政府工作的重要内容,实施食品安全目标责任制,认真贯彻落实国务院《关于进一步加强食品安全工作的决定》,保障广大群众饮食安全。二是成立食品安全工作机构。从2010年开始,全社区自上而下成立了食品安全工作小组,由镇领导组成总指挥小组,各村聘请食品协管员成立村工作小组,按照"属地管理"和"分段监管为主,品种监管为辅"原则,初步建立起了"地方政府负责、各方联合行动"的工作机制。三是积极探索农村食品安全监管长效机制建设。在食品安全监管实践中,率先完成食品的网格化监管,对存在食品安全隐患的生产加工企业采取长期检查、不定时抽查的方式,坚决杜绝食品安全隐患。四是发挥"红名单"示范引领作用。根据市食安办关于实施食品安全"红名单"和"黑名单"的要求,指定南泉中心社区食品安全红黑名单实施细则,对辖区内生产加工户进行摸底排查,对生产信誉良好的企业加入红名单,减少检查的次数,否则则增加黑名单企业核查次数。

二、南泉中心社区食品安全工作存在的问题

第一,种植养殖环节存在滥用药物、污染环境等问题,存在食品安全隐患,具体表现在有的农村基层地区存在农药经营单位不规范配售农药,有些农户存在滥用、超剂量使用农药等现象。造成这一现象的主要原因包括以下几点。一是由于经营者合理用药知识的缺乏和职业道德教育的缺失,在向农民销售农药时,为了追求经济利益最大化,开"大处方"和"搭车"销售其他农药的现象时有发生。二是农民缺乏相关用药专业知识,用药存在一定盲目性,片面追求"来得快",往往超剂量使用农药,导致农药残留增加。在养殖环节,部分养

殖户违规使用人用药物防治动物疫病的现象时有发生，有的养殖户自己买药给动物注射，存在滥用药物品种或超剂量用药诊疗动物疫病的现象。

第二，农村食品安全监管分散，点多面广，存在监管周期长或有监管缝隙的现象。造成这一现象的主要原因包括：一是农村食品安全的执法主体都在社区管委相关部门，社区管委各部门在法律上无监督权，工商部门是在几个乡镇辖区设一个工商所，质监、食品药品等部门在乡镇无派出机构，且各部门的监管人员少，任务十分繁重，因此可能出现监管空白点；二是社区管委相关部门无监督权，形成了"看得见的管不着"的现象。

第三，食品生产经营者法律意识淡薄，业务素质低。不法生产经营者利用农村消费水平低、信息闭塞、农民文化低、食品安全意识差、只注重价格而忽视质量的弱点，将过期或即将过期的食品低价倾销到农村市场，部分食品经营人员只追求经济利益，不遵守食品安全相关法律法规的要求，缺乏社会公德和食品安全社会责任，忽视了对食品安全的管理，而这其中比较突出的是学校周边的小吃摊点和副食品摊点，安全隐患尤为明显。

三、改进南泉中心社区食品安全工作的建议

第一，继续深化和落实农村食品安全监管责任。当前，南泉中心社区抵御食品安全事故的能力虽然较以前有了进步，但农民自我保护意识和注重食品安全的意识还不强，一旦出了食品安全事故，后果将十分严重。农村食品安全是统筹城乡发展和社会主义新农村建设的重要组成部分之一，是各级各部门食品安全工作的重要内容。《食品安全法》和《农产品质量安全法》等食品安全相关法律法规，对解决农村食品安全问题、提高抵御食品安全事故的能力作出了明确规定，这对确保农村不发生重特大食品安全事故、保障广大农村群众食品安全、维护社会稳定、促进农村经济的发展具有积极意义。食品生产经营者应当依照法律、法规和食品安全标准从事生产经营活动，对社会和公众负责，保证食品安全，接受社会监督，承担社会责任，全面落实各级政府、监管部门和企业的农村食品安全监管责任，是法律赋予各级政府的法定职责。因此，增加食品安全监管人员和力量，切实加强组织领导和经费保障，将食品安全监管工作纳入政府综合目标考核，是落实政府食品安全职责的保障条件。尤其是社区、村组要落实人员、明确工作职责和落实监管工作经费，确保监管工作不留空白，为全社区广大农村食品安全提供可靠组织保证。

第二，整合监管资源，密织农村食品安全网络的"网底"。要充分发挥食品安全协管员和网格化的监督作用，加强农村食品安全工作，保证广大农民饮食安全。建议市级农业、质监、卫生、食品药品监管等相关监管部门，依法授权委托社区管委相关人员，在一定权限内赋予其开展现场监督检查的权利和义务，对辖区内农村食品生产经营单位或个人开展现场监督工作；同时，按照职能职责要求分别对农村食品协管员加强业务培训和指导工作，提高他们的履职能力。社区食安办要组织定期或不定期的监督检查，达到上下联动、相互配合、各司其职、各负其责的监管合力，提升农村食品安全综合监管效能。

第三，加快特色种植业养殖业，推动规模化发展。要以实施规模化种植养殖为着力点，进一步优化农村产业结构，构建现代农村产业体系，促进农民收入持续增加。具体来说，一是要积极推进产业化经营。探索多渠道、多区域、多层次的联合与合作，鼓励支持创办专业合作社，专业服务协会和联合体等各种类型的农村合作经济组织，切实提高农民的组织化程度、农业产业化水平和农产品市场竞争力。二是要抓好特色种植养殖业基地建设。积极引导特色种植养殖业向基地化、规模化方向发展，科学规划建设一批特色种植养殖业生产基地；引导其开展无公害农产品、绿色食品、有机食品质量认证，大力发展绿色产品生产。

第四，加大食品安全专项整治和日常监管工作力度。食品安全工作重在日常监管，要将食品安全专项整治和日常监管工作有机结合，并逐步转移到以日常监管为主的常态化食品安全监管方式。针对食品安全加工企业存在的违法违规的生产行为，应组织相关监管部门深入开展农村食品安全专项整治行动，进一步加强日常监管工作，缩短监管周期，增加监督频次，解决实际问题；深入基层开展食品安全调研、督查，从源头抓起，加大对农业投入品和食品生产加工、食品小作坊、高风险食品生产加工和经营企业的整治力度；在春节、元旦、国庆等重大节日期间，开展联合专项整治，形成强大攻势，保障公众节日消费安全。

第五，加强食品安全宣传培训和职业道德建设，增强从业人员守法意识。必须坚持不懈地加大对基层食品安全法律法规、健康保健知识的普及力度，增强公众抵御食品安全风险能力。要加强对乡镇食品安全监管机构专兼职人员的培训，提高依法监管水平；强化对农村从事食品生产经营、餐饮业的从业人员、业主的食品安全法规知识和职业道德培训教育，将之作为行政许可或执业许可的重要条件，提高其依法从业、守法经营意识；采取喜闻乐见的方式，在农村普及农村群众食品安全知识,开展健康知识教育,提高其辨别假冒伪劣、"三无"产品的能力和依法维权的能力,保障公众饮食安全。

第六,转变"官本位"思想,树立服务意识。由于历史和现实的原因,我国公民政治参与的水平普遍不高,作为民主政治文化主要特质的参政意识的缺失或不足是影响民众张扬公民精神的重要因素,乡镇的政府食品安全监管的阻力之一也是现代民主精神的不足。南泉中心社区食品安全监管部门在打击违法行为的同时还要推进企业及其他食品经营者自觉守法,使群众、经营者掌握国家的食品安全方针、政策,并自觉按照国家的方针、政策合法经营。这必然要求监管部门要转变官本位思想,树立服务意识,有一套为经营者愿意接受的监管方式,因此提升执法者的服务意识显得十分重要。部分执法人员存在工作方法简单、服务意识不强、作风武断的情况,执法者与经营管理者针锋相对,容易引起严重的后果和不良的社会影响、损害政府形象。因此,南泉中心社区的食品安全监管部门要积极地转变意识,增强服务意识,改变管理理念,要以服务群众为基础,以促进经营者合法经营为目的,依法办事,以和蔼的态度并运用专业知识及技巧、周全服务为出发点,切实地考虑企业经营者的难处,并为其讲解、引导以及解决生产确切的难处,从而获得经营者的认同,让他们的守法经营得到有效延续,违法行为得到自觉纠正。

四、结语

我国作为一个食品大国,食品工业正在崛起,食品安全处在一个重要的转折时期。随着经济的发展和社会的进步,农村的食品安全问题已得到越来越多的关注。面对日益复杂的食品安全市场,教育水平相对低且食品安全意识薄弱的农村消费者,唯有仰仗政府才能处在良好的食品安全环境之中。只有通过建立健全食品安全监管体制机制,加大督查频次、整治力度,行政处罚力度,才能确保食品安全、保障人民生活健康。食品安全问题的产生,不是静态、常规性的,有些是科技发展的必然现象,因此我们不能仅仅局限于食品安全的监管、制度等方面。为了更好地保证食品安全,从根源上解决食品安全问题,全社会只有充分利用科学技术,转变食品业发展模式,加快农业现代化和产业化,建立食品行业的全程监管机制,才能真正产出无公害食品、健康食品和有机食品。

【参考文献】

[1] 詹锦川,朱轶峰,闵新力.对食品安全追溯体系的思考[J].安徽农业科学,2009(28).

[2] 何昀,尹佳梅.食品安全软环境建设问题探讨[J].消费经济,2010(6).

[3] 刘菊堂.食品安全监督管理缺失及对策分析[J].求实,2010(2).

[4] 穆宏强.农村食品安全现状及监管对策[J].中国食品药品监管,2009(7).

[5] 杭冬婷.我国农村食品安全存在的问题及对策研究[J].法制与社会,2012(3).

[6] 杜楠雅.农村食品安全现状及原因探析[J].北京农业,2011(15).

河北省雾霾治理的现状及对策

姜 瑞[①]

摘 要: 中国社会科学院《"十一五"期间中国省域经济综合竞争力发展报告》中指出,河北省经济综合竞争力排名全国第12位,但是伴随着经济增长的同时却是层出不穷的环境问题,特别是近年来愈演愈烈的雾霾天气已经严重阻碍了河北省的经济增长乃至综合竞争力的提升。因此,本文通过分析河北省雾霾天气的产生原因,借鉴国外环境治理的经验,提出加强雾霾治理的对策建议,这将对改善环境质量、促进经济协调发展、提高居民生活水平具有重要的现实意义。

关键词: 雾霾天气　环境问题　跨政府合作

2013年中国遭遇了史上最严重的雾霾天气,全国当年平均雾霾天数达29.9天,创52年以来之最。据环保部发布的2013年前11个月重点区域和74个城市空气质量状况数据发现,2013年前10个月,石家庄有4个月都是全国空气质量最差,邢台、唐山各有2个月位居最差城市榜首。在每月空气质量较差的前十名中,基本上都会看到石家庄、唐山、邢台、邯郸、保定、衡水,河北诸市形成一道"雾霾风景线"。

灰霾是一种由气溶胶和污染气体造成的城市和区域性污染现象。机动车辆尾气、工厂生产以及燃煤导致大量的颗粒污染物排放到空气中,当遇到逆温、静风等不利于扩散的天气时,就形成灰霾。中国不少地区把阴霾天气现象一起作为灾害性天气预警预报,统称为"雾霾天气"。

---

① 姜瑞(1979—),男,山东济宁人,中国海洋大学2012级公共管理专业研究生。

一、河北省的雾霾现状

对于雾霾的成因,清华大学环境与工程研究院院长郝吉明指出:"雾霾天气的主要关注度在 PM 值的浓度上。"据了解,PM2.5 是指大气中直径小于或等于 2.5 微米的颗粒物,科学家用 PM2.5 表示每立方米空气中这种颗粒的含量,这个值越高,就代表空气污染越严重。为了全面客观地展现全国 74 个城市在 2013 年 PM2.5 的污染情况,绿色和平组织从国家环保部门和地方环保部门的公开信息平台上收集了这些城市所有站点在 2013 年全年每日每小时的 PM2.5 数值作为原始数据,并按算术平均的方法分别计算出不同城市的 PM2.5 年均值和最大日均值(城市日均值的计算方法为每日的 00:00 对前 24 小时各站点 PM2.5 的每小时监测数据进行算术平均),力求客观地反映这些城市 2013 年的 PM2.5 污染情况。2014 年 1 月 10 日,绿色和平组织发布了全国 74 个城市 2013 年的 PM2.5 年均浓度排名,根据《环境空气质量标准》,PM2.5 年均浓度是 35 微克每立方米为达标。在该排名的 74 座城市中,接近 92% 的城市的空气 PM2.5 年均浓度达不到国家标准,其中 32 座城市的 PM2.5 年均浓度是国家标准的 2 倍以上,而排行前 10 名的城市 PM2.5 年均浓度几乎是国家标准的 3 倍以上。

表1 2013 年全国 PM2.5 年均浓度排名

排名	城市	省份	PM2.5 年均值(微克/立方米)	PM2.5 最大日均值(微克/立方米)
1	邢台	河北	155.2	688
2	石家庄	河北	148.5	676
3	保定	河北	127.9	675
4	邯郸	河北	127.8	662
5	衡水	河北	120.6	712
6	唐山	河北	114.2	497
7	济南	山东	114.0	490
8	廊坊	河北	113.8	772
9	西安	陕西	104.2	598
10	郑州	河南	102.4	422

从表 1 中我们可以看到,在 2013 年年均 PM2.5 浓度最高的 10 座城市中,

有7个位于河北省。其中,排在前两位的河北邢台、石家庄两市的年均PM2.5浓度更是高达155.2微克/立方米和148.5微克/立方米,是国家标准的4倍以上。

二、河北省雾霾产生的原因

河北省大范围持续性的雾霾天气致使多地出现低能见度,交通拥堵现象严重,空气质量严重污染。那么,河北省为何会出现如此大范围的雾霾天气呢?笔者认为应该从以下几方面进行分析。

(一)地理位置与气候原因

河北省地势西北高、东南低,由西北向东南倾斜。西北部受坝上高原、燕山和太行山等山地的影响,阻碍了与西部自然气流的交换。污染较为严重的城市均为内陆城市,特别是石家庄、保定、邯郸等地距海较远,不利于大量空气污染物的疏散,从而使污染加重。河北省地处中纬度欧亚大陆东岸,位于我国东部沿海,属于温带湿润半干旱大陆性季风气候,全年地面空气相对湿度较大;秋冬季节天空晴朗少云,有利于夜间的辐射降温,使得近地面原本湿度比较高的空气饱和凝结成雾。

(二)工业生产方式粗放,企业排污量大

河北省是煤炭钢铁大省,省内大型企业主要为钢铁、石化企业,一些工业企业的生产设备、方式以及管理和环保理念都较为落后,企业管理人员对工业污染的严重性认识不足。2012年河北能源消费总量高达3.02亿吨,居全国第2位,其中煤炭消费2.71亿吨,占能源消费总量的89.6%,高出全国平均水平近20个百分点。可以说,燃煤量超标是造成河北省雾霾天气的最大元凶。另外,近几年重化工业高速发展的大背景下,北京采取了"退二进三"政策,鼓励第二产业(工业)从市区退出,合理利用腾出来的厂房,发展商业、服务业等第三产业,将北京市的高耗能、高污染的重化学工业转移到周边的河北省,更是大大加重了河北省的工业污染状况。

(三)城市人口密集,冬季供暖燃煤量大

我国雾霾天气的重灾区主要是北方地区,并且全年都有可能发生,但是到了秋冬季节会变得尤为严重,这在一定程度上跟冬季城市居民的日常燃煤供暖以及其他各行各业的采暖是有很大关系的。进行供暖的人口主要集中在人口密集的城镇和工矿企业。河北省是我国的人口大省,在雾霾污染严重的石

家庄市、邢台市和保定市,人口密度均超过每平方千米5 000人,大大超过了我国平均人口密度每平方千米139.6人,其中保定市人口密度更是达到了近每平方千米8 000人;并且近几年河北省城镇化进程大大加快,随着大量人群涌入城镇以及大范围的乡村城镇化,供暖的人口以及区域不断扩大,而供暖方式却十分单一,几乎均以燃煤为主。人口密度过大直接导致大气中燃煤污染物质浓度过大,大大促进了雾霾天气的产生。

(四)狭隘的政绩观

由于我国现行的干部考核制度并没有把环境纳因素入其中,这就导致个别地方政府官员只是一味地追求经济的片面增长而忽视环境效益和社会效益。这种狭隘的政绩观不仅是对那些排污量超标企业的纵容,更是对国家环境立法和居民健康不负责任。

(五)环境管理机制不完善

环境资源是一种公共资源,这就决定了要摆脱雾霾困扰,彻底改善环境质量,促进经济效益与环境效益、社会效益的协调发展就必须进行跨区域治理,加强地方政府的合作。由于当前我国的法律机制不完备,特别是一些环境法律法规的执行效力低下,对环境违法行为的惩罚力度不够,导致环境污染愈演愈烈。面对日趋复杂的公共事务,政府应该学会放权,充分调动公众参与的力量。

三、对策及建议

为了进一步抑制空气污染现状,改善空气质量,提高城市整体形象,河北省先后出台了《河北省大气污染防治行动计划实施方案》和《突发环境事件应急预案》等诸多条例加强空气质量监测,以针对性地制定措施防治大气污染。为此,笔者提出以下建议。

(一)树立正确的政绩观,促进跨部门或跨区域的环境治理合作

跨部门合作是整合相互独立的各种组织以实现所追求的共同目标,且围绕有必要合作的特定政策目标,在关切各部门利益和不取消部门边界的前提下实行跨部门合作。各部门合作关系首先是一种合作伙伴关系,而不是竞争关系或为部门争利。由于环境资源的公共性和不可再生性,这就决定了进行跨部门或跨区域环境治理的必要性和重要性。因此,在此次为争取新鲜空气而"战"的雾霾治理中,一方面要加强本省内各地级市区、周边郊县等各部门

的通力合作,制定严格的责任考核制度,严格执行和落实国家的环保标准,使各部门各司其职,促进本省经济效益、环境效益和社会效益的协调发展;另一方面,在本次全国城市空气质量排行榜上,我们可以清楚地看到与河北省紧邻的北京、天津也榜上有名。河北省作为京津的南大门,与京津有唇亡齿寒的关系。京、津、冀政府应抛弃各自为政的本位主义,互相取长补短、优势互补,共同为京津冀区域经济的发展作出应有的贡献。

(二)强化区域环境合作立法,提高环境犯罪成本

有法可依是法治社会的基本要求和重要特征,也是规范政府、企业以及个人行为的衡量指标。虽然我国的环境立法体系日趋完善,环境问题基本上实现了"有法可依",但是这些环境立法只规范了各级地方政府管理辖区范围内的事务,对上级机关在跨区域事务中的角色扮演,对于地方政府合作中的权利、责任分担等问题都没有谈及,所以制定跨区环境治理政策法规就成为环保部门的当务之急。但是,从这些环境法律法规的实施效果来看,现实中"守法成本高,违法成本低"的问题目前还未得到根本解决。有些环保部门形同虚设,环境监管能力难以满足新形势需要,环保队伍薄弱,尤其是基层环保部门人员严重不足,普遍存在"小马拉大车"现象,与日益繁重的环保任务越来越不适应。我国现行的环境立法存在对环境犯罪定义不明确、惩罚力度不够、环境犯罪覆盖面狭窄等问题,使一些不法企业在无形中钻了法律漏洞,增加了其以牺牲环境效益来谋取经济利益的机会成本。所以,司法部门首先应当在原有法律法规的基础上出台京津冀区域环境治理的相关法律法规,明确上级机关在跨区域事务中的角色定位,细化地方政府合作中的权利归属、责任分担等问题。要逐步完善着重提高各种环境立法的执法效力,提高违法企业环境犯罪的机会成本,对其违法行为严惩不贷,切实把环境保护提高到国家制度层面,做到法律面前一律平等,起到以一儆百的作用。

(三)加强宣传教育,重视公众参与

面对复杂、动态和多元的社会政治经济环境,公共危机的不可治理性大大增加。市场化经济的今天政府已经无法成为唯一的治理者,必须依靠政府、民众、企业和第三部门的共同治理。首先政府部门应该转变全能政府的观念,认识到此次雾霾治理任务的艰巨性和持久性,树立公共治理理念;认识到公众即是环境治理的受益者,更是环境治理的主要参与者。其次,要重视环保组织的参与,并为第三部门的参与提供制度保障。但是从目前的实践来看,我国尚未

在环境领域制定切实有效、系统化的公众参与机制,对公众参与的制度设计讨论也主要是停留在环境评价领域,还不能适应社会民众日益高涨的环境意识。有效的公众参与需要一系列制度安排加以保障,这一点我们可以借鉴西方国家在环境公众参与方面的途径与经验。西方国家通过信息公开与自由获取自由制度、公益诉讼制度、公众参与决策制度等保障了公众参与的有效实施。

(四)发展绿色产业,建设低碳城市

20世纪50年代,"雾都"伦敦冬季采用燃煤取暖,煤炭燃烧排放的大量粉尘、有毒气体等污染物长期囤积在城市上空,造成长期大范围的雾霾天气,空气中弥漫着难闻的臭鸡蛋味。据统计,仅1952年12月5日到8日的4天里,死于呼吸困难、哮喘、咳嗽、呼吸道困难的市民就高达4 000人,因此伦敦的雾霾被称为"杀人雾"。在付出沉重的生命代价后,英国痛下决心要整治环境,相继出台了《清洁空气法案》和《控制公害法》,规定将重工业和发电厂迁至郊外,推广电和天然气,减少燃煤量,采取集中供暖等,为雾霾治理提供了可靠的法律保障。其次,扩建绿地,建设低碳生态城市也是伦敦摆脱"雾都"的重要举措。伦敦人口稠密,但是人均绿化面积平均达到24平方米。当地政府认识到雾霾的产生不仅与燃料结构有关,同时也是人口、交通、工业高度密集的结果,需要进行综合治理,其中产业转型是关键,不能再单纯依赖制造业,而是转向服务业和高科技产业。如今的伦敦,俨然已成为一座名副其实的生态城市。值得借鉴的是伦敦的低碳生态口号并不是暂时的,而是成为伦敦政府长期坚持的一项"基本国策"。尽管河北省与伦敦在诸多方面存在着差异,但是在环境治理面前却有极大的相似性。因此,河北省应加快产业转型,发展能源替代产业,重视环境绿化,将建设低碳生态城市的策略执行到底。

本文作者通过了解河北省在全国城市空气质量的排名,分别从自然环境、工业污染、政绩考核制度三方面解释了该省出现大范围持续性雾霾天气的主要原因,并总结了现行雾霾治理中存在的不足,提出应转变政绩观、进行跨部门或跨区域环境治理合作,加强环境保护执法力度、提高环境违法犯罪成本,发展绿色产业、建设生态城市。希望此文能为河北省的雾霾治理提供一定的借鉴意义。

【参考文献】

[1] 孙亮. 灰霾天气成因危害及控制治理[J]. 环境科学与管理,2013(10).

[2] 周涛,汝小龙. 北京市雾霾天气成因及治理措施研究[J]. 华北电力大学

学报(社会科学版),2012(2).
[3] 杨妍.跨区域环境治理与地方政府合作机制研究[J].中国行政管理,2009(1).
[4] 王玉明,邓卫文.加拿大环境治理中的跨部门合作及其借鉴[J].岭南学刊,2010(5).
[5] 双艳珍.雾霾治理:伦敦告别"雾都"之经验[J].求知,2013(6).

当前我国城市低保制度实施中存在的问题与对策
——以青岛市 S 区低保工作情况为例

李 瑶[①]

摘 要: 随着经济社会的发展,城市低保工作遇到了许多新情况、新问题,如何做好新形势下的城市低保工作是一项亟须研究解决的重要课题。本文以青岛市 S 区最低生活保障制度的实施为研究对象,分析了 S 区低保工作实施现状,找出了目前城市低保工作面临的五个主要问题,提出需从建立低保对象信息对比制度、完善工作体制和运行机制、建立科学的评估监督体系、建立居民家庭经济状况核对信息网络、坚持"救助、脱贫"两条腿走路和提高从业人员素质等七个方面的措施以解决 S 区城市低保工作中存在的问题。

关键词: 社会保障体系 低保 制度改革

城市最低生活保障制度是以差额保障、临时性救济和应急救助等生活保障为主,以医疗救助、就学资助、供暖补助、就业援助、殡葬减免等解困措施为辅的城市社会救助体系,它是城市弱势群体的最后一道生存保障线。随着经济社会的发展,城市低保工作遇到了许多新情况、新问题,如何做好新形势下的城市低保工作是亟须研究解决的一项重要课题。

一、青岛市 S 区城市低保工作的基本情况及主要特点

青岛市 S 区总面积 65.4 平方千米,常住人口 102 万人,户籍人口 88 万,辖 19 个街道办事处、173 个社区居委会,是市内三区人口密度最大的城区。其

---

① 李瑶(1981—),女,山东青岛人,中国海洋大学 2012 级公共管理专业研究生。

中,低保家庭10 323户、低保边缘家庭11 000户,低保人员占全市城镇户籍低保户的45.3%,占市内三区低保户的56%。老城区特点明显、人口数量大、流动性强、困难群体多、服务保障设施落后,社会救助压力大、任务更重。

目前,S区城市低保工作主要呈现出以下特点。一是制度建设不断完善。近年来,青岛市S区始终坚持把保障和改善民生作为一切工作的出发点和落脚点,创新建立民生指数评估保障系统,制订了《申请低保操作规程》《低保审批即时批制度》等十余项工作制度,出台了《低保及低保边缘家庭成员城市无业居民医疗保险救助实施办法》《学龄前救助》等多项民生保障措施,建立了区、街、居三级管理模式,全区形成了一套工作制度健全、保障机制完善、监管体制到位的科学化社会救助工作体系。二是救助效果更加明显。在城市低保方面,S区先后12次提高标准,根据全市统一要求,2014年4月份再次将低保标准提高至每人每月600元。同时,开发《社会救助档案一本通》,大大提升了救助工作效率,每年可为困难居民节约工本费20余万元;开通社会救助补助金绿色通道,充分发挥医疗救助金救急救难的作用。广泛开展"慈善救助主题月"、"六个一"主题实践、"爱心积分"等活动,营造社会救助良性互动工作氛围。每年元旦春节,区政府投入千余万元,走访慰问困难家庭3万余户,产生了良好的社会效果。三是城市低保工作科学化水平不断提升。为确保低保工作的有序开展,区民政部门完善了相应的工作机制、工作流程和操作办法,建立了内部月例会制度,基本做到了政策落实到位、制度措施健全、操作程序规范、资金兑现足额及时。同时,注重加强队伍能力建设,每年至少举办两期低保工作人员培训班,对全区所有低保岗位人员进行一次轮训;出台了《低保从业人员考核实施细则》和《低保工作民主测评实施细则》等指导性文件。

二、目前城市低保工作面临的主要问题

第一,家庭状况复杂,低保家庭收入核实难。根据有关规定,只有家庭平均收入低于当地低保标准的家庭才能享受低保救助。目前低保实践中采取的家庭收入核查办法属于生活形态的直接观察,而这种认定方法有可能是虚假的、不真实的,造成低保资源的流失和社会舆论对制度的非议。具体表现在,随着新行业的不断产生,人们的就业方式变得更加灵活,利益分配更加多元化,居民家庭收入更是呈现出复杂化、隐蔽化,诸如灵活就业工资、财产性收入、股票、证券收益、储蓄存款及利息收入等等很难一一核实。企业下岗失业人员和人户分离人员的家庭收入更是难以确定,增加了低保审批调查核实工

作难度。

第二，基层工作力量薄弱，落实动态管理难。因为相关监督力量薄弱，加之城市低保政策性强、业务量大、涉及面广，一定程度上影响了核查质量。目前S区从事低保的工作人员少，基层尤为明显，一般街道配备1～2名民政工作人员，他们除负责社会救助、优待抚恤、救灾救济、复退军人稳定、安置、养老、社区建设等业务以外，大部分还要联系社区，有的还要兼任残联、老龄委等其他工作，致使街道的民政工作者顾此失彼、疲于应付。特别是每月遇到新申请低保人员时，根据有关规定街道工作人员应进行入户调查、核实低保申请人员的家庭状况等，实际情况是往往因为工作人员少而省略了该环节，仅仅凭借社区提报的个人材料和复核结果作为依据，街道对社区居委会低保工作监管无形中被弱化。

第三，相关部门衔接难，影响低保工作的公平性和合理性。城市低保制度与其他社会保障制度不能很好地衔接，不仅给城市低保救助工作带来了压力，也影响到社会保障制度实施过程中的公平性和合理性。主要表现为：几条保障线在制度上衔接不够，下岗职工基本生活保障和失业保障隶属于人力资源与社会保障部门管理，而城市居民最低生活保障隶属于民政部门管理，分别有不同的管理制度和管理范围；加上在对低保家庭收入进行核实过程中，企业、人社、文教卫生等部门各司其职，信息不共享，所需要的基础数据和信息网络管理滞后，使得低保对象的确定、检查和管理都缺少有效的数据，导致不应保而保的现象时有发生。此外，城市低保制度与原有的贫困救济等方面衔接不够，救助主体分散，涉及部门多，具体实施时救助，有些项目和标准缺乏统筹考虑，显得过多过滥，有些该给的没有给足，有些则是不该给的却给了。

第四，管理机制不健全，制度运行模式存在弊端。现行最低生活保障制度主要是依托各级民政部门和基层社区居民委员会运行的，实施低保制度被看成是一项自上而下推行的行政工作。这种制度运行模式存在许多弊端。一方面是民政部门为困难群众提供基本生活保障的职能无法满足困难群众日益增长的需求，职能定位与群众的心理期望差距较大。扩大保障范围或突破救助标准给予救助，需财政、审计等部门给予积极配合，获取政府、社会资源有限；另一方面，目前，还没有建立社会救助成员单位定期研究相关救助事项、部署社会救助工作的例会制度，没有形成定期沟通和交流信息的沟通机制，救助信息不能很好共享。统一的协调机制缺失，使贫困群众有些应该享受的救助政策和优惠措施难以得到落实。

第五，社会救助工作人员缺少必要的保障措施，人身安全和健康面临威胁。社会救助工作服务对象均为社会特定群体，人员素质偏低，加之还有精神病人、刑释（吸毒）等人群，工作沟通难，经常发生对工作人员进行辱骂、殴打等无理纠缠事件。同时，低保人员中有患肺结核、肝炎等传染性疾病人员，导致从事社会救助工作人员精神压力大，缺乏安全感，影响工作的积极性。

三、解决S区城市低保工作问题的对策

第一，建立低保对象信息比对机制。低保对象认定是城市低保工作的核心环节，只有准确认定低保对象，才能确保困难群众的基本生活真正得到保障。然而，认定低保对象的关键是对家庭收入核实。为此，当地民政部门除应根据当地经济社会形势的新变化，及时修订、完善相关法规的实施办法或实施细则，制定并实施城市低保操作规程外还应逐步建立家庭收入、财产申报制度。申报是低保申请人基于相关法规本着诚信原则向低保工作机构报告其家庭财产和收入情况的一种形式，也是为低保工作人员核查其家庭收入提供依据。家庭收入、财产申报制度的建立，有助于树立低保申请人的诚信观念，强化其法律意识。当以一种不诚实的方式申报其家庭收入及财产时，需要承担相应的法律责任，有可能受到法律的制裁。

第二，完善工作体制和运行机制。城市低保工作是一项系统的工程，涉及范围比较广。因此，做好低保工作并不仅仅是民政部门单个的事情，还需要劳动部门、工商税务部门、财务部门、教育卫生等部门的配合。这就需要改变以往的单部门作战的习惯，建立多部门的联动机制，实现资源的整合。一是建立社会救助工作网络。在民政部门下设社会救助保障中心、街道成立社会救助事务所、社区组建社会救助工作站，形成区、街、居三级工作网络，实现低保工作全覆盖，确保社会救助及时、准确、到位。二是建立联席会议制度。由民政部门牵头，房管、公安、工商、税务、人力资源和社会保障、工会、妇联、慈善、红十字会、公积金管理中心等职能部门参与，定期召开社会救助工作联席会议，通报社会救助工作事项，研究工作措施。三是建立低保审批联动工作机制。明确各职能部门在社会救助各工作环节承担的工作职能和工作责任，形成区域有效的社会救助信息比对快速协调机制。

第三，整合部门资源形成工作合力。采取"救助对象统一管理，资金共同分担，统一使用"的救助办法，对全区社会救助一切可利用资源进行有效整合，统一实施救助。一是统筹社会救助资源。年初由财政汇总民政、教育、卫生、

劳动、司法、共青团、工会、妇联、慈善、红十字会等职能部门全年用于社会救助的资金、物资(新的救助资源随时纳入管理),建立统一管理渠道,报区社会救助中心备案。二是统筹分配救助任务。由社区、街道按规定期限和救助种类将辖区内符合救助政策和条件的对象统计上报区社会救助中心,由区社会救助中心按照"先急后缓、先重后轻、归口救助"的原则,制订社会救助方案,将救助任务合理分配各救助职能部门。三是统筹实施分类救助。各职能部门依据区社会救助中心制订的社会救助方案,从本部门全年安排的救助资金、物资中分头实施救助。这样,既可避免救助对象的重复、遗漏现象,同时也便于统一救助标准,防止部门推诿,调动全社会的救助力量。

第四,建立居民家庭经济状况核对信息网络。在建立核对信息网络系统的同时进行信息交换核对和反馈工作。要开发城市社会救助体系平台,对民政承担的救助工作实现全过程信息化管理。要通过数据交换和信息共享,建立跨部门信息比对联网平台,以实现民政、财政、税务、银行、工商、人力资源和社会保障、住建、公安、住房公积金等部门和机构居民经济状况信息共享,实现低收入居民家庭经济状况核对工作的网上数据传输、信息交换核对,以确保数据属实,反映真实状况。

第五,建立科学的评估监督体系。一是明确监督重点。突出对救助对象的确定、审核、资金物资发放、退保等重点环节,实施全程监督,做到监管无缝隙、全覆盖。二是拓展监督渠道。要注重发挥人大代表、政协委员的监督作用,政府职能部门要加强审计督查,要建立完善低保公示、回避制度和低保风险防控机制;还应该让社会研究机构、社会相关团体等进行"第三者"调查研究和评价,以达到评价的客观性和公平性。同时,要建立公开、公平、公正的群众评价机制,让群众参与评估和监督,保证其真实性和客观性。三是严格责任追究。实际工作中,民政部门对低保家庭信息的查询和考录,有关部门必须给予支持和配合,由指定专人负责,及时提供相关信息和证明,并确保提供的信息或出具的证明要真实有效。对出具虚假证明的单位,要依照有关法律法规严肃处理;同时还应加强对核定低保家庭信息的工作人员的政策和法规教育,提高业务素质,对坚持原则成绩突出的给予奖励,对玩忽职守、滥用职权、徇私舞弊的要依照有关规定要给予纪律处分。此外,要求相关人员要严格遵守国家保密法规和数据安全管理办法的有关规定,以保护公民财产隐私,未经许可,不得将信息数据向第三方提供,以维护法律的严肃性。

第六,坚持"救助、脱贫"两条腿走路。在着力解决困难群体实际问题的同时，还要注意探索解困脱贫的新思路、新途径，增强救助对象的"造血"功能，从源头上帮助低保及低保边缘家庭走出贫困。一是将救助与促进就业结合起来。职能部门要进一步加大对低保及低保边缘家庭成员的就业培训与指导力度，建立就业帮扶信息库，出台相关促进就业政策，进一步扩大就业渠道。二是将救助与结对帮扶结合起来。建立党员干部联系帮扶困难群众长效机制，通过领导干部、党代表包片区，党员干部结对困难家庭定期入户走访送温暖，在重点解决生活困难的基础上注重思想、技能、就业等方面的帮扶，有效提升困难群众的生活幸福指数。三是将救助与鼓励创业结合起来。针对低保困难群众，出台相应的创业帮扶政策，鼓励救助对象自食其力，更好地融入社会，创造价值。例如，发放一定数额的创业基金，适当减免水电等公共事业费用，在税收上给予优惠，在技术上给予支持、指导等，为救助对象营造良好的创业环境。

第七，加强队伍建设，加大保障力度。办理者的工作既需要较强的业务能力，又需要有爱心、有良心、有自我约束力。要通过各种形式加大培训力度，如举办培训班以及编辑出版工作手册、政策汇编等书籍，提高低保管理工作者的业务水平，提高低保管理工作者的思想、文化水平，提高低保管理工作者的信息管理能力和信息化工作水平；同时要提高待遇，稳定基层低保工作者队伍。另外，要强化安全保障。建立社会救助工作人员、社区治安民警、社区综治工作人员、社区卫生防疫人员联合入户调查工作制度，为社会救助提供安全的工作环境。要完善各类工作预案，将其纳入街道应急系统管理，做到有事迅速解决、无事预防在先。

综上所述，为有效解决社会救助运作过程中因政出多门、制度政策缺乏有效衔接、重复救助、多头救助、过度救助和救助缺失等问题，要尽快建立"政府主导、统筹有力、保障全面、运转高效"的社会救助机制。要优化配置社会救助资源，提高信息化管理手段，形成救助政策协调一致、救助数据信息共享的大救助机制。要解决好困难群众最关心的最直接、最现实的民生问题，在缓解群众生活困难的同时给予生活希望，促进社会公平与和谐稳定，充分发挥社会救助的作用，防止因求助无门引发的突破道德底线的极端社会问题。

【参考文献】

[1] 刘朝立. 山东省城乡居民最低生活保障制度研究 [D]. 济南：山东经济学院，2011.

[2] 王世东. 城市低保群体问题研究——以大连市城市低保户为例[D]. 大连:东北财经大学,2012.

[3] 李馨. 完善我国城市居民最低生活保障制度的对策研究——以本溪市为个案[D]. 锦州:渤海大学,2012.

[4] 张婷婷. 城市低保群体结构变迁探究——以2003—2012年S社区为例[D]. 沈阳:沈阳师范大学,2013.

[5] 孟祥龙. 我国城市弱势群体社会救助问题研究[D]. 济南:山东财经大学,2013.

[6] 曹玥. 我国城市居民最低生活保障制度反思与重构[D]. 成都:西南财经大学,2013.

[7] 张红阳. 城市低保群体的社会支持研究——基于苏州的调查与分析[D]. 苏州:苏州大学,2013.

[8] 冯悦. 城市最低生活保障制度实施中的问题与对策[J]. 政策与探索,2008(3).

[9] 马金鸿. 实施城市最低生活保暄制度的几点看法[J]. 中国民政,2009(1).

[10] 宫春子. 城市低保工作存在的问题及对策[J]. 郑州航空工业管理学院学报(社会科学版),2009(4).

[11] 刘喜堂. 当前我国城市低保存在的突出问题及政策建议[J]. 社会保障研究,2009(4).

[12] 马君昭. 完善中国城市最低生活保障制度的思考[J]. 社科纵横,2013(1).

政府转型

关于服务型民政价值内涵及实现途径的思考

赵 亮[①]

摘 要: 服务型民政是民政工作的一种新形态,有着丰富而深刻的内涵。它的提出既是对民政为民服务职能的强化,又是民政工作的一种新的形态和新的表现方式。理解服务型民政的价值内涵与特征,研究探讨建设服务型民政的实现途径,对于提高社会管理科学化水平、解决影响社会和谐稳定的突出问题都具有重要的意义。但就目前而言,服务型民政建设缺乏完善的配套机制和完备的理论体系支持,民政队伍素质也达不到建设服务型民政的客观要求。可以从制定建设服务型民政的发展规划和实施细则入手,逐步将重点工作和关键因素转化成绩效指标落实到各个部门,并不断强化保障措施,确保服务型民政的建设。

关键词: 服务型民政 价值内涵 实现途径

服务型民政就其实质而言,不是民政工作性质的改变,而是对民政为民服务职能的强化,是民政工作的一种新的形态、新的表现方式。建设人民满意的服务型民政,是落实科学发展观的具体体现,是构建社会主义和谐社会的重要基础,也是建设服务型政府的必然要求。深入学习服务型民政的价值内涵,积极探索服务型民政的实现途径,对于进一步提升民政公共服务与管理水平、推动民政事业又好又快发展都具有重要的意义。

一、服务型民政的内涵与特征

近年来,全国各地为破解难题、推进民政工作创新发展,结合各自需求,先

[①] 赵亮(1974—),男,云南昆明人,中国海洋大学2012级公共管理专业研究生。

后创建了大民政、现代民政、阳光民政、法治民政等一系列富有地区特色和时代风貌的民政战略品牌,使全国民政战线出现了百舸争流的生动局面。具体来讲,服务型民政的基本内涵和特征有以下几点。

第一,服务型民政是对民政为民服务职能的强化。服务型民政的定位是强化服务职能,基本要求是用心服务、公平服务、依法服务和创新服务,核心在于提高民政公共服务与管理水平。服务型民政的服务与管理是辩证的关系。一方面,建设服务型民政必须强化"为民服务"的职能,这是由民政部门的本质属性决定的,也是与十七大强调的"加快行政管理体制改革,建设服务型政府"一脉相承的。民政工作包括民间组织管理、优抚安置、救灾救济、社会福利和社会事务等诸多内容,广泛涉及广大人民群众最关心、最直接、最现实的利益问题,增强政府提供基本公共服务的能力,必然要求强化民政为民服务的职能。另一方面,建设服务型民政不是只讲服务不要管理,而是以服务为导向把服务作为管理的出发点和归宿,通过创新管理和服务方式寓管理于服务之中,实现管理与服务的有机结合。强化服务职能,旨在以提供"人民满意的服务"为目标,完善民政公共服务管理的标准规范,健全民政公共服务管理政策和制度体系,扩大民政公共服务惠及范围,将以人为本的服务管理理念贯穿渗透到民政工作的系统之中,最终落实和体现在民政各部门、各层次、各环节的具体实践与行动上。

第二,"人民满意"是建设服务型民政的最高标准。建设服务型民政,必然要突出"人民满意"的服务行政理念,始终把实现好、维护好、发展好最广大人民的根本利益作为民政工作的出发点和落脚点,以人民群众的需求决定民政工作的内容与方式,用人民的评价决定政策的基本走向,将人民的满意度作为衡量政策执行效果的最高价值标准,更加注重保障人民群众的基本生活权益,更加注重为人民群众办实事、做好事、解难事,坚持用心服务、公平服务、依法服务和创新服务,推动服务型民政不断向"人民满意"的最高标准迈进。

第三,服务型民政是民政工作的一种新的形态、新的表现方式。服务型民政不是民政工作性质的改变,而是民政运作形态和方式的转变,是以服务理念为支撑的民政。它是民政工作的一种新的形态、新的表现方式,其特征具体表现在人本性、公平性、透明性、法制性和开放性等5个方面。其中,"以人为本"是构建服务型民政的出发点;"强化服务"是服务型民政的内在要求;依法行政是服务型民政的基本行为准则;公开透明是服务型民政走向成熟的重要标志;向民众开放、与民众互动则是推动服务型民政不断发展的内在动力。因为具有上述特征,服务型民政必将充满生机和活力,在实践的过程中不断扩充和完善它的理论体系,在发展的过程中不断丰富和深化它的基本内涵,在前进的过程中取精用弘、日臻完善。

二、建设服务型民政目前存在的困难

建设人民满意的服务型民政,对于贯彻落实科学发展观、构建社会主义和谐社会、建设服务型政府、提升民政事业发展水平都具有十分重要的意义。但是鉴于现行体制机制等客观因素的影响和限制,在建设过程中必然会遇到许多困难和问题。

第一,缺乏完善的配套机制支持服务型民政建设。建设服务型民政需要"制度配套",即需要不断完善民政相关的体制机制和制度体系。但就目前的情况来看,民政工作的责任、绩效、监督、奖惩等制度并不健全,评估方法也不够科学,具体表现在以下几个方面。一是缺乏职位分析,岗位职责模糊。民政工作涉及面广、工作复杂,很多岗位职能缺乏可以量化的评判指标,有时不但缺乏判断一个岗位工作完成与否的依据,而且各岗位忙闲不均,在同一职级的不同岗位之间也存在着工作量和难易度差别较大的现象。二是存在求同心理、官本位、人情、关系网等不健康因素,严重影响了各项制度公开、公平、公正地实施,进而挫伤了工作人员的积极性。三是采用单一的综合考评标准,不仅模糊性大,执行偏差也大,没有顾及岗位和人才有能级差异的客观现实。四是缺乏岗位目标责任制、能上能下制度、奖惩制度、监督制度等配套机制,导致考评结果不能充分发挥效用。

第二,缺乏完备的理论体系支持服务型民政建设。建设服务型民政需要完备的理论体系支持。目前对于建设服务型民政的具体要求、行为规范、实施细则、质量标准,以及服务型民政与传统民政的区别等等,缺乏统一而规范的理论指导。与此同时,民政法制建设及地方配套性法规、规章和规范性文件也不够完善。理论体系的欠缺容易导致建设服务型民政的简单化,或产生"把什么都往服务型民政上靠"的误区;在遇到实际问题时又缺乏可以参考和依照的标准规范,易于使服务型民政建设流于形式。

第三,民政队伍素质达不到建设服务型民政的客观要求。建设服务型民政,必然要求建设一支高素质的民政工作队伍。近年来,民政工作队伍的建设取得了长足的进步,但受各种体制机制等客观因素的影响,就整体而言还不能完全适应建设服务型民政的要求。例如,服务意识、责任意识、创新意识的缺乏,体制机制的不完善,以及官僚主义、形式主义的影响等,都是影响民政队伍素质的重要因素。一些领导干部德才兼缺,"四风"问题严重,极大地败坏了民政工作队伍的形象,让很多原本勤勉的基层职工丧失了工作积极性,严重影响了服务型民政的建设。

三、对服务型民政实现途径的思索

建设服务型民政是一个长期的过程,需要我们付出不懈的努力,不断克服发展中遇到的阻力和困难,解决实践中出现的问题。下面仅就服务型民政的实现途径提出粗浅的设想。

第一,制定建设服务型民政的发展规划,明确各个部门的职责和使命。以科学发展观为统领,以人民群众满意为目标,层层分解建设服务型民政的重点工作,解析用心服务、公平服务、依法服务和创新服务等关键因素,明确各个部门的职责和使命,健全民政公共服务管理政策和制度体系,完善民政公共服务管理的标准规范。在规划过程中应力求开门规划,组织专家参与,邀请相关部门指导,听取系统上下意见,吸纳公众建议,开展咨询讨论,增强规划的科学性。

第二,制定建设服务型民政的实施细则,将重点工作和关键因素转化成绩效指标落实到各个部门。依据各地各部门的实际情况,将建设服务型民政的重点工作和关键因素制订成详尽的目标计划、实施细则和清晰的绩效考核指标,分解到各个部门之中。在分解过程中,应以明确各个部门的职责和使命为前提,注重人民群众的需求和实际情况,坚持求真务实的原则,软硬件建设并重。在软件建设方面,应注重观念的更新、政策制度的完善、规范管理的加强和服务水平的提高;在硬件建设方面,应按照多元职能和多种对象区别设置标准、统筹安排工作目标。

第三,各部门依据上级下发的绩效考核指标,将实施细则的指标要素细化到每个岗位。民政各部门中的每个岗位都是民政有机整体中的一个细胞单元,因此细化到每个岗位的指标要素设计是建设服务型民政体系的重要环节。岗位指标的设计必须与岗位职责和业务流程充分结合,与实际需求相结合,同时保证考核指标是岗位主体通过努力可以达成和提升的。指标的设计与考核要严格遵循民主集中制原则,力求做到公开、公平、公正,切实能起到提高工作人员积极性和提升服务工作质量的作用。

第四,在建设服务型民政的过程中要不断强化保障措施。一是要健全领导体制和决策机制。要及时研究解决发展中遇到的重大问题和群众关心的热点问题，加强对服务型民政发展形势、任务和政策的分析与研究，提高决策科学化水平。二是完善经费保障机制。要积极争取政府加大投入，加强民政经费管理和监督，提高使用效益，确保资金安全。三是健全激励和约束机制。要把建设服务型民政作为各级党委政绩考核的重要内容，尽快建立健全考核机制和问责制度。四是创建鼓励探索创新的机制。要充分尊重人民群众的首创精神，鼓励民政各部门积极探索、勇于创新，创造性地建设服务型民政。对各部门好的做法和有效经验，要及时总结、积极推广。

综上所述，服务型民政的内涵包括人本化、规范化、精细化、实效化等4个基本特征，建设服务型民政时如果脱离上述任意一个特征，就不是"人民满意的服务型民政"。在具体进行建设时，则应当着重从建设服务平台、夯实服务基础、完善服务制度、规范服务细则、深化服务理念、增强服务意识、提高服务水平这8个方面入手，紧紧围绕服务型民政的内涵，建设人民满意的民政。

【参考文献】

[1] 张国琛．努力建设人民满意的服务型民政[J]．民政论坛，2010(12)．

[2] 李立国．坚持改革创新推进民政事业科学发展[J]．民政论坛，2010(7)．

[3] 民政部政策研究中心．山东服务型民政建设的成效与启示[N]．中国社会报，2012-10-17．

[4] 周艳玲．构建基层民政工作存在问题以及对策[J]．民营科技，2013(11)．

[5] 谈志林，许亚敏．山东服务型民政建设的成效与启示[J]．中国民政，2012(9)．

绩效问责：地方责任政府构建的关键环节

刘 慧①

摘 要：进入21世纪以后，特别是十八大以来，实现治理机制的创新已成为备受社会关注的政府建设课题。建立起一个具有合法性基础、代表与体现公共利益，更具民主与法治精神，更具回应性和责任、更具效率和效能、更加公开和廉洁，更具能力和国际竞争力的新治理典范，实现善政，已然成为人们思考的焦点。本文指出绩效问责是我国构建地方责任政府的关键环节，剖析了当下我国在绩效问责中存在的问题，提出推进绩效问责应从完善政府绩效评估、同体问责与异体问责相结合、建立完善的政府绩效信息系统等方面切入。

关键词：绩效问责　行政问责　责任政府　绩效评估

自从2003年"非典"刮起"问责风暴"之后，"行政问责"日益成为一个热门话题，我国相应加快了建设责任政府的步伐。这不仅彰显了我国构建责任政府的决心，也表明问责是责任政府最基本的实现形式。然而，近年来，构建责任政府的问责实践往往是与重大事故联系在一起的，大多数情况下是"出了事，才问责"。出了事要问责，这虽然是构建责任政府所必需的，但我们不能忽视一个很重要的方面——"无功"也要问责。政府是为人民谋利益的，"无功"在某种程度上也意味着"有过"，所以我们必须摆脱"无过便是功"的思想，不只是"有过"要"问责"，"无功"也要"问责"，只有这样，才会距离高水平的责任政府越来越近。

党的十八大报告提出：要创新行政管理方式，提高政府公信力和执行力，推进政府绩效管理。在政府绩效评估基础上的行政问责将是促进新时期构建责任政府的重要路径。当代中国，不可否认，目前有关绩效问责的理论和实践

---

① 刘慧（1989—　），女，山东青岛人，中国海洋大学2012级行政管理专业研究生。

研究还不是很完善，距离将绩效问责在全国范围内推行还有很长一段路要走。如何构建地方责任政府的关键环节——推行绩效问责便成为备受社会关注的政府建设课题。

一、绩效问责的内涵及推行绩效问责的必要性

"绩效"一词，蕴含成绩、效益和效能的内涵，政府绩效以公共产出最大化、公共服务最优化、社会回应及评价最佳化为根本目标。而政府绩效评估是运用科学方法、标准和程序尽可能客观地、准确地评价政府一定时期的表现。问责制度起源于西方民主和宪政的制度安排，体现"责任政府"的原则。"责"即责任，其字面含义一方面指应尽的职责；另一方面指未尽到应尽职责而应承担的过失。行政问责制，是指问责主体通过一定规范程序，针对政府机关及其公务人员承担职责和义务的履行情况、与其工作职责有关的工作绩效及社会效果等公共责任而实施的，要求其承担否定性结果的一种责任追究制度。基于政府绩效评估的结果，问责主体依法定程序追究没有达到基本绩效目标的政府组织及其公务人员的公共责任的过程就是绩效问责。本文认为，政府绩效问责是对政府的绩效来进行问责的一种方式，是指公共权力所有者要求政府向公众阐释其绩效产生的事前、即时和事后的一种全方位制度安排，并据此接受公众的质询、监督和处罚。绩效问责不仅关注"行政失当""行政不作为"等导致的重大事故和损失，还关注官员的政绩和贡献，即如果没有达到相应的政绩，甚至是"无功"并不能逃避责任，也要被追究责任。从本质上说，传统的行政问责仅仅是"治标"而不是"治本"，而绩效问责由于以绩效评估结果为基础，就使问责有了依据，能够从源头上找到绩效不佳的原因，并有针对地提高政府绩效，避免"庸官""太平官"、在责任面前不讲"功劳"讲"苦劳"的思想大行其道，达到"标本兼治"的效果。由此可见，绩效问责是对行政问责的进一步深化与发展，是构建地方责任政府的关键环节。

在当代中国推行绩效问责的必要性可以从绩效问责的缘起和作用两方面来分析。从绩效问责缘起来看，一方面，经济的发展促进了政治的进步，向政府提出了更高的要求。经济基础决定上层建筑，改革开放以来，中国经济的快速发展对政府和公务人员提出了更高的要求，政府的角色也由管理者转变为服务者，而公民也就成为政府提供产品与服务的对象——顾客。因此，需要政府以科学发展观和正确政绩观为向导，在执政的过程中尽最大努力为公民谋取尽可能多的利益，不能仅仅关注"无过"，还要关注"建功"，而要界定"功"

与"过"以及"功过多少",就需要引入绩效这一概念,对"有过""无功"以及绩效不达标的政府组织及公务人员追究责任,绩效问责应运而生。另一方面,随着我国经济社会改革的不断深入,公民社会的不断成长对政府推行绩效问责提出了必然要求。随着公民需求日益多元化,公民民主参与、权利意识也日益增强,公民社会日益形成。这样,公民注重的将不再只是政府的行为失当造成的损失,而且还越来越关注政府的政绩,越来越关注政府行为是否符合经济、效率和效益标准,越来越关注政府的运作是否考虑了成本——收益,越来越关注政府是否致力于花最少的钱来提供最优质的产品和服务,越来越关注政府是否不断争取公民的利益。作为公民要求政府为"行政失当"负责,也要求为政绩不合格负责,更要求为毫无作为即"无功"负责,而绩效问责恰恰能够实现如何评判政府行为、如何让政府负责,因此,在当代中国要推行绩效问责势在必行。

从绩效问责的作用来分析,首先,绩效问责扩大了问责范围,对政府组织及公务人员的行为提出了更高的要求,是建立责任政府的必然要求。政府拥有的公权力涉及很多方面,传统的行政问责只基于"行政失当"所造成的损失,而对于那些没有达到绩效目标的行为则很少或没有涉及,也就无法完全实现权责一致,而绩效问责恰恰弥补了这一空白,不仅要求政府依法行政,还要求政府活动能产生良好的绩效和有效的治理。另外,绩效问责是鼓励公民参与治理过程并强化对政府的监督的必然要求。政府决策的过程不是一个单方面行使权力的过程,而是一个与公民互动的过程,公民参与是实现良好治理必不可少的。传统的行政问责,大多数是出了事上级才对下级问责,这就缺乏明确的问责标准,可能出现暗箱操作,大大降低了透明度,公民即使有意愿参与治理,监督起来困难重重。而绩效问责是基于绩效评估结果的前提下,有明确的绩效指标作为依据,政府和公务人员的行为是否达到绩效目标较容易为公民所知。所以说,推行绩效问责在一定程度上鼓励了公民参与治理过程,强化了对政府的监督。

二、我国推行绩效问责任重而道远

绩效问责的实施有助于建设责任政府,有助于增强公民对政府的监督,然而,我国绩效问责制还处于起步时期,仍面临着诸多困境,因此有必要对这些制约因素深入剖析,为寻求推进绩效问责制建设路径奠定基础。

（一）政府绩效评估指标难以确定导致绩效评估困难，制约着绩效问责的可操作性

指标是评估的工具，在政府绩效评估活动中起着"风向标"的作用，直接关系绩效问责的信度与效度，但这也对政府带来了诸多客观的障碍。第一，政府提供的公共服务难以量化，很难得到精确的"投入—产出比"，绩效也就难以衡量和评估。第二，政府活动具有广泛的影响。政府的影响不仅表现在经济方面，而且已经渗透到社会、文化、生活等领域，这样，要对政府绩效进行全面系统的评估就要处理非常庞大的数据，就要制定非常全面的绩效衡量指标，困难可想而知。第三，政府活动具有长远的影响。政府的政策往往不仅关注现状，而要以长远的眼光看问题，所以很多政策可能几年以后甚至十几年、几十年以后才会显示出其绩效（如教育政策、人口政策）。第四，对政府所提供的公共服务的质量的绩效指标难以订定。众所周知，公共服务要讲求经济、效率、效果，与此同时，服务的质量也不能忽视，这就需要事先设定与服务质量有关的指标，而质量的好坏又难以用客观的数据来衡量，这无疑加大了绩效评估的困难，要进行问责也就难上加难。

（二）政府内部评估为主，同体问责占主导降低了绩效问责的有效性和客观性

在我国，由于受传统封闭的自然经济的影响，政府的公共权力具有集中统一性和自然增长的趋势。对政府绩效实现全面、科学、客观的评估难度非常大，导致绩效问责的有效性大大降低。问责有两种方式：同体问责和异体问责。同体问责即政府部门内部上级对下级的问责。而异体问责是指行政系统外部（社会公众、新闻媒体）的问责和人大的问责，显而易见，异体问责的主体就包括两部分：一是有责任追究权力的主体——人民代表大会，二是没有责任追究权力，仅有责任监督权力的主体——新闻媒体、社会公众等。但是我国当前的绩效问责还停留在同体问责水平上，多数属于"上问下责"，这在某种程度上扩大了监督不力的空白，限制了绩效问责的客观性。

（三）政府绩效信息系统不健全，限制了绩效问责的合理性

政府绩效评估在某种意义上其实就是政府绩效信息的收集、整理、沟通和评价的过程，因此，政府绩效信息系统的建立健全对绩效评估至关重要，但是我国目前还没正式建立起绩效信息系统。首先，我国目前还没有比较完善的绩效信息收集网络，特别是缺乏专业的民意调查机构，这一方面与国外的差距比较大；即使社会公众有意愿参与，也很难找到有效的方式来表达，要想作为问责主体进行绩效问责也就难上加难了。其次，政府信息以及工作的透明度较差。虽然《政府信息公开条例》的实施是政府努力实现政务公开迈出的一大步，但是，在某种程度上，该条例离正规法律还是相差甚远，公民获取信息还是缺乏法律上的本质保护。最后，政府绩效信息的沟通机制不够健全。制定绩效指标、进行绩效评估、开展绩效问责这一系列的活动都离不开充分的沟通。政府与公众在绩效评估信息、评估结果等方面的充分沟通都影响着绩效问责的顺利推行。

三、进一步推进绩效问责的途径

上述分析表明，绩效问责是我国行政体制改革和责任政府建设的关键环节。因此，切实解决绩效问责中存在的问题、全面推进绩效问责具有重要价值和意义。因此，笔者认为，我们可以从以下几个方面入手推进绩效问责。

（一）完善政府绩效评估，为开展绩效问责奠定良好的基础

第一，制定科学、合理、完善的绩效指标体系。政府绩效评估指标是问责制的坐标体系，评估主体通过与绩效评估指标的比较来监督政府责任的履行情况，据此来决定是否对政府行政人员启动正式问责程序，因而要开展绩效问责就要求我们致力于制定一个科学、合理、完善的绩效指标体系。这就需要注重定性指标与定量指标相结合，注重速度、规模与质量、结构相结合，注重经济发展指标与社会发展、文化发展、自然资源等指标相结合，注重近期指标与长远指标相结合。同时，我们也深知成功地制定出一个科学、合理、完善的绩效指标体系不是一朝一夕就能实现的，这需要借鉴国外经验，如以平衡计分卡的思想去构建公共部门的绩效评估问责指标。

第二，建立多维评估体制，实现评估主体多元化。在我国，目前政府占据评估的绝对主导地位，然而主体多元化将成为一种新的趋势，只有主体多元化，在进行绩效评估时才能使评估全面而系统有效，才能进一步形成一个完善的责任机制和民主考评机制，政府绩效评估主体多元化已成为不可阻挡的新要求和新趋势。由此，就要把内部评估与外部评估相结合，并且要重视第三方的作用。例如，一些专家和学者，他们掌握了丰富的专业知识和较为广泛的信息，在绩效评估中要注重借助他们的力量。将政府、公众和专家学者三方面相结合来进行绩效评估才能为开展绩效问责提供一个比较可靠的依据，从而使

政府行为的信息更容易、更广泛地获得,也更深刻,对政府行为的监督也更加全面。

(二)同体问责与异体问责相结合

第一,加强人民代表大会在绩效问责中的中枢作用。作为异体问责中有责任追究权力的主体,人民代表大会在绩效问责的实施中扮演核心角色。人民代表大会是人民通过直接或间接的方式选举产生的,根据宪法规定,由各级人大来监督各级政府官员,由拥有选举权的公民来监督人大代表。可见,由人大进行绩效问责是最能够代表民意、最可靠的问责路径。但是,目前我国由于制度设计存在一定缺陷,各级人大及其常委会对于宪法和法律赋予自身的质询权、特定问题调查权、罢免权等很少启动。所以,应当在保障人大问责权力的基础上增强人大对政府组织及公务人员问责的手段和力度。

第二,重视在绩效问责中借助新闻媒体的力量。新闻媒体作为"第四权力"、作为传递政府信息的"传声筒",是公众表达意愿和需求的窗口,在政府绩效评估活动中发挥着举足轻重的作用。新闻媒体是特殊的异体问责的主体,即新闻媒体有监督政府的权力,但却没有追究政府责任的权力,尽管如此,在推行绩效问责时还是要充分发挥新闻媒体的监督功能。新闻媒体不仅往往能够将达不到绩效目标的政府组织或相关公务人员推上"风口浪尖",进而促成问责的启动。新闻媒体还可以将信息客观公正地向公众报道出来,这样就有利于保障公众的知情权,有利于引导公众积极参与问责。因此,政府要多与新闻媒体沟通并且要确保新闻自由、独立,保障公民通过新闻媒体了解情况、表达意见的权利,进而顺利推行绩效问责。

(三)建立完善的政府绩效信息系统

目前,我国还没有建立一个相对完善的政府绩效信息系统,如政府绩效信息收集网络不健全、政府信息公开力度不够、政府绩效信息沟通机制不健全等等。因此,要推进绩效问责就必须要建立起完善的政府绩效信息系统。首先,大力培育专业性的民意调查机构,收集社会各界对政府绩效的意见和建议,这将促进公民社会的发展,实现良好的治理。其次,完善法律法规,大力推行政务公开。对免于公开的政府信息作出更清晰的定义,保证公民的知情权和参与权。最后,建立完善的政府绩效信息沟通机制。在政府内部上下级、政府与公众、政府与新闻媒体之间进行全面沟通,尽最大努力将更广泛的力量吸纳到政府绩效评估之中,为政府实施绩效问责提供更可靠的根据。

四、结语

进入 21 世纪以后,特别是十八大以来,国家之间的竞争日益加剧,如何建立起一个具有合法性基础、代表与体现公共利益、更具民主与法治精神、更具回应性和责任、更具效率和效能、更加公开和廉洁、更具能力和国际竞争力的新治理典范,实现善政,已然成为人们思考的焦点。在此背景下,引入构建我国地方责任政府关键环节的绩效问责具有重要的理论价值与现实意义。

【参考文献】

[1] 王伟,唐兵,杨建成. 构建与嬗变:中国政府改革发展 30 年 [M]. 郑州:郑州大学出版社,2008.

[2] 周亚越. 行政问责制研究 [M]. 北京:中国检察出版社,2006.

[3] 朱黄涛,毛晚春. 政府问责方式的新发展:绩效问责制探析 [J]. 理论观察,2009(3).

[4] 盛明科. 服务型政府绩效评估体系构建与制度安排研究 [M]. 湘潭:湘潭大学出版社,2009.

[5] 徐元善,楚德江. 绩效问责:政问责制的新发展 [J]. 中国行政管理,2007(11).

基于公众满意度的政府绩效评估模式研究

——以青岛市"三民活动"为例

王海丽 ①

摘　要:公众满意度评估主要表现在以满足公众需求为目标,以公众满意为衡量政府绩效的标准以及评估过程中公众的广泛参与。本文以青岛市"三民活动"为例,分析"三民活动"在多元评估主体、广泛的公众参与、电子政府的创新应用三个方面进行的有益实践,主张从提高政府信息透明度、围绕公众需求设计政府绩效评估指标、有效运用公众满意度评估结果三个方面来进一步改进公众满意度评估。

关键词:公众满意度　政府绩效　绩效评估

以公众满意度为导向对政府绩效进行评估是建立高绩效政府、服务型政府的必然选择。以公众满意度为导向体现在以公众为中心、以满足公众需求为目标以及评估过程中有广泛的公众参与。公众满意度作为一项重要的政府绩效评估指标,强调建立以履行为人民服务的行政职责,以公众满意度为最终评价标准,以一定的行政资源来追求公共利益最大化的高绩效政府。公众满意度评估可以帮助政府了解自身服务的成功之处和存在的问题,对政府进一步提高绩效、实现向服务型政府转变具有重要的意义。目前我国已经有不少地方在政府绩效评估中引入公众满意度评价。青岛市"三民活动"在一定意义上就是在政府绩效评价中强调公众满意度导向的实践,值得认真总结。

---

① 王海丽(1990—　),女,山东威海人,中国海洋大学2013级行政管理专业研究生。

一、公众满意度是政府绩效评估中一项重要指标和价值取向

公众满意度是政府绩效评估指标体系中的一个重要组成部分。公众在衡量政府绩效时,主要是评估政府是否创造了令人满意的社会价值。也就是说,政府绩效高低取决于它是否能在一定投入成本的前提下,提供令公众满意的公共服务。政府基于公众需要提供公共物品和公共服务,公众根据对公共物品和公共服务的满意程度来评估政府绩效,从而使政府不断提高服务质量、绩效不断得到改善,这是政府绩效评估的宗旨。作为政府绩效评估价值取向之一的民主,要求公民基本权利和自由得到体现和保护。政府作为政治权力的主体,为维持社会稳定实行必要的管理,但是其掌握的权力是人民授予的,必须对人民负责。因此,政府绩效的好坏,公众具有决定的发言权。

评估政府绩效时,一方面要考虑政府的效率即投入与产出方面,另一方面更重要的是效益方面,即评估政府所做的在多大程度上满足了社会和公众的需要、得到了民众的认可。只有让公众满意,政府的行为才是最有绩效的。因此,在政府绩效评估中要保证公众的政治参与,使公众能够根据自身利益作出选择。根据新公共服务理论,政府在公共管理过程中应承担的职责是提供公共服务和向公民放权,帮助公民实现他们的公共利益,强调重视公民需求的满足而不仅仅是经济的增长。因此,评估政府绩效时不只是看效率,应把效率置于民主、公共利益的框架之内,关键的是看公众对政府公共服务的满意度。

基于新公共服务理论,公众满意度导向的政府绩效评估也是建立回应性政府的必然要求。政府应注重回应民生诉求,让公民参与和监督政府工作,根据公众满意与否的反馈来改善政府行为、提高政府绩效。在本质上说,政府的角色定位不是统治、管理,而是服务,提供公共服务来满足公众对政府的需求。只有公众对政府提供的公共服务满意,政府才是有绩效的。建立在公众满意度基础上的政府绩效评估,强调政府换位思考,站在公众的角度去看待其提供的公共服务价值,这种价值不是由政府决定而是由公众决定的。因此政府在提供公共服务时必须以公众为导向,满足公共利益,才能让公众真正感到满意。只有把社会公众对政府的满意度放在重要位置,才能真正实现公共利益,促进政府改善管理。

二、青岛市三民活动的特点

在政府绩效评估中,强调公众满意度评估成为政府改进绩效评估工作的

主要着力点,全国各地方政府积极探索创新,纷纷将公众满意度评价植入政府绩效评估中,青岛市的"三民活动"则是其中开展较早、影响较大的评估模式。为广泛听取市民的意见,接受市民的监督和评议,青岛市邀请公众评议政府部门工作,把人民群众满意作为评估政府部门工作的根本出发点,自2009年开始举行"向市民报告、听市民意见、请市民评议"的"三民活动"。市民通过听取政府各部门的述职报告,根据各部门的工作报告、部门职能和年度业务职能目标等情况客观提出建议、作出评价,充分体现了以公民满意度为导向的政府绩效评估,完善了政府绩效评估体系,对创新政府绩效评估机制进行了有益的探索和实践。

(一)多元主体评估政府绩效凸显公众满意度评估

公众满意度评估是以公众为主体评估政府绩效的方式,因此评估权应该掌握在公众手中。以公众满意度评估政府绩效,首先必须明确"公众"是谁。由于政府提供公共服务的主要接受对象是公众,公众对政府的满意程度是评估政府绩效的主要标准,因此公众满意度评估的主体应包括公民、权力机关、政党、大众传媒、专业评估组织等。只有保证多元化的评估主体,才可以做出客观全面的满意度评价。多元化主体使"政府本位"转变为"公众本位",以公众评议政府强化政府的责任意识,从而使政府站在公众的立场上满足公众需求。"三民活动"十分注重公众满意度评估主体的科学构成。在市民代表的构成上,涵盖城乡居民代表、服务对象代表、社会各界代表3个层面,包括区市部门、企业单位、事业单位、镇(街道)、各级党代表、各级人大代表、各级政协委员、民主党派、专家学者、新市民、自愿报名市民等17类,尽可能覆盖社会各个领域,兼顾了广泛性和代表性,构成多元化的公众评议主体。而且为了减少评估的盲目性,对于不同的政府部门,公众满意度的评估主体是不同的。青岛市56个部门按照工作性质、工作职能共分为4组,从政府部门所服务的对象这个范围内为每组针对性地选择评估主体,即每个组由不同的评估主体构成,形成区别性的评估主体。可见,"三民活动"既保证了评估主体的广泛性,又保证了评估主体的针对性,增强了满意度评估结果的客观性和准确性。

(二)广泛的公众参与体现了公众满意度评估

公众参与的广泛性对于政府绩效评估体现公众满意度导向具有重要意义。提高公众的满意度是政府绩效考核的根本目标,公众在政府绩效考核中最具发言权,因此公众满意度评估要注重公众参与。我国传统的政府绩效评估主要是自上而下的评估方式,缺乏公众的参与,公众满意度低。而公众满意度评估主张公众通过参与评议过程,将政府工作和公众需求结合起来评估政府绩效。"三民活动"的最大特点就是公众的广泛参与。为保证有较广泛的市民代表选择范围,在选聘程序启动后,青岛市政府通过在青岛日报、政务网等媒体上发布选聘公告,进行宣传动员,鼓励市民积极参与。一方面,"三民活动"对政府绩效评估中公众参与的途径作出了明确的说明。"三民活动"规定市民代表参与评议过程的途径有两种:一是采取随机抽样与单位推荐相结合的途径,二是采取自愿报名、随机抽取的途径。而且为了鼓励广大市民积极参与评估工作,培养市民的参与意识,"三民活动"面向社会公开选取一定数量的市民代表,感兴趣的市民可以通过青岛政务网报名参与满意度评估。另一方面,"三民活动"中公众参与满意度评估的方式多样。公众在进行满意度评估过程中,除了可以通过现场评议的方式,还可以通过填写社情民意满意度、市民代表回访满意度等调查问卷的方式参与评议。"三民活动"通过对公众参与的方式、渠道作出详细说明,为公众有序地参与政府绩效满意度评估提供了良好的条件。

(三)电子政府的创新应用体现了政府绩效评估中的公众满意度导向

公众满意度评估要求公众掌握全面有效的政府绩效评估信息,了解政府的所作所为,实行政务公开。因此,公众满意度导向的政府绩效评估必然导致电子政府的发展。电子政府的开放性大大增强了政府行政的透明度和民主化程度,使公众获取政府信息更为迅速、便捷,进而能够根据绩效信息,客观公正地作出满意度评价,而且畅通的反馈渠道也使得政府及时对公众满意度的评估结果作出回应。对于政府而言,在公众满意度评估之前,利用网站等形式将政务信息公布给公众;在公众满意度评估之后,利用电子政府及时公开各部门的公众满意度结果。对于公众而言,电子政府为公众实现知情权、参与权和监督权提供条件,通过网站等为公众进行满意度评估提供所需要的绩效信息,为公众参政议政提供新渠道。"三民活动"就充分利用网络、媒体等实现了评估过程的透明和信息的公开。"向市民报告"首先为了保证市民代表充分了解评估部门的信息,将各部门的工作职责、年度目标和年终述职报告提前在青岛政务网等八家网站上公示,方便市民查询了解;然后由各部门负责人在现场集中向市民代表报告全年的工作完成情况、存在的问题及下一年的改进计划;在各部门负责人述职结束后,将整个过程制作成视频,在青岛政务网等网站上向公众公示。"三民活动"中电子政府的创新应用充分地体现了政府绩效评估中的公众满意度导向,通过信息化手段,公开政府部门的绩效信息、评估过程,为公众满意度这一软指标的衡量提供技术支持。

三、青岛市"三民活动"的局限、改进与启示

青岛市"三民活动"成功的地方在于政府各部门公开接受公众评议,虚心听取公众意见,承认公众在绩效评估中的主体地位,积极引导公众参与绩效考核,促使政府各部门主动了解民意,积极回应市民对政府工作的评价,从市民意见最大、最不满意的地方作出改进。青岛市政府坚持把公众满意度作为政府绩效评估中的重要内容,改变了以往的"官考官",建立起了"民考官"的新机制。然而三民活动仍然存在一些问题,建立在公众满意度基础上的政府绩效评估真正取得效果需要从以下三个方面去改进。

(一)提高政府信息透明度

公众满意度评估以公众满意不满意为评估标准,而公众对政府绩效作出满意度评价的前提是获取到充分的绩效信息。只有获得充分的政府绩效信息,公众才有依据作出客观评价,政府才可以接受公众全面的监督。因此,提高政府信息的透明度是保证公共满意度导向的政府绩效评估得以实现的前提。公众满意度评估的公开化、透明化既包括评估内容、评估过程的公开,也包括评估结果的公开。"三民活动"电子政府的运用,将政府各部门的部门职责、职能目标、述职报告等信息向公众公开,但是在公众做完社会评议之后,后续的满意度评估结果并没有对社会公众公开。这样导致了公众在绩效评估中的主体地位没有真正得以确立,公众评估没有形成对政府行为的有效制约,政府缺乏改善绩效的动力。因此,提高政府信息的透明度是"三民活动"公众满意度评估目标实现的前提。在公众评估政府绩效之前,应将全面有效的政府部门绩效信息及时向公众公开,使公众了解政府各部门的工作情况。在公众评估政府绩效过程中,应注意将评估的进展情况公布于众,保证绩效评估过程科学、有效地进行。在公众评估政府绩效结束之后,应将各部门的满意度评估结果予以公开,形成对政府行为的监督与制约。满意度评估结果的公开对政府行政起到重要的激励和监督作用,对政府形成绩效压力,促使政府工作坚持以公众为导向。

(二)围绕公众需求设计政府绩效评估指标

将满意度评估植入政府绩效评估中的难点在于如何对满意度进行测量。"三民活动"将评估指标细分为"年度工作完成情况、履行职责情况"等7项

指标，市民采取现场评议和日常评议结合的方式，通过测评票对政府各部门打分，测评票的得分即为社会评议得分。但是"三民活动"的评议指标是描述政府工作情况的客观性指标，其评估指标只是反映出政府工作的完成情况，并无法反映出公众对政府工作情况的满意程度，易出现政府各项工作均达到目标但公众对政府所做工作并不满意的现象。政府在提供公共服务时应以公众为导向，为公众提供超越其期望的服务。要精确测量公众满意度必须围绕公众需求设计政府绩效评估指标。理论上，公众对政府的评价，一般都涉及政府形象、公众期望、公众感知质量、公众满意、公众抱怨五个方面。因此"三民活动"应根据这五个方面将上述七项指标衍生出更为具体的评价内容，将公众满意度评估置于每一项指标中，使每一项指标都由公众根据这五个方面做出主观性评价。"三民活动"单纯一级指标无法反映出公众的满意度，应具体细分为下一级主观性指标，形成多层级的满意度评估指标体系，使满意度评估是建立在一定的客观基础上所作的主观评价。而且满意度评估所依据的绩效指标应该从公众的立场和价值选择予以确定，了解公众意愿，让公众更多地参与到政府绩效评估的指标设计方面。只有这样，才能保证指标体系的效度，评估结果才具有更大的信度与价值。

（三）公众满意度评估结果的运用

公众满意度评估结果的运用是公众满意度评估真正发挥作用的关键，体现了公众满意度的表达在多大程度上推进了政府部门工作的改进。公众满意度评估本身并不是目的，充分利用评估结果提高政府绩效进而使公众满意才是政府绩效评估的最终目的。"三民活动"没有建立起有效的评估结果反馈机制。一方面，测评票的得分未与公务员奖惩、升迁联系起来；另一方面，在听取市民意见中，政府各部门收集、回复意见，但是政府部门回复公众意见形式化，侧重于通过各种数字说明政府的工作成绩，对公众的关键问题模糊回答，忽略公众意见的实质。"三民活动"应有效利用评估结果来推进政府各部门改进绩效。首先，把满意度评估结果与公务员年终考核结合起来，将其与公务员的奖惩、升降挂钩，使绩效评估结果发挥重要的激励和惩罚作用。其次，公众关注的不是政府所完成的各项工作，而是这些工作是否满足公众的需求。因此政府各部门应认真对待每一条意见，透过意见了解公众需求明确其提供的公共服务与公众心中期望之间的差距，在倾听公众意见的基础上改善政府工作，为后续绩效改进工作的开展奠定基础。

【参考文献】

[1] 周志忍. 政府管理的行与知[M]. 北京:北京大学出版社,2008.

[2] 蔡立辉. 政府绩效评估[M]. 北京:中国人民大学出版社,2012.

[3] 盛明科,刘贵忠. 政府服务的公众满意度测评模型与方法研究[J]. 湖南社会科学,2006(6).

[4] 王谦,李锦红. 政府部门公众满意度评价的一种有效实现途径[J]. 中国行政管理,2006(1).

[5] 孟华. 政府绩效评估的民众基础及其改善[J]. 东南学术,2005,(2).

[6] 郑方辉,吴轶. 地方政府绩效评价中的公众满意度调查[J]. 市场研究,2007(3).

[7] 周志忍. 效能建设:绩效管理的福建模式及其启示[J]. 中国行政管理,2008(11).

[8] 陈虹. "顾客导向"与我国政府绩效评估[J]. 云南社会科学,2005,(1).

[9] 尤建新. 公众满意理念及公众满意度评价[J]. 上海管理科学,2004(2).

[10] 刘昕. 我国政府绩效管理中亟待梳理的几个关键问题[J]. 中国行政管理,2007(4).

浅谈行政机关执法过程中的程序正义

陈欲晓 ①

摘　要:程序正义被视为"看得见的正义",强调执法程序必须公正、公开、民主,符合有关法律法规的规定。坚持程序正义是行政执法部门依法行政的必然要求,是追求实体正义的先导条件,是行政相对人合法权益的有力保障,是减少行政争议的必备要件,是树立执法权威、增强执法的公信力的有效途径,但在现实行政执法过程中也存在着程序违法、程序不当、程序倒置、程序缺失等非正义形式。行政执法部门要通过加强队伍素质、提高执法人员业务水平、深化制度建设、研究细化有关程序规定、加强执法监督和落实执法责任等方面措施减少程序非正义现象的发生,增强行政执法程序的执行力度。

关键词:程序正义　依法行政　程序非正义

"程序"的定义大家耳熟能详,是针对行政执法行为而制定的行政执法程序是行政执法行为在时间和空间上的表现形式,是为了规范行政执法行为,避免相对人的权利因行政主体的随意判断而受到侵害。所谓空间形式是指行政执法行为的表现形式,如口头形式、书面形式、动作形式等。所谓时间形式,是指行政执法行为过程的先后顺序以及所必须履行的每个环节,如《行政处罚法》规定行政机关作出行政处罚时必须经过立案、调查、告知、送达等环节,而且每种形式有时间上的限制。然而,何为程序正义呢? 即作为一种对人和事给予肯定的判断标准,具有丰富内涵的关于程序正当性和合理性的判断,它以程序本身为考察对象,对其作出法理性的价值判断。程序正义被视为看得见的正义,源于一句人所周知的法律格言:"正义不仅应得到实现,而且要以人们看得见的方式加以实现。"其实,这是英美法系国家的一种法律文化传统和观

---

① 陈欲晓(1981—),女,河北唐山人,中国海洋大学 2012 级公共管理专业研究生。

念。笔者在这里谈到的程序正义是基于在社会法治建设发展、公民维权意识加强、互联网时代社会舆论影响不断强化的前提下,程序正义对于建立检验检疫执法公信力度、减少行政争议、维护检验检疫正常执法秩序以及执法工作严肃性等重要意义的思考。

一、程序正义包含的主要内容

笔者认为程序正义应主要包含以下几方面内容。

第一,程序的法定性。程序法定强调程序的合法性,是程序正义的决定性要件,失去了法律的支撑,程序本身是没有依据的,是偏离法律真意的,也是易导致权力滥用的。在我国,不论是司法领域还是行政领域,都要求"严格按法定程序办事",强调法定,其内在的意旨即在于避免权力的任意妄为,免受其他法外因素的干扰和影响,只服从法律。比如,《行政处罚法》第3条、第2款规定"没有法定依据或者不遵守法定程序的,行政处罚无效。"

第二,程序的公开性。程序的公开性是指行政行为的过程和结果对当事人和社会公开,是对当事人包括知情权在内的合法权利的尊重和保障,如行政处罚中告知当事人所具有的权利。权力的阳光运行需要有阳光的程序作为载体,公开的程序也是最具有公信力的,可以发挥当事人和社会舆论的监督作用,防止徇情枉法,并促进当事人以及社会公众对执法结果的信任。

第三,程序的公正性。程序的公正性是指程序对于所涉及的当事人都是平等的,不因当事人地位、个性等的差异而有所差别,法律面前人人平等,如我国法律中的回避原则、职能分离原则等就是对程序公正的最好诠释。

第四,程序的制约性。程序的目的和功能之一是制约权力的运行。权力失控将导致不公正,因此,程序正义要求办案人员的行为不应当是反复无常或专横武断式的。现代程序法通过法定时限、时序、原则和制度来制约权力行为,在具体的执行中就必须遵照执行,防止办案人员主观臆断和偏听偏信。

第五,程序的效能性。行政执法程序的效能是效率和效益的有机结合,反映了程序手段和目的的辩证统一。高效的程序可以避免程序成本成为相对人昂贵的"消费",避免因时限的届至而导致某种不良的法律结果发生。程序效能的提高有赖于程序的制定者在综合各方面因素的基础上设计出一套科学合理的程序规则,又有赖于程序的执行者具备一定的技能素质,在动态的程序环境下寻求效果最大化的平衡点,从而实现程序效率和效益的统一,这无疑是一种程序上的正义。

二、程序非正义情况的主要表现形式

行政执法行为是将法律法规规章直接应用于个人或者组织,可以直接影响个人或者组织的权利义务。如行政许可是赋予行政相对人某种资格或者权利。没有无形式的内容,也没有无内容的形式。对于行政执法部门,程序非正义现象的存在不仅会侵犯到个人或组织的权利,给当事人身心带来伤害,更容易失去社会公众的信任,造成了不良影响,破坏了社会成员间的信任与互助,损害政府形象。以此为鉴,每一位检验检疫执法人员在工作中一定要时刻绷紧"严格按照法定程序行使权力,履行职责"这根弦。笔者认为,容易发生的程序非正义情况的主要表现形式有以下几种。

第一,程序违法。比如,在行政处罚中违反双人执法程序、未履行亮证执法、权利告知等法定程序。有的案件应适用一般程序却使用了简易程序,执法人员应当回避而未回避、超过法定期限送达文书等,违反了《行政处罚法》的相关规定,属于典型的程序违法行为。再如,在对企业违法行为调查取证时,实施人员不具备行政执法资格,未当场告知当事人采取行政强制措施的理由、依据以及当事人依法享有的权利和救济途径等,则违反《行政强制法》的相关规定。

第二,程序不当。比如,在进出口货物报检受理环节业务中,工作人员往往可以提前察觉到企业不如实报检的违法动机,对其报检材料提出质疑不予受理,将违法行为在事实形成之前予以制止。但如果工作人员采取守株待兔的态度,等待企业取得出入境检验检疫证单形成违法事实之后对其采取行政处罚,虽然符合《中华人民共和国进出口商品检验法实施条例》第48条之规定,但是从法的原则和行政法律的价值来说,等待企业形成违法事实的执法方式无疑是不正当的,是违反程序正义的,处罚不是最终目的。

第三,程序倒置。在行政执法过程中,少数执法人员擅自改变执法的程序,往往被行政相对人"抓住要害"。例如,在制作现场勘验笔录时为了所谓的"节省时间""提高文书制作的质量",让当事人在空白的调查笔录上先签名,再由执法人员事后补记调查内容。进行当场处罚时,行政处罚决定书没有当场交付当事人,而是事后通知当事人来领取。从文书的表面来看,并不能看出执法部门程序上有什么问题,但是如果当事人抓住了行政部门程序倒置的错误,提出行政复议,要求撤销该具体行政行为,那么行政机关将会陷于被动的尴尬局面。

第四,程序缺失。程序缺失包括遗漏程序和程序不完整两种形式。少数执法人员遗漏法定程序或者虽然程序要件齐备,但某一程序的执行不完整,往往造成执法程序的瑕疵而经不起严格的审查。例如,处罚数额达到一定标准的重大处罚案件需要经案件审理委员会集体讨论处罚决定,如果未经报批而直接作出处罚的,当属遗漏程序;复印的证据材料未注明"与原件核对无异"字样,送达的行政处罚告知书中没有告知当事人陈述、申辩的权利等属于程序的不完整。

三、程序非正义现象存在的成因分析与对策

(一) 成因分析

概括而言,行政执法部门的程序非正义现象主要有以下三方面的成因。

第一,执法人员水平参差不齐。一是在观念上重实体、轻程序,没有牢固树立程序正义的价值理念,在执法中片面追求结果的公正性,忽视了过程的合理性;二是个人业务基本功不扎实,行政执法依据不明确,主观臆断、经验执法、职位权力的主观膨胀等固有思想长期存在;三是少数执法人员存在侥幸心理,执法动机还不够端正,趋利执法的现象依然存在,执法中利用程序漏洞或者擅自变更程序谋取私利的情况还时有发生。

第二,相关制度建立还不够完善。不可否认,现有的执法管理制度同样也存在重实体、轻程序的缺陷,偏重于"管"而对"如何管"却有所欠缺。目前,我国没有一部统一的行政程序法,虽然行政程序规范新中国成立初期即已产生,然而从内容上看,我国行政程序法律规范基本上是确立在计划经济的基础之上的,是政府行政管理的工具和手段。此外,有些法律法规虽有程序上的规定,但内容过于原则、简单、概括,侧重于行政执法主体的权利,缺少违反程序的法律后果与责任追究。经济社会发展迅速,国际贸易往来日益频繁,现有法律法规和制度规定还不能完全跟上时代的步伐,存在法律法规规章的真空地带,一些新生事物的出现也给行政执法带来了诸多困惑,造成了执法程序上的无所适从。

第三,对于行政执法部门及人员的监督存在不足。长期以来,我们的执法监督往往只从案件的结果是否公正、行政投诉数量、复议办结率等来考量执法部门和执法人员,再加上受我国行政执法传统方式的影响,行政执法人员大都依据传统的习惯,而对执法程序的关注还不够。

（二）提高行政执法力度的对策

笔者认为可以从以下几方面努力提高检验检疫行政执法程序的执行力度。

第一，要深化制度建设，研究细化有关程序规定。从国家层面来讲，法律法规对行政执法程序的关注越来越多，规定得也越来越细，但是也不可否认，这些法律法规不可能完全走在执法现实的前面，不可能包罗万象，尤其是对执法新情况、新问题的规定不可避免有其空白，这就需要执法部门在执法工作中，从执法工作的实际出发，以程序正义为价值取向，制定现有有关法律法规的细化规定，研究有关法律真空问题处理的程序规则，从制度建设上来保证行政执法的程序正义。比如，质量管理体系制度建设在检验检疫系统中的探索应用，在法律法规的法定范围内，将工作依据与工作管理程序进行明确细化，制定作业指导书，规范具体行政执法行为。

第二，要规范权力使用，防止权力倒挂。首先，强化廉政风险防控工作，在权力结构配置、权力运行监督和信息化防控上有所突破，建立行政执法请示报告制度，确保做到权责统一、实时监督和责任追溯，尤其是在行政执法中遇到的重要事项、复杂情况或重大问题以及上级文件没有规定或者有规定不明确事项的情况时，要严格落实请示报告和答复制度以及执行期限时间上的要求。其次，要规范行政执法裁量行为，"合法不合理、同案不同罚、同事不同办"是群众反映强烈的突出问题，也是行政裁量权滥用的结果。应给行政裁量打造一把精细的"尺子"，专门制定行政自由裁量权使用规则，对行政裁量权进行全面、系统的规范，用科学的方法实现公正执法，在实际工作中严格执行有关行政执法裁量权适用规则的法律法规、规章和规范性文件。

第三，要切实加强队伍素质，提高执法人员业务水平。首先，要不断强化执法培训学习，提升执法人员依法行政的意识和业务水平，提高规范执法程序有关内容在执法人员学习培训中的比重，要知悉相应的法律、法规、规章，引导广大执法人员树立"程序与实体并重"的意识，要从心里树立起法律是最高权威的信仰。其次，在行动上要严格遵守法律法规规章的规定，在执法中自觉遵守法定程序，严格按规定行使执法权，确保案件的处理"以事实为依据，以法律为准绳，以程序为保障"。再次，行政执法人员要改变执法理念，从骨子里消除官本位思想，注入为人民服务、执法为民的思想，充分尊重法律、法规、规章赋予公民的权利，积极保障公民权利不受侵害。

第四,要加强执法监督,落实执法责任。一方面应加强内部监督体系建设,建立健全全方位的执法监督体系,对执法的全过程进行动态监督,特别是要将执法的程序作为执法监督的一项关键性内容来考量,将违反执法程序的行为纳入行政执法责任追究的范围,凡是违反程序规定的执法单位和执法人员,要严格追究其执法责任。此外,行政执法机关应主动公开可以公开的政府信息,完善内部救济程序,因违法行政行为给行政相对人造成损害的应积极赔偿,努力树立公正执法、执法为民的好形象,不断增强政府公信力,切切实实为民办事。另一方面加强社会监督体系力量。把行政执法过程曝光,让执法活动在阳光下进行,减少腐败成分,大胆揭露违反程序执法案件,只有痛定思痛之后才能改过自新,才能重建政府行政执法部门的社会公信力,更好地运行行政权力。

【参考文献】

[1] 徐亚文. 程序正义论[M]. 济南:山东人民出版社,2005.

[2] 徐继敏. 依法行政操作规范与案例[M]. 北京,法律出版社,2011.

[3] 昝丽. 我国程序正义的现状与原因分析[J]. 科技信息,2010(1).

[4] 戴桂洪. 中国行政程序法制现代化[M]. 南京:南京师范大学出版社,2008.

[5] 李思贤,虢海平. 当前行政执法状况的调查与思考[J]. 湖南行政学院学报,2004(11).

从"封杀"打车软件
浅论懒政思维以及治理

冷志刚 ①

摘 要: 近日来,关于"快的打车"和"滴滴打车"两大打车软件的争论持续高热。一些城市纷纷出台政策"封杀"打车软件,但从打车软件诞生至今受热捧的程度来看,软件又给很多人提供了一种快捷方便的出行选择,单纯政策性地将打车软件打入冷宫,其实就是政府懒政的体现。本文从分析懒政行为现象及成因入手,提出破解懒政行为的思路,即强化服务人民的观念、提高公务人员的执政能力、强化行政机关绩效考核、树立正确的政绩观和实行逐步问责制以及加强监督。

关键词: 打车软件　懒政思维　监管

近日来,关于"快的打车"和"滴滴打车"两大打车软件的争论持续高热。有人说省钱,有人说支付经常出现问题,有人在担心行车安全和其对出租车正常运营秩序的冲击问题。尽管一些城市纷纷出台政策"封杀"打车软件,但从打车软件诞生至今受热捧的程度来看,软件给很多人提供了又一种快捷方便的出行选择,单纯政策性地将打车软件打入冷宫,其实就是政府懒政的体现。懒政,顾名思义,与勤政相对,是指政府工作人员或政府部门对处理相关问题时采取的一种做法过于简单、作风粗糙的行为。

一、打车软件的利弊分析

市场是一把双刃剑,新技术同样也是。技术总是在不断自发地适应市场,不断进步升级。前进的过程中难免出现这样或者那样的问题,管理者如果只

---

① 冷志刚(1984—),男,山东青岛人,中国海洋大学2012级公共管理专业研究生。

看到其负面作用,对其生硬粗暴地喊"停",不但效果不佳,也是懒政的一种表现。如何及时地吸收、运用好随时更新的科技,如何正视新事物所衍生出的各种现象,如何随时提升调整自己的管理水平,考验着管理者的智慧。对新事物新现象不简单封杀,不恐惧排斥,不视若无睹,认真调研、因势利导,旨在便民。

  第一,打车软件的有利之处。从供求关系看,打车软件没有增加出租车的供应量,也不会显著增加市民对出租车的需求量,只是通过互联网提供了一种新的调度服务,降低乘客与司机的交易成本,司机能据此减少空载率、提高收入,乘客也能减少等车时间。在打车软件出现之前,出租车公司也提供电招服务,其在理论上也可以提高调度效率、降低交易成本,在此意义上,打车软件只是电招服务的技术升级版。

  第二,打车软件的弊端。一是打车软件确实改变了传统的打车方式,在一定程度上给出租车司机和市民提供了方便和实惠,但同时由于"黑车"滥竽充数,也扰乱了出租车市场的正常经营秩序;二是用打车软件接客,司机一边做着手里的生意,还要随时注意手机里打车软件发来的信息,积极争抢下一单生意。如此一来,势必会分散开车时的注意力,给自己和乘客带来各种安全隐患,当然也会危及路上其他行人和车辆的安全;三是由于出租车司机忙于抢单赚钱,拒载路边招手乘客的现象越发突出。

  政府应该将打车软件的利弊认真分析清楚,把其中有利可图的事情交给市场、交给民间、交给企业,把公众切实需要而又无利可图的监管责任主动承担起来。打车软件运营企业如果经营完善,制度良好,政府可以收购企业,也可以联合经营、相互配合。一个软件、一项措施、一种制度,能否走下去,到底走多远,关键在于是否符合市场规律,是否切实地解决了人民群众的迫切问题。如果符合规律,能够解决群众问题,即使打压,也会"野火烧不尽,春风吹又生";如果不符合,即使不打压,也必然会被历史淘汰。与其挖空心思研究是否打压,不如更好的为人民服务,研发更好的软件、更好的技术、更好的措施、更好的制度。

二、政府对待打车软件的懒政行为体现及成因

  懒政是指政府工作人员或政府部门对处理相关问题时采取的一种做法过于简单、作风粗糙的行为或者干脆不作为。"乱作为"的懒政现象则是指政府的相关部门及其工作人员没有充分认识事物的客观规律,对于复杂的问题和局面只知其然不知其所以然,处理手段简单粗暴,适用政策生搬硬套,缺乏创

新意识和解决问题的主动性、灵活性,结果对于一些简单的事情不关心、不过问,仅仅凭一时热情;对于复杂的事情不调查、不研究,想当然地蛮干。

各地政府为限制打车软件的过快发展,相继出台了一系列限制措施,例如北京市交通部门将清理打车加价软件;上海即将出台打车软件管理办法,严格禁止"价外加价";武汉客管处叫停打车软件加价,违规收费最高罚一千;南京市客管部门也明确表态,打车软件中的加价功能涉嫌违法,他们不赞成乘客使用,同时将对私下加价行为进行严查;沈阳将全市推广"有偿预约叫车"服务等等。不管基于何种目的,政府对待打车软件的各种限制行为本质都是行政的手伸得过长,对市场干预过深,是急功近利的懒政表现。虽然在权力的推动下,可以切割各方利益,不过长久来看,秩序重构后的市场,注定只会成为少数人分享的那做不大的蛋糕。

公共政策的最佳境界,就是"满足多数、保护少数"——它既是多数人的政策,也是少数人的政策,一方面它应该最大限度地满足多数,另一方面也应该尽可能地保护少数;在对于强势群体加以限制的同时,也应该对于具有正当利益要求的弱势群体加以保护。只有朝着这个方向,善治的政府才能在制度安排和政策设计上,实现不同利益群体之间统筹、均衡与协调。可见,"一刀切"的简单政策设计,是懒政的要害,而以一部分人的利益需求取代或屏蔽大多数人的利益需要,则是懒政的不良结果。

懒政问题虽难治但可治,关键是要找准原因,对症下药。追根溯源,有以下几种原因:

一是"官本位"思想影响严重,使懒政具备思想基础。"官本位"思想的要害,是对党和国家的事业不负责任,对民族和人民的利益不负责任,只对自己的官位和私利负责。二是竞争机制缺乏民主性和科学性,为懒政的滋生提供了土壤。竞争机制的不完善,使得能者不能上,庸者不能下,久而久之能者缺乏了进取拼搏心,丧失了干事创业的激情和动力,能者变成了庸者,庸官就越来越多。三是问责制度杀伤力严重不足,为懒政营造了生存空间。当前,对"庸官懒官"的治理总是以"批评教育为主",板子高高举起,轻轻落下。问责制度危及不到"庸官懒官"的"官帽子","庸懒"多年,却依然能够"稳坐钓鱼台"。四是干部考核流于形式,为懒政创造了条件。五是监督乏力,纵容懒政蔓延。党内民主监督制度化和程序化建设滞后,监督方式单一,缺乏全过程监督;舆论监督权力缺乏充分的法律保障,影响了舆论效力的发挥和监督渠道的通畅,导致监督乏力,难以形成合力。多种原因集结在一起,就出现了懒政之重症。

三、如何破解懒政行为

破解懒政行为，就要求管理者不仅要勤政，更要善政；不仅要及时发现问题、解决问题，更要眼光长远、胸怀宽阔；遇到问题不要推出去、封到底，而是动动脑筋，挖挖根源，简单说来，管理围绕的中心就是以人为本，方便群众，而不是以"我"为主，省事为先、限制了事。本人认为应政府部门应从以下几方面进行提高：

第一，强化服务人民的观念。为民办事，是一切政府部门的存在依据。能否做到为民办事，最起码的要求就是知道什么是民意、民事、民疑和民情。行政管理离不开管理权力和管理资源的运用，权力和资源的运用，是否合理和是否有效，都是以服务人民为基础的。在某些部门和某些事情上，存在不作为、作为拖沓、作为失范和作为失效等现象，究其根源，就有缺乏服务于人民的观念。

第二，提高公务人员的执政能力。行政机关工作人员的执政能力不强，导致了在行政管理中一刀切、图省事，把麻烦留给群众的懒政现象。提高行政人员的执政能力是解决懒政的一项重要举措，应从以下几个方面入手：首先从推进改革入手，为公务人员提高执政能力创造制度环境。要继续推进政府机构改革，按照市场经济发展的要求，适时调整政府机构设置，使政府机构改革按照协调、统一、渐进、规范的要求逐步推进。第二，从法制建设入手，为公务人员提高执政能力创造法制环境。行政机关应严格执行国家对于行政机关工作人员作出的各种规定。

第三，从转换理念入手，为公务人员提高执政能力创造人本环境。必须使行政机关全体工作人员强化以下理念：一是自律理念。市场经济条件下的政府管理是依法管理，没有依法管理就谈不上依法行政。二是能力理念。政府管理部门在依照法律规定行政的同时，还必须依照法的原理、原则行政，提高执法者依据法律、法理和法的原则行政的能力。三是程序理念。要依据行政组织法、行政程序法的规定行政，防止出现管理的越位、错位、缺位、专断和权力滥用等现象。四是人本理念。在人才建设中要着重体现尊重人的原则，以此激发公务人员的积极性、主动性和创造性。

第四，强化行政机关绩效考核，树立正确的政绩观。有什么样的考核评估制度，就有什么样的行政行为。行政机关懒政的出现，与传统的绩效考评导向不无关系。绩效评估考核是政府机关和职能部门向公众展示工作效果的机会，展示成果能赢得公众对部门机关的支持。展示绩效状况能推动公众对政府机关和职能部门的监督。政府机关和职能部门向群众提供公共服务具有非排他性和非竞争性，而绩效评估考核实际上是一种信息活动，其特点是评估考核过程的透明和信息的公开，把政府机关和职能部门在各方面的表现情况做出全面、科学的描述并公布于众，无疑有助于广大群众了解、监督和参与政府机关和职能部门的工作，同时也是政府机关和职能部门由暗箱操作到阳光行政的重要途径。

第五，实行逐步问责制，加强监督。行政问责制就是对各级人民政府行政首长、政府各职能部门的主要负责人，在所管辖的部门和工作范围内由于故意或过失，不履行或不正确履行职责，以致影响行政效率和行政秩序，贻误工作，或者损害行政相对人的合法权益，给行政机关造成不良影响和后果的行为，进行内部监督和责任追究的制度。

懒政严重影响了政府部门的公信力，阻碍了社会的正常发展。行政机关领导干部必须转变思想观念，提高自身执政水平和执政能力，既要勤政，更要善政，才能多为人民做实事。懒政有着复杂的成因，是我国政治经济社会复杂大背景下形成的政治现象，其形成与长期存在既有历史的原因，又有现实的原因；既有个人的原因，又有社会的原因；既有内部的原因，又外部的原因；既有主观的原因，又有客观的原因。因此，在治理懒政现象时就不能简单地将板子打在公务人员个人身上，而应放宽眼界，拓展思路，抓住重点，采取综合治理的方式有序推进，以时间换空间，以有力换有效，以实干换实绩，使平庸者感到羞耻，懈怠者受到鞭策，奋进者看到希望。

【参考文献】

[1] 吴杭民."一刀切"叫停夏令营是懒政思维[N].新华每日电讯，2013-07-10.

[2] 刘铎.懒政、政治堰塞与治理——"瓮安事件"的思考[J].理论视野，2008(9).

[3] 王薇.浅谈我国行政机关的懒政现状及其解决办法[J].经营管理者，2009(2).

[4] 周湘智.庸官懒政泛滥机理探查[J].领导科学，2011(10).

管理幅度对公共政策执行的影响研究

焦继亮[①]

摘　要: 管理幅度失当、比例失调是影响公共政策有效执行的重要因素。进入信息时代,网络技术和现代交通技术使得空间范畴和时间范畴发生了巨大改变,但是从国家治理而言,管理幅度和管理层级虽受到冲击,却没有重要变化。在探讨国家治理现代化体系的背景下,调整管理幅度,减少管理层次,提高政策执行效率是应然之举。本文分析了管理幅度对公共政策执行效果的影响后,提出取消市县分等,实行省直管县、适当扩大省级区划数量、弱化市辖区建制、市制创新、合理调整乡一级管理幅度、乡镇自治等对策。

关键词: 管理幅度　政策执行　省直管县　市制创新

从管理幅度和层次的角度来看,我国政策执行面临两个比较大的"瓶颈":一是如何将政策执行效果从低效提升至更高的层次,二是如何使政策在全国范围内得到真正的落实。前者可以说是政策执行高层次的拓展,后者则是政策执行在平面空间的扩张。20世纪80年代以来,随着放权型改革的推进和意识形态的日渐淡化,政策执行的保障机制也发生了相应的变化,从农村中发展出来的"承包制"方式被应用于政府的行政过程,这就是上下级之间通过签定责任书(承包合同),将行政管理目标层层分解与落实的"政治承包制"。

一、公共管理幅度对政策执行的影响分析

(一)政策实验及政策推广的不恰当

一般来说,政策执行的第一件事便是政策试验,从点上突破,总结关于这方面的执行经验,通过成功案例的示范作用,从而在更大的范围内进行推广,

---

① 焦继亮(1983—　),男,山东济宁人,中国海洋大学2011级公共管理研究生。

并将试验的政策转变为正式的政策。当基于试验点的一系列政策执行被推广到其他地域空间时,我们有可能遇到完全不同的环境和情况。不同的地域空间之间存在的巨大差异使政策执行的第一环节和第二环节开始脱节,政策执行的统一性与现实情况的千差万别成为一个普遍的问题。地方差异的存在表明,在一个地方经由自下而上的方式发展出来的东西,一旦上升为某种普遍性的行为准则,对于其他地方来说就可能意味着某种自上而下的东西(对于许多非试验点来说,试验点的终点恰恰成了它们的起点)。两者之间的落差究竟有多大,取决于众多的因素,诸如不同地区的经济发展水平、教育程度、地方文化传统、民风习俗、老百姓的素质、对外开放的程度乃至地方财政的状况等等。有一点是肯定的,随着市场经济的发展,我国的地区差异性正在拉大。如果政策执行者机械照搬政策,可能会在某些地区导致政策不适,影响政策目标的实现;另一方面,如果这些地区的政策执行者变通执行,又可能会导致政策执行走样、变形,政策目标一样不能实现,因为政策到底如何变通、什么时候应该变通、变通的效果如何并没有一套科学的测量和评价标准。

(二)公共管理幅度的失当

公共管理幅度的失当使得政策执行的难度更加突显出来。一些适合某些地方的政策,却不一定完全适合另外一些地方。因此,有些政策表面上在一些地方得到了全面"贯彻",但事实上,在很多地方它被"架空"了,或者成为一种形式化的东西。这正是目前在我国发生的一种相当普遍的现象。管理幅度的大小差异还意味着许多东西,对于我们的分析来说,最为重要的乃是利益结构的不同。应该承认,在许多地方,一些干部或出于自身利益考虑,或出于某种习惯,或出于某种顾虑,他们把有些政策看作一种"不得不"执行的东西。但同时他们也将这些政策视为一种负担,甚至是对既有利益结构的某种威胁。他们并不是真心实意地执行政策,而是将这项工作视为不得不走的过场。曾经一位县委书记就举出了基层民主许多不好之处,诸如他们那里很多地方农民的素质还没有那么高,一些地方的村民选举使家族势力兴起了,黑社会出现了,一些地方选任的村干部不听话,工作量加大,行政任务难以完成等等。

二、合理调整公共管理幅度的若干思路

针对我国公共管理幅度和管理层次上存在的问题,从经济社会发展趋势和政策执行的要求出发,我国现行行政区划体制改革的基本思路应该是调整管理幅度、减少管理层次、提高政策执行效率。具体措施应该包括缩省并县、

省直管县、市制创新、乡镇自治等内容。

（一）取消市县分等，实行省（区）管县

可以取消市与市之间的行政级差，不再将直辖市以外的市分为地级市和县级市，使市与市之间同级、市与县之间同级，都划归省（区）统一管理。这样，虽然市县之间的功能和特点不同，但都是省（区）直接分块管理的行政区划，都是处于省（区）之下的第二级行政建制，行政级别相同；虽然省、自治区、直辖市设置的目的和性质不同，但它们都是国家分块管理的行政区域，同为地方行政建制的最高层次；虽然市辖区和乡（镇）之间的目的和性质不同，但它们均是处于市县之下的地方第三级行政建制，而且是基层行政建制。同级行政建制中的每一行政单位，不论大小一律平等，它们之间不存在谁管谁的问题，都统一由所属的上一级行政单位管辖。实行市、县同级是实现市不再管县，省（区）直接管县（市）的关键，它可以使政策的传递和落实真正一竿子到底，有利于省（区）及时了解政策执行情况，提高政策执行效率。当前，在市县经济均较发达、市县离心力强的区域，如苏锡常地区、珠江三角洲、环渤海经济圈等，市管县体制已经严重束缚了区域经济发展，阻滞了城市规划和管理，因此，可通过逐步取消市管县体制，建立新的城县联盟或城县合作体制，以有效协调城乡利益矛盾，真正焕发全新管理体制的活力。

（二）适当扩大省级区划数目

实行省管县后，虽然减少了管理层次，但会加大省级政府的管理幅度，加重省级政府的工作负担。因此，省管县应该与重新调整省级行政区划相结合。借鉴国外经验，考虑到我国实际，省级行政区划应大体在50个左右比较合适。尤其是考虑到西藏、新疆等边疆政区，民族问题较多，与目前政区过大和过分一体化不无关系，因此，可根据民族风俗、地理位置、经济水平、安定状况等标准将它们适度分成若干个省级政区，以有效加强领导，维护国家统一和社会稳定。又如山东，历史上就分为齐文化圈和鲁文化圈，即现在的胶东半岛和西部内陆，两地经济发展水平、文化习俗等相差较大，再加上山东省的庞大人口规模，因此可以考虑分开。江苏被长江分为苏南和苏北，两地经济社会发展水平差距很大，也同样可以考虑分开。其他的人口大省、地区大省（区）等也可以适当调整。这样一来，不仅可以有效进行行政管理，而且各地政策执行的针对性和有效性都会大大增强。

（三）弱化市辖区建制

从强化市的整体性管理和减少管理层次出发，要对市一级的政府职能机构和市辖区进行改革。首先,应主要按区域管辖的需要在市区内各地方设置市政府职能部门的分支机构,而且不同分支机构的管辖区域有所不同,可以是一个市辖区有两个或两个以上的分局,也可以是两个市辖区设一个分局。例如,公安部门按治安的任务量分片设公安分局;税务部门按税收的任务量分片设税务分局;交通部门按交通的任务量分片设交通分局;园林部门则可只设市区和风景区两类分局,或市区设一个分支机构,市郊的每个大的风景区设一个分支机构。而只有民政、卫生和市政等部门以市辖区为管辖范围,按市辖区政府组成部门的形式设立。这既有利于进一步淡化市的块块管理方式,变以块块为主和条条为辅的管理模式为以条条为主、块块为辅的管理模式,也有利于市政府根据城市的发展和需要,从整体上对所管理的事务进行及时的调整与管理。其次,适当缩小市辖区的管辖幅度,增加市辖区的数量,使一个市的辖区由目前一般不足10个增至30个以上。取消目前市辖区下面的街道办事处,变市辖区两级管理为一级管理,并适当扩大市民自治组织——居民委员会的规模,充分发挥城市居民的自治作用。适当缩小市辖郊区的范围,变乡(镇)归市辖区管辖为市直接管辖。这样有利于简化政策执行的管理层次,从而实现市的两级政府和两级管理的统一。

(四)合理调整乡一级管理幅度

从多年来的经验看,基层行政区划调整变更的风险较小、成本较低,行政区划改革创新试点可从这个层次着手,如撤并乡镇、撤销街道办事处等。但从长远的发展要求出发,对县(县级市)和市辖区以下的行政建制,不能只停留在调整规模大小、数量多少上,而是要探索根本性的体制创新思路。比如建立乡镇自治体制,虽然这是若干年后的目标,但要最终实现这个目标就需要研究探索向这个目标过渡的具体办法和途径。目前有舆论认为,可以把乡镇建制变为县政府的派出机构。在取消农业税后,乡镇的硬性工作任务大大减少,乡镇由一级政权组织变成派出机构,既可以减少机构,减少开支,减轻农民负担,又有利于最终实现乡镇自治、简化政策执行。但推行这种体制时要吸取过去乡镇体制反复调整的教训,首先必须搞试点,在试点取得成功经验的基础上再推开,不能一哄而起。而且对乡镇还要分类指导,一些规模较大、有发展潜力的区域性中心镇、重点镇应向小城市的体制过渡,否则不利于农村二三产业和城镇化的发展。在农村基层行政区划体制创新的同时,城市基层行政区划体制也要进行改革创新,而且城市基层行政区划体制创新比农村更为迫切可行。总的来说,交通通讯条件越发达,政府管理工作越宏观,行政管理的层次就可以减少,管理的幅度则可以扩大。20世纪90年代以来,我国交通通讯条件和管理手段有了飞跃性的发展,很多省区形成了以省城为中心的数小时省域公路交通圈、以县城为中心的数小时县域公路交通圈。就政府职能而言,随着市场经济体制的逐步完善,政府宏观管理职能不断加强,而微观管理职能则不断减弱,诸如行政审批之类的工作越来越少,这就为减少行政管理层次,扩大行政管理幅度创造了有利条件。由于行政区划调整变更对一个省、一个市、一个县的政治经济体制和利益关系影响极大,牵涉面很广,大的调整影响几百万人、上千万人的利益,小的调整影响几万人、几十万人的利益,加之公共管理幅度和层次的合理化是一个长期的过程,因此各省区要因地制宜,分类指导,特别是在减少管理层次上不能搞一刀切,而要从本省区实际情况出发逐步推进二级制或三级制。各省区都应该积极研究探索具体的行政区划问题、市县规模调整问题、设市数量和布局问题、乡镇如何向自治目标过渡问题等等。为防止出现反复调整,每一项区划改革都要瞻前顾后、总体考虑、慎之又慎,重大问题更应该进行专题科学论证和合理有序地推进。

三、结语

管理幅度的大小影响政策执行的效果。每一项政策的制定都期望于取得较好的治理效果,在通讯便捷、交通便利的现代社会,管理手段越来越多,管理途径也越来越广,管理对象整体素质不断提高的背景下,通过省直管县、市制改革、县域调整、乡镇自治等方法探索政策执行效果,最终建立适当的公共管理幅度以提升政策执行效果。

【参考文献】

[1] 汪伟全. 论公共决策中的政党因素[J]. 理论探讨,2007(4).

[2] 李倩. 公共政策执行理论模式评析[J]. 党政干部学刊,2006(12).

[3] 张爱阳. 公共政策执行缘何失真[J]. 探索与争鸣,2006(2).

[4] 朱光磊,张志红. "职责同构"批判[J]. 北京大学学报(哲学社会科学版),2005(1).

[5] 丁煌. 利益分析:研究政策执行问题的基本方法论原则[J]. 广东行政学院学报,2004(3).

[6] 庄垂生. 政策变通的理论:概念、问题与分析框架[J]. 理论探讨,2000(6).

胶州市政府采购流程及其优化研究

王 菁[①]

摘 要:为了促进政府采购活动的顺利进行,管办分离是不可阻挡的趋势,为此许多县、市、地区成立了公共资源交易中心,为顺利实现政府采购提供交易平台。2014年2月,青岛市资源交易管理办公室下发了关于征求《胶州市集中交易改革工作方案》意见的通知,这意味着胶州市的政府采购改革工作务必要不断加快前进步伐,必须从采购实务中入手,不断改进政府采购工作中存在的各种问题,着力贯彻落实管办分离的原则,使政府采购工作真正回到阳光、透明的道路上来。

关键词:政府采购 胶州市 流程优化

为了促进政府采购活动的顺利进行,管办分离是不可阻挡的趋势,为此许多县市地区成立了公共资源交易中心,为顺利实现政府采购提供交易平台。青岛市范围内各区市政府采购主管部门积极试点、总结经验,在政府采购实践中大力改革,强化改革的力度与深度。就青岛市范围内而言,青岛胶州市公共资源交易中心的成立和运作流程上显得尤为突出,在胶州市委市政府领导的高度重视下贯彻落实管办分离的原则,从众多区市中脱颖而出。

按照山东省委、省政府办公厅《关于推进公共资源交易统一规范管理的意见(试行)》的规定,公共资源交易平台的定位应当是"三个提供",即为公共资源交易提供场所、为市场主体提供服务、为政府部门依法监管提供平台。又因适逢事业单位机构改革和健全政府采购体制之风,2013年10月29日青岛市委市政府下发《关于印发<青岛市深化公共资源交易管理体制改革实施方案>的通知》,文件中规定2013年10月至2014年6月为市公共资源交易管

[①] 王菁(1986—),女,山东青岛人,中国海洋大学2012级公共管理专业硕士研究生。

理体制改革过渡期。为进一步转变政府职能,持续优化经济发展环境,提高行政效能,建设人民满意的服务型政府,根据政府职能转变改革工作的部署和要求,2014年2月,青岛市资源交易管理办公室下发了关于征求《胶州市集中交易改革工作方案》意见的通知,这也意味着胶州市的公共资源交易中心政府采购改革工作务必要不断加快前进步伐,努力提升改革空间。

一、胶州市政府采购的流程

(一)填写采购申请表,确定采购方式

采购人根据采购需求从公共资源交易中心政府采购窗口处领取并填写采购申请表,须有4单位(采购人、采购人主管部门、财政局监管办、公共资源交易中心)盖章,经财政局审批立项后将审批材料反馈,4单位各留一份存档备查。由胶州市公共交易中心根据采购内容、预算金额确定采购方式:低于3 000元预算金额的采购项目由单位自行采购;预算金额在3 000~10 000元的采购项目采取询价的采购方式;高于10 000元预算金额的采购项目采取公开招标、竞争性谈判、单一来源的采购方式,其他采购方式确定的要求需根据政府采购法相关规定执行。其中,若采购方式为询价,则在申请表上详细填写采购内容,如名称、数量、参数等,审批通过后,由交易中心在网上(胶州市公共资源交易中心网)发布公告,无须购买招标文件、提交投标保证金,直接由投标人根据公告,自行制作投标文件参加投标,并在开标两日后由交易中心发布中标公示。对于此类采购,交易中心在年底根据各采购人报送的年度计划组织大型采购项目(标包超过20包),统一协议采购电脑、办公设备等;若采购方式为公开招标、竞争性谈判、单一来源,采购人则需自行委托代理公司进行代理。

(二)选择代理公司,进行招标文件的制作

因胶州市只有两家代理公司:青岛市昊金海建设项目管理有限公司与山东中钢招标有限公司,故由采购人自行选择代理公司并与其签订采购协议,提供技术参数,授权代理公司编制招标文件。编制完成后先由采购人查阅,确认无误后以电子邮件的形式发送电子版招标文件给交易中心和纪委办公室。审核无误后交易中心通知代理公司送交纸版文件。采购人若无法提供采购参数或对采购内容的参数提供不全、不正确,可以由公共资源交易中心抽取专家,确定时间进行会审。会审时,代理公司、交易中心、会审专家、采购人共同在场,会审结束后由专家填写会审意见表。

（三）发布采购公告，发售招标文件

代理公司通知采购人去交易中心填写采购公告发布单，由交易中心在网上发布采购公告。与此同时，代理公司送交需要发售的招标文件，经采购人审核盖章确认后送交易中心由其代为发售。开标结束后，交易中心将招标文件代售收入交由代理公司。投标人带齐公告要求的材料来交易中心购买招标文件。交易中心制定专项规定：青岛市内的投标人须单位来人购买；外地的可以从邮箱发送材料扫描件购买，开标时再带证件材料原件及加盖公章的复印件。加盖公章的复印件及发送邮箱的扫描件打印后放入档案。

（四）招标文件的澄清，投标保证金交纳

在报名截止时间前，投标人提供书面形式的质疑函给代理公司，代理公司作出答复（若涉及技术参数的，由采购人答复并加盖采购单位公章），最终将纸版答复函加盖代理公司的公章送交交易中心，由交易中心以书面形式通知所有投标人。投标保证金在规定时间内以转账或电汇的方式交纳至胶州市公共资源交易管理工作领导小组办公室。如果因投标保证金到账情况不符合法律规定而废标，交易中心及时将结果通知代理公司。

（五）抽取评审专家，组织开、评标

代理公司通知采购人提前半天时间去交易中心抽取评审专家。交易中心有专人负责专家抽取工作，抽取结果密封打印。开标过程由代理公司主持，交易中心、采购人、公证处、投标人参加。代理公司宣读主持词，公证处检验投标文件密封情况，投标人检查投标文件密封情况并签字确认，同时现场进行报价确认。评标过程由代理公司主持，交易中心、会审专家、采购人、监管办、公证处签到；专家填写评审意见表、打分表及评审费用确认表。代理公司制作3份评标报告，递交给采购人、交易中心，汇总评审意见，宣布中标结果。如果变更采购方式，须采购人和交易中心同意，代理公司制作变更采购方式的情况说明，评审小组成员和采购人签字确认，然后继续开标。如果废标，代理公司制作废标说明，采购人、交易中心、代理公司各一份，择期重新招投标。

（六）发布中标公示，发放中标（成交）通知书

代理公司提交评标报告后，由交易中心在开标后两个工作日发布中标公示，公示无异议后通知代理公司制作中标、成交通知书。代理公司拟定中标、成交通知书，由三方（采购人、中标人、代理公司）盖章后移交交易中心。交易中心为中标人发放中标、成交通知书。按照招标文件的要求，中标通知书发出

后 5 个工作日内无息退还未中标人的投标保证金。未中标人须在规定时间内持法定代表授权委托书、经办人身份证、企业账户号、投标保证金缴纳凭证至交易中心办理退还手续。

（七）签订合同及验收

中标人交纳中标服务费，然后持中标、成交通知书、代理公司中标服务费缴纳凭证与采购人签订合同。代理公司组织验收工作，采购人、交易中心、纪委、交易中心抽取的验收专家共同验收项目，填写招标文件附件中的政府采购验收报告表。代理公司及时将档案装订整理。

二、胶州市政府采购流程中存在的问题

（一）代理机构选择面狭窄

政府采购活动是各方利益的汇集点，特别是涉及采购人的切身利益。代理机构作为采购人利益的全权代表，一方面必须精通各种政府采购法律法规，熟练开展政府采购代理业务，在符合法律法规的相关规定的前提下，切实维护采购人和投标人的合法权益；另一方面，代理机构务必要形成竞争环境，防止个别代理公司因缺乏竞争环境而垄断政府采购代理业务。胶州目前只有两家政府采购代理机构，相较于其他地区，其代理机构的数量较少，选择面相对较为狭窄，并且是由采购人自主联系代理机构，对代理机构来说，其代理项目的机会不够公平、公正。正因为代理机构选择过程中的公开力度不够，容易令利益集团寻找漏洞钻空子，导致采购单位指定品牌、代理机构干预评审等问题的发生。

（二）招标文件制作不够规范

当采购项目预算金额较小，采购数量不多时，很多采购项目没有会审这一环节，采购单位在采购时未必清楚采购物品所在领域的技术参数，招标文件的制作过程中也难免出现错误，甚至监管部门在招标文件的审核过程中也会有疑问。招标文件的澄清主要是针对招标文件有疑问，如招标文件有参数错误、个别参数要求不清楚、某些服务需要进行现场勘查才能进行报价等等。提高招标文件制定的规范性不仅是对政府采购从业人员业务熟练水平的挑战，也是对监管部门审核人员采购知识储备的挑战。

（三）实际操作性不强

由于我国《政府采购法》出台后关键的政府采购法实施条例还没有出台，

即使在《政府采购货物和服务招标投标管理办法》《政府采购投标人投诉处理办法》等办法出台后弥补了不足,但这些法规制定的只是大的条框,不能很好地解决当前经济领域出现的具体情况和问题。胶州市为了规范采购管理,结合本地实际采购活动对信息发布、采购评审、专家管理、代理机构资格认定和投标人投诉处理等关键环节以及非招标采购、协议供货、采购方式申报审批等重要行为积极探索,制定了一些规定来指导具体的采购实践。这些规定在指导采购活动的某一关键环节起到了重要的控制作用,但由于地方的实际情况,制定的部分规定只在胶州市范围内实行,致使这些规定缺乏权威性、统一性、科学性、完整性或衔接性,对采购过程中可能出现的风险无法系统、全面和有效地防范和控制,从而容易产生评标专家受利益驱动、投标人相互勾结搞串标陪标、政府官员与企业搞权钱交易等问题。

(四)监督渠道的公开度不够

"阳光是最好的防腐剂",最好的监督就是把一切摆在明面。目前政府采购中还存在信息公开不够、透明度不高、社会公众不知晓、相关当事人不明了等问题。政府采购涉及的方面多、金额大,在我国又是一项新的改革,起步较晚,应加大宣传力度,增加相关信息的透明度,争取社会各方面的支持,才能得以顺利推行。从目前我国政府采购的实践看,对政府采购宣传的深度和广度还不够,一是对推行政府采购制度认识不足,尤其是基层的领导还不够重视,导致政府采购改革在某些地方或单位推行困难;二是对政府采购工作人员的宣传教育不足,致使其综合素质和能力不高,抵御风险的意识不强,采购行为不规范;三是对投标人的宣传培训不够到位。

三、胶州市政府采购工作的改革方向

(一)规范政府采购代理机构选用工作

一是严格审核参与政府采购项目的社会代理机构的资质要求,培养代理机构的发展环境,增加社会代理数量,加强对委托代理机构办理政府采购事宜的管理和培训,为采购单位提供多种优质代理服务的机会,分门别类充实公共资源交易中心的招标代理机构名录库;二是可以借助计算机系统,由采购人按规定在政府采购代理机构名录库中随机选取,提高代理机构选用过程的公开性和透明度,有效防止代理机构和招标人之间的串通,最大限度地保证招标公平、公正。

（二）规范政府采购招标文件的制作

一是从长远趋势来看，政府采购招标文件应该设立规范性模板，统一格式。例如，在招标文件中明确规定中标人和未中标人退还投标保证金所带的材料、办理时间等，投标人对采购文件、采购过程和中标、成交结果有异议的提出质疑所需准备的手续材料等。这些内容的规范为政府采购相关手续的办理进行明确说明，避免后续问题的出现，为投标人明确相关事务的办理程序，提高政府采购项目参与的积极性。二是针对招标文件中技术参数的提供，可以尝试实行标前公示的方法，在正式发布招标公告前先将项目参数发到公共资源交易中心的网站上进行公示，让同行之间针对参数是否有倾向性提出意见，然后组织专家进行论证，修改招标文件，解决招标人通过参数设置限制投标人参与竞标问题。三是明确网上采购内容。采购公告作为招标文件的一部分，在网上发布伊始，其采购内容概况、预算金额都应在网上予以说明，这样有利于投标人结合本单位业务范围及采购内容进行投标与否的判断，同时避免投标人电话咨询招标文件采购内容，既为投标人提供便利，又减少了电话咨询的工作量，简洁高效。

（三）提高采购人员的业务素质

一是加大对政府采购代理人员的业务知识培训组织力度，提高其参与的积极性，使其能够熟练运用法律规定及时处理各种突发情况，按照法律规定进行政府采购活动。监管人员则要注意熟知代理流程和材料准备，对代理工作的各个环节做到心中有数，尤其是招标文件的制作、开评标所需要的各项材料表格，从而为采购代理操作实务积累经验，为日常采购审批工作提供借鉴。二是政府采购法律法规细则较多，更新快，交易中心工作人员务必要熟知《政府采购法》、18号令等相关法律法规，及时更新自身的政府采购知识储备。2013年10月29日青岛市委市政府下发《关于印发〈青岛市深化公共资源交易管理体制改革实施方案〉的通知》，规定2013年10月至2014年6月为市公共资源交易管理体制改革过渡期。这预示着今后交易中心政府采购工作的改革方向，需要及时根据最新文件要求，指导开展政府采购工作。

（四）加大政府采购的监管力度

为便于交易项目的管理，预计2014年将试点在一定区域范围内设立下属交易中心分中心，从而便于开展政府采购工作。这就要求有健全的电子招标操作与监管网络平台做支撑，建立覆盖公共资源交易全过程的电子网络平台，逐步实现公共资源交易全程电子化、网络化,通过科学设置程序模块划定责任权限,最大限度地减少工作人员自由裁量权,加强政府采购监管力度。此外,可进一步拓宽政府采购监管范围,开设专线电话受理投诉问题,允许社会监督力量的介入,进一步加强对交易全过程的监管,提高政府采购的采购质量和效率。

纵观胶州市政府采购代理流程可以看出,其政府采购操作实务中做到了管办分离,在开标评标过程中交易中心全程督查监管,特别在供应商进行承诺时由公证处及时进行公证,避免了后续问题的发生。对于胶州市政府采购过程中存在的一些问题,政府必须从源头上加以完善,使其回到阳光、透明的道路上来。

【参考文献】

[1] 章辉. 政府采购风险及其控制 [M]. 北京:中国财政经济出版社,2009.
[2] 韩宗保. 政府采购基础与实务 [M]. 北京:中国财政经济出版社,2010.
[3] 肖捷. 中华人民共和国政府采购法辅导读本 [M]. 北京:经济科学出版社,2002.
[4] 吴小明. 政府采购实务操作与案例分析 [M]. 北京:经济管理出版社,2011.
[5] 邹昊. 政府采购体系建设研究 [M]. 北京:中国财政经济出版社,2011.
[6] 马海涛,姜爱华. 政府采购管理 [M]. 北京:北京大学出版社,2008.

关于我国公务员养老保险制度改革的思考

李 超[①]

摘 要：近年来，公务员以及事业单位人员的养老保险制度改革在社会上受到了广泛关注，关注的焦点主要集中在我国现行的公务员以及事业单位人员与企业员工实行不同的养老保障制度，这种体制在全社会引起广泛争议，激化了不同社会群体间的社会矛盾。同时，公务员养老金主要来自财政拨款，给国家财政也造成较大负担。因此，推进公务员养老保险制度改革势在必行。但是，由于公务员及事业单位人员群体庞大，改革涉及多个层面、触及多种利益，因此推进公务员及事业单位人员养老保险制度改革不可能一蹴而就，应该分层次、分步骤逐步推进实施，并建立不同类型的职业年金制度作为补充，合理确定待遇水平。

关键词：公务员 养老保险 制度改革

近年来，我国公务员养老制度改革越来越成为社会关注的焦点问题之一，尤其是目前实行的养老金"双轨制"受到民众的广泛指责和诟病。众所周知，公务员的养老金主要来自于国家财政资金，这与目前企业职工实行的缴纳养老保险金的养老保险制度存在很大差别，公务员的养老退休金成为了百姓眼中的"特权"，在社会上引起了广泛的争议。政府工作报告中将"改革机关事业单位养老保险制度"作为2014年的重点工作，如何推进公务员养老保险制度改革，废除养老金"双轨制"已迫在眉睫。

一、我国养老保险制度现状

目前，我国养老保险制度存在多种模式。一是城镇企业职工基本养老保

[①] 李超（1982— ），男，山东青岛人，中国海洋大学2012级公共管理专业研究生。

险制度,这是我国养老保险制度中最成熟、覆盖人群最多的一项养老保险制度。二是城乡居民基本养老保险制度,主要面向农村居民和没有参加企业职工基本养老保险制度的城镇居民。2014年2月,国务院发布《关于建立统一的城乡居民基本养老保险制度的意见》,将原来的农村新型养老保险制度和城镇居民养老保险制度合并实施,在全国范围内建立统一的城乡居民基本养老保险制度。三是政府机关及事业单位人员的退休养老金制度,主要对象是政府机关及事业单位人员。各项制度在缴费标准、支付待遇等方面还存在较大差距。

城镇企业职工基本养老保险缴费标准为职工工资总额的28%,其中企业缴纳20%,个人缴纳8%。新的城乡居民基本养老保险制度,计划于"十二五"末在全国基本实现新农保和城居保制度合并实施,并与职工基本养老保险制度相衔接。保险基金由个人缴费、集体补助、政府补贴构成,其中个人缴费标准目前为每年100～2 000元12个档次,省(区、市)人民政府可以根据实际情况增设缴费档次,最高缴费档次标准原则上不超过当地灵活就业人员参加职工基本养老保险的年缴费额。从制度设计来看采取的是定额缴费,从实际情况来看缴费标准大大低于城镇企业职工基本养老保险的缴费标准。公务员及事业单位人员的退休养老金由财政全额负担。

目前,各种养老保险制度的支付待遇相差较大,尤其是"双轨制"的存在广受社会诟病。城镇企业职工基本养老保险支付待遇按照基础养老金加个人账户每月发放额和调整数额之和计算。城乡居民养老保险待遇由基础养老金和个人账户养老金构成,中央确定基础养老金最低标准,地方人民政府可以根据实际情况适当提高基础养老金标准。个人账户养老金按月计发,目前为个人账户全部储存额除以139。目前,社会反映最强烈的是企业职工基本养老保险待遇标准与公务员退休金发放水平相差较大,相差50%～100%。

二、公务员养老保险制度改革的必要性与困境

(一)公务员养老保险制度改革的必要性

我国目前实行的公务员退休养老金制度将公务员群体与普通企业职工人为割裂开来,实行区别对待,公务员及事业单位人员在百姓眼中成为"特权"群体,从而加剧了两个群体间的社会矛盾。同时,公务员及事业人员的养老金主要来自于财政拨款,长期以来成为国家财政的沉重负担,也阻碍了我国公务员制度改革的步伐,因此必须进行改革。

第一，待遇差距明显，社会矛盾突出。从目前我国企事业单位、政府机关的养老金制度现状来看，不同类别单位之间退休金的差距较大。据中国社科院2012年发布的《社会保障绿皮书》显示，被调查者中，75.4%的职工养老金不高于2 000元，而92.3%的机关事业单位退休人员养老金要高于4 000元。其中在2011年8月，被访者领取的养老金最低为200元，最高为10 000元，后者是前者的50倍，并且月养老金低于2 615元平均水平的占到总人数的77.3%。而且，公务员个人无须缴纳社保基金，由国家全数为其退休金买单，这就造成了公务员不需缴纳养老保险费而享受高额养老金，而企业职工缴费负担沉重但养老金水平却远远低于公务员。

第二，财政全额支付，责任分担不均。我国目前的公务员养老保险制度是明显的国家保障制，实行现收现付，所需资金全部由国家财政提供，个人和单位无须任何缴费，公务员退休时按月领取相应的养老金，而且养老金还随着工资调整不断上涨。不断增长的机关事业单位养老金支出给政府财政带来越来越大的压力。单一的筹资机制不仅不利于减轻财政负担，而且也不利于增强个人的责任意识，损害制度的效率，不符合市场经济规律。

第三，形成不合理导向，不利于社会发展。一方面，机关事业单位退休职工与企业单位退休职工的待遇差距过大，容易激发不同阶层之间的对立情绪，增加社会对公务员群体的不满；另一方面，占多数的企业退休人员收入较低，消费能力相应也较低，不利于拉动社会消费水平的提高；第三，公务员相对稳定高额的退休金使过多的优秀人才涌向政府机关和事业单位，引发了持续不断的公务员招考热，导致了政府机关和事业单位队伍日益庞大、财政负担日益加重。同时，大量优秀的创新型人才纷纷选择进入机关事业单位，而不是投身于企业、服务业以及能直接创造财富的其他行业中，阻碍了生产力的发展和社会财富的创造。

第四，阻碍人才合理流动和社会资源的有效配置。目前公务员的养老保险制度与其他群体的养老保险制度相互独立、相互分割，无论是在制度模式、筹资机制、管理体制、待遇设计、法制建设等方面都存在较大的差异。随着市场经济体制的不断完善，资源配置的市场化机制不断成熟，各种社会人才跨部门、跨行业、跨地区、跨所有制之间的流动将会越来越频繁。但是，目前的公务员养老保险制度由于其自身的独立性和封闭性，成为了阻碍人员流动的一大障碍。

(二) 公务员养老保险制度改革的现实困境

公务员群体承担着国家的公共管理职能，是公共政策的制定者和执行者，对自己改革需要更大的执政智慧和勇气。同时，公务员群体作为制度变迁直接被作用的主体，为了维护自身利益，维持目前的退休待遇，必然会对改革产生抵触情绪。这些因素都将阻碍养老保险制度改革的推进，需要国家统筹考虑，合理推进解决。

第一，传统观念根深蒂固，改革阻力重重。由于我国公务员群体长期享受优厚的退休金待遇，形成了高福利的退休观念，一直没有树立起良好的自我保障的意识。另外，受长期以来计划经济体制的影响，单一依赖国家保障、过分追求高福利的思想观念根深蒂固，这些陈旧的思想观念加大了制度变迁的难度，从根本上阻碍了养老保险制度改革的进程，成为影响公务员养老保险制度变迁的阻力之一。第二，不确定性因素带来的阻力。公务员养老保险制度改革必然要缩小不同社会群体间养老金差距过大的现实问题，因此一旦改革实施，公务员的退休待遇可能会降低。虽然政府可能会通过建立职业年金制度等方式来弥补新旧制度转轨的成本。但是在目前职业年金制度没有建立起来的情况下，难以从根本上消除人们对退休金减少的担心。这种不确定性给被改革者造成了极大的心理恐慌和不安全感，从而使他们对变革持一定的观望和抵触情绪。第三，利益再分配带来的阻力。任何制度的变革都意味着对利益关系的重新调整和分配，必然会触动某些利益群体的切身利益，触动现有的利益格局，受到来自这部分群体的天然抵触和阻力，这也是所有改革或变革存在的最根本阻力。由于公务员养老保险制度涉及多方面利益调整的问题，难度较大，一旦处理不好，容易产生新的矛盾与问题，不利于社会稳定。

三、公务员养老保险制度改革的有关建议

解决养老金双轨制问题，缩小机关事业单位和企业员工之间养老金待遇的巨大鸿沟，既是构建和谐社会、实现科学发展的现实需求，同时也是实现共同富裕、消弭社会隔阂的有效举措。对此，笔者提出如下建议。

第一，循序渐进逐步推进改革进程。改革推进过程应该遵循"老人老办法、新人新办法、中人选择过度办法"的原则，对老一代人无论是在机关事业单位还是在企业，均按照贡献大小、职级与工龄等享受相应的待遇，缩小不同群体的养老金待遇差距；对新参加工作的人员，无论是公务员或事业单位职员还

是企业职工,都应平等参加养老保险并享受相应的待遇。当前存在的不同群体老年人养老待遇悬殊和年轻人因在不同单位工作而享受待遇悬殊的保险与福利待遇都是不正常现象,必须通过改革来矫正。

第二,通过建立与其他群体养老保险制度相一致或比较接近的基本养老保险制度作为制度融合的基础,在此基础上建立不同类型的职业年金制度作为补充,通过建立公务员或者公职人员职业年金制度来体现职业特点和激励原则,此外再建立自愿的政府支持的养老储蓄制度进一步体现差别和效率。第一层次的公务员基本养老保险制度实行现收现付,缴费由国家财政年度预算缴拨,纳入公务员基本养老保险统筹账户管理,公务员无需缴费。第二层次是公务员的职业年金,可以与部分事业单位人员的职业年金合并为公职人员职业年金;公务员的职业年金实行个人账户积累制,主要由公务员个人缴费组成,政府给予适当的匹配缴费。

第三,合理确定养老金待遇水平。应把握科学适度原则,既不能设置过高的待遇水平,增加制度的负担,也不能过分降低其待遇水平,引发公务员群体的激烈抗议。对"老人"要保证其基本的食品消费相对水平不下降,对"新人"则要保证其绝对购买力不降低。目前来看,公务员的离退休金待遇达到90%左右,与企业职工相比,无论在绝对值还是替代率方面都较高。可适当降低公务员养老金的替代率,将总替代率维持在80%左右,其中基本养老保险替代率50%左右,职业年金替代率可确定在30%左右。最低缴费年限可参照目前城镇职工基本养老保险的规定,设定为最少15年,未来条件成熟时可适当延长。建议根据物价上涨情况对养老金进行调整,或者采取根据物价上涨与在职公务员工资增长相结合的办法进行调整,既要有相对统一的调整标准,又要注意不同群体和地区的差别。

总之,随着全社会对养老金"双轨制"的日益不满,养老金制度改革已经势在必行。如何通过合理的制度设计,既实现两种养老制度的并轨,消除两种群体之间的养老金差距,又能减小公务员群体的抵触情绪,合理保证公务员的退休待遇,这考验着决策者的执政能力,也关系社会的长期和谐稳定。因此,改革应该从实际出发,循序渐进,稳步实施,做好两种制度的有效衔接,确保改革赢得群众支持、社会满意,促进社会公平、稳定。

【参考文献】

[1] 陈宗利. 机关事业单位养老保险制度改革探析[J]. 经济师,2006(8).

[2] 秦建国. 我国机关事业单位养老保险制度改革研究[J]. 理论探讨, 2007(1).

[3] 郑秉文. 事业单位养老金改革路在何方[J]. 河北经贸大学学报, 2009(5).

[4] 龙玉其. 中国收入分配制度的演变、收入差距与改革思考[J]. 东南学术, 2011(1).

[5] 郑秉文, 孙守纪, 齐传君. 公务员参加养老保险统一改革的思路——"混合型"统账结合制度下的测算[J]. 公共管理学报, 2009(1).

完善集体土地征迁政策的几点思考
——以杭州市萧山区为例

王 琦[①]

摘 要：在城市化进程中，征收集体土地房屋拆迁补偿和安置工作日益成为各级政府需要面对的焦点和难点问题，但现行的征收集体土地房屋拆迁补偿法律制度存在着诸多缺陷。本文以杭州市萧山区为例，对实施集体土地房屋拆迁的现状、政策制定情况等方面进行了总结，并深入剖析了当前存在的问题与不足，就如何建立完善征收集体土地房屋拆迁组织机构、集体土地房屋拆迁安置的补偿原则、征迁流程和相关体制机制进行探索，就如何保证被征地农民利益不受损进行了深入思考。

关键词：集体土地 征迁政策 萧山区

土地征迁主要包括国有土地征迁和集体土地征迁两个方面。关于国有土地的征迁工作，国务院于2011年1月19日出台并实施了《国有土地上房屋征收与补偿条例》，地方各级政府也出台相应的政策法规予以规范。但集体土地的征迁工作，国家尚未制订规范性的政策法规，只是提出了集体土地上房屋拆迁参照《国有土地上房屋征收与补偿条例》规定执行，众多涉及征迁的社会问题也较多集中在集体土地征迁过程中。杭州市萧山区正值新型城市化的快速推进进程，涉及集体土地的征迁量日益增多，不和谐因素也逐渐暴露。因此，笔者从杭州市萧山区的情况入手，就集体土地征迁存在的问题进行剖析，并尝试提出相关的对策和建议。

[①] 王琦（1982— ），男，浙江杭州人，中国海洋大学2011级公共管理专业硕士研究生。

一、萧山区集体土地征迁工作的基本情况

20世纪90年代末以来,随着萧山区工业化、城市化进程的加快,被征收的集体土地逐年递增,随之而来的是集体土地房屋拆迁纠纷、违法违纪案件的大量增加。萧山区集体土地征迁工作的基本情况如下。

(一)基本数据

萧山区从2003年开始实施城市示范村多高层安置,截至2012年底,该区已进行多高层安置农户达6 435户,安置人口达20 987人,安置面积达120余万平方米,在外过度的农户有14 734户。近十年来,涉及征地拆迁安置的区级信访数量共有1 062批次、5 517人次,违法违纪案件查处57件、涉案人员57人。

(二)相关政策

萧山区在2002年7月出台了《萧山区征用集体土地房屋拆迁管理实施办法》,明确了集体土地房屋拆迁的主管单位、拆迁程序、补偿方式和安置办法等,并对住宅和非住宅房屋及其他拆迁涉及的补偿和安置方式作了具体的规定,但该办法并没有统一征收集体土地房屋拆迁的具体补偿标准,因此于2004年3月又出台了《关于萧山区征用集体所有土地房屋拆迁补偿价格的意见》,明确了拆迁补偿价格标准,并于2009年根据物价上涨情况对重置价进行了一次调整。为进一步统一拆迁安置标准,2009年又陆续出台了《集体土地房屋拆迁补偿政策调整方案》(区长办公会议纪要〔2009〕3号)《关于鼓励农户入住高层住宅的意见》《萧山区城市示范村住宅安置价格调整意见》《萧山区非住宅房屋拆迁货币化安置实施意见》等文件,对该区的征地拆迁安置工作中的补偿标准、奖励、安置以及征地拆迁纪律等相关问题作了进一步明确。近年来,为进一步明确城市示范村建设要求,规范安置行为,该区于2010年2月制定了《萧山区城市示范村住宅建设安置实施意见的通知》(萧政办发〔2010〕30号)来统一安置政策。这些政策对规范该区的征地拆迁安置工作,促进经济社会健康稳定发展,有效维护被拆迁人利益发挥了积极作用。

二、萧山区集体土地征迁工作存在的问题

(一)征迁政策相对滞后

一是适用范围过于狭窄。《萧山区征用集体土地房屋拆迁管理实施办法》只适用于具体建设项目征收集体土地时所涉及的房屋拆迁,对诸如土地整理、

村庄整治、旧村改造等不涉及土地征用的拆迁项目无法适用,造成有些项目的集体土地房屋拆迁许可证无法核发。二是补偿标准设置不科学。一方面由于最高限价自 2009 年以来一直未调整,使得有些房屋补偿远低于造价,造成拆迁困难;另一方面,对房屋实行按实补偿,使得住房困难户所获的补偿款甚至不足以满足其购置安置房所需,"困难户"变成了"无房户",这部分征迁户的生活水平难以改善。

（二）评估结果差异较大

目前,该区各拆迁项目的评估单位基本上都是由各拆迁主体通过公开摇号方式产生,但在近年来发生的涉及拆迁纠纷的行政裁决案件中有很大一部分是因评估不公而起。这主要是因为:一方面,由于评估工作有一定的专业性、评估工作行政主管部门缺失,致使征迁主体或相关部门对评估公司的监管基本形同虚设,存在扩大评估范围、不按规定标准评估、弄虚作假等现象;另一方面,由于评估量大而临聘人员多、评估经验缺乏等原因,造成评估不准、偏差较大等问题。

（三）安置工作严重滞后

一是安置房建设滞后。该区对征迁安置工作往往采取先征迁后安置,被征迁人员从腾房到安置房分配一般需要 5 年以上时间,过长的过渡期不仅让征地拆迁的补偿、安置政策微调工作陷入被动,还增加了出现不可预见风险的可能性,同时不断提高的过渡费也给政府财政带来很大压力。二是安置政策尚待完善。《萧山区城市示范村住宅建设安置实施意见的通知》虽然在安置人口的计算方法上有了进一步的完善,但在区外人口、房改人员、非农子女等群体的利益保护方面还有所欠缺,全区已有相当数量的此类对象因无法得到安置至今未签约,而成为了"钉子户"。

（四）工作机制不够完善

一是缺乏征迁工作领导机构。从全区范围来看,征迁工作已经成为常态,拆迁项目审批、补偿方案审核、安置房建设与分配、责任追究等工作都分散在各相关部门,缺乏一个部门对征迁工作各环节遇到的问题进行整体研究与解决,个别征迁主体在制定补偿政策、处理非常规问题时的随意性相当大,使得政策执行缺乏必要的刚性。二是考核机制不合理。目前的考核机制往往只关注拆迁工作的速度和结果,对程序和质量关注不够,部分项目拆迁主体为加快进度,在补偿、安置、尤其是奖励政策等方面突破较多,造成不公正现象,损害了政府的公信力,甚至出现了一些违纪违法案件。

三、改进萧山区集体土地征迁工作的建议

(一)规范征迁工作机构

一是成立领导小组和工作机构。要成立以区委书记为组长,区长为第一副组长,相关区委常委、分管副区长为副组长,区委办、区政府办、纪委、组织部、法制办、发改、财政、国土、住建、规划、公安、城管、工商、人社、审计、一体办、城区建设公司、城投公司等部门组成的区拆迁安置工作领导小组,下设实质性运作的领导小组办公室,常务副区长为办公室主任,分管副区长为办公室常务副主任,设协调保障组、政策指导组、监督审查组、安置房建设组。实质性运作的领导小组办公室性质为临时机构,不占编制职数,人员从各相关部门和镇街中抽调。

二是明确领导小组办公室职责。具体职责包括:研究拟订并监督实施全区拆迁工作的规范性文件;编制年度和阶段性拆迁工作计划,统筹制订和实施安置房建设计划;协调相关部门,加快拆迁安置的各类审批;审核项目拆迁安置实施方案;指导培训征地拆迁人员;调研拆迁建设安置工作中出现的困难矛盾并提出对策建议;监督承担拆迁建设安置工作的相关单位,规范操作程序和拆迁行为,抽查中介服务机构行为;督查相关人员在拆迁建设安置工作中的廉洁自律情况等,从而使得拆迁工作在区级层面得到统筹,有利于全区拆迁政策的统一和拆迁、安置房建设计划的安排,避免政出多门,尽快扭转人等房的被动局面。

三是成立若干个征迁指挥部。按照一个征迁项目一个指挥部的原则,由相关镇街干部组成项目征迁工作小组,在各征迁工作小组成立时要根据个人能力、性格、年龄和社会关系等方面的特点,通过组长挑组员、组员选组长的"双向选择"编制工作小组,确保每个工作组都具备善于政策宣讲(会讲)、善于统计计算(会算)、善于沟通协调(会协调)、善于后勤保障(会服务)的人员,合理搭配工作班子;村(社区)干部对涉及本村(社区)的拆迁工作,既要以身作则,带头签约腾房,也要积极做好亲友邻里工作,做到"签约一个,带动一片",在涉迁区域形成"人人知晓、大家参与"的拆迁工作氛围。

(二)规范征迁相关政策

一是完善拆迁补偿政策。为保持政策的连续性和稳定性,建议按照"总

体稳定、局部微调"的原则,由领导小组办公室牵头,发改、物价、住建、国土和一体办等部门尽快修订完善该区以《萧山区征用集体土地房屋拆迁管理实施办法》为核心的拆迁补偿政策体系,为规范拆迁补偿提供完备的政策依据。建议拆迁补偿政策应着重在两个方面加以完善:一方面要在统一全区房屋评估价格标准并适时调整的前提下,综合考虑不同区域的级差地租、出租收益等因素,制订合理的地租补贴标准,以奖励的形式予以发放,避免全区各区块拆迁补偿中同房不同价的问题;另一方面,要根据符合审批建房规定的最大面积来对被评估房屋进行模拟套算,并设定人均附房面积,尽可能地避免因翻建主房、多建附房获得较高赔偿、"老实人"反而吃亏的现象,同时也可以让住房困难户和贫困户通过拆迁使其生活和居住条件得到一定的改善。

二是完善农户多高层安置相关政策。建议拆迁安置政策应该在总体保持稳定连续的前提下,对区外户口、房改人员、农嫁农等群体的安置政策做适当调整,具体如下:第一,区外户口人员的安置建议:以家庭为单位,按照最多不超过2个安置人口以成本价进行一次性照顾安置,解决其日后回来探望父母、回乡定居等的生活居住问题;第二,房改人员的安置建议:实物分房扣除房改面积进行成本价安置,货币分房人员以成本价安置;第三,农嫁农、居嫁农和居嫁居人员的安置建议:在其本人及其配偶未享受批地建房政策的前提下,照顾户口在拆迁地人员本人的安置面积,农业户口和非农户口分别按优惠价和成本价予以安置。

(三)规范征地拆迁流程

一是加大前期调研力度。在制订征迁方案前,必须要下苦功、用足力做好前期调研工作,真正把情况摸准、把"功课"做细。在项目批前公示阶段,各相关部门要加大宣传和民意征集力度,将合理意见采纳到规划方案中,镇(街)要将具体区块改造拆迁的信息向居民通报。在项目全面启动阶段,工作组要为涉及拆迁的居民、企业按户建立档案,内容涉及拆迁房屋产权、宅基地审批、家庭成员构成、厂房面积、生产设备、生产情况、历史问题等情况,做到知己知彼。

二是实施全程阳光操作。在整个拆迁工作中,对于每个环节的实施过程和最终结果都全部张榜公布,确保阳光操作,做到"四个公示":公示拆迁方案,对报经拆迁工作领导小组审查通过的拆迁方案进行公示;公示评估机构,对通过公开方式确定的评估机构进行公示;公示评估结果,对各拆迁户的各房屋评估价格进行公示;公示签订协议,对签订协议的最终补偿价格进行公示。

三是强化拆迁政策刚性。要进一步增强政策执行的刚性,减少工作人员的"自由裁量"空间,以内部的制度监督和外部的群众监督的有机结合来保障拆迁工作的公开、公平、公正。纪委监察部门应进一步加大查办拆迁领域违法违纪问题的力度,全力打造一个风清气正的拆迁环境。组织部门要严肃纪律,对于擅自突破政策,乱开补偿安置口子的区管干部,不仅不予提拔,情节严重的还要追究领导责任。

(四)规范征迁各项机制

一是完善工作推进机制。完善分组推进、任务包干、包户到人的工作机制,落实负责、共同推进。二是完善集中办公机制。领导小组抽调人员要有固定场所开展集中办公,通过定期召开集中办公会议,共同研究处理具体问题,为项目推进提供保障。三是完善矛盾化解机制。针对个别问题,各拆迁工作指挥部可以采取"六位一体"工作模式,区、镇(街道)、村(社区)、评估公司、审计部门、安置房建设主体六个单位一体化协同工作,集中研究处理问题,尽量避免矛盾和遗留问题。四是完善中介机构监管机制。要严格准入,由被拆迁群体自主选择评估公司;若拆迁主体或被拆迁个体对评估结果有异议的,可到杭州市国有土地上房屋征收房地产价格评估专家委员会申请复核,避免评估结果出现较大偏差;利用拆前和评估时的视频、音频记录对评估过程进行实时监督,防止评估人员弄虚作假;建立退出机制,实行黑名单告知制度,设定行业禁入年限。五是完善审计监督机制。审计部门对具体拆迁项目的审计,不但要审计补偿资金支付的手续是否按程序到位,更要审计拆迁补偿中引用的补偿政策标准是否合法、合理、合规。六是完善责任追究机制。一方面要对拆迁方案的执行情况进行跟踪检查,确保拆迁方案的规范实施;另一方面拆迁项目结束后,对审计发现存在不合理、不合规、不合法的行为,应严格责任追究。

四、结语

征地拆迁补偿安置是一项政策性强、涉及面广的系统工程,一旦某个环节出现差错或问题,极易造成被征迁单位及个人的利益受损,进而无法及时提供土地用于相关建设。笔者旨在以杭州市萧山区为样本,对该区城市规划区范围内征收集体土地房屋拆迁补偿安置工作的做法和成效进行总结,剖析了征地拆迁存在的诸如政策不完善、评估不公正、安置滞后、机制不健全等主要问题,并在此基础上提出解决问题的对策,以供征地拆迁工作人员借鉴,提高征地拆迁的效率。

【参考文献】

[1] 盖静. 土地征用拆迁安置工作面临的新问题及建议[J]. 中国国土资源经济,2005(3).

[2] 柴方胜,陈洪宗. 青岛市征收集体土地房屋拆迁补偿法律制度问题与对策研究[J]. 青岛科技大学学报(社会科学版),2006(1).

[3] 张斌. 城市规划区范围内征收集体土地房屋拆迁补偿安置工作的实践与探索[J]. 今日科苑,2008(5).

[4] 徐坚,方忠伟. 城郊集体所有土地房屋拆迁安置模式的重构——以杭州市余杭区为例[J]. 中共杭州市委党校学报,2009(3).

[5] 苟良成. 征地拆迁安置中的问题及对策[J]. 资源与人居环境,2007(18).

社会管理 »

浅谈如何加强对未成年女性的保护

赵瑞凡[①]

摘　要: 保护好未成年女性是任何一个社会都应尽到的责任,但从当前频发的嫖宿幼女罪等一系列针对未成年女性的犯罪案件可以看出,我们对未成年女性保护的现状不容乐观,还存在许多问题。比如,在家庭保护中缺乏科学指导;学校保护中缺乏合适的健康教育的教材;社会保护方面没有形成适宜的社会环境;司法保护中存在法律不完善等问题。为提高未成年女性保护的有效性,家长应端正态度,学习健康教育的知识并给予孩子科学的指导;学校要重视对未成年女性的健康教育,安排培训专业教师;社会保护要塑造良好的社会风气,创造有利的环境;司法保护要完善法律出台系统性综合性的保护未成年女性的法律。

关键词: 嫖宿幼女罪　未成年女性　安全现状　保护措施

未成年人是祖国的未来、民族的希望,保护未成年人、关注未成年人的健康成长是关系到民族振兴的大事,因此,保护未成年人,尤其是对未成年女性人身安全的保护是非常重要的。由于未成年女性生理上的特殊性,往往容易遭到侵害,对未成年女性的保护,也在世界范围达成共识。但是当前我国的社会大环境却存在对未成年人尤其是未成年女性的成长不利的因素,当前的几起案件引发的嫖宿幼女罪的争议更是揭开了我们面临的保护未成年女性的严峻形势。本文正是从当前严峻的形势出发,力图探寻保护未成年人尤其是未成年女性的有效方法。

---

① 赵瑞凡(1988—　　),女,山东省临沂人,中国海洋大学2012级公共管理专业研究生。

一、保护未成年女性的意义

青少年是每个国家和民族的未来,而未成年女性则是全人类生命延续的希望。能否切实保障未成年女性的权益,为其成长提供一个健康文明的社会环境是衡量一个社会进步与否的重要尺度。本研究中的未成年女性是指未满18周岁的女性,她们本身健康成长与否,不仅直接关系到社会道德水准和社会风气问题,而且将直接关系到民族的后代。未成年女性保护的意义主要表现在以下几方面。

第一,保护好未成年女性,有利于贯彻尊重和保障人权的宪法的原则。宪法修正案在宪法第二章"公民的基本权利和义务"头一条即第33条中增加一款,也就是作为第3款的"国家尊重和保障人权"。未成年人尤其是未成年女性这一特殊群体的权利是我国人权保护的重要组成部分,保护好未成年女性对于贯彻尊重和保障人权的宪法原则、彰显我国保障人权的决心和态度、促进我国在国际人权领域的交流与合作将产生积极影响。

第二,保护好未成年女性,有利于更好地维护未成年人的合法权益。未成年人享有生存权、发展权、受保护权、参与权等权利,保护好未成年女性是维护她们生存权的前提,而生存权是未成年人最基本、首要的人权,也是享有其他权利的前提和基础。只有保护好未成年女性、维护好她们的生存权,才能保证她们享有其他权利的可能。

第三,保护好未成年女性,有利于构建和谐社会,促进社会稳定和家庭幸福。孩子的健康成长是家庭幸福、社会和谐的重要条件。一个孩子出了问题,受影响的不仅仅是孩子本身,还包括孩子的家庭以及这个家庭的亲戚朋友,孩子违法犯罪,更是直接影响家庭幸福、社会和谐稳定。呵护儿童,关爱未成年女性,是开创国家和民族更加美好未来的战略工程,也是构建和谐社会的必然要求。

二、我国未成年女性保护的现状和存在的问题

(一)从嫖宿幼女罪的存废之争谈起

1997年《刑法》在第360条规定:嫖宿不满14周岁的幼女的,处5年以上有期徒刑,并处罚金。2003年1月23日,中华人民共和国最高人民法院发布了2003年1月8日最高人民法院审判委员会第1262次会议通过《关于行为人不明知是不满十四周岁的幼女,双方自愿发生性关系是否构成强奸罪问题

的批复》,此解释被媒体大众所关注是由于这条司法解释的后半句:行为人确实不知对方是不满14周岁的幼女,双方自愿发生性关系,未造成严重后果,情节显著轻微的,不认为是犯罪。这与长期以来"只要行为人和不满十四周岁的幼女性发生关系,就一律以强奸罪从重处罚"不同。刑法的这两条规定引起争议的原因在于以下两点:一是它们的实行的确是不利于保护未成年女性的,甚至有人发出了"这是在为什么人立法"的疑问。这一点从它们的法定刑上就可以看出,嫖宿幼女罪的最低刑虽然高于强奸罪的刑期,但是它的最高刑比起强奸罪最高可以判死刑相比少了许多威慑力,使人们不禁质疑:当初立法机关将"嫖宿幼女"单独设立为一项罪名的目的究竟是什么?由此可以看出,这些法律的设定似乎削弱了对未成年女性的保护力度。

根据2010年10月1日起试行的《人民法院量刑指导意见(试行)》,奸淫幼女一人次,量刑起点为3~5年的幅度之内。各地制定的量刑指导意见,对于奸淫幼女的量刑起点也大多未超过5年。司法实践中很多案件证实,量刑指导意见出来之后,没有加重情节的强奸罪,很多都判3~5年。问题是,如果嫖宿幼女的行为被以强奸罪论处,却得到了比嫖宿幼女罪更轻的处罚,废除这一罪名是否还有必要?很显然,这些理由也是嫖宿幼女罪至今未被废除的原因。由嫖宿幼女罪存废的争议可以看出,当前我们对于未成年女性的保护还很不成熟,存在不少问题,我们面临的未成年女性保护的现状是非常严峻的。

(二)我国未成年女性保护的现状

从嫖宿幼女罪的争议中不难发现,目前未成年女性保护的现状仍不容乐观。

第一,未成年女性保护的家庭教育不够充分。尽管现在的家长普遍能够给孩子创造良好的物质生活环境、学习环境、休闲娱乐环境等,但中国的父母对未成年女性生理特点的重视和有针对性的特殊保护不够充分,在一定程度上,也难以得到科学的指导。第二,未成年女性保护的学校教育不够完备。在偏重应试教育、片面追求高分数和升学率的背景下,生理健康教育成为可有可无的课程,上课时间被严重挤压,难以保证未成年人掌握正确的生理健康知识。

(三)我国未成年女性保护存在的问题

尽管党和政府始终高度重视对青少年的保护工作,并且在以往的工作中也取得了值得肯定的成绩,但由于种种原因,我国在未成年女性保护方面还存在一些突出问题,影响了我国未成年女性的健康成长和身心发展。

(1) 家庭保护:家长对未成女性自我保护进行科学指导的局面尚未形成。家长缺乏科学的性教育观念,当孩子提出性问题时大部分家长不知道怎么回答;当孩子有困惑时家长不知道如何帮助孩子,甚至部分家长否定学生的性教育。"在对家长性教育的态度一项调查中发现,对青少年进行性教育会诱导青少年过早地从事性行为以及性知识长大了自然会知道等错误观点仍占较高支持率,尤其是认为孩子长大了自然会懂得性知识的比例占到近半数,而对于家庭性教育必要性问题,46.8%的父亲和39.8%的母亲认为没有必要,虽然相对来说母亲对于性教育的态度比较积极。"通过以上数据我们可以看出,家长对性教育的态度还是比较矛盾的。随着"90后"未成年人的家长文化教育水平的提高,对未成年人进行性教育的必要性有了一定的认识,但是觉得没有必要对未成年人进行健康教育的还是占多数。

(2) 学校保护:适合我国未成年女性安全教育的课程体系尚未建立。适合我国未成年女性安全教育的课程体系尚未建立,我们没有一套从幼儿园、小学到中学的未成年女性安全教育的课程体系以及配套的教科书,不能够像语、数、外这样的主干课程那样,使学生有一个循序渐进的缓慢接受的过程,有的只是断断续续形同鸡肋般的那么一两节课,学生很难以真正获得有益于自身保护的知识。高等教育也没有专门的健康教育教师,具备专业健康教育知识与素养的教师很缺乏,在这种情况下,即便有相应的课程体系,也难以发挥出最大的作用。所以,学校对于未成年女性的保护,无论是形式上还是内容上都是远远不够的。

(3) 司法保护:部门法学之间系统性、综合性的研究尚未充分展开。我国在对未成年人权利保护的法律规定上,一向是强调成年人在法律上对未成年人所承担的保护责任与义务。然而,我们必须认识到,未成年人尤其是未成年女性不仅是保护的对象,也应该是积极主动的权利主体,对未成年人权利的保护不应该停留在以成人为中心的模式上,要使未成年女性形成自我维权的意识,而这一方面的规定却恰恰是我们所欠缺的。既然立法的最终目的是为了保护未成年人,尤其是保护未成年女性,那么我们就要把落脚点最终放在未成年女性本身,从她们的角度思考问题,设身处地为她们着想,做一些有利于她们自身的选择,而不是把她们当作被动接受保护的主体。

三、关于加强未成年人女性保护措施的几点思考

（一）家长要端正态度，积极给予未成年女性以科学的指导

家长可以自行了解一些基本的性生理卫生知识与青春期健康教育。由于家长的辨别能力较强，能从各种信息中有效地提炼出正确的性知识内容，从而为未成年女性学习性知识提前把关，帮助未成年女性学习正确的性知识。其次，可以建立一个"家长交流会"，与其他家长搭建沟通平台，交流未成年女性青春期问题与看法，共同学习科学的健康教育知识，探讨未成年女性每一个心理阶段的性教育方式与方法，从而促进未成年女性性心理健康发展。最后，定期向专家或者老师请教。家长可以借助网络定期向专家或者老师请教，吸取经验，结合未成年女性性生理和性心理发育情况，有效开展未成年女性性教育，帮助未成年女性树立科学的价值观。

（二）学校要重视对未成年女性的健康教育，提高教师专业水平

首先，根据不同的年龄阶段编制不同的健康教育教材。一本书囊括所有的健康教育知识是不合适的。青少年在性生理和性心理的发育中，要经历几个年龄阶段，应该在不同的时期为青少年提供不同的健康教育教材，实现教材多样化、特色化，避免教育工作者在循序渐进的教育过程中出现尴尬。

其次，在学校建立心理咨询中心也是非常有必要的，目前青少年常见的性问题有性生理、性心理、早恋等，心理咨询教师作为专业人士，可以比其他人更能正确地应对性心理咨询的具体情况，为青少年提供正确的性生理知识和性心理知识指导，帮助他们掌握科学的性知识、树立正确的性观念。通过心理咨询师给予适度的心理指导和必要的性知识指导是学生最能接受的最直接的方式。

（三）国家要完善法律法规，出台综合性的保护未成年女性的法律法规

完善以监护制度为核心的家庭立法。要准确界定监护制度的主体与责任，即便在夫妻离婚后，也要在有利于未成年女性身心健康的前提下保证监护制度的实施，可以是夫妻双方履行，也可以是单方履行另一方给予相应的补偿。未成年女性受到伤害或者犯罪，与监护人责任的履行不当和不力有直接的关系，对此，法律要给予一定的处罚措施，在不影响监护人履行监护义务的前提下可以给予经济处罚或者其他强制性措施。因此，完善以监护制度为核心的针对未成年女性的家庭立法是十分必要的，用法律制度的强制性来保证家长

真正履行好教育抚养义务，从而实现未成年女性最基本的保护即家庭保护。

保护未成年女性是我们所有社会人的责任与义务，我们不仅要强调从法律上对未成年女性的保护，还要从根本上保护未成年女性，要为她们创造一个良好的家庭环境以及健康的社会环境。只有对未成年女性的保护引起全社会的注意，并为她们塑造一些模范的榜样，成为她们学习的对象，那么那些未成年女性便有一个健康的心态与健全的心智去面向社会，进而成为祖国未来建设的中坚，为建设强大的国家而奋斗。

【参考文献】

[1] 杨金胜. 对嫖宿幼女罪的重新思考[J]. 现代商贸工业，2010(6).

[2] 刘金霞. 我国青少年权益法律保护制度体系研究[J]. 北京青年政治学院学报(社会科学版)，2004(5).

[3] 王雪梅. 儿童权利保护的"最大利益原则"研究(下)[J]. 环球法律评论，2003(3).

[4] 张文显. 法理学[M]. 北京：高等教育出版社，1999.

[5] 宋戈. 加强对儿童权利的法律保护[J]. 江西教育科研，2002(5).

[6] 陈兴良. 刑法格言的展开[M]. 北京：法律出版社，1999.

[7] 曹文嘉，闫硕，李志刚. 儿童自我保护九大权利[N]. 新文化报，2007-05-14.

[8] 曹日昌. 普通心理学[M]. 北京：人民教育出版社，1987.

[9] 张文新. 青少年发展心理学[M]. 济南：山东人民出版社，2002.

[10] 陈健兴. 走向心理健康——中小学心理健康教育研究[M]. 南宁：广西教育出版社，2001.

[11] 刘达临. 中国当代性文化——中国两万例性文明调查报告[M]. 上海：上海三联书店出版社，1995.

[12] 宋微. 中学时期青少年性心理发展过程的特征[J]. 中国性科学，2007(4).

[13] 王春生，徐勇等. 性早熟儿童家庭社会行为因素病例对照研究[J]. 中国妇幼保健，2008(18).

[14] 陈家麟. 性心理咨询指南[M]. 兰州：甘肃人民出版社，2000.

[15] Adler. T, "Restraint is in style, new sex surveys find", Monitor(March, 1990).

[16] Fang Fu Ruan, Sex in China: Studies in Sexology in Chinese Culture. New York: Plenum Press, 1991.

[17] Amichai-Hambuger Y. Internet and Personality . Computers in Human Behavior, 2002, (18).

[18] 王淑芬, 雷良忻等. 青少年学生性生理、性心理发展及性教育现状研究[J]. 心理学探新, 2003(4).

[19] 骆伯巍. 中小学生性知识掌握水平研究[J]. 教育研究与实验. 2000(3).

[20] 刘凤梧. 试论青春萌动期教育的基本原则[J]. 北京:教育研究, 2003(6).

社区聘用制工作者队伍建设的问题及对策

于 海[①]

摘　要：随着我国社会的不断发展，社区扮演着越来越重要的角色。社区聘用制工作者作为一支新型社区工作者队伍，在社区建设中起到越来越重要的作用。但是我国社区聘用制工作者队伍仍存在素质不高、职责混乱、动力不足等问题，这些问题严重影响了社区建设的进一步发展。要解决这些问题，就要加大对社区建设的投入，完善社区运行机制，严格对聘用制社区工作者的考核，加强对他们的培训，建立资格准入制度。

关键词：社区　社区聘用制　队伍建设

社区作为城市的细胞，直接关系到城市的发展和社会的稳定，城市居民的许多需求也都需要都通过社区的管理和服务来满足。社区已经成为承载许多城市管理和服务群众任务的前沿阵地，社区工作的重要性逐渐凸显。然而，原来以居委会干部为主的社区工作者队伍已经跟不上变化迅速的新形势，社区聘用制工作者正是在发展过程中产生的一支新型社区工作者队伍。随着社会的发展和居民需求的提高，这支队伍对于社区建设起到越来越重要的作用。

一、社区聘用制工作者队伍建设存在的问题

社区聘用制工作者这个新生职业是顺应社区发展的要求而出现的，对原先的社区工作者队伍是一种有力的补充。但目前社区聘用制工作者所发挥的作用与社区和居民的要求还存在一定的差距，存在很多问题，主要表现为以下几个方面。

[①] 于海（1983—　），男，山东省青岛市人，中国海洋大学2011级公共管理专业硕士研究生。

第一,社区聘用制工作者的素质较低。目前社区聘用制工作者学历大部分为大专以下,并且很少人具有社会工作等相关专业背景,接受的相关培训也比较少。他们普遍缺乏系统的社区工作知识和工作能力,知识面也不够宽,眼界、观念都有待于更新,对他们的在职培训工作也跟不上社区建设发展的要求。这就导致社区聘用制工作者工作方法和手段落后、单一,难以提供全面和多样化的服务,工作基本上靠个人经验,难以有效应对不断产生的新情况、新问题。

第二,社区聘用制工作者的职责混乱。虽然现在社区在选举方面已实现自治,但实际上社区依然承担着很多行政性事务,并没有摆脱行政性质。因此,聘用制社区工作者也和社区居委会干部一样,不仅要为社区居民提供各类社会服务,还要执行各政府职能部门和街道办事处交办的很多工作任务。即使是因某一特定工作任务聘用的社区工作者,如计生专职工作者,在完成自己的工作之余也常常需要协助其他工作者完成性质各异、内容繁杂的行政事务,而经常出现的各种创建、迎检任务,也对他们履行其服务社区居民的基本职能造成很大影响。

第三,社区聘用制工作者的工作动力不足。社区聘用制工作者虽然工作量大、任务较重,但工资收入整体水平不高,基本在最低工资标准附近。同时,对他们没有系统的考核标准,没有绩效奖金,荣誉、惩处也很少出现在他们身上,造成"干好干坏一个样",进而导致社区聘用制工作者工作积极性偏低。目前社区工作者这一职业发展空间小、出口少,也使得很多社区聘用制工作者产生懈怠心理。

二、产生问题的主要原因

(一)对社区建设的经济投入偏低

目前,我国城市社区工作的经费来源主要来自政府的财政拨款。虽然政府下拨的经费比前些年有很大提高,但仍不能满足社区需要。有的社区在缴纳必需的水、电、供热等费用后所剩无几。有限的财政拨付难以支撑日益繁重的社区工作,经费短缺已经严重阻碍了社区建设。加强社区管理,拓展社区服务,优化社区环境,提高社区工作者素质,这些工作都需要财力做后盾。没有足够的财力支撑,社区工作只能是捉襟见肘,不可能达到可持续的良性发展。同时,部分社区办公条件依然很差,社区办公室和活动场所交互使用,一室多用的情况比较普遍。社区基础建设不足与目前社区承担的巨大工作量极不适应,制约了社区建设的发展。这使得聘用制社区工作者的工作环境较差,影响了聘用制社区工作者的积极性。

(二)社区管理运行制度不健全

目前我国的城市社区建设正逐渐步入稳步发展阶段。但总体看来,在我国城市社区管理的制度还存在一些明显的缺陷,主要体现在以下两方面。

第一,社区行政化倾向依然严重。由于我国现代社区建设与发展还处于初期阶段,政府在社会领域和社区发展中至今未能较好地实现政社分开。目前社区仍然承担着繁重的行政任务,极大地影响了社区履行对本身居民自治、居民服务的任务。

第二,社区管理运行机制不健全。一是社区内的参与机制不健全,居民不能充分发挥社区主人翁的作用,从而使居民对社区内的各项事务淡然处之,甚至置之不理;二是民主监督机制、评议机制不完善,对社区管理权力缺乏有效的监督和制约,导致个人主义、一言堂现象严重,容易滋生腐败倾向;三是社区服务水平较低。由于社区组织机构设置、人员配备、经费来源、基本设施与所承担的职责任务不适应,加上管理观念落后,没有引入市场机制,所以我国城市社区服务质量仍然比较低。

(三)工作者绩效考核制度不完善

一是没有固定的考核标准,缺乏现代化的评估方法及技术。这样的绩效考核难以做到实事求是,考核档次分不开,考核结果也缺乏说服力,难以加以利用。二是过于注重年度考核。在考核过程中不注重平时考核的积累,只在年底进行一次性的考核。只求简单易行,忽视科学管理。即使一些完全可以适用量化制度的岗位,也不去考虑制定平时考核制度并认真加以实施。三是存在轮流坐庄的现象。优秀名额大家轮着来,人人都有机会。这就极大地抵消了考核中优秀等级的激励作用,使考核失去了实际意义。四是老好人现象。如在考核中互相评分多占比例过高,容易导致将一些人缘好的人评为优秀,而这些人的工作能力与水平可能只是一般。对一些工作表现较差甚至犯有严重错的工作者进行考核时,碍于情面,仍然评为合格。

(四)职业化、专业化程度较低

由于社区聘用制工作者职业定位模糊、职业化程度低,在大众认识上还没有形成固有的职业观念。社区聘用制工作者的身份、地位还没有得到社会普遍性的重视。很多社区领导对社区聘用制工作者的重视程度也不够。有的社区居委会主任就认为,社区聘用制工作者年龄较小、学历较高,只能从事电脑录入之类的工作,做不了群众工作。很多社区聘用制工作者对社区工作的专业方法、价值观、职业伦理没有明确的认识,对自身的身份缺乏认同。

与发达国家相比,我国社区工作者的专业化水平差距明显。国内实际从事社区工作的人大多没有受过社区工作的系统专门训练,大多不具有社会工作的知识背景,而受过正规社会工作教育的毕业生又很少有人从事这项工作。目前虽然已经有社会工作职业资格认定,但在实际招聘、录用社区聘用制工作者时,有无社会工作职业资格证书并不是必要条件。虽然主管部门鼓励社区聘用制工作者取得职业资格,但仍有很多社区聘用制工作者不感兴趣。另外,社区聘用制工作者职业发展空间较小。现在的社区聘用制工作者与公务员、企业工作人员不同,没有明显的职级差别。社区聘用制工作者在社区工作中得不到发展,无法实现自己的价值,这使得部分社区聘用制工作者逐渐丧失工作的主动性与热情。

三、加强社区聘用制工作者队伍建设的对策

(一)加大投入,改善社区聘用制工作者的待遇

第一,加大对社区建设资金的投入。应综合考虑社区的常住人口数、社区规模、经济状况、工作难度等因素,对社区实行分类管理。每年由民政局、财政局、审计局等部门对社区工作经费到位和资金使用情况进行检查,确保专款专用。社区聘用制工作人员的工资应统一由政府财政承担,纳入财政预算。实行"费随事转",将环卫、治安等相关部门的专项经费,相应拨付给社区。改变上级对于社区的经费拨付方式,减少拨款的中间环节,使得上面拨款可以全额进入社区。

第二,建立工资收入自然增长机制。为了鼓励社区聘用制工作者能够长期服务于社区,可以划分差异化的薪酬水平,建立持续渐进的薪资阶梯,形成正常的增长机制,使社区聘用制工作者的收入随着经济的发展和城市职工人均收入水平的提高,每隔3~4年自然晋升一个档次。通过这种可发展的薪酬体系,可以有效激励社区工作者提升自身水平。

第三,建立同工同酬机制。目前社区聘用制工作者和通过选举产生的社区居委会干部在待遇上有一定差别,而他们的工作内容、工作性质、工作任务

都差不多。因此,必须建立同工同酬制度,激发社区聘用制工作者的工作热情和进取精神。

(二)加强社区相关制度建设

现行的社区管理体制存在政社不分、行政色彩浓厚、不规范、不科学等问题,要改变目前的现状,建立新型的社区管理体制。笔者认为可以从以下几个方面着手解决。

第一,调整政府、社区、社会组织的关系。在对现有城市公共部门的职能、体系、政府过程做出调整的同时,要大力培养和发展城市社区自治组织、社会中介机构和专业化的社会工作机构。这些机构的培育成熟可以为政府分担一些非行政性事务。发挥社区自治组织在扶持弱势人群、解决贫困、倡导社区文化以及提高居民的社区参与和归属感方面的作用。要将社区还原本身角色,向职业化和自主方向发展,减少行政性事务,不再是政府的"腿"。

第二,完善民主监督机制。社区居民民主监督的有效性在知情的基础上才能得到保证,因此,应建立起相应的居务公开机制,向全体社区居民公开涉及居民切身利益的有关法律、法规和政策;公开社区居委会制定的规范制度和居民公约;公开上级下达的各项行政任务;公开低保居民及救灾救济款物的发放等;公开社区居委会的长期和近期发展计划以及居民会议的重大决策;公开居委会为居民办实事的具体项目等;组织有关部门和居民代表对社区居委会的账目逐一进行清理,及时公开居委会财务收支情况以及其他集资款的收支情况,等等。

(三)落实社区聘用制工作者的评价考核机制

第一,建立规范的考核标准。建立以业绩为依据,由品德、知识、能力等要素构成的社区工作者综合考核评价指标体系。制定不同层次、不同职务的考核体系和考核标准。对社区聘用制工作者考核的内容(包括德、能、勤、绩、廉等)进行细化,构建统一规范的考核要素体系,并做到不同层次、不同级别的社区工作者有不同的考核要求。尽量避免单凭主观意愿或随大流评定等级的现象。

第二,强化考核制度的正、负激励功能。应当扩大优秀等次的比例,提高社区聘用制工作者争先创优的积极性。对考核优秀的社区聘用制工作者在奖励、培训甚至公务员考试加分等方面的优先政策作出具体规定。明确不合格考核等次确定的标准,使之发挥警示作用,增强社区聘用制工作者的危机意识。

(四)加强培训,提高社区聘用制工作者的素质

根据社区工作专业化、科学化的发展趋势和当前社区聘用制工作者的素质现状,应当对目前的社区聘用制工作者加大教育培训力度,增强专业水平。

第一,做好培训规划。把社区聘用制工作者的培训纳入社区建设管理的内容当中,将社区聘用制工作者的培训与公务员培训等结合起来,制定培训工作规划,开设社会工作相关专门课程。根据不同性质的社区聘用制工作者的工作职责制定相应的系统的培训规划,以满足当前和今后一段时期工作的需要。

第二,科学设置培训内容。社区聘用制工作者培训应当根据经济社会发展需要,结合岗位职责的要求,以政治理论、政策法规、业务知识、文化素养和技能训练为基本内容。在开阔视野、启发思路的基础上,结合本地区经济、社会发展中的热点问题进行课程设置,突出加强基层民主政治建设、着力保障和改善民生、建立完善规范化服务型社区等专题的学习。同时,根据当前社区聘用制工作者存在缺乏社区管理的一些专业知识和技能的情况,可以突出社会公共管理理论和社会工作理论的专题学习。

第三,创新培训方式,增强培训的实效。具体形式可以包括(但不限于)以下几种。一是岗前系统培训。社区聘用制工作者上岗前应集中一段时间进行系统培训。其主要目的是树立起作为一个社区工作者必须具有的服务社区居民的基本理念、公正意识和法治观念,掌握基本的社区管理工作知识和技能。二是在职脱产进修。对于一些比较年轻、工作中表现优秀、有志于长期从事社区工作的社区聘用制工作者,可以由社区推荐,安排他们以在职的形式进入大学的社会工作专业,系统地学习相关专业知识。三是在职不脱产培训。举办短期的培训班,主要是针对工作中出现的问题,有的放矢地对社区聘用制工作者进行观念更新和技能提升。四是组织社区聘用制工作者进行经验交流和参观考察。

(五)建立全面的资格准入制度,促进专业化和职业化

和发达国家的社区工作者队伍建设相比,目前国内差距最大的就是准入机制的缺失。因此,逐步酝酿并设立合理的准入机制是亟须思考的。其中职业资格证书的设立是最关键的一点。职业资格证书是现在国际上通行的行业准入机制,推行职业资格证书制度,构建专业人才职业资格制度体系,是专业技术人才队伍建设的需要。社区工作专业的资格认证制度,既可以作为政府

评价和考核从业人员的专业标准,也可以作为政府选择从业人员的依据。推行这项制度,将逐步改变社区工作从业人员素质低下的局面,树立社区工作的专业权威。这将从制度上解决社会工作者的职业地位,提高社会工作者的整体素质和专业水平。而对于在职的社区工作者,可以鼓励进行在职的学习,并通过考试拿到相关职业资格证书,达到制定的准入标准;也可以在其进入社区工作的试用期内,令其取得社会工作者职业水平证书。

【参考文献】

[1] 侯玉兰. 非营利组织:美国社区建设的主力军——美国非营利组织的调查与思考[J]. 北京行政学院学报,2001(5).

[2] 李晓光. 我国社区工作者队伍存在的问题及解决对策[J]. 辽宁师专学报(社会科学版),2005(4).

[3] 胡稼东. 对社区工作者队伍建设的若干思考——以上海市普陀区S街道为例[J]. 时代经贸,2011(5).

[4] 朱胜进. 城市社区工作者队伍建设的现状调研——以杭州市典型社区为例[J]. 浙江社会科学,2011(10).

[5] 李敏. 构建和谐社会:社区工作者队伍建设研究——以北京市海淀区T街道为例[J]. 中国特色社会主义研究,2008(4).

[6] 刘霞. 关于我国社区工作者队伍的分析[J]. 云南行政学院学报,2005(2).

[7] 薛惠芳. 我国社区工作者队伍建设现状、问题与对策[J]. 江西行政学院学报,2006(1).

[8] 张纪,刘琰. 城市社区工作者队伍存在的问题与对策[J]. 长春市委党校学报,2001(9).

[9] 李芹. 职业化社区工作者与专业化社区工作者的关系[J]. 社会,2003(1).

[10] 李少虹. 社区工作者与传统居委会干部之专业比较[J]. 长沙民政职业技术学院学报. 2001(12).

关于崂山区新型城市社区建设的调查研究

李兆群[①]

摘　要：新形势下城市社区建设是我国当前加强创新社会管理和推动城市化过程中的一个重要理论问题与实践问题。近年来，崂山区积极探索社区建设的新路径，在山东省内率先创建了新型"大社区"组织体系，不断完善社会化、系统化、网络化的城市社区服务机制，推进新型社区管理体制的综合配套改革，取得了良好的工作成效。本文在梳理崂山区新型城市社区建设的主要措施与实践经验的基础上，分析其存在的主要问题，进而提出青岛市新型农村社区建设路径的优化策略。

关键词：城市社区　新型组织　社会管理　崂山区

党的十八届三中全会提出了关于全面深化改革的若干重大措施，特别是在"推进社会领域制度创新，推进基本公共服务均等化，加快形成科学有效的社会治理体制"方面作出明确阐述。近年来，随着我国经济体制转轨和行政管理体制改革的不断深入，计划经济体制下"单位办社会"的格局逐步松动、瓦解，社区逐步承接了"单位"剥离下来的大量社会管理、社会服务和社会保障等职能，并因其区域社会共同体的特性，成为人们基本的生活空间。特别是进入 21 世纪第二个十年以来，随着城市化进程的加快推进，我国城市社会结构相应发生了深刻变化，城市外来人口不断增多，社会群体阶层分化较为明显，居民物质文化需求呈现多样化特点，以辖区单位、社会团体、物业公司、社区居民等为代表的各类主体出于利益诉求的需要越来越广泛地参与到社区管理中来，加强和创新社会管理面临着前所未有的复杂局面。如何在城市社区管理创新探索中进一步理顺政府、市场、社区三者之间的关系，转变政府职能，发

[①] 李兆群（1983—　），男，山东烟台人，中国海洋大学 2012 级公共管理专业研究生。

展社会中介组织,在多元管理模式中实现社区自治功能的回归和完善,成为政府、学界和公众普遍关注的公共话题。本文以青岛市崂山区新型城市社区建设为切入点,分析其在长期的建设中取得的成绩和经验,并为其更好的发展提出对策与建议。

一、崂山区新型社区建设的进展情况

近年来,崂山区按照上级有关部署和要求,从加强和创新社会管理的战略高度出发,全面加快新型社区建设步伐,按照"区域界限清楚、相对完整集中、资源配置相对合理"的原则,以服务半径1.5~2千米的规模标准,将原有139个农村社区和19个城市社区整合为28个新型社区,并参考社区建设中的"沈阳模式",将社区定位为"小于街道、大于居委会",承接审批服务事项下访,指导所属居委会开展相关工作,以有效加强社区服务、强化基层管理的组织。目前28个新型城市社区建设已全部建成通过验收。同时,从区直机关事业单位选派了65名优秀年轻干部,于2013年5月份全部进驻社区服务中心开展工作,区直有关单位、街道的200项审批及服务事项先后分两批全部下放到位,并已进驻服务中心,真正实现了"服务下沉、干部进驻、挂牌运行"的工作目标。目前,新型社区服务中心可直接为社区群众提供社会救助、就业保障、卫生计生、文化教育等60余项服务,大大方便了群众的日常生活。

二、崂山区新型社区建设的主要经验

第一,抓规划,打基础。坚持以科学规划为前导,在新型城市社区建设的科学规划、合理布局上下大力气,充分保证新型城市社区建设的科学性与可行性。区政府先后组织人员到上海市长宁区、无锡市滨湖区、芜湖市镜湖区学习对标,认真学习先进地区社区服务中心的经验和做法,理清了规划思路。崂山区坚持规划的专业性与先进性,不吝财力在全国范围内聘请城乡设计院、专家学者、专业设计公司进行社区布局与建设规划。在充分调查摸底、搞好与相关规划衔接的基础上,编制完成了《崂山区新型社区布局和建设规划》,结合村庄分布现状及崂山未来空间发展格局,将28个新型社区区分为14个城市集聚型社区和14个服务融合型社区,实行分类发展引导。同时,规划体现了全局性与可持续性,在经济布局及产业融合、社区建设投融资等方面进行详细的分析和长远的创新性规划,为新型城市社区长远发展进行了充分的准备。

第二，抓重点，带全局。按照典型引路、抓点带面的原则，在新型城市社区建设试点的选择上，坚持典型性与普遍性兼具，在社区功能上坚持普适化与特色化并存，在建设过程中坚持控制与引导并举，不断在试点社区开展调研工作，突出抓好麦岛、石老人、金岭等一批示范社区服务中心管理运作，深入研究人员、经费、管理机制、内部运行机制等关键内容。积极开展社区服务品牌创建活动，区司法局、团区委、区房地产开发管理局等15个部门先后创建了"法助人和""崂山区雷锋志愿服务站""居安民乐"等为民服务特色品牌，为全面提升新型社区服务水平起到了良好的示范带动作用。

第三，抓难点，求突破。针对崂山区人员少、工作量大、历史遗留问题多、社会基础管理相对薄弱的问题，通过搭建大社区服务中心这个平台，推动人员下沉、管理下沉、服务下沉，并于2014年3月份率先面向全市公开招聘57名社区专职工作人员，充实基层工作力量，不断夯实崂山区在物业、计生、集体经济等各个方面的管理基础。同时，各街道陆续开展了"群众到底需要什么服务"专题调研活动，通过服务中心运行中对办事群众的现场调查、走访、组织社区问卷调查等形式，找准群众日常办理最频繁、最需要的服务项目，并在此基础上树立确定了第二批服务下沉事项，切实增强了服务工作的针对性、有效性。

第四，抓组织，强配套。始终遵循组织变革和创新先行与制度配套保障相结合的思路，坚持基层党建工作先行，着力形成社区党委、社区居民协调委员会、社区服务中心"三位一体"的管理体制，并明确规定不同管理主体的职能与责任，为新型城市社区建设提供领导基础。同时，因时制宜转变组织职能，适时转换政府角色。在试点阶段，青岛市成功担任"引导者"和"制度提供者"的角色，保证了试点工作的成功开展和丰富经验的成功积累。而在当前推广阶段，政府则转为担任"掌舵者"与"支持者"的角色。在基层社区组织制度创新方面，通过实行"群众工作日"制度、"党务、居务、财务公开日"制度和"一事一议"制度，保障群众的知情权、决策权、监督权，提高群众的民主意识、维权意识、自治意识、监督意识，为基层社区组织高效运转提供了强有力的制度保障。

三、崂山区新型社区建设中存在的问题

当前，虽然崂山区新型城市社区建设取得了一定的阶段性成果，但还存在着以下几方面问题。

第一,规划制约问题依然存在。例如,崂山风景名胜区规划、王哥庄区域规划等正在编制上报、尚未正式获批,导致片区内村庄改造等基础性建设缺乏工作依据,不利于尽早实现各片区建设规划与经济发展规划、土地利用规划的有序衔接和整合统一,也不利于居民集中居住、社区产业打造、基础设施配套等一系列群众生产生活问题的有效解决,对于加快新型社区建设进程产生了一定制约影响。

第二,建设水平的地区差异明显。全区各街道之间、街道内部不同区域之间的新型社区建设发展不平衡、不协调的问题相对突出,总体表现出与崂山城乡二元化结构和经济发展水平差异相一致的特点。例如,在产业经济基础较好、社会事业发展水平较高的建成区域,崂山区已建成麦岛、石老人、沙子口中心社区等一批标杆示范社区,在硬件配备、软件建设、管理运行等方面均达到全市乃至全省一流水平;在部分相对偏远的纯农村区域,新型社区硬件建设水平偏低、日常工作开展不充分的问题同时存在而且较为突出。

第三,服务事项下沉仍不彻底。新型社区服务中心现已承接区、街两级的百余项审批及服务事项,极大拓展了新型社区的便民服务职能,但就目前而言,除社保、计生、民政等单位的部分业务可以当场办结外,其余服务事项多停留在代理服务层面。有的服务事项还存在区、街、社区三级交叉办理、分工不明确、衔接不到位的情况。此外,区直有关单位、街道相关部门推动审批服务事项下沉的积极性、主动性总体较高,但个别单位工作措施不实、推进偏慢,导致了部分审批服务事项下沉不到位、不彻底。

第四,工作运行机制有待完善。当前崂山区建成并投入运行的28个新型社区各项工作扎实开展,总体呈现出务实、便民、规范、有序的特点,但也有相当一部分新型社区建设还仅仅停留在服务中心建设单一层面,新型社区的党委、居民协调委员会组织相对松散,原有小社区的工作独立封闭运行,社区内各类组织作用发挥不充分的情况依然存在。此外,新型社区与区直部门、街道的工作关系,以及新型社区与原有小社区间的工作关系需要进一步协调和理顺。

第五,干部群众的思想认识仍需进一步提高。根据前段时间群众服务需求专题调研的情况反馈,经过一年多的建设实践和广泛宣传,新型社区建设取得了较好的直观成效,得到了基层干部群众较为广泛的认可,但当前还有个别干部不能全面科学地把握新型社区建设的实质内涵和方式方法,个别群众对这项工作了解还不够深入,不清楚新型社区的功能定位,不知道新型社区建设从哪里来、到哪里去。同时,由于当前新型社区运行仍处于磨合完善阶段,群众尚未完全感受到新型社区带来的便利服务和生活方式转变,其对新型社区的认知、认可程度还有较大提升空间,参与新型社区建设的积极性也有待进一步增强。

四、改进崂山区新型社区建设的对策

第一,突出规划引领,实施分类推进。进一步加快做好相关片区控规等规划的编制报批,不断完善新型社区布局规划,突出做好与经济社会发展规划、城市总体规划、土地利用总体规划的有机衔接,科学设置建设模式,加强分类指导,推进不同区域新型社区建设工作。对于北宅石岭子以南、沙子口中心社区以西的城市中心区域,应结合城市化进程,充分发挥市场机制作用,全面加快开发改造类社区建设;对于传统农村集聚类社区,应充分考虑到现有社区规模、发展水平、地缘管理、风俗习惯等因素,按照地域相近、规模适度、产业关联、有利于整合资源要素的原则,抓好中心村融合型社区建设试点,逐步实现居住相对集中和社区化服务全覆盖。

第二,坚持因地制宜,强化产业支撑。紧紧依托金家岭金融新区、蓝色硅谷产业创业带、崂山风景名胜区、王哥庄石湾国际健康城等全区重点产业发展平台建设,综合考虑社区资源特色和产业基础,坚持宜工则工、宜农则农、宜商则商,统筹布局和规划建设好社区特色产业园区,促进居民就近就地实现转移就业和增收致富,实现生产生活方式的同步转变,集体收入和居民收入的同步提高。在夯实和壮大社区产业发展基础的同时,积极探索和适时推进农村集体资产改制工作,为今后进一步有效整合原有农村社区资源,实现社区城市化融合奠定基础。

第三,深化服务下沉,确保便民高效。在推进审批及服务事项下沉方面,全面落实简政放权有关要求,强化对部门下沉业务工作的考核管理,逐项明确区直单位、街道办事处和新型社区的职责分工和工作办理时限,确保基层群众最需要的服务事项下得来、办得了。尽早解决28个社区服务中心办公网络与区、街道办公网络有效衔接的问题,加快推进"崂山新型社区服务网"正式运行,不断完善新型社区电子政务平台和服务中心办公网络系统,确保工作沟通顺畅,避免因信息不对称造成工作脱节、影响服务效能。

第四,完善运行机制,丰富工作内涵。在做好新型社区服务中心硬件打造的同时,进一步强化内生机制建设,突出抓好新型社会"两委"(党委、居民协调委员会)工作例会和民主议事决策、民主公开监督、联系服务群众等工作机制的完善和落实,积极探索区域化党建工作新模式,更好地发挥新型社区"两委"在指导社区组织建设、强化集体经济管理、保障改善民生,夯实综治维稳根基等方面的作用,不断提升"两委一中心"的工作水平,促进新型社区各项工作的全面、协调、有效开展。

第五,强化思想引导,增强推进合力。要进一步抓好干部教育培训,引导全区各级干部,特别是基层干部将思想和行动统一到上级决策部署上来,自觉加强对新型社区建设知识的学习,切实增强从事这项工作的理论自信和能力自信。要进一步创新做好群众宣传工作,围绕居民需求,改进服务模式,通过大力开展个性化、"体验式"的社区服务活动,让更多的群众亲身体验新型社区带来的便利好处,进一步增强对新型社区的了解和认可,着力营造全社会共同关心、支持和推动新型社区建设的良好氛围。

【参考文献】

[1] 陈雅丽.城市社区服务供给体系及问题解析——以福利多元主义理论为视角[J].理论导刊,2010(2).

[2] 张妍.我国城市街道办事处改革研究——以沈阳为例[D].沈阳:东北大学硕士学位论文,2005.

[3] 李景平,王永香.社区管理体制改革的创新与启示——以北京鲁谷社区为例[J].江西社会科学,2012(12).

[4] 郭晓敏.城市基层社会管理体制改革问题探讨——基于铜陵市撤销街道办事处的实例分析[J].中共合肥市委党校学报,2012(3).

[5] 陶宏.城市化进程中完善社区服务多元化路径选择探究——基于威海市高新区怡园街道社区服务发展的实证研究[J].理论学刊,2011(12).

[6] 何峻.社会管理创新中的城市社区社会服务能力生成路径[J].决策探索,2011(9).

青年流动人口社会融入的困境与对策探讨

元 菁[①]

摘 要:随着时代的发展,越来越多的青年人选择了城乡之间、地区之间的流动,这一趋势加速了流入地的经济发展,解决了劳动力问题。但与此同时,也出现了青年"乡—城"流动人口与当地社会的融入问题。本文在研究各国对于流动人口的融入问题的政策基础上,阐述了在中国当代各种社会条件下,青年"乡—城"流动人口融入流入地的现状、问题,并对青年"乡—城"流动人口融入当地社会的对策进行了探讨。

关键词:青年流动人口 社会融入 对策

一、流动人口当地生活社会融入的迫切性

在过去二三十年中,中国城乡之间、地区之间发展的不平衡,农村劳动力过剩、城镇企业的劳动力短缺及户籍管理制度,导致了中西部地区、欠发达地区和农村人口向东部沿海地区、较发达地区和城镇的流动,以寻求更好的生存机会。中国流动人口总量从1982年的657万飙升至2010年的2.2亿多,占当年全国总人口的16.5%。在未来的二三十年时间里预计将至少有一半人从农村搬进城市,我国将由一个农业国变成为城市化国家。大规模的人口流动不仅改变了人口的空间分布格局,而且促进了经济的发展,降低了流动人口个体及家庭的绝对贫困和相对贫困。但是,大多数流动人口仍被排斥在许多公共福利之外,由于农村和外来的双重身份,即便他们在城市生活了数年,但始终被当成农村人、外来人,职业声望差,收入水平低,社会保障缺乏,劳动时间长,在城市中过着单调的生活,与当地市民之间存在一条难以逾越的鸿沟。

[①] 元菁(1983—),女,浙江台州人,中国海洋大学2011级公共管理专业研究生。

近几年来,青年"乡—城"流动人口在全部流动人口中所占比重持续增长。他们在快速的城镇化和工业化进程中成长,多无农业知识,缺乏农村生产经验,总体上与家乡的感情淡薄,却强烈希望融入城市社会,真正成为城市社会的一员。即使无法融入城市,他们既不打算、也不愿意且大部分可能最终也不会回归农村。由于以上种种障碍,青年"乡—城"流动人口就像"三明治"中间的夹层一样,处于农村和城市之间,在城乡间游走,在城市中漂泊,无法找到真正属于自己的土地,难以落地生根。相对于年长流动人口而言,他们通常被认为具有更高的受教育程度、职业发展期望、生活消费支出和更好的社会保障,但不能吃苦耐劳。然而,他们的职业声望、就业状况、工资收入和社会保障仍无法与城市市民相比,多感受到不公平的报酬待遇,社会保障更差。

"社会同化"理论认为:移民一般要经历定居、适应和同化三个阶段,在这三个阶段中,越来越多的移民接受主流社会的文化,认同了主流族群,进而被主流社会完全同化。任远认为社会融合是一个逐步同化和减少排斥的过程,是对城市未来的主观期望和城市的客观接纳相统一的过程,是本地人口和外来移民相互作用和构建相互关系的过程。关于流动人口社会融合现状及影响因素,国外学者提出了若干理论解释,国内学者也采用了许多模型进行实证检验,但目前还没有形成一个统一的社会融合度及结构维度的测量指标。从社会融合的定义、过程、指标建立来看,社会融合涉及经济、行为、文化、身份或心理等多个维度。

成为真正的新市民不仅是一个地域变迁和转移的问题,而且具有更深的内涵,是一个包括思想观念、行为方式、生活方式、社会组织形态等都逐渐向城市范式变换的过程。国外对于移民的社会融入研究表明,移民在接受国的融合要经历定居、适应和完全同化三个阶段。也有其他学者认为在融入的不同阶段,移民的需要也是不同的:第一阶段移民的需要包括诸如食物、住房以及如何适应新城市语言等方面的指导;第二阶段移民需要熟悉城市内的各类系统和机构,包括市政服务、法律服务、长期住房、健康服务和专门职业语言辅导;最后一个阶段,移民要求在经济、文化社会和政治生活领域方面的参与。

中国的"乡—城"流动人口,可以归类于某种程度的"移民",他们进入城市、完全融入城市也会经历一定的过程,在此过程中有不同的多元化需要。

二、青年"乡—城"流动人口面临的困境

第一,城市生活成本与安置成本越来越高。青年"乡—城"流动人口即使退出城市生活,回到农村,他们要在"家乡"像上一代一样生活也变得越来越困难。相对于上一代来说,更高的"退出"成本导致他们更不愿意"退出"城市,而对城市又具有更多的"亲和性"。然而,近年来,城市房价飞涨,特别是在一些大城市,房价上升速度远远高于工资增长速度,使得新生代购房定居下来的愿望变得难以实现。而房价上涨也带动房租的上涨,这也使得外来人口要在城市安置下来的门槛更高。宏观社会形势的变化,特别是房价高涨,使得新生代在城市的生活成本越来越高。

第二,在经济、政治、公共服务和社会关系等多方面得不到流入地社会的接纳和包容,依旧受到各种显性和隐性的排斥。在经济领域依旧受到各种显性和隐性的排斥,流动人口具有明显的职业声望差、劳动时间长、收入水平低、居住隔离强的特点。在公共服务领域,他们享受不到与流入地普通居民同样的权利和福利,具有作为外来人和农村人的双重弱势;在政治上,绝大部分流动人口实际上已经从户籍地的政治系统中脱离出去,但又没有流入地户籍和市民身份,既不会在流出地行使政治权利,且在中国现行的政治体制之下也不能参与流入地的政治生活,成为"政治边缘人";在社会交往方面,他们在流入地的社会关系、社会网络和人际交往规模小、紧密度高、趋同性强、异质性低,主要围绕着血缘、地缘等同质关系构成;同时,他们长期生活在城市边缘,与城市居民在互动层面上出现断裂,不被认同、接纳,这不仅使他们与本地市民之间的距离进一步扩大,而且还难以享受相应的社会成果和公共权利,自身的合法权益也难以得到保护,从而遭遇巨大的社会焦虑和心理压力,出现相对经济贫困和精神贫困。鉴于经济融入是整体社会融入的基础,最明显的社会排斥往往最先体现在经济融入层面。

第三,没有拥有足够信息的群体被社会性地排斥,被社会性排斥的群体缺乏获得主流社会的信息以及社会资本的途径;一旦相关的一些服务没有被满足,如定居、住房、医疗、教育,那么潜在新市民的融入过程就会遭受挫折。同时新市民融入城市是一个具有不同阶段的过程,此过程中包含不同的需要和对资源、机构和技术的态度也不尽相同,最初的时候可能需要生存的信息,一旦稳定并在社会中找到自己的位置,对当地的经济和社会福利作出一定贡献以后,就会在政治参与、公民责任和文化享有方面有需求。信息对于新市民构

筑自己的社会网络和积累社会资本意义重大,而这两者也影响着他们的社会融入。个人拥有的社会资本越好,则融入状况越好,越有机会生活好。

三、青年"乡—城"流动人口融入社会的对策

第一,流动人口社会融合应统筹纳入社会建设之中。促进"乡—城"流动人口社会融合不仅是构建社会和谐的重要基础,也是社会建设的重要内容。一是要纳入社会发展规划。在加快城乡一体化建设中,重视对"乡—城"流动人口聚集区的建设与改造规划以及涉及"乡—城"流动人口生活设施、活动场所的规划,对于"乡—城"流动人口与当地居民一视同仁,积极营造同在一个社区共同生活、和睦相处的社会环境。二是要纳入经济社会发展。要将推动经济发展作为促进"乡—城"流动人口社会融合的重要内容,加大发展力度,缩小贫富差距,切实提高"乡—城"流动人口收入,改善"乡—城"流动人口福利待遇。三是要纳入经济发展政策。要统筹考虑和处理涉及"乡—城"流动人口管理和服务的各种问题,不断提高社区、基层政府机构对于"乡—城"流动人口管理和服务的水平。

第二,重视"乡—城"流动人口的社会保障与劳动保障,维护"乡—城"流动人口的合法权益。无论是美国还是新加坡,都十分重视"乡—城"流动人口住房环境的改善。目前,我国流动人口大量涌入城市,导致城市资源的不断紧张,再加上土地是稀缺资源,因此导致房价不断攀升。而"乡—城"流动人口收入属于较低水平,完全无法承受高昂的房价。政府要加大保障性住房的投入和建设力度,或者通过增加住房补贴等形式改善"乡—城"流动人口的住房条件;对于在城市工作多年、并且一直承租公租房的"乡—城"流动人口可以将公租房以有偿转让的方式转让给"乡—城"流动人口,解决他们的后顾之忧,从而促进"乡—城"流动人口与城市居民的社会融合。在劳动保障方面,建立健全与新生代农民工社会保障相关的法律法规,并加强执法力度。加强对新生代农民工社会保障的规范管理,并提高管理水平。建立全国性新生代农民工社会保障的网络系统,利用网络技术实现管理一体化。

第三,重视对"乡—城"流动人口的融合教育和技能培训,增强"乡—城"流动人口的自身能力。国外的经验告诉我们,重视融合教育是非常重要的。教育是百年大计,促进"乡—城"流动人口社会融合同样也是百年大计。中华民族要实现伟大复兴,要构建和谐社会,就必须促进城市、农村以及"乡—城"流动人口的自身和睦。为此,我们必须重视"乡—城"流动人口社会融合的宣

传和教育,增强"乡—城"流动人口的归属感和认同感。此外,青年"乡—城"流动人口作为社会的一个特殊群体,在知识水平、文化素质等方面与当地人有较大的差异,这就加剧了青年"乡—城"流动人口融入当地社会的困难程度。因此,我们必须重视和加强青年"乡—城"流动人口的培训,这样做会有多方面的益处。一方面,通过加强"乡—城"流动人口的培训,可以提升他们的自身素质和技能,从而使他们更好地适应就业的需要、适应社会的需要;另一方面,为青年"乡—城"流动人口创造更多的接受教育的机会,可以减少社会歧视,让他们能够享受与当地居民平等地受教育的权利。

第四,尊重"乡—城"流动人口的多元文化,促进相互认同。每个民族、种族、群体都有自己的文化和价值观体系,在互相融合的过程中肯定会有分歧和冲突。从国外成功的做法中我们可以发现,越是尊重多元文化,尊重各自的宗教信仰、生活习惯和生活方式,加强彼此之间相互理解,"乡—城"流动人口与当地居民彼此之间对各自的经济地位、社会地位、态度和行为方式的认同感越强,那么他们彼此之间的矛盾与隔阂就会越少,"乡—城"流动人口融入城市社会的程度就越高。"乡—城"流动人口结构比较复杂,因此我们要认同多元文化的存在。一是要尊重"乡—城"流动人口的信仰;二是要经常进行文化活动,促进彼此的沟通与文化认同;三是要进行正确的舆论引导,确保文化融合的方向与原则。

第五,加强社区建设,提升"乡—城"流动人口的服务水平。从国外的成功经验可以看出,社区在促进"乡—城"流动人口社会融合中的重要作用,它是"乡—城"流动人口生存的空间载体,因此我们要不断加强和完善社区建设。一是要为"乡—城"流动人口提供利益诉求表达的通道,将各种矛盾化解在基层;二是要不断整合社区资源、完善社区功能,为"乡—城"流动人口提供各种服务,如医疗卫生服务、心理咨询服务、金融服务等;三是要组织各种社区文化娱乐活动,一方面可以满足"乡—城"流动人口文化需求,另一方面可以促进"乡—城"流动人口与当地居民的沟通,从而加快"乡—城"流动人口的社会融入;四是要改善"乡—城"流动人口的生活空间与居住氛围,鼓励他们积极参与社区事务管理,不断增加"乡—城"流动人口的归属感,让他们感觉到自己是一名"新市民",有权利有义务搞好社区建设和管理,这将有利于推进"乡—城"流动人口的文化融合与心理融合,从而实现社会的稳定、和谐与发展。

【参考文献】

[1] 杨菊华. 社会排斥与青年"乡—城"流动人口经济融入的三重弱势 [J]. 人口研究, 2012(5).

[2] 何峰. 关于新生代农民工出路问题的思考 [J]. 辽宁行政学院学报, 2011(8).

[3] 余运江, 高向东, 郭庆. 新生代"乡—城"流动人口社会融合研究: 基于上海的调查分析 [J]. 人口与经济, 2012(1).

[4] 任远, 邬民乐. 城市流动人口的社会融合: 文献述评 [J]. 人口研究, 2006(3).

[5] 魏万青, 陆淑珍. 禀赋特征与机会结构——城市外来人口社会融合的代际差异分析 [J]. 中国农村观察, 2012(1).

[6] 王健. 外来人口社会融合的国际经验借鉴与启示 [J]. 社会发展, 2012(6).

[7] 夏丽霞, 高君. 新生代农民工市民化进程中的社会保障 [J]. 三农问题, 2009(7).

[8] 冯海英. 论中国城市化进程中农民工的城市社会融入 [J]. 青海社会科学, 2010(5).

[9] 唐踔. 对我国新生代农民工市民化问题的探析 [J]. 前沿, 2010(11).

山东省新型农村社区建设存在的问题与对策研究

陈淑娜[①]

摘　要:新型农村社区建设是统筹城乡发展的结合点,是推进城乡一体化进程的切入点,也是促进农村发展的增长点,对推动农村经济社会转型跨越发展具有重大意义。近年来,我省把新型农村社区建设作为促进城乡一体化和加快新农村建设的重要突破口,积极进行探索和实践,取得了显著成效,但同时也存在一些问题亟待解决。本文从五个方面分析了山东省新型农村社区建设中存在的主要问题,并就相应的对策进行了探究,以期对今后各地新型农村社区建设的实践活动有所启迪。

关键词:新型农村社区　社区建设　问题　对策

新型农村社区伴随着统筹城乡发展、构建和谐社会应运而生,是发展城镇化新的切入点和着力点,对推动农村经济社会转型跨越发展和显著提高农民生活质量具有重要的意义。近年来,积极推进新型农村社区建设成为各级政府的首要任务,我省新型农村社区建设项目稳步推进,取得了一定的成果,积累了一定的经验,但也存在着一些不可忽视的问题亟待解决。

一、新型农村社区建设存在的主要问题

(一) 思想认识不到位,存在认识误区

政府和农民是新型农村社区建设的两大主体,两个主体方思想认识不到位是当前制约新型农村社区建设的首要问题。一方面,部分地方政府思想重视程度不够,对新型农村社区建设的重要意义和建设内涵比较模糊,存在畏难

[①] 陈淑娜(1984—　),女,山东青岛人,中国海洋大学2012级公共管理专业研究生。

发愁情绪和"等、靠、要"思想。个别基层领导干部把社区建设仅仅看做是经济任务,认为经济建设是硬指标,而对农村社区建设的其他方面不够重视,有违国家"推进农村社区建设"的初衷;另一方面,农民对新型农村社区建设的认识不到位,使得他们在社区建设中常常处于被动,主动参与意识不强,支持社区建设的热情不高。一些人对新型农村社区建设的认识存在一定的误区,把农村社区建设简单地理解为腾地盖楼、集中居住。正是由于对新型农村社区建设的认识不到位,极大地影响了干部群众建设新型农村社区的积极性,进而导致实际行动上的缺位。

(二)缺乏科学规划,全域统筹不够

建设新型农村社区,部分地区缺乏科学规划、特色不明显,重当前建设轻长远打算,重形象改变轻产业发展,全域统筹不够,基础设施建设和公共服务发展严重滞后。有的地方只注意了居住环境的改变,忽视了与城镇第二、第三产业发展相结合、相呼应;有的地方在经济发展上眼光不够长远,视野不够开阔,缺乏对区域经济布局、城乡产业融合、现代农业发展的统筹考虑;有的地方"一刀切",将独具历史文脉、特色景观的镇村撤并,在建筑风格上造成千村一面,失去风格,没有彰显地域特色,在文化发展和特色产业上失去了支点。一些地方在规划时盲目模仿或简单照搬,直接将适用于城市的规划嫁接到村庄,形成了大广场、大草坪、异形路等破坏村庄原生态特征的规划,损害了村庄原有的与自然有机融合的脉络与形态、空间格局、建筑风貌等,使农村变得与人们理想中宜人的田园风格相去甚远,而且与农业的生产方式和农民的生活习惯相抵触。

(三)建设资金需求大,筹资融资困难多

新型农村社区建设是一项庞大的系统工程,需要庞大的资金支持。农村经济发展水平偏低,没有足够的资金来发展教育、医疗卫生等基础公共事业,更谈不上建设新型农村社区。虽然近几年政府不断加大对农村的投入,但相对城市而言还是偏少的。目前各级政府对新型农村社区建设的资金投入大都是采取以奖代补的形式,而奖励金额对整个新型农村社区建设资金的需求总数而言微不足道。同时,由于村镇经济基础薄弱、区位优势不明显,很难吸引社会资本的投入,企业参与、个人赞助等社会力量参与社区建设严重不足;金融机构普遍认为投资社区建设收益率低,对投资村镇基础设施建设缺乏动力;土地置换补偿金到位滞后,解决不了前期建设资金的问题。由于渠道多样化、主体多元化的投融资机制尚未形成,资金短缺的问题非常突出,难以弥补新型

农村社区建设及维持正常运转资金缺口。资金问题已经成为制约新型农村社区建设的主要瓶颈。

(四) 居住成本增加,生活缺乏保障

新型农村社区建设让许多农民从分散的平房村庄进入集中管理的楼房社区内居住,许多地方把城市社区模式移植到新型的农村社区中,完全参照城市社区的标准进行建设和管理,其生活方式基本与城市居民没有区别。城市化的社区生活使农民的生活水平得到了显著提高,然而居住成本要远高于分散居住的成本,每年仅是供暖和物业管理两项费用就会给农民增加不小的生活负担。在农村城市化建设过程中,又往往伴随着农地的规模化流转。宅基地与农地是农民世代生活的保障,如果政府不能及时合理地提供稳定的就业与有效的社会保障措施,这些农民的生计将存在很大的不确定性,更谈不上增收致富。当前一些地方政府在新型农村社区规划建设中没有充分考虑农村经济发展、农民就业等因素,更没有全面的社会保障,这使得农民生活缺乏保障,很难从根本上提高生活质量。

(五) 管理体制不健全,公共服务滞后

目前,农村社区管理还没有纳入政府公共管理的范围,一些地方的农村社区主要依靠社区居委会进行管理,没有充分发挥党组织、社区服务团队、社区居民及其他社会组织的作用,没有形成健全的管理网络,缺乏良好的管理机制和完善的规章制度。个别地方甚至还没有社区居委会,也没有专业的社区服务团队来提供公共服务。社区管理者大都是原先的村干部或村民,文化水平偏低,综合素质不高,不能适应新型农村社区服务网络化、快捷化、专业化的要求。社区管理体系尚不健全,专业服务人员缺乏,使得许多公共服务滞后于时代,无法满足居民生产生活的需要。例如,现在的农村医疗工作者大部分是过去的"赤脚医生",他们普遍存在的问题是业务水平不高,接受正规训练较少,很难保证医疗活动的安全性和可靠性。

二、改进我省新型农村社区建设的建议

(一) 加强宣传引导,统一干群思想

具体来说,一是加大宣传力度。充分利用广播、电视、网络等各种宣传载体广泛宣传,让广大干部群众切实明白什么是新型农村社区、为什么要建设新型农村社区、怎样建设新型农村社区、新型农村社区能给群众带来什么实惠等等。要解决干部群众中存在的建社区就是集中盖楼、建社区就是搞房地产开

发、建社区就是让农民"腾地"、建社区就是多分房子挣钱等认识误区。二是加强培训。一方面加大对社区领导干部的培训力度,通过不断学习提高其理论水平,以指导新型农村社区建设的实践活动,并在实践中总结经验,提高社区建设能力。另一方面,加强对农民的教育培训,普及基础教育、科学、卫生、法律方面的常识,讲解当前农村社区建设方面的知识,并有针对性地开展一些职业技能培训,以提高广大农民群众的素质水平,从而使他们积极参与并配合新型农村社区建设工作。三是强化群众监督。在规划建设过程中充分听取群众意见,让群众的知情权、参与权、决策权和监督权得到切实保障。要激发广大群众支持和参与农村社区建设的热情,增强广大干部群众搞好社区建设的信心,营造人人参与新型农村社区建设的浓厚氛围。

(二)科学合理规划,分类统筹发展

科学规划是新型农村社区建设的前提,必须聘请高水平的规划设计机构编制社区建设规划,确保规划的科学性和合理性。首先,规划编制要一步到位。应按照"富规划,穷实施"的思路把社区规划一次性做好、做实。在总体要求上,应坚持高标准、高起点,体现前瞻性、合理性、统筹性,确保社区建设不留遗憾。在具体实施上,应坚持做到先论证后规划、先规划后建设,无规划不建设。其次,规划方案要突出当地特色。制定规划应因地制宜,综合考虑镇(街道)和村庄的区域特点、生态环境、生产方式、居民习惯和农民意愿等,设计不同特色的新型社区,使社区模式五彩缤纷、建房形式高楼与二三层别墅相间、住房户型符合群众生活习惯,充分体现生态环保和田园风光,力争做到一区一景、一区一色,切忌搞"一刀切"。最后,规划布局要形成体系。市镇两级在编制新型农村社区布局规划的同时,应同步编制社区土地利用规划、产业发展规划、基础设施建设规划等各项与之相关的规划,并与全市城市建设总体规划、村镇体系规划、农村公共服务和社区事业发展规划有机衔接,把社区建设、产业培育、人口集中、城镇建设有机结合起来,体现综合效益和可持续发展。

(三)加大政策扶持,拓宽融资渠道

具体来说,一是设立专项资金,加大对农村新型社区建设的支持力度,如青岛市财政设立新型农村社区专项资金,每建设一个新型农村社区服务中心补助200万元,每建设一个特色产业园区补助200万元,区市按同等比例配套;二是加大涉农资金整合力度,特别是将村级活动场所建设、村级公益事业建设"一事一议"财政奖补、改水改厕、危房改造、污水垃圾处理、土地复垦等支农资金整合起来,集中统筹使用,取得最佳效果;三是积极引导社会资金参与,运

用市场机制,综合利用土地、信贷和税费减免等优惠政策,实施招商引资,按照"谁投资,谁受益"的原则,对新型农村社区基础设施、公共服务设施项目进行科学包装,积极推介,广泛吸纳社会资金参与建设;四是引导金融资金参与,鼓励金融机构在金融产品、担保方式、投融资模式等方面进行创新,满足社区建设项目贷款需求。另外,针对土地置换补偿金到位滞后的问题,政府可以适当调整政策,对于整村拆建的,经实地考察后,立即按照某一适当比例支付土地置换补偿金,剩余的土地置换补偿金将于土地复垦验收合格后支付,这样可以避免因补偿金到位滞后而致使社区建设工作难以开展的问题。

(四)以产业促就业,以保障稳民心

新农村社区建设的原则之一就是新型农村社区与特色产业园区共建,这也是增强社区发展后劲、促进农民生产生活方式转变的重要途径。要按照"宜工则工、宜农则农、宜商则商"的原则,结合当地实际,规划产业园区,建设一批特色农业园区、工业园区或服务业园区。农民入住社区后,愿意继续从事农业生产的,将逐步变成职业农民或一定规模的农场经营者;愿意从事二三产业的,可以就近就业创业,并将原承包土地通过租赁、入股等方式,获得财产性收入,促进居住方式、生产方式和生活方式的同步转变。另外,政府还应通过提升社会保障水平来解除社区居民的后顾之忧。首先要尽快统筹城乡医疗保险,消除城乡二元化差异,切实缓解农民因病致贫、因病返贫问题。其次要健全养老保险制度,积极推行以"个人缴费为主,集体补助为辅,政府给予政策扶持"为原则的新型农村社会养老保险,逐步扩大保险覆盖面,提高农村社会养老保险的社会化程度;建立健全农村失地农民养老保险制度,进一步解决好失地农民的养老问题。最后要大力完善农村最低生活保障制度,科学合理地确定保障范围,做到应保尽保并逐步提高保障金额,以更好地保障农村困难群众的正常生活,促进社会公正、公平与和谐。

(五)完善管理体制,提升服务水平

具体来说,一要建立以社区党组织为领导核心、村民自治为基础、合作经济组织为利益纽带的农村新型社区管理结构。要逐步加强对村级党政办公机构和人事改革,逐步弱化村级行政职能,在组织、机构、党建、服务、管理等方面,建立符合社区发展的农村社区行政管理新体制。二要完善社区服务中心,制定各项社区规章制度,配齐配好社区管理人员和专业服务人员,构建农村社区公共服务、社区志愿者服务、经济发展服务三大服务体系,夯实社区服务基础。要多渠道发挥农民在社区服务中的主体作用。例如,通过把老党员、老

干部、老教师、老模范、老代表选进社区工作委员会,突出发挥"五老"的带头作用;通过把村干部、党员、团员推荐为专业协会和志愿服务组织理事、会员,发挥党员、团员的骨干作用;通过广泛开展"爱心驿站""社会妈妈""一帮一""送温暖"等社区文明创建活动,吸引农民群众参与到社区建设中来。三要健全社区服务长效机制。通过细化社区各类组织的工作职责、健全农村社区建设奖惩激励机制和引入市场机制等,整合社区各类资源,促进社区建设向市场化、社会化方向发展。

三、结论与启示

新型农村社区建设是一项关乎民生社稷的重大工程,做好了百姓受益、利国利民,做不好劳民伤财、祸国殃民,好与不好的关键在于对几个重点问题的把握。一是必须坚持城乡一体化,规划先行,综合考虑各种因素,确保规划的前瞻性、合理性和统筹性;二是要创新融资方式,多元化解决资金筹措难题;三是要把产业发展作为关键,促进农民就近就地就业;四是要把基础设施、公共服务和社会管理放在突出位置,搞好配套;五是一定要防止短期行为,防止虎头蛇尾,要持之以恒、力求实效,确保新型农村社区建设起好步、结好局。只有严格落实好以上五点要求,才能将新型农村社区建设这一惠民工程落到实处。

【参考文献】

[1] 苏颖. 关于新型农村社区建设的探讨——以蓬莱市为例 [J]. 中国集体经济, 2012(13).

[2] 王海燕, 孙葆春. 莒南县"大村庄制"农村社区建设存在的问题及对策研究 [J]. 农村经济与科技, 2012(10).

[3] 张君. 关于新型农村社区建设效果的调查分析——以新乡市祥和新村为例 [J]. 四川行政学院学报, 2011(4).

[4] 李国敬, 苗延平. 烟台市新型农村社区建设路径研究 [J]. 烟台职业学院学报, 2012(1).

[5] 王惠平. 建设新型农村社区是推进城乡一体化的有效切入点——对河南、山东、湖北等新型农村社区改革试点的调研 [J]. 农村财政与财务, 2011(10).

[6] 闫文秀. 山东省统筹村庄整治与新型农村社区建设的现状、问题与对策 [J]. 山东省农业管理干部学院学报, 2010(2).

广饶县社区治安管理现状分析及对策研究

张文杰[①]

摘 要:近年来,随着工业化和城市化的快速推进,尤其是十八大以来新型城镇化建设进程的不断提速,我国居民社区数量和规模呈快速增长趋势。作为城市最基本的组成部分,居民社区治安管理关乎社会和谐稳定、群众安居乐业,也成为各级政府工作的重中之重。本文通过对广饶县部分代表性居民社区的调查走访,了解该县居民社区治安管理现状及存在的问题,并提出相应对策,以期为其他地方政府居民社区治安管理工作提供借鉴和参考。

关键词:社区 治安管理 现状分析

近年来,随着改革的深入、经济的发展,尤其是新型城镇化进程的加快和居民收入的增长,越来越多的群众开始住进城市社区,不仅大中型城市如此,县城城市和人口规模也在不断扩张。但与之相配套的社区服务、社区安全、居住环境等方面却相应的匮乏,没有适应形势的发展,带来了一系列的社会不稳定因素。因而,要想提高群众的幸福指数、享受改革发展成果,社区治安管理工作的任务也越来越重。广饶县位于山东省中部偏北,东营市南部,北连东营区,南靠淄博市临淄区,东与潍坊市寿光市接壤,东南与青州市相接,西面和博兴县毗邻,东北部濒临渤海莱州湾。全县总面积1 138平方千米,辖9个乡镇(街道),2个省级经济开发区,553个村(居),人口达50万。根据该县2013统计数字,全县共有居民小区149个,城镇常住人口83 096人。

一、广饶县社区治安管理现状

为深入了解该县社区治安管理现状,笔者联系有关县直部门以及部分乡

---

① 张文杰(1985—),男,山东东营人,中国海洋大学2012级公共管理专业研究生。

镇(街道)对居民社区进行了集中调研。调研主要采取座谈会、调查问卷、实地察看等形式,共邀请乡镇街道综治办、社区居委会、物业公司负责人以及物业保安、楼长(居民小组长)、居民代表等126人进行了座谈交流和问卷调查。调查内容主要包括居民小区治安管理现状、居民小区楼长配备及作用发挥情况、物业保安配备及履职情况、技防设施配套情况4个方面。共选取31个居民小区,约占全县居民小区总数的20%,大致分为政府主导建设(如西苑小区、阳光花园北区等)、拆迁安置(如乐民小区、清风小区)、部门自建自管(如教育小区、财税小区)、企业自建自管(如大海集团宿舍区、盛泰集团生活区)4种类型。

从居民区调查结果看,县直部门单位自建自管住宅区、拆迁安置居民小区治安问题相对多发。在31个住宅小区中,只有大海集团宿舍区、盛泰集团生活区2个小区治安秩序较好,其余29个小区均多次发生入室盗窃和地下室、车库门被撬案件;30%的调查对象认为居住环境相对安全。另外,居民区中视频监控系统运行正常的占48%,故障严重的占32%,未安装视频监控系统的占20%,大部分视频探头清晰度较低,不适应公安机关技术侦察需要。从群众反映结果看,有93.5%的群众认为,楼道长作用发挥较好,准建设警务室和配置民警。如果治安防范能力跟不上城市发展需要,将在一定程度上给犯罪分子可乘之机。

二、社区治安管理中存在的问题

(一)居民小区数量和规模不断膨胀,增加了打击违法犯罪的难度

以广饶街道为例,2010年来,该街道陆续完成拆迁安置18个村,城镇居民小区增加了11个,且容积率较大;在拆迁安置中,由于不少居民拥有2套或2套以上的安置房,除自己居住以外,其余的安置房大多用于出租,居住人员身份复杂,加之有些小区管理缺位,导致治安隐患较大。从该县警力上来看,目前该县共有在编民警296人,每名警务区民警承担6 000—8 000人的治安管理任务,低于公安部、省公安厅"城区每3 000人、农村每5 000人配置一名民警"的要求,警力不足问题突出,无法按照标员集聚地,也是"两抢一盗"等侵财案件的多发地。据公安部门数据显示,在抓获的入室盗窃犯罪分子中外来流动人口占80%。另外,从该县对出租房屋的监管来看,缺乏对这方面的硬性监管措施,出租房屋多数未在房管部门备案;有部分楼长反映,老旧小区房屋出租、出售的情况较多,住户稳定性差,身份复杂,存在较大治安隐患。比如,

乐园南区、北区地处商业区，房屋、阁楼出租较多，居住人员复杂，成为社会治安乱点、治理难点。

（二）流动人口数量急剧增大，给社会治安带来隐患

流动人口具有流动性、短期性强的特点。随着该县经济社会的快速发展，一些外来流动人口急剧涌入，给社会治安管理带来了一定的难度。广饶街道、乐安街道、大王镇、稻庄镇等工业较发达区域，使外来务工、经商人在一定程度上提升了居住安全感和归属感。但多数群众反映小区监控系统建设或管护不到位，不能发挥应有的作用，给违法犯罪分子可乘之机；物业保安缺乏专业知识，年龄结构偏大，与安全防范工作不相适应。据统计，该县共有保安人员（含门卫）计220人，只有25人从县公安局保安公司聘用，专业保安队伍远远不能满足居民区治安管理需要。

（三）居民小区技防设施不够完善，难以形成人防物防技防相结合的格局

一是居民社区技防建设有关规定落实不到位，个别小区在开发、改建过程中未落实《新建、改建居民住宅小区安全技防防范工程检查管理办法》，没有同步规划技防设施。二是居民小区技防设施投入不足，设备选型落后，成像清晰度难以满足小区监控需求，有些甚至选用劣质产品，质量无保障，产品故障率较高，不能保证正常运行。三是部分小区技防设施重建轻管，物业公司无专业人员管理使用技防设施，个别小区保安甚至不懂基本操作，造成硬件损坏、镜头污损，防控作用失效，监控系统形同虚设，业主普遍不满。

（四）基层基础不牢固，群防群治工作组织协调不够。

各居民社区均不同程度地存在着矛盾纠纷隐患和治安乱点底数不清、信息不灵、基础工作不扎实，基层政法综治组织和群防群治网络不健全、力量薄弱，社区综治硬件不配套，缺乏群防群治激励机制等问题，主要表现在：一是多数居民小区群防群治工作处于无人抓、无人引导、无人组织的状态，60%的调研对象要求组建治安联防队、志愿者巡逻队等群众性治保队伍，完善群防群治组织体系；二是群防群治工作投入不够，部分社区居委会建议设立群防群治工作激励机制，以表彰为主、奖励为辅，激发群众参与联防联治的积极性；三是部分物业公司缺乏管理经验，保卫制度执行不严，保安责任心差，巡逻应付了事，导致社区治安问题多发；四是社区民警对物业保安和群众综治队伍的指导仍有待加强。

（五）居民自我防范意识薄弱，给犯罪分子可乘之机

居民自我防范意识薄弱，窗户不关、楼道门车库门不锁、电动车随意在室外停放等现象时有发生，存在侥幸心理、麻痹大意；多数居民来自各行各业，互不熟悉、不往来，防范意识薄弱，缺乏邻里守望的群防意识，客观上给盗窃分子实施违法犯罪创造了便利条件。个别居民自觉维护小区治安秩序的意识较差，业主夜间进出小区，不满保安盘问登记，刁难保安、打砸门禁设施的现象在各封闭式管理小区时有出现；翻越围墙抄近路进出小区、随意停车挡住监控视线等行为时有发生，在一定程度上给社区治安管理增加了难度。

三、广饶县社区治安管理的对策

广饶社区较多，且人员组成结构复杂，为进一步加强社区治安管理，应因地事宜采取行政手段与社区自治相结合的方式，围绕社区行政管理"预防为主、保障安全""保护合法，限制、取缔非法""有力方便生产、方便群众"等八个方面展开。

（一）适应治安防范需求，进一步加大居民小区技防设施配套建设规划

应把社区治安防范工作作为社会治安总体防范工作的一项重要内容，尽快完善探索社区治安防范体系，进一步加大技防投入力度，夯实基层基础，维护社区安全稳定。要尽快修订完善和严格执行《广饶县新建、改建居民住宅小区安全技防防范工程检查管理办法》，切实将居民小区视频监控、小区治安卡口和智能门禁系统等治安防范手段纳入全县城乡居民小区建设统一规划，明确设备参数及技术标准，落实备案审批程序，切实做到与楼房建设同步设计、同步施工、同步验收，尽量避免新建居民社区治安防范"先天不足"问题。要加大对已建成居民小区技术防范改造力度，以县财政出资扶持、建设单位投入为主，在未纳入拆迁规划的居民小区公共出入口安装社会治安卡口系统、改造门禁系统，做好出入车辆、人员资料留存及登记，对居民小区实行封闭式管理，最大限度地弥补现有居民小区内部视频监控清晰度不高、设备瘫痪甚至无视频监控的问题。

（二）适应社会服务管理需求，进一步夯实居民小区基层基础

在加大对居委会人力、财力、物力投入的同时，重点加大居民小区业主委员会的组建力度，积极推行居委会、业委会成员"交叉任职、协调配合、各负其责"的社会管理服务模式，破解业委会职能作用难发挥的难题。要加强对物业

公司的监督管理,强化居民小区物业保安队伍招聘、管理、使用和考核,充分发挥物业保安在居民小区治安防范工作中的主体作用。要强化企事业单位自建自管居民小区或公寓楼管理,明确各企事业单位对自建自管居民小区或公寓楼的社会治安防范责任,为居民提供和谐安全的生活环境。

(三)减少社会治安管理盲区,进一步强化居民小区出租房屋与流动人口管理

要建立实有人口动态管理平台网络,运用互联网信息技术,建设以3D电子地貌图为平台,以人口信息、房屋信息、计生信息为基础,集房屋管理、公安户籍管理、计生管理、流动人口管理、闲散青少年管理、特殊人员管理等信息为一体,覆盖全县的实有人口动态管理平台网络,着力解决流动人口信息分散、部门之间信息不能有效共享的问题。要强化特殊人群管理服务,通过入户走访、定期排查,摸清居民社区内刑释解教人员、社区矫正人员和闲散青少年等特殊人群底数,建立台账,深入了解其生活、就业等方面的实际困难,落实帮教措施,促使其更好融入社会。

(四)引导居民共同参与群防群治,进一步强化安全防范意识教育

深入开展"和谐邻里"活动,通过社区文化、和谐邻里、邻里互助,将家与家、户与户有效联系起来。要加强居委会工作人员与居民之间沟通,及时征求、收集居民对社区服务管理的意见和建议,不断增强居民自我管理、自我参与意识。要扎实开展"安全防范进社区"活动,定期组织开展法律法规和治安防范的宣传教育,推广落实人防、物防、技防等措施,开展防盗、防火、防煤气中毒等自救演练,强化居民安全防范意识,提高群众自护能力。要健全完善"邻里守望、联防联治"群防群治网格模式,建立健全激励机制,引导群众积极参与"邻里守望、联防联治""义务巡逻、看家护院"等活动,及时询问陌生人员、提醒居民防火防抢防盗等,营造"社会治安、人人有责"的良好风气。

社区治安管理作为一个新生事物,随着城镇化进程的加快,已逐渐演变成为社会各界关注和研究的热点问题。在调查和收集材料的过程中,笔者不仅看到了广饶县社区治安管理存在的问题,而且更看到了其因为政府相关部门和社区各组织、单位及居民的积极参与和支持而蕴涵着的强劲生命力。促进社区治安管理的长效发展,发挥其在维护稳定、保障人身财产安全等方面的有效作用,需要政府及其相关职能部门和社会各界特别是社区自治组织、居民共同努力!

【参考文献】

[1] 贾征,刘化杰. 社区治安与综合治理[M]. 北京:中国社会出版社,2005.

[2] 夏敏. 对物业管理不完善社区治安防范工作的思考[J]. 江苏警官学院学报,2003(12).

[3] 王淑荣. 关于加强社区治安防范的思考[J]. 社区,2005,(1).

[4] 李锋. 浅析我国社会转型期治安问题的特点及成因[J]. 湖北警官学院学报,2002(9).

[5] 娄成武,孙萍. 社区治理[M]. 北京:高等教育出版社,2003.

[6] 周泽华. 创新社区治安模式研究——以中山市为例[J]. 法制与经济,2009(5).

我国农村"留守少年儿童"法制教育的困境及对策研究

鞠 涛[①]

摘 要：由于忽视了农村"留守少年儿童"法制教育工作，从而导致"留守少年儿童"伤人或被伤害的安全事件时有发生，犯罪率呈逐年上升趋势。因此，加强"留守少年儿童"法制教育成为社会主义法治社会建设的重要组成部分。笔者通过调查发现，导致"留守少年儿童"法制教育缺失的原因主要集中在家庭教育、学校教育和社会教育环境等方面。为此，应该采取如下措施。在家庭方面：改变教育理念，提升教育质量；在学校方面：丰富法制教育内容，加强教师队伍建设；在社会方面：促进社会法制教育价值取向的多元化；在国家方面：构建"家庭、学校、社会"三位一体的教育网络。

关键词：农村"留守少年儿童" 法制教育 问题 对策

近年来，"留守少年儿童"犯罪率持续上升，约占到犯罪总人数的22%。新闻媒体关于"留守少年儿童"参与抢劫、强奸、敲诈勒索、盗窃和寻衅滋事等的报道引发了社会的强烈反映。笔者在调查中发现，绝大多数案犯的法律知识极其缺乏，法制观念淡薄，未成年人犯罪中"留守少年儿童"犯罪比重越来越大，犯罪呈现出成员组成上的低龄化、手段实施上的智能化、种类组成上的多样化、组织构成上的团伙化等趋势。"留守少年儿童"违法犯罪问题已成为严重的社会问题，如何解决这一问题，营造良好的社会环境，使"留守少年儿童"健康成长，成为政府和社会的一大难题。"留守少年儿童"是当前社会城市化发展的独特产物，关怀"留守少年儿童"的成长不仅是构建社会主义新农村的需要，也是推进社会主义法治进程、构建社会主义和谐社会的必然要求。

[①] 鞠涛（1985— ），男，山东临沂人，中国海洋大学2012级公共管理专业研究生。

为了更好地了解当前我国农村"留守少年儿童"法制教育的现状,本文主要选取了临沂市的小学进行抽样调查和实证研究,目的是更好地了解当前"留守少年儿童"法制教育的情况,以便更有效地提出针对性的对策或建议。通过调查研究发现,农村"留守少年儿童"法制教育形势不容乐观,亟须改善。本文遵循依法治国的法治国家方略,根据农村的具体现状系统地探讨了我国社会发展中农村"留守少年儿童"法制教育的不足,并提出增强法制教育的针对性和实效性的具体对策,以期使"留守少年儿童"能够得到关爱,健康成长。

一、核心概念界定

农村(乡村),对应于"城市"的称谓,指农业区,有集镇、村落,以农业产业(自然经济和第一产业)为主,包括各种农场(包括畜牧和水产养殖场)、林场(林业生产区)、园艺和蔬菜生产等。与人口集中的城镇比较,农村地区人口散落居住。

"留守少年儿童"是指父母双方或一方外出到城市打工,而自己留在农村生活的孩子们。他们一般与自己的父亲或母亲中的一人,或者与上辈亲人甚至父母亲的其他亲戚、朋友一起生活。

法制教育,指对客体传授法律知识,培养其法律修养,提高法律意识水平。我们通常所说的法制教育是把它作为德育的重要内容来分析讨论的,面向的教育者是更为广泛的人群而非法律行业培养专业人才,这也是我们通常说的普法教育。其任务主要是通过对人们进行社会主义法制教育,培养人们增强法制观念,做知法守法的公民,从而更好地为建设有中国特色社会主义服务。在法制教育前加上"留守少年儿童"这个定语,就是给法制教育限定一个范围。"留守少年儿童"法制教育就是指对这部分人进行的法律知识的传授以及法律意识的培养,增强"留守少年儿童"的法制观念。通俗来说就是"留守少年儿童"的普法教育。

二、农村"留守少年儿童"法制教育存在的问题

根据临港一中、临港三中和临港六中对在校"留守少年儿童"的统计表,我们对其中的部分"留守少年儿童"进行了问卷调查。通过调查我们发现农村"留守少年儿童"法制教育存在的问题很多,最主要的是以下几方面问题。

第一,法律意识普遍不高。法律意识是社会意识的一种特殊形式,是人们关于法和法律现象的思想、观念和心理的总和。法律意识对于法律的制定和

实施、公民遵守和执行法律发挥着不可替代的作用。笔者从调查研究中发现，三个中学的本班同学对身边同学的法律意识普遍反映为"一般"或"较差"，约占72%。农村地区法制教育落后，其法制教育老师、法制教育所需要的软硬件设施不健全，严重阻碍了法制教育的教学进程。由此可见，加强和重视法制教育成为当前学校法制教育的迫切任务。

第二，法律知识匮乏。法律知识是"留守少年儿童"健康成长的基础，"留守少年儿童"对法律知识的了解程度直接关系到其价值取向的确立。本次调查以"留守少年儿童"对宪法、刑法以及未成年人保护法的了解情况入手进行深入分析。从调查中我们不难看出，目前我国农村"留守少年儿童"法律知识相当匮乏。很多学生对我国的基本法律知之甚少或者是完全不知，这不仅与学生的个人学习情况相关，而且更大程度上是由于个别学校忽视法治课程的教学安排。由于学校的不重视，再加上"留守少年儿童"本身特有的家庭教育环境，从而导致"留守少年儿童"难以有比较扎实的法律基础知识。因此，合理安排学校教学课程成为提升"留守少年儿童"法律水平的关键所在。

第三，维权能力不强。笔者在调查中发现，在涉及维权这个问题时，绝大多数"留守少年儿童"选择寻求老师的帮助，这成为"留守少年儿童"最常用的维权渠道。在看待是否有必要参加校纪的制定这个问题时，要求参加校纪制定的平均比例超过了80%，然而学校没有很好的成为"留守少年儿童"维权的主力军。对于"留守少年儿童"的维权，学校普遍认为是司法机关的事情，对于"留守少年儿童"的维权缺乏全面的认识，从而使"留守少年儿童"的维权变得更加艰难。

第四，课程形式单一。从调查中我们发现，对法制教育上课的形式普遍反映单一，与大城市中法制教育相比有明显差距。例如，上海浦东区《小学法制教育课程深化》一文中对杨园中心小学法制教育课的开展作了这样的描述：为实施课程，学校开设了模拟法庭课程、法制主体实践课程、法制社团特色小课程、雏鹰学法争章课程等等。农村法制教育开展的晚以及师资力量薄弱，再加上经济上一些问题，使得"留守少年儿童"法制教育出现明显欠缺，这种形势迫切需要解决。

三、改善农村"留守少年儿童"法制教育的对策

通过对我国农村"留守少年儿童"法制教育缺失原因的分析，本文针对以上原因从家庭、学校、社会和国家四个方面提出了一些切实可行的对策，具体

措施如下。

第一，家庭方面：改变教育理念，提升教育质量。父母在孩子心中有着崇高的地位，外出打工的父母应该履行好孩子的监护人这一责任，并经常通过电话、网络、写信等方式与孩子保持密切联系。在与孩子的交流中应转变传统观念，不只询问孩子的学习情况，更多的应关心孩子的生活问题，防止孩子人生观、世界观发生扭曲，走上犯罪道路。外出父母在日常生活中应注重向孩子传授法律知识，多列举一些正面的英雄事迹，而不能把孩子的教育问题都推到孩子在读的学校，这种消极的教育态度势必影响教育的质量。此外，父母也应积极参加一些有关教育孩子的培训课程或看一些相关书籍，及时改变错误的认识，树立符合时代发展的价值观，正确认识法制教育对孩子健康成长的作用。在日常生活中促使法制教育的家庭化、生活化，使孩子真正实现德、智、体全面发展。

第二，学校方面：丰富法制教育内容，加强教师队伍建设。教材是"留守少年儿童"学习法律知识的来源，法制教育的具体内容直接关系到教学的成效。学校具体规定本校的法制教育教学目标、教学范围、教学内容以及教学方法，从而增强教学质量的实效性。在教材的编写上要增强可读性，要围绕学生的兴趣调动学生学习法律知识的积极性、主动性，积极引导学生参与课堂教学。另外，教师作为一种专门化的职业，担任着教书育人的神圣使命，从事这一行业的人不仅需要高尚的职业思想与敬业精神，而且需要熟练掌握相关教学的专业知识与技能，不断学习新知识，真正做到与时俱进，跟进时代的步伐。从知识结构的角度讲，教师应具有宽厚扎实的专业知识，应有较深厚的人文知识，同时应具有一定的自然科学知识和现代教育技术应用知识；从能力结构的角度讲，教师应具有较强的逻辑思维能力、语言表达能力；从思想观念的角度讲，教师应具有全面教育观念、开拓创新意识、奉献精神和责任感。

第三，社会方面：促进社会法制教育价值取向的多元化。"留守少年儿童"法制教育现状的改善单靠学校或家庭是远远不够的，还需要社会根据"留守少年儿童"的身心特点因材施教，真正做到有条理、有步骤和有计划的进行。增加《今日说法》等法制节目的播放，拍摄法制教育纪录片，倡导有关法制机关积极现身说法，优化法制教育氛围，使得法制教育更加生活化，从而让"留守少年儿童"更加真实地感受到法制教育，更好地理解和运用法律，从而改变过去那种学生难以理解、过于理想化的法制教育形式。此外，在促进法制教育价值取向多元化的同时，社会应重视强化"留守少年儿童"这个特殊主体的法制教育,使"留守少年儿童"通过自我的认知和评价及时调整自己的思想、观念和行动,使自己的行为和法律与道德指向相一致,只有这样才能全面推进我国的法制教育进程。

第四,国家方面:构建"家庭、学校、社会"三位一体的教育网络。李岚清副总理曾在一次讲话中指出:"学校教育、家庭教育和社会教育是教育的三大支柱。"要想改变当前我国农村"留守少年儿童"法制教育缺失的严峻形势,也必须从这三个方面入手,构建"家庭、学校、社会"三位一体的法制教育网络体系。只有这样,才能将法制教育建设这项浩大的工程稳步的推向前进。具体应从以下几个环节入手:首先,要加强学校与家庭的联络,对于有问题的"留守少年儿童"要及时与其家长取得联系,扩大双向交流,扩宽法制教育的空间以增强法制教育的综合性与实效性。定期举行家长委员会,由"留守少年儿童"的监护人参加,交流学习法制教育成功经验,设立校长邮箱、实行访谈制以及时了解反映"留守少年儿童"的相关情况;及时更新联络簿,经常与"留守少年儿童"父母电话交流。其次,要及时构建学校通往社会的桥梁,加强学校与社会的联系。学校作为学生踏入社会的过渡区,是一种理想化的社会。学校在法制教育内容安排上映选取社会现实密切相关的案例,把生活中的内容运用到教育的舞台上。最后,要充分发挥社会舆论与媒体的作用,多做积极方面的社会宣传,营造一种"守法光荣,违法可耻"的舆论氛围,使"留守少年儿童"真正从内心排斥犯罪。总之,"冰冻三尺,非一日之寒",要想完成法制教育这项浩大工程,必须使家庭、学校和社会这三方面的教育相互协调、相互承接、相互促进。我们应努力构建三位一体的教育网络,努力促进法制教育的现代化。

四、结语

近年来有关农村"留守少年儿童"犯罪的报道,引起了社会对"留守少年儿童"这个特殊群体的关注,"留守少年儿童"法律意识缺失问题已成为影响我国新农村建设的重要问题。青少年是祖国的未来与希望,而"留守少年儿童"在青少年中占绝大部分,解决农村"留守少年儿童"法制教育问题已成为建设社会主义新农村的瓶颈。中国大约有9亿农民,"留守少年儿童"的数量非常巨大,提高"留守少年儿童"的法律意识不仅有利于"留守少年儿童"的健康成长,也有利于推进我国法制教育的现代化。解决农村"留守少年儿童"法制教育缺失问题是一项浩大的工程,其困难可想而知。我国目前对"留守少年儿童"法制教育的问题的解决还处于摸索阶段,但不少学者已经提出了一些有价值的建议。笔者相信,随着科技和社会的发展,在不久的将来,"留守少年儿童"法制教育缺失问题必将得到圆满的解决。

【参考文献】

[1] 季俊昌,赵慧. 当前中小学法制教育的现状透视及改进策略——山东省东营市中小学法制教育调查分析[J]. 当代教育论坛,2008(8).

[2] 黄倩. 一所民族村小"留守少年儿童"法制教育缺失的折射[J]. 安顺学院学报,2011(1).

[3] 叶代刚. "留守少年儿童"法制教育初探[J]. 科学咨询,2010(7).

[4] 贺然. 法治"困惑"呼唤法律信仰[J]. 法制与社会,2007(2).

[5] 赵光军. 20年来搞笑法制教育理论研究综述[J]. 经济与社会发展,2007(1).

[6] 苗连营. 公民法律意识的培养与法治社会的生成[J]. 河南社会科学,2005(5).

[7] 张乐天. 教育政策法规的理论与实践[M]. 上海:华东师范大学出版社,2001.

[8] 张耀灿. 思想政治教育学前沿[M]. 北京:人民出版社,2006.

[9] 陈万柏. 思想政治教育学原理[M]. 北京:高等教育出版社,2001.

[10] 际风乏. 法治的道德之维[M]. 北京:中央民族大学出版社,2008.

[11] 刘旺洪. 法律意识[M]. 北京:法律出版社,2001.

国外社区医疗服务模式分析及其对我国的启示

武琳琳[①]

摘　要: 社区医疗服务是我国医疗体制改革的重要环节。如何能以较低的成本为更多的群众提供公平、高效的医疗服务,缓解当前"看病难、看病贵"的社会矛盾,使政府花的每一分钱都切实落实到每个居民身上,是社会和学界关注的焦点。本文从分析国外基层社区医疗服务模式入手,结合目前国内基层社区医疗模式的现状,提出对我国现行基层医疗模式的几点看法。

关键词: 社区医疗服务模式　基层社区卫生机构　问题　建议

社区医疗服务是我国医疗卫生服务体系中最基础的组成单位,是提高国家医疗服务水平的关键。如何以较低的成本为更多的群众提供公平、高效的医疗服务,是当前医疗体制改革的重点环节和基础环节,是解决"看病难、看病贵"问题的有效办法。通过对国外医疗卫生服务模式进行比较研究,吸取先进经验,对于我国社区医疗服务模式具有重要意义。

一、国外主要的社区医疗服务模式

因为各国政治、经济、文化背景不同,各国的社区医疗服务模式也各有不同。总结起来,主要包括以政府为主导的英国模式、以市场为主导的美国模式以及介于其两者之间的新加坡模式。下面笔者对这几种模式做出简要的介绍。

(一)以政府为主导的英国模式

英国卫生服务体系,亦称 NHS,归属于英国福利制度体系。这一体系由公立医院、诊所、基层社区医疗中心以及养老中心构成,为全体英国公民提供免

[①] 武琳琳(1979—　),女,山东青岛人,中国海洋大学 2012 级公共管理专业研究生。

费医疗服务。政府主要通过政府预算为各级医疗机构提供资金，通过高薪和严格的考评体系来保障较高水平的医疗服务。这一模式主要有以下三方面的特性。

第一，通过政府财政投入，保障社区医疗机构的资金运转。为保障基层社区医疗机构的稳定性，政府主要通过财政预算拨款的形式向社区基层医疗服务机构提供资金保障。根据世界卫生组织（WHO）2005年的统计，在英国2002年的卫生筹资中，83.4%来自政府拨款，其他主要来自商业保险（7.3%）和个人现金（9.6%）。英国政府非常重视社会基层医疗保健工作，每年把政府预算投入的75%投入于社区医疗卫生服务，并由社会保障部和社会基层医疗管理所（PCT）根据社区医疗点的规模、员工数量、设备购置、基层维修、员工工资所提供的医疗数量、质量等因素，具体进行工资的拨付工作。

第二，以社区医疗机构为主体，由社区全科医生为居民提供多方位的医疗服务。在政府财政预算资金的保障下，英国社区医疗机构具有公立性质，机构由社区服务点以及下设的健康服务中心构成，形成了NHS三级医疗体系的第一层，即社区基层医疗系统。社区医疗服务由其独立承包商——全科医生提供，其在全天24小时内向社区居民提供包括常见病诊疗、妇保、儿保、计划生育、免疫接种、健康教育、心理咨询等方面的服务。英国政府规定，凡在一个区域内注册的居民，需到社区医疗卫生机构注册一名全科医生，需要服务时只需预约该医生就可以获得免费医疗服务，只有经过该医生签字同意才可以到对口医院诊治。以此而论，全科医生充当了保护居民健康和医疗费用守门人的双重责任。

第三，激励与监管相结合，确保高水平的医疗服务。对基层社区医疗机构的监管和考核主要包括了两个层面的考核：第一层面是对社区医疗机构的考核，第二层面是对全科医生的考核。对第一层面的考核主要体现了"独立性"，其一是考核机构的不相关性，即考核机构是由议会抽调的部分人员（包括医护相关人员和与医疗无关其他社会人员）临时组成，独立于当地卫生管理部门。其二是考核依据的不相关性，其主要依据为申报者材料以及与社会各方座谈的结果，亦独立于当地卫生管理部门。考核结果直接关系着该医疗机构所能获得的财政预算资金拨款数量。对第二层面的考核主要体现了"专业性"，考核主要由英国社会基层医疗管理所根据规定进行，全科医生的报酬主要根据其所提供医疗服务数量多少确定（诊治或提供保健服务数量），一般会超过普通医院医师的收入。同时，社区医生入职要求也较高，一般是具有专业医师资格并在医院从事服务两年以上的医生才可以,这就保障了社区医生专业技能水平。

(二)以市场为主导的美国模式

作为市场调配资源能力较高的国家,美国的医疗体制采取以私营医疗和保险为主,政府对特殊群体进行财政补助为辅的政策。这一模式的主要特点如下。

第一,资金来源的非官方性。美国的医疗融资以非政府财政投入为主,私人融资占整个医疗资金来源的53%以上。其中,商业保险又占私人融资的60%以上,其他资金来源途径主要包括个人现金以及社会捐助等。政府财政补助主要针对特殊群体,来弥补市场调配中无法解决的社会公平性。

第二,通过严格的职业准入机制来保障基层医疗服务水平。在社区医疗机构中,家庭医生承担着重要的职能。家庭医生通过医师执业,为社区居民提供初级医疗、转诊建议等多方医疗服务。为保障基层医疗服务水平,美国政府制定了严格的医师入职、考评体系。

(三)多元参与的新加坡模式

新加坡模式既不同于英国模式,亦不同于美国模式,而是政府引导、多元参与、政府管理与市场竞争相结合的模式。新加坡模式的主要特征包括以下几点。

第一,医疗费用由政府、个人与社会共同承担。新加坡的医疗保障融资体系与中国城市医疗保险制度基本相同,政府强制实行医疗储蓄计划(医疗费用由个人、单位、政府三方提前预缴费用组成),该计划可以解决大多数居民一般医疗、保健的所需费用。此外,新加坡政府还实行了保健双全计划,该计划中,费用承担原则同储蓄计划,但费用相对低廉,主要针对重病患者诊疗费用缺口,可自愿参加。

第二,鼓励多种性质医疗机构并存、竞争。在新加坡,医疗机构的设立门槛很低,政府鼓励私人、私营法人开办医疗机构,各种医疗机构并存,其中大型医院多为政府开办的公立医疗机构,而广大基层社区医疗机构多为私人开办,即初级医疗服务多为但不全是由私营医疗机构提供。这种既有一定分工又有部分业务重合的做法有利于促进不同医疗机构之间的适度竞争,提高医疗资源的利用效率。

第三,通过严格的逐级转院制度调整政府对个人医疗的补贴。为了节约医疗资源,提高医疗服务的效率,新加坡制定了严格的逐级转院制度,即病人在出现健康问题时必须先到社区(基层)医疗机构就诊,如果社区医疗机构无法诊治,才能由基层社区医疗机构推荐至大医院就诊,这时就诊者就可以享受较低的医疗费用。当然,家庭医生也具有推荐转诊的工作职能。与此同时,为防止对社会福利的滥用,如果病人自愿选择较为高级的治疗服务,那么医疗费用将会提高,而政府的补贴会减少甚至为零。

(四)三种医疗模式的比较分析

第一,三种医疗模式的差异。资金来源不同(财政预算补贴比例不同)是三种医疗模式的最大差异,导致了基层社区医疗机构行政的不同。在英国模式中,基层社区卫生机构为国有;在美国模式中,基层社区卫生机构为私营;而在新加坡模式中,基层社区卫生机构为国有与私营并存。资金来源的不同导致了政府在基层医疗机构中发挥的作用有所不同,英国政府在基层医疗机构中发挥的作用最大,无论对医疗机构还是执业医师进行了全方位的管理;在美国模式中,政府基本上是利用市场发挥对基层医疗卫生机构的管理作用,居民对于基层医疗机构采取"用脚说话"的态度;而新加坡模式介于两者之间,这与中国模式基本相同。

第二,三种医疗模式的相同点。首先,纵观这三种模式,模式本身无一例外的对社区医疗卫生服务的提供人(基层医疗机构及其所有执业医师)进行了严格的要求与考核,从而保障了基层医疗机构中较高的医疗服务水平。在英国模式中,虽然基层卫生机构是公立性质,不必考虑资金来源,可无论是对机构的考核还是对医师的考核都是专业与居民口碑相结合,也就是说,执业医师做得好,医师所得的收入才会高,其所在的医疗机构才会获得所需的政府补助资金;美国模式更是如此,医师的准入门槛很高,如果该社区医生或者是家庭医生本身执业水平不高,那么在市场的调节下,该机构(医生)都会被市场所淘汰;在新加坡模式中,多元竞争机制(公立与私立的竞争)使得基层医疗机构保持了较高的医疗服务水平。其次,三种医疗模式中,政府都承担着对社会弱势群体的医疗服务供给责任。这里的供给主要是资金的供给,可以通过政府购买服务以及设立公办医疗机构两种形式实现。

二、我国社区医疗服务模式的发展历程

在我国,社区医疗卫生的雏形出现在20世纪50年代,在当时公费医疗和劳动保障制度的前提下,企业设立了医院或诊所,行政、事业单位设立了免费

的医疗卫生服务机构,这些基层医疗卫生机构在进行健康教育、消灭传染病等方面发挥了重大作用。但是20世纪80年代至21世纪初,我国的社区基层医疗服务却基本处于停滞发展阶段。在对基层社区卫生机构的管理和机构设置上,政府和基层医疗卫生机构都没有明确自身的责任和发展方向,所以在基层医疗服务的开展中,出现了很多问题,进一步导致了所有的医疗诉求都涌向了大型医院,造成了大型医院人满为患、一号难求的局面,凸显了"看病难、看病贵"的问题。

20世纪末21世纪初以来,国家稳步提出了建立、发展社区基层卫生机构的实施方案,进一步明确基层卫生服务组织以及国家综合性医院以及专科医院等医疗服务机构各自的职责和功能,改变以前的两级卫生服务体系架构,转变为三级医疗卫生服务架构。其中最基础的一级为社区卫生机构,是我国医疗卫生服务体系的网底,我国最基本的公共卫生服务都可以在社区层面加以解决。截至2009年底,全国已有97%地级以上城市和72%的县级市建立了社区公共卫生服务体系,并在医疗卫生服务体系中承担着重要的职能,开展了社区公共卫生服务。在机构设置上,资源重组、机构和功能改造等措施共同作用,完成社区公共卫生服务中心(站)建设共计27 308个。机构数年增长速度保持在两位数以上,每个卫生中心(站)覆盖居民达6.4万人左右。在一些大中城市初步建立了社会公共卫生服务网络,"小病到社区,大病进医院"的医疗卫生服务网络格局逐步形成。

三、我国社区医疗服务模式存在的问题

(一)政府财政对公共医疗卫生的投入不足

目前学术界认为,公共卫生的筹资渠道主要来源于四个方面,一是财政预算拨款,二是保险,三是个人缴费,四是捐赠等其他的收入来源。各项研究表明,中国财政卫生支出不但在卫生总费用中的比重逐步下降,且滞后于财政收入增长的比重以及GDP增长的比重。为了补偿财政支出的不足,个人所需负担的支出增多,造成了看病贵的社会问题。

(二)政府对基层社区卫生机构的管理和考核不到位

目前,政府一般通过两种方式推进基层医疗服务,一是建立公立的基层社区卫生服务机构,二是通过政府购买服务的方式向对社区居民提供医疗服务的私营基层卫生机构按要求拨付补助资金。为了方便管理,地方政府一般愿

意采取第一种方式,这就造成了以下两个问题:一是因为是全额拨款的机构,机构中的执业医师一般为政府全额开支人员,就是所谓的"旱涝保收",这就造成了执业医师提供服务时积极性不高、懒散等情况;二是因为是政府成立的公立机构,政府在人员安排等方面有绝对的话语权,基层服务机构中的人员就与当地医疗管理机构有着千丝万缕的联系,这就意味着在对社区卫生机构进行评价的时候,无法保证其独立性,易出现管理漏洞。

(三)基层医疗卫生服务机构服务人员基本素质限制了服务水平的提高

社区卫生服务机构要提供高水平的医疗服务,这就要求服务团队的医生、护士、公共卫生人员具备知识全面、结构合理、技能过硬的综合素质,才能应对社区居民的考验。调查中我们发现,比较突出的是基层医疗服务机构中医疗人员专业素质不高,不能满足居民的需求,比如医生在回访肿瘤病人后,不能为其解决问题,还有对某些慢性病干预没有解决能力。

(四)社区基层卫生缺乏居民的理解与支持

发展社区基层医疗的主要目的是为了解决"看病难、看病贵"的问题,社区居民作为被服务对象的观念也需改变。很多居民对基层社区卫生机构存在着不信任的观点,一有病就上大医院,认为社区卫生服务机构水平不高会耽误自己的病情,他们对社区医疗服务的不认同感会挫伤医疗服务团队的工作积极性,妨碍基层医疗机构功能的发挥。

四、完善社区医疗服务模式的建议

(一)加大财政投入的同时,加强对基层社区卫生机构的考评与管理

在目前中国经济发展形势下,政府对基层医疗机构的投入相对来说十分有限,为提高基层卫生服务机构效率,必须加大对基层社区卫生机构的考评与管理。其中,要注意两个问题,一是对执业医师专业技术与执业道德的考评;二是在对基层卫生机构进行考评时,注意考评组织的"独立性"。

(二)鼓励多种性质社区卫生服务机构建设

政府要充分发挥不同主体在基层社区卫生医疗中的积极作用。不同性质的社区卫生服务机构之间的适当竞争可以极大地提高社区医疗服务水平,增强社区基层医疗的竞争力,更有利于居民分层次就医,健全我国医疗体制建设。

(三)加大全科医生的培训与认证,提高社区医疗服务水平。

要促进社区医疗卫生服务向纵深方向发展,不断提高医疗水平,必需建设一支名副其实的全科医生队伍,这样才能提高社区卫生服务的内在质量。具体的做法有建立全科医师资格标准,确立培养目标,制订培训计划,做到先培训后上岗,依托医学院和大、中型医院,对有一定学历的在职医生实施全科医学培训,发展全科医学,培养高素质的社区卫生人才。参照国际上许多国家的做法,医大毕业生必须在综合医院从事一定年限的临床工作后,方可申请(家庭)医生执业执照。

【参考文献】

[1] 郑玉玲.英国社区医疗体系对我国社区医疗发展的启示[J].中医药管理杂志,2003(2).

[2] 刘德吉.国外社区医疗服务模式比较及对我国的启示[J].中国卫生事业管理,2009(9).

[3] 王微.城市社区公共卫生供给与财政综合补偿研究——基于成都市微观数据分析[D].成都:西南财经大学博士学位论文,2012.

[4] 玄泽亮,上海全科服务团队模式现状分析及发展策略研究[D].上海:复旦大学博士学位论文,2008.

[5] 张君飞.城市社区卫生服务模式及其发展趋势[J].国外医学社会医学分册,2010(2).

提升外来务工人员未来认同的几点建议

马 奎[①]

摘 要:本文从制度政策、社会环境和外来务工者自身三方面进行了影响因素的分析,并据此提出了提升外来务工人员未来认同的相应的对策建议,即改革城乡二元体制;完善相关制度和政策;改善社会发展环境,增强对外来务工者的关爱与沟通;调整外来务工人员的心态,提升其素质。

关键词:外来务工人员　认同　身份

伴随着我国工业化和城镇化的加快推进,农村剩余劳动力开始涌入城市,一个独特的社会群体——外来务工人员逐渐在城市形成。这些进入城市的外来务工者既是城市的居住者,又是城市的建设者,更是社会转型发展的生力军。他们的生成、存在和发展,不仅在很大程度上关系着平安城市、和谐社会的建设,更左右着城市发展的质量。通过对外来务工者的生存情况的研究,可以探究其感情状况和未来决策,又能通过对外来务工人员进行未来的期望与态度,反观其生活现状。

一、相关农民工价值认同的基本内涵与现状

(一)基本内涵

外来务工人员通常指的是外地来城市打工的相关人员,和"农民工"含义相近,其中包含了传统意义上的农民工和近年提出的新生代农民工。他们中的大多数户口还在农村,由于自身和外界的种种原因开始来到城市打工。笔者所研究的就是由农村来城市的从事非农业生产的外来务工者。

未来认同又被称为"未来归属认同",是社会认同的重要表现类型之一,

---

① 马奎(1988—　),男,山东青岛人,中国海洋大学2012级公共管理专业研究生。

既是一种认知状态,又是一种认知过程。本文中的"未来认同"主要指的是"在特殊的经历和社会环境下,在农村和城市两种不同文化的冲突和融合中所表现出的对未来发展的主观性态度"。身份认同作为未来认同的重要方面,是指个人在感情和行为上将自己视为某群体的成员,具有相对的稳定性和很强的群体归属感。如今大多数外来务工人员不愿意在城市打拼后返乡养老,他们何去何从是当今社会的一个热点问题。在未来归属层面上如何实现外来务工人员对自己市民身份的认同,怎样增强外来务工人员对未来的确定感、计划性和信心,并最终实现对未来的计划和期待,是笔者在此所探讨的重点。

(二)外来务工人员在社会认同方面的现状

一方面,对市民身份认同有期待,但认同度不高。外来务工人员对城市有着强烈的融入渴望,但对自我的市民身份认同感较低,即便将自己归于城市一员,在面对自己身份判别时却往往作出相反的选择。外来务工者倾向于对自己未来的城市身份充满期待,对目前的自我城市身份认同表示怀疑,即便是在城市打工很多年也依然保守地停留在农民身份认同上。

另一方面,对未来归属地有目标,但归属感不强烈。绝大多数外来务工人员在城市经过一段时间的工作、学习和生活后,能够较好地融入城市生活,有强烈的定居城市的愿望,并且清楚自己的未来归属地。这说明城市生活对于他们而言有很强的吸引力,外来务工人员有将城市作为其未来归属地的明确目标。

二、影响外来务工人员未来认同的因素及分析

社会认同理论认为,认同是随着社会情境的变化而变化的,并且认为认同可以由支配的制度产生,但只有在社会行动者将之内化且将他们的意义环绕着内化过程建构时,它才会成为认同。认同是制度建构和社会行动者主动建构的过程。

(一)制度、政策的限制

城乡二元户籍制度严重限制了外来务工人员落户,以户口为基础进行的静态人口管理为外来务工人员的落户设置了制度和政策障碍。相比较城市户口,农村户口在最低生活保障、医疗、就业、教育、住房、消费(如购车)等的方方面面均受到有形的利益限制和无形的不对等待遇,外来务工人员不能享受城市的相关福利。因农村户口所产生的不公平待遇会直接影响外来务工人员的

经济收入和生活现状,进而影响未来预期,甚至造成他们的生活压抑、心理落差和心态失衡。

(二)城市社会环境欠缺宽容

人是独特的社会动物,有追求社会、心理等方面的需求。对于外来务工人员来讲,社会公众如何看待他们,如何与他们相处,都对外来务工人员的心理产生着巨大影响,进而影响着其对未来的预期与判断。外围社会公众在外来务工人员形成未来认同的过程中扮演着十分重要的角色,但城市公众给外来务工人员提供的帮助明显不足。

第一,社会歧视与不公平现象仍时有发生。部分城市居民对外来务工人员有偏见,无法完全认同他们的平等地位。外来务工人员游走在城市与农村之间,这样的生存状态造成群体的正当权利诉求无法顺利实现,身份的歧视与对自身尊严的维护产生冲突。在对外来务工人员调查了解"不能成为城市人的主要原因"时,有22%的被调查外来务工人员勾选了"歧视农村人",仅16%的外来务工人员从来没有受过当地市民的歧视。尽管在访谈中外来务工人员表现得比较乐观与自信,但现实对于他们更多的是不满与无奈。

第二,对外来务工人员缺少关怀与沟通。外来务工人员作为由农村到城市打工的特殊群体,本就无依无靠,缺少必要的经济来源和精神支持,又由于自身工作环境、地点的限制,导致交际圈子过于狭窄,和本地原居民的沟通匮乏,没能很好地融入当地社会,久而久之产生的人际交流困难和隔阂无法在短期内消除。长期缺乏群体融入的自我认同感,往往会造成外来务工人员心理上的扭曲,使其社会责任意识不能合理表达,无法对目前的生活圈产生共鸣和情感依赖,进而干扰他们对未来的选择与认同,对他们的生活以及归属、认同产生负面影响。

第三,外来务工人员自身条件的限制。现阶段外来务工人员在未来认同方面的难题在一定程度上是由于自身条件的限制。其一,外来务工人员身份转变意识有待加强。外来务工人员通过职业的转变更加感受到现代城市与农村有着不同的文化、生活理念和生活方式。其二,外来务工人员自身素质有待提升。在洞察到城乡之间的巨大差异之后,外来务工人员普遍拥有强烈留在城市的愿望。虽然调查结果显示他们的心态总体不错,但在城市生活的各种门槛,有形和无形中不断冲击着他们的城市梦。

三、提升外来务工人员未来认同的对策建议

提升外来务工人员的未来认同是一项长期、复杂的系统工程,并非一日之功。为了使外来务工人员摆脱未来选择的困境,结合现实情况,笔者提出以下对策。

(一)改革城乡二元体制

只有深化户籍制度,改革促进永久性转移,才能解决当前外来务工人员所感觉到的户口危机和身份尴尬。"我国的户籍制度改革可根据由小到大、循序渐进、因地制宜、平稳过渡、逐步到位的原则,渐次开放城市户口准入,逐步打破现行的二元户籍管理制度,实现城乡一体化户籍制度。"制度性限制具有根本性,外来务工人员无法通过个人的力量进行改变。只有打破户籍的限制,才能让外来务工人员增强对未来的良好预期,更安心地为城市建设贡献力量。

(二)完善相关制度、政策

1. 完善社会保障制度,切实维护外来务工人员的社会利益

政府应建立有效覆盖外来务工人员的社会保障体系,继续丰富和完善外来务工人员参加各类社会保险项目的办法,切实提高他们参保比例和保障程度。要逐步建立个人缴费、单位匹配、国家补贴相结合的参保方法,鼓励外来务工人员积极缴纳基本医疗保险、失业保险和养老保险,切实解决他们看病难、怕失业和养老难的问题。为此,可以在外来务工人员集中、工伤风险高的地区试点强制参保,维护外来务工者的权益,进而有力维护社会和谐。同时,要完善社会救济和社会福利制度,制定专门针对外来务工人员的法规条例,建立相应的有效保障机制,全面保障外来务工者利益。只有构筑强大而完整的社会保障体系来解除外来务工人员的后顾之忧,才能让他们更加安心地在城市生活,从而增强对自身的认同感和对未来的良好预期。

2. 改善民生环境

第一,完善就业制度。逐步建立和完善全国统一的就业信息网络,开辟专门针对外来务工人员的就业指导网络和信息发布机制,使他们能充分利用公共资源,快捷准确地找到职位,并做出合理的未来职业生涯规划。同时,各地的人力资源和就业管理部门要联合当地的人才交流市场和用工单位,定期不定时地举办针对外来务工人员的专场招聘,拓宽他们的就业渠道,指导其积极就业。要建立开放的就业培训制度,结合城市就业岗位的需要,整合各类培训资源,对技能培训合格的优先推荐就业,如此才能更好地解决外来务工人员就

业难的问题。有了稳定的工作,才能让外来务工人员的未来有一个现实保障。

第二,改善住房条件。外来务工人员能否对未来做出准确预期很大程度上取决于是否能在这座城市落脚,即住有所居。因此,建议将外来务工人员纳入廉租房、经济适用房的申报体系,并逐步建立多层次的住房供应体系,多渠道改善外来务工人员的居住条件,促进外来务工人员在城市落户定居。

第三,解决外来务工人员子女入学教育问题。政府要加大财政投入,积极负责并切实做好外来务工人员子女的学前教育和义务教育,对于公办教学资源无法满足外来务工人员子女需求的现状,政府应当鼓励民间资本投资教育,重点扶持有一定办学基础的外来务工人员子弟学校,合理分配教育资源并向外来务工人员倾斜。当地教育部门要加强对外来务工人员子女所在学校的监管,保证政策落实。要推进高考制度改革,使外来务工人员子女获得同当地学生同样的高考机会和权利,促进教育公平。

(三) 改善社会环境,增强关爱与沟通

第一,利用媒体,积极传播社会正能量。新闻媒体在社会上极具影响力,但是对外来务工人员的报道偏少或不全面,外来务工人员很容易被打上"低素质""犯罪高发群体"标签,这将增加外来务工人员群体和城市居民之间的隔阂。社会要努力防止这种现象的蔓延,并大力宣传"工作不分贵贱,人人平等"的正确思想,促进社会和谐公平。建议政府和社会组织尝试发行外来务工人员的专门期刊,拓宽他们阅读视野,让外来务工者感受到社会的关注;影视作品里多塑造这一群体的良好形象,提升他们的自我认同感,形成社会对外来务工人员的正确认识。

第二,要消除对外来务工人员的歧视和偏见。城市居民要树立城乡平等的权利意识。那些远离家乡的外来务工人员,发挥着建设城市和发展经济的重要作用,也承受着巨大的身体和精神压力,城市居民应尽量接受、宽容、帮助他们,尽可能地消除和避免外来务工人员所产生的隔阂感,增强他们对社会的亲切感,让其确确实实感到城市是他们可以信赖的、值得扎根的家,同时加强彼此间的交流与互信。

第三,发挥非政府组织的力量。改善外来务工人员的生活环境离不开非政府组织的帮助。要动员志愿者团体、社区组织和其他社会力量,采取有效措施帮助外来务工人员顺利实现再社会化,使他们尽快融入社会,实现自我群体认同。要推动外来务工人员参与社区的公共活动、建设和管理,增强作为社区成员的意识,发展与城市居民的交往、互信和互助,使城市社区成为外来务工人员和当地居民共建、共管、共享的社会共同体。非政府组织可以定期开展帮扶活动、心理咨询服务和建立互助小组,对外来务工人员的生活、工作中产生的困难进行帮助,开展有意义的社区文化活动来丰富外来务工人员的业余生活。

(四)外来务工人员应调整心态,提升自身素质

第一,调整心理状态,保持良好心态。由农民身份向市民身份转变期间,外来务工人员会面临很多不确定因素,包括自我怀疑。为此,外来务工人员应该主动调整自己的心理状态,保持良好的精神状态,在新的环境下积极主动向市民身份靠近,如遇疑惑应该主动寻求帮助,把对未来的不确定和恐惧等负面情绪降到最低,积极正确的面对未知,接受政府和非政府组织的帮助和引导,并完成从农民身份到市民身份的过渡,形成与城市生活相适应的行为规范和价值观念。

第二,提升文化素质和技能水平。文化水平和技能素质直接决定着外来务工人员的就业前景和薪资水平,也直接影响着他们对未来发展的预期。外来务工人员应通过文化知识和技能的培训,提高整体素质,加强各方面的锻炼,由此顺利融入城市社会。这不仅对目前的生活水平改善大有裨益,而且真正提高他们的择业竞争力,从而为未来发展奠定更好的基础。同时自身知识水平的提升也使得他们更加充分的认识自我,进而对未来有一个全面和正确的评估。

【参考文献】

[1] Doise, Social Representations in Personal Identity (London: SAGE Publications Ltd, 1998).

[2] D. Abrams&M. A. Hogg, Self-categorization and social identity (Britain: BPCC Wheatons Ltd, Exeter, 1990).

[3] 郭星华等. 漂泊与寻根——流动人口的社会认同研究 [M]. 北京:中国人民出版社, 2011.

[4] 谢建社. 新生代农民工融入城镇问题研究 [M]. 北京:人民出版社, 2011.

[5] 郭科,陈倩. 新生代农民工社会认同状况的实证研究——以西安市为例 [J]. 重庆科技学院学报(社会科学版), 2010(12).

[6] 谢启文."80"后农民工的社会认同与城市融入[J].重庆社会科学,2011(12).

[7] 刘本峰.论农民工对城市文化的认同[J].求实,2007(12).

[8] 唐斌."双重边缘人":城市农民工自我认同的形成及社会影响[J].中南民族大学学报(人文社会科学版),2002(8).

[9] 宋华明,汤秋芳.从对未来的归属透视新生代农民工的身份认同[J].农村经济,2011(5).

[10] 李秋燕,佘文强,陈妍君.兰溪外来务工人员城市归属感的调研[J].社会学研究,2012(9).

[11] 王金元.认同——现代社会组织形成的基础[J].江南大学学报(人文社会科学版),2004(4).

[12] 张祝平.新生代农民工的生存状态、社会认同与社会融入:浙江两市调查[J].重庆社会科学,2011(12).

[13] 岳中志,彭程,徐磊.我国新生代农民工身份认同的现状及影响因素研究[J].西北人口,2011(6).

[14] 肖阳,罗亚萍.农民工自我社会认同研究——以西安市为例[J].南方论刊,2011(2).

城市社区自治：公民参与的新途径

崔 野 ①

摘 要：法国思想家托克维尔曾说："参与社会管理、平等行使政治权利是民主社会的重要特征，公民的参与可以使社会充满生机与活力。"而城市社区自治，不仅是公民参与社会管理的基本形式和重要途径，更已成为中国社会基层民主的主要增长点。本文通过概述城市社区自治的理论思想，分析其在促进公民参与的过程中所起的重要作用，并结合我国城市社区自治的实践模式，论述其在公民参与过程中面临的主要困境与未来的发展方向。

关键词：城市社区自治　公民参与　基层民主政治　模式

现代城市社区有别于传统社区，其形成和发展有赖于政府的主动推动和公民参与行动的良好结合，而二者的结合又是一个长期的动态过程。公民有序参与是城市社区自治的起点，公民因参与到社区公共生活实践中而培育出对社区的认同感和归属感，形成关注社区公共利益的习惯；公民的参与意识和能力在公民参与行动中得到提升，现代民主政治发展所依赖的公民精神得到培育，公民社会在公民参与的过程中得到发展。可以说，城市社区自治与公民参与相互影响、相互促进，共同为民主政治的发展培养合格的公民。

一、城市社区自治与公民参与的关系

（一）城市社区自治的概念

"社区"一词来自德文 Gemeinschaft。德国社会学家滕尼斯在 1887 年出版的《社区与社会》一书中认为，社区是由同质人口组成的关系亲密、守望相助、疾病相抚、富有人情味的社会群体。而对于什么是社区自治，目前学术界主要

---

① 崔野（1991— ），男，黑龙江鹤岗人，中国海洋大学 2013 级行政管理专业研究生。

存在三种观点。第一种观点将社区自治理解为政府管理之外的社会自治,即政府管理行政事务,而社区居民通过自己选举产生的自治组织管理社区公共事务。第二种观点认为社区自治就是地方自治,并主张在街道建立由居民直接选举产生的社区政府和社区议会。第三种观点认为社区自治是"不需要外部力量的强制性干预,社区各利益相关者习惯于通过民主协商来合作处理社区公共事务,并使社区进入自我教育、自我管理、自我服务、自我约束秩序的过程"。

综合以上观点,笔者认为,作为城市基层治理的新模式,城市社区自治是指城市社区居民在党和政府的领导下,依照法律通过一定的组织形式和参与途径对本社区的公共事务进行自我管理的制度,其突出特征是社区居民的自我教育、自我管理和自我服务。它是城市社区建设中基层管理体制的创新,也是城市居民直接参与基层事务管理、依法行使民主权利的一种具体方式。因此,城市社区自治已成为公民参与政治和社会事务的一种新的途径。

(二)公民参与的概念

"公民参与"源于古希腊雅典的直接民主制,到近现代则表现为洛克和密尔所提倡的民主理论、黑格尔的"公民社会观"、哈贝马斯的"公共领域"等理论范式。美国学者谢尔·阿斯丁根据对城市社区的实地调查,提出了著名的"公民参与阶梯理论"(图1)。

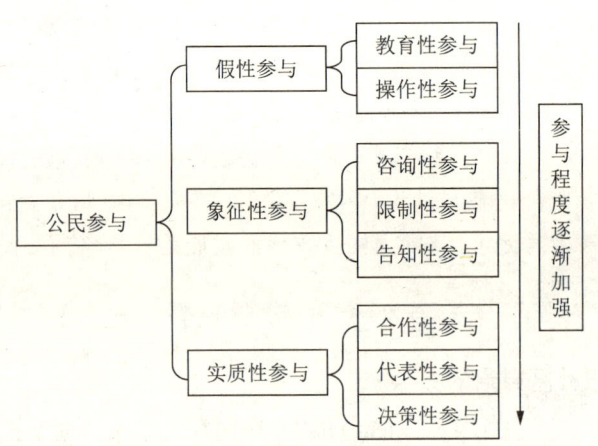

图1 公民参与阶梯理论

在我国学界,学者对公民参与的内涵有着不同的理解。俞可平认为,公民参与是指公民试图影响公共政策和公共生活的一切活动;王锡锌认为,规范意义上的公民参与是指公共权力在做出立法、制定政策、决定公共事务或进行公共治理时，由公共权力机构通过开放的途径，从公众和利害相关的个人或组织获取信息、听取意见，并通过反馈互动对公共决策和治理产生影响的各种行为。笔者认为，公民参与是公民通过一定的参与渠道，参与或影响政府公共政策或公共事务的行动过程。公民参与有三个基本要素：一是参与的主体，公民参与的主体是拥有参与需求的公民，既包括作为个体的公民，也包括由个体公民组成的各种民间组织；二是参与的领域，社会中存在一个公民可以合法参与的公共领域，这一公共领域的主要特征是公共利益和公共理性的存在；三是参与的渠道，社会上存在着各种各样的渠道，公民可以通过这些渠道去影响公共政策和公共生活。

(三) 城市社区自治与公民参与的关系

政府是城市社区自治的启动者，我国的城市社区自治是一种自上而下的政府主导的制度创新，城市社区自治为公民参与和实现基层民主提供了直接的制度空间和平台。但是，城市社区自治的过程又是一个动态的社区公民参与的过程，公民参与不仅仅是社区自治的内在机制要求，也是推动社区自治的主要动力和手段，没有社区公民的参与，社区自治不可能单独依靠政府的推动而获得成功。

第一，城市社区自治为公民参与提供了平台。联合国社会局1995年出版的《经由社区发展推动社会进步》报告指出，"社区发展是一种经由全区人民积极参与、充分发挥其创造力，以促进社区的经济、社会进步情况的过程"。在现代城市社区中，人们必须参与都市运动，并在其过程中发现彼此的利益，人们以某种方式分享彼此的生活，新意义也就有可能产生。我国城市社区自治的特点，决定了自上而下的政府推动与公民自下而上的参与是推动城市社区自治的双向动力。城市社区自治中的公民参与是多元主体进行合作博弈的过程，这其中有分歧争议，也有合作协商，通过参与激发了公民及社区组织的认同，提升了公民的主体意识和参与意识。横向的社区治理网络及社区社会资本的壮大等，都推动着社区自治和城市基层民主的发展。

第二，公民参与是城市社区自治的基本主体。城市社区自治这一任务的实现仅有政府的制度安排是远远不够的，无论是实现城市基层社会稳定，还是发展城市基层民主，都要有公民的参与。自上而下的制度安排为公民参与社区自治提供了制度保障，但再好的制度安排如果得不到基层民众的认可与支持，没有公民自下而上的参与实践，社区自治也仅仅只能停留在制度构建的层面，而不能完成现实的任务。政府只有吸纳公民参与公共事务管理，广泛听取民意、集中民智，才能促进社区公共服务和基层自治的实现。社区公民自下而上的参与实践对应着政府自上而下的制度供给，城市社区自治在政府的主动动员与公民参与的双向路径中得以实现。这种制度性的安排，可以有效避免社区自治中出现过度的"参与爆炸"，也为国家维护城市社会稳定、基层政府获取合法性支持及解决基层社区自治中出现的问题提供了工具性的渠道。

二、我国城市社区自治的模式与困境

20世纪90年代后半期，党和政府为推进城市化、提高基层民主发展水平，适时提出了城市社区自治的新构想。随后，民政部在全国选定26个国家级社区建设实验区，并开展社区自治建设实验。2001年，社区自治建设在全国范围内开展。各地结合本地实际情况，进行了大量的改革和创新，涌现出了"青岛模式""上海模式""沈阳模式""江汉模式"等各具特色的社区建设典型，为其他城市的社区自治提供了宝贵的经验（表1）。

表1 城市社区自治的基本模式

比较项目	青岛模式	上海模式	沈阳模式	汉江模式
核心特征	以社区服务为龙头，提升社区功能来推进社区发展	以街道为社区载体，以行政力量推进社区建设	通过组织建设，促进社区民主自治的体制完善	转变政府职能，明确政府的社区功能和作用
社区划分	1 176个原居委会调整为521个社区，每个社区平均规模为1 340户	2001年底，上海共有99个街道办事处，3 407个居民委员会	2011个原居委会调整为1 295个社区，社区规模为1 000～1 500户	248个原居委会调整为112个社区，小于街道办事处，大于居民委员会
组织体系	市、区、街、居四级社区服务体系，包括社区服务管理、服务求助和设施服务三个方面	二级政府，三级管理	社区成员代表大会（决策层）；社区管理委员会（执行层）；社区协商议事委员会（议事监督层）；社区党组织（领导层）	社区成员代表大会（决策层）；社区协商议事委员会（议事层）；社区居民委员会（执行层）；社区党支部（核心层）
资源运行	政府投入，促进社区服务产业化，提倡驻社区单位资源共享，共驻共建	街道设立社区发展委员会，依托小区创建发展社区		
推进方式	政府推进和社会参与	政府推进	政府推进和民主自治	政府推进

以上四种模式都是在特定的城市产生的,与其各自特殊的社区运行环境相适应。但是,由于体制的约束和客观条件的限制,一些城市社区自治组织并没有体现出自治的性质;相反,由于过分承担了政府托付的工作而在实践中逐步成为政府的派出机构。因此,尽管城市社区自治制度已得到长足的发展,但仍面临着一系列的困境,主要体现在以下几个方面。

第一,居民自治缺乏生存与发展的土壤和空间。在以政府为主导的社会发展模式下,政府主要依靠高度中央集权的行政管理体制实现对社会生活的统一管理。单一的行政管理体制长期主宰经济、社会生活,使我国行政管理体制之外的社会活动领域和空间得不到发育,社区自治组织的自主空间过小,组织能力受到极大压抑,自治功能难以实现。

第二,行政因素向社区组织渗透,社区自治有名无实。长期以来,市政府和区政府是城市中的两级政权组织,街道办事处是政府的派出机构,办理上级政府交给的各项事务,并指导居委会的工作。倡导社区自治以来,居委会在名义上改为社区,但大多数并没有真正成为"群众自我管理、自我教育和自我服务的自治组织",实际上承担着基层政府的职责,社区也由此成为一个准行政部门。社区工作者更是由过去的当地居民民主选举变为公开招聘、享受公务员待遇、占事业编制的准行政官员。由于社区在人员及组织架构上受到很大制约,导致社区的自主性明显不足,自治权利和自治性无法得到保障,社区自治"有名无实"。

第三,社区中"人治"色彩浓厚。目前,尽管社区建设与有关社区自治的法令、法规基本到位,但实际工作中有法不依的现象仍然比较普遍。尤其是个别政府部门在处理与居委会等自治组织的关系时,往往以惯例或政策来取代法律,主观意志与长官意志浓厚;相反,一些居委会等社区自治组织也不习惯于用法律手段来维护自身权利,往往用人际关系的协调等传统手段来处理社区事务与利益纠纷。

第四,社区居民参与意识明显不足,社区自治缺乏动力。社区建设的根本目标是实现社区自治,因此社区的自助参与程度是衡量社区建设成败的关键性指标。然而,自开展社区建设以来,各地却普遍存在社区居民参与程度低、积极性不高的现象;即使有居民参与,也大多集中在退休、下岗、低保等有求于社区正式组织的弱势群体中,而弱势群体的参与反而降低了社区自治的有效性。由精英主导、具有共同意识和共同利益的公共领域尚未形成,不能有效地保障社区居民的利益,导致社区参与缺乏动力,进而严重影响社区自治。

三、完善我国城市社区自治的对策

不论是社区管理中的决策制定、执行、反馈,还是社区工作的绩效考核、评估,完善城市社区自治,都需要社区居民的广泛认可和参与。笔者拟从参与主体、制度规则、信息技术三个方面,提出完善我国城市社区自治的对策。

(一)主体保障:培养参与意识,提高参与能力

第一,培养公民参与的意识。公民是政治民主的主体,居民是社区自治的中坚力量,因此,主体意识和权利意识的培育是公民自主参与意识形成的前提。如果缺乏主体意识,公民不可能积极主动地表达自己的意见看法,也不可能有真正意义上的公民参与。因此,增强公民主体意识才能从根本上推进公民参与。培育公民的权利意识,一方面必须通过教育途径提高公民的科学文化素质,使公民能够认识法律、运用法律去维护和实现自己的权利;另一方面是从培养社区公民对于所在社区的认同与情感凝聚开始,并且实际参与地方性、社区性的公共事务,借此培养"社区意识",再扩大成为普遍的"公民意识"。

第二,提高公民参与的能力。首先,政府应大力发展素质教育,从根本上提升全体公民的素质水平,使公民掌握科学文化知识和技能;其次,政府必须集合公民的意识与能力,以集体的方式来积极地营造公民组织。通过参与实践活动,公民在熟悉参与的规则、程序、方法、技术的同时也逐渐培养起了参与的热情和积极性,为以后更好地开展参与实践做好充分的准备。此外,公民借助居民委员会将社区居民分散的参与力量组织起来,发挥"集体"的优势,提高社区公民整体的参与能力,扩大公民参与的影响力,切实实现公民参与的目标,不失为提高公民参与能力的捷径。

(二)制度建构:拓宽参与渠道,健全法律制度

第一,拓宽公民参与的渠道。畅通社区公民参与渠道,可以从推进正式参与渠道的制度化建设和非正式参与渠道建设入手。首先要进一步推进正式参与渠道的制度化建设,建立和完善参与机制,以保证社区居民参与规范运行,并持续、稳定、有序、健康地发展。具体而言,应依照有关的法律法规,制定相应的规章制度,明确社区居民的权利和义务、参与的内容、方式和程序等。在减少参与的盲目性和随意性、保证参与的规范性和有效性的前提下尽可能简化参与程序,做到易于操作。其次,在非正式参与渠道建设上,政府应鼓励社区组织的发展,并在资源投入等方面给予适度支持,以发挥居民参与的积极性

和主动性。

第二,健全公民参与的法律制度。现行法律中虽有对公民参与权和公民参与的基本原则的相应规定,但由于有些法律法规不健全,在操作程序上缺乏参与的具体实施办法,有些地方公民参与的积极性、主动性很难调动。因此,要在充分尊重宪法和法律赋予公民的政治权利和自由的前提下,对公民参与的内容、方式、途径作出明确的规定,使其可以按一定的程序进行实际操作,并用法律的形式固定下来,做到有法可依、依法参与,使公民参与做到制度化、规范化、程序化。要进一步完善基层民主、基层参与的相关制度,健全和完善公民有序政治参与的法律法规,为扩大有序的公民参与提供法律保障。

(三)技术支撑:发展电子政务,建立数字社区

第一,发展社区电子政务。随着信息技术的发展和网络的普及,电子政务已成为政府进行行政管理的重要工具。在基层的社区中,推行电子政务同样可以有效地保障公民的知情权、提高公民参与的能力、完善城市社区自治。电子政务是信息公开的有力保障,而信息公开又是公民有效参与的前提。通过政务公开满足公民的知情权、提供足够的信息,是促使和保证公民参与的先决条件。信息公开的程度和获取信息的途径,直接影响公民参与的广度和深度,因此必须大力推行电子政务并加大信息的开放程度。

第二,建立虚拟数字社区。"数字社区"是近年来迅速发展的一种虚拟治理模式,它将以往"有形"的居民自治组织虚拟化,建立网上办公,实行社区信息的网上发布,并在线受理居民的申请;社区自治组织的选举,可以在局域网内完成,候选人演讲、投票、计票、公布结果这一系列过程都以在线方式完成;在社区的局域网内召集居民大会,居民通过会议视频系统进行交流,并对自治组织的进行监督。总之,基层社区应当主动利用科技发展的最新成果,拓宽公民参与的渠道,简化参与程序,通过公民的积极参与来真正实现社区的自治。

四、结语

公民参与在城市社区自治方面发挥了重要的作用,它推动了我国城市管理的民主化、合理化,提高了城市社区自治实施的理解与合作程度。社区公民从切身利益出发,参与城市社区自治,体现社区是自我管理、自我教育、自我服务的基层群众性自治组织的宗旨,促进和提升了我国的政治民主化进程。

我国开展城市社区自治的实践较短,在具体的操作过程中仍存在着各种各样的问题,但我们也应看到,随着公民参与意识的逐渐增强、各种制度与法律的逐渐完善,真正实现城市社区自治并不是遥远的梦想。城市社区自治,作为公民参与政治建设的一种新的途径已越来越得到人们的普遍重视,显示出其独特的作用。政府、社区组织、居民等各方主体,应当牢固树立参与意识,拓宽参与途径,为我国的基层民主政治建设贡献出自己的力量。

【参考文献】

[1] 罗曼琪.社会转型期的城市社区治理:社区公民参与的发展状况及问题浅析[J].改革与开发,2010(3).

[2] 范思凯.中外公民参与社区治理案例的比较分析[J].辽宁行政学院学报,2009(4).

[3] 魏娜,王明军.公民参与视角下的城市治理机制研究[J].甘肃行政学院学报,2006(2).

[4] 董小燕.公共领域与城市社区自治[M].北京:社会科学文献出版社,2010.

[5] 于燕燕.社区自治与政府职能转变[M].北京:中国社会出版社,2005.

[6] 王敬尧.参与式治理:中国社区建设实证研究[M].北京:中国社会科学出版社,2006.

浅析农村"留守儿童"问题及其解决之道

——以菏泽市为例

李 姝[①]

摘 要:农村"留守儿童"问题是我国社会转型时期出现的特殊社会问题。随着我国城市化建设进程的发展,越来越多的农村劳动力进入城市,其子女被留守在家,这些儿童大部分由亲友代为监护,有的甚至独守门户,成为"留守儿童",他们的安全、教育、情感等一系列问题日益显现。这一现状直接影响到我国的社会公平、社会文明以及新农村建设等一系列重大课题。本文基于菏泽市农村"留守儿童"的现状、产生原因及对策进行探讨性分析,提出要解决"留守儿童"的诸多相关问题,需要在政策措施、直接的教育机构、家庭教育等方面加大力度来改变现有状况。

关键词:农村 留守儿童 健康 教育

本篇所讲的"留守儿童"是指因父母双方或一方在外打工而被留守在家乡,需要他人照顾的未成年人,一般为小学生和初中生。在市场经济迅猛发展的推动下,大量农村剩余劳动力为改变生存状况外出务工,其中大部分为夫妻一同外出,因经济等原因无法将子女带在身边,由此引发"留守儿童"问题,农村"留守儿童"已成为一个被忽视的弱势群体。全国妇联2013年5月发布的《我国农村"留守儿童"、城乡流动儿童状况研究报告》中指出,中国农村"留守儿童"数量已超过6 000万,且总体规模不断扩大。据权威调查数据显示,山东省农村留守流动儿童已达109.28万,已占全省儿童总数的6.4%,总体数量比较大,而在一些农村劳动力输出县市,如菏泽市2011年有140余万农民

[①] 李姝(1986—),女,山东菏泽人,中国海洋大学2012级公共管理专业研究生。

工,他们的子女在义务教育年龄段的约有47.76万留在家乡,而且这个数字每年都在增长,他们的健康、教育、安全等问题令人担忧。在中小学生安全隐患事件排查中,"留守儿童"占据了安全事故的大部分,农村"留守儿童"发生摔伤、烧伤、烫伤、被拐骗、交通意外、女孩受到性侵犯等事故率及违法犯罪率比一般儿童高。据不完全统计,自2013年入夏以来,山东省共有37个花样少年不幸溺水身亡,其中暑期的短短两个多月发生了16起儿童溺水事件,34个孩子溺亡,其中逝去的多是"留守儿童"。因人口流动引发的农村"留守儿童"问题已经成为不可忽视的社会问题,近年来"留守儿童"问题也越来越受到各级党委政府和社会各界的关心支持。本文将就"留守儿童"现象的现状进行分析,找出产生的原因,并提出一些建议和对策。

一、菏泽市农村"留守儿童"现状

在农村地区,很多父母双方或单方长期在外打工而把孩子交由父母单方或长辈来抚养、教育和管理。这些"留守儿童"或由在家的单亲(一般为母亲)看护,或被留给祖父母、外祖父母、亲戚等父母之外的其他人代为照料,他们无法真正享受到家庭正常的教育和关爱,儿童权益受到了严重的侵害。据菏泽市不完全统计:从受监护的情况看,由祖父母监护的占69.3%,由亲友监护的占25.2%,无人监护的占4.5%。从学习成绩看,"留守儿童"中成绩优秀的占13%,较好的占27.3%,较差的占59.7%,成绩下降的占74%。从人格发展方面看,这些孩子由于家庭教育的突然断裂或缺位,许多孩子出现了内向、孤僻、自卑、不合群等诸多问题。因此,由于父母监护缺位,农村"留守儿童"的受照顾权、生命健康权、受教育权及发展权等权益遭到严重损害。而且,因为他们长期生活在社会底层,父母又长期不在身边,常常缺乏必要的启蒙教育、学前教育,造成这些儿童缺乏自信、羞于交往、感情需求无法得到满足、学习上面临困难等等。

纵观菏泽市"留守儿童"现状,普遍存在以下几个方面的问题。第一,大多学习较差。很多父母对子女总体期待值不高,将孩子的学业定位在读完初中,将孩子的前途定位在外出经商做生意或外出打工;而监护人因其本身知识面就窄,根本无力辅导孩子的功课,对"留守儿童"学习几乎不过问。第二,大多存在性格缺陷。由于外出务工的父母常年在外奔波,"留守儿童"长期缺乏亲情的抚慰与关怀,往往焦虑紧张,缺乏安全感,悲观、孤僻,人际交往能力较差。第三,行为习惯不尽如人意。处于义务教育阶段的儿童少年,其行为习惯发展在很大程度上还处于他律阶段,而儿童和监护人之间关系特殊,只要不犯大错,监护人对孩子的行为一般都采取认可的态度。由于缺乏及时有效的约束管教,部分"留守儿童"纪律散漫,存在行为偏差,甚至有一部分染上吸烟、喝酒等不良行为。第四,价值观畸形。有些父母因外出打工,使家庭经济和生活条件明显改善,因其长期在外无法照顾孩子内心产生负疚感,于是采取"物质 + 放任"的方式进行补偿,直接导致"留守儿童"产生"读书无用论"、"拜金主义"等错误思想,致使他们养成好逸恶劳、奢侈浪费的陋习。第五,环境复杂诱发犯罪。学校是孩子学习和生活的主要活动场所,但其附近电子娱乐室肆意滋生,严重影响了"留守儿童"的身心,逃课、玩游戏机比比皆是。菏泽少审庭法官分析说,在菏泽,不少孩子因不断上网使其面临"经济困难",还有一些网络游戏成瘾者,不仅因为受网络游戏的暴力、色情文化影响而去实施犯罪,也会由于自己"成瘾"的心理为犯罪提供许多便利的条件,从而诱发犯罪。

二、"留守儿童"问题产生的原因

在我国各项综合指标提升的背景下,社会经济发展所遗留下的"留守儿童"问题逐步凸显。20世纪80年代,在我国经济改革开放大环境下,菏泽市农村剩余劳动力开始大规模地向城市转移。由于受到诸多条件的限制,很多农民工在自己进城的同时却无力解决孩子进城居住和就读将要面临的诸多现实问题。他们选择把孩子留在农村并托付给其他监护人代为监护,并最终形成农民工(父母)与子女分隔两地的局面。我国现阶段"留守儿童"的现状存在着诸多问题,究其原因,主要有以下三个方面。

首先,"留守儿童"大多亲情缺失。对于广大离开家乡。到城市打工的农民工而言,由于其收入普遍不高、居无定所且城镇教育费用又较高,他们很难有足够的经济能力将子女带在身边进行照顾,而祖辈隔代抚养的又大多偏于溺爱。在父母远离家乡,只能偶尔通过电话或者书信联系的情况下,导致许多农村儿童亲情缺失,而儿童正处于情感、性格变化的转折期,这会严重影响到他们的身心发展。因此,许多农村"留守儿童"不同程度地存在着抑郁、孤僻、自卑、不善与人交流、顽皮、任性、冲动易怒等问题。而在生理健康上,由于父母不在身边,"留守儿童"的生活缺乏必要的照顾,营养跟不上,也不注意饮食卫生,所以很容易遭受疾病侵害。由于生活无规律,学生回家基本不能按时吃饭,一天吃一餐或两餐的大有人在,在穿着上没人管他们穿得是否干净、整洁、冷暖,个人卫生极差。

其次,"留守儿童"普遍缺乏及时的引导和关怀。由于缺乏父母及时的引导,健康和安全难以得到保证,有的"留守儿童"从小就染上了诸多不良的社会习气,有的则因心理长期压抑而导致了行为的偏差或性格的扭曲,部分甚至成为了让人难以置信的一系列恶性事件的主谋者或被害人。所以,在现实生活中,农村"留守儿童"作为弱势群体,很容易沦为不法分子的侵害对象,甚至发展成为不良少年。公安部的统计结果表明:农村"留守儿童"已成为受各类犯罪侵犯的高危人群。再就是最近让人们很气愤的性侵犯孩童的事件,很多都是发生在农村,归根到底是因为农村缺乏对性知识的安全教育,"留守儿童"也很难懂得青春期自我保护。据菏泽市调查发现,在"留守儿童"中,有18.3%的人"从不与同学、父母、监护人谈心",41.8%的人"偶尔会与别人谈谈心",在受到别人欺负后,有31%的人表示"无所谓",15%的人是要"用自己的方式进行报复"。因此,很多"留守儿童"在性侵犯面前措手无助,禽兽老师或校领导也最容易得逞。

再次,农村师资教育力量薄弱。受教育权作为公民的一项基本权利,是指公民享有的在常规教育机构习得知识、增进技能、健全人格,由国家给予保障的权利。对于农村"留守儿童"而言,接受良好的教育是他们健康人格形成和发展必不可少的前提,但农村普遍经济比较落后,学校数量少,基础设施差,得不到及时改善和更新,师资力量更是跟不上。教师都希望能去城镇授课,很少有愿意留在农村,这使得农村的教育问题陷入一种困境。当然,学校无疑对"留守儿童"的教育问题肩负着重要职责,但仅仅将农村"留守儿童"的教育责任归结于学校也是不科学的,家庭和社会有义务与学校一起维护每一个农村"留守儿童"的受教育权利。但父母常年不在家,因此,父母不可能及时对儿童日常学习、生活进行监督,更不可能积极预防和及时改正儿童的不良学习和生活习惯。由于"留守儿童"大多是"隔代教育",监护人一味追求从物质上满足孩子,对于孩子在精神上的需求、道德习惯的养成上却少有关注。菏泽市调查数据显示,31%的"留守儿童"平时有说谎的习惯;15%的有过偷人钱物,破坏公物,抽烟喝酒等不良行为;有20%经常迟到旷课;有22%沉迷于打游戏;30%的人有过打架斗殴的经历。

三、改善农村"留守儿童"现状的应对机制

随着中国城市化进程的加快和经济的发展,农村剩余劳动力的逐步增多,外出打工的人逐年增加,"留守儿童"也越来越多,随之而来的是农村"留守儿

童"问题越来越严重。加强农村"留守儿童"权益保护成为当前我国面临的紧迫任务。为更好地维护农村"留守儿童"的生存权与发展权,需要来自政府、社会、学校等多方面的共同努力。

(一) 应转变教育观念,加大家庭层面影响

家庭是孩子的第一课堂,父母是孩子的第一任老师。家庭教育在人的成长过程中具有不可替代的作用。要使孩子成为一个正直、诚实、善良的人并养成良好的习惯,需要家长在生活中时刻观察、引导和教育。因此,外出务工的父母每天或隔天应在固定的时间打电话,定期回家看望孩子,尽量消除孩子内心的孤独感和不平衡感,使他们在父母外出打工的同时还能体味到亲情的温暖。家长们还应该经常以写信、打电话等方式,向老师询问孩子在学校的学习情况。并与监护人经常联系、及时交流,要求监护人对留守子女在学习、思想和生活上进行认真教育、监督和管理,及时反馈子女的情况,保障"留守儿童"健康成长。学校应建立"留守儿童"家长会制度,利用农忙或节假日"留守儿童"家长回乡之际,专门召开"留守儿童"家长会,与他们进行沟通和交流,形成关注"留守儿童"的合力,从而及时发现和解决孩子出现的各种问题。

(二) 以政府为主导,完善农村"留守儿童"的法律保障机制

要解决农村"留守儿童"保障问题,首先要不断完善相关法律、法规。政府应当制定《农村"留守儿童"社会保障法》,以明确政府、社会、学校及家庭的责任,使各项保障行为有法可依;并且积极完善户籍管理、就业、住房、教育、卫生等相关法律政策,探索农民工社会保障、探亲休假等制度,推进农村"留守儿童"社会福利与社会救济制度。其次,国家设立专门机构、划拨专项经费,各级政府尤其是县乡两级政府,要切实转变职能,变管理为服务。由当地民政部门、妇联、公会和其他公益组织根据当地的实际情况制订长效的帮扶计划,加强对"留守儿童"社会保障工作的指导和管理,并担任监护人履行监护职能。设立"留守儿童"成长档案,详细记录其家庭成员情况,在校期间日常表现,了解他们的成长经历,发现问题,及时补救。例如,江苏省仪征市朴席镇出台了《朴席镇关于关爱农村留守流动儿童工作实施方案》,建立了一支由机关干部和党员干部组成的"代理家长"队伍,加强了对"留守儿童"的保护。

(三) 加大农村教育投入,充分发挥教育机构的作用

政府要加大对农村基础教育的投入,加强师资建设。义务教育是教育的基础,经费由中央政府和地方政府共同分担,但教育经费不足一直是义务教育

真正实施的阻碍。在国家保证学校基本教育经费的基础上,各级政府部门要提高执法的能力和力度,监督学校不仅要免收学生的学费,还要免收学生的书本费和各种杂费,以实行真正免费的义务教育。同时,要鼓励相关企业和事业单位对教育的支持,对兴办农村"留守儿童"学校的社会人士给予一定的鼓励,并给予政策以及财政上的帮扶。像农村寄宿制学校就是解决农村"留守儿童"教育的可行性措施之一。在集体中生活,孩子们既能得到较好照顾,也能减少孤独感。同时要加强对"留守儿童"安全防范意识的教育,包括开展有针对性的心理教育、生存教育、安全教育。另外,要鼓励和支持毕业大学生到农村工作,不断为农村师资力量注入新的生机。像"三支一扶"的政策就应该继续推行下去。

农村"留守儿童"是一个非常特殊的群体,他们不仅是现在的弱势群体,同时也是明天社会主义新农村建设的主力军,他们的健康成长事关明天新农村的建设,事关我国未来的稳定与发展,因此促进农村"留守儿童"的健康成长至关重要。

【参考文献】

[1] 山东共青团办公室. 关于农村"留守儿童"问题的调研报告 [EB\OL]. http://www.sdyl.gov.cn/webs/NewsView.aspx?id=e7f50467-0382-430f-a023-1e177a25e11d. 2014-02-09.

[2] 王秋香,欧阳晨. 论父母监护缺位与农村"留守儿童"权益保障问题 [J]. 学术论坛,2006(10).

[3] 景佳. "留守儿童"问题,让市民震惊 [N]. 齐鲁晚报,2012-10-12.

[4] 高松原. 受教育权行政法上之我见 [J]. 兰州学刊,2009(7).

[5] 张艳,宦吉娥. 论农村"留守儿童"的权益保障 [J]. 兰州学刊,2010(10).

[6] 张晨,樊万朝. "留守儿童"的"新家" [N]. 新华日报,2012-02-10.

[7] 赵俊超. 中国"留守儿童"调查 [M]. 北京:人民出版社,2012.

行业管理

新形势下中国海关改革与创新研究

——以流亭机场海关为例

李东超 [①]

摘　要：海关是一个执法部门。执法一方面要实现管理职能，要管住；另一方面要体现管理效能，要服务。这可以说就是中国海关公共管理改革的两个基本点。本文试图结合国外海关的先进管理经验，结合中国海关的实际情况，探讨中国海关管理改革的发展方向，从而促进海关在新的历史节点下有更大的作为。

关键词：新形势　海关　公共管理　改革与创新　发展方向

改革开放 30 多年来，随着经济快速发展，我国目前正处于重要的战略转型期，也是社会矛盾的集中凸显期，如何加强和创新公共管理日益引起了党和政府的关注与重视，提上了党和政府的议事日程。本文中的海关公共管理是指通过综合计划、协调、运用能整合利用的各种力量和资源，广泛运用政治的、经济的、管理的、法律的方法来提升海关监管水平和提高海关服务质量，使得海关管理更加规范、透明、低成本、高效率，服务更加积极主动、便捷经济、公平公正，实现海关、社会和企业三方良性互动的运作模式。

一、中国海关改革与体制创新的现状

中国海关公共管理改革在时代背景中存在着必然性和必要性，并且改革至今仍面临着严峻挑战和存在不足。

---

① 李东超（1985—　），女，山东青岛人，中国海洋大学 2012 级公共管理专业研究生。

(一) 中国海关公共管理改革的背景

从国际方面来看,2008年爆发全球性的金融危机,国外的贸易保护主义再次抬头,中国的对外贸易行业也受到不同程度的打击。在这种情况下,中国海关势必要做出改革,为中国企业提供保护和支持,以保护中国经济顺利渡过此次金融危机。

从国内方面来看,自改革开放以来,中国就开始了公共管理的改革,这一改革的内容既包括经济方面,也包括政治方面。党的十八大以来,中国又将迎来新一轮的改革。近30年来,我国的公共管理改革取得了巨大成就,但也存在许多不尽如人意的地方,尤其是在政治方面的改革出现了较为明显的滞后,有待进一步的完善与发展。

在以上两种内外因素下,海关系统作为国家行政系统之中的一个相对独立但却十分重要的子系统,也同样面临着改革的巨大考验。经济的快速腾飞以及国内外的新形势,要求海关公共管理必须作出与其相适应的改革,从而保障海关业务顺利开展,推动海关现代化建设向前迈进。

(二) 中国海关公共管理改革的现状及存在问题

早在1998年,中国海关总署就制定了《海关总署关于建立现代海关制度的决定》,勾勒出现代海关制度的基本框架,提出了建立现代海关制度两步走发展战略:用5年时间,在全国海关初步建立起现代海关制度的基本框架,然后再用5年左右的时间,到2010年前,建成比较完善的现代海关制度。可以说,该决定翻开了中国海关系统公共管理改革的新篇章。

经过十几年的改革与发展,中国海关在公共管理方面取得了很大的成就,但仍面临诸多挑战,存在着许多需要改革和发展的问题。

第一,存在职能分工不当的问题。一是海关与其他部门之间职能划分的问题。海关的主要职能是:监管、征税、缉私、统计,近年又增加了加贸监管、稽查、口岸管理。以口岸管理为例,中国海关有进出口口岸管理职能,但是各级人民政府均设政府口岸办公室,这两者之间就出现了职权的交叉;二是海关内部职能分工过细,导致部门林立、职责不清、协调不畅。

第二,存在人员配置不当问题。这主要是指职能部门与业务部门人员配置不当问题。现在海关职能部门与业务部门的数量几乎成1:1的比例,导致一线业务现场的工作人员严重不足,人力资源紧张,严重影响海关业务发展。

第三,存在监管与服务两者关系处置不当问题。海关监管,是海关对进出境全部行政执法活动的统称,是海关依据海关法及其他有关法律法规,采取相应的管理制度和管理措施,对运输工具、货物和物品的进出境活动所实施的行政执法行为。海关服务,是海关促进贸易便利化、保护企业合法权益为企业提供的便捷通关、公共法律宣传等服务事项。当前,海关在政府、民意的压力下,过分强调了服务,造成了"服务靠前、监管靠后"的问题。实际上,强调海关如何将监管寓于服务的同时,也不能忽视为维护正常秩序所采取的强制性监管。

二、国外海关改革与创新的经验

当公共环境发生了较大的变化,政府就必须推出"新政"以适应社会的发展。通过对美国、英国、新加坡等国家海关公共管理变化的研究,借鉴其较为成功的经验,找出其具有参考价值的理念和做法,以期对加强我国海关公共管理,促进海关监管和服务有所借鉴。

(一)美国海关的大监管管理体制

美国海关经历了200多年的发展,经过了多次改革,已经逐步形成了一整套适应全球经济一体化大环境的业务运行机制和适应业务管理要求的海关管理体制。美国海关实行不同于中国的大监管管理模式:集中国的安检、边检、检疫、海关的作用于一体,与现在中国逐步实行的大部制改革类似,这就避免了不同部门之间的职能交叉,提高了工作效率,降低了管理成本。实践证明,美国海关的管理体制有利于美国海关充分履行职责,为美国的国家安全和保证贸易便利化,维护美国在全球贸易霸主地位发挥了不可替代的作用。

(二)英国海关的"服务—合作"管理体制

回顾历史,中国海关受英国的影响不可谓不深:赫德时期(1863—1911)的中国晚清海关,引进了西方,主要是英国的先进管理经验,使组织机构、运行机制、管理模式发生变化,在管理上给古老封建的肌体里注入了新鲜的血液,开创了中国近现代海关管理的先河。随着时代的进步,英国海关经过不断的改革,逐步形成了"服务—合作"的管理体制。一方面是海关应寓监管于服务之中,相对于管理,为公民服务是第一位的,这是服务部分;另一方面是公民在享受服务的时候,应给与海关相应的配合,即通过具有相对包容性的政策,采用公私合作的形式进行海关监管。这一管理体制的确立合理处理了监管与服务的关系,在保障海关监管秩序的前提下,为公民提供了最大、最优程度的服务。

（三）新加坡海关的"胡萝卜＋大棒"管理模式

新加坡是世界闻名的花园国家,也是世界上律法最严格的国家之一。在海关公共管理中,新加坡海关采取了"胡萝卜＋大棒"的管理模式。一方面,新加坡海关在管理中"软功夫"形成主流：除了法律赋予的强制手段外,更多采取引导式、协商式管理,着重运用协商、对话、磋商、听证、指引等"软管理"的方式,强调公众参与,注重调动全社会的积极性,吸引广大民众参与到海关管理之中,充分发挥社区和民众自我管理机制的作用。另一方面,新加坡海关执行极其严格的惩罚措施,以携带香烟入境为例,如果违规携带超量香烟入境,其罚款金额是中国的 40 倍。笔者的工作经验也证实,来往新加坡的旅客是最遵守法律规定的旅客。

综上所述,创新与变革始终是近现代以来政府管理的主题活动。有作为的西方发达国家政府基本都在为适应社会发展的需要,持续不断地进行改革,目标就是保持高效的政府,降低行政成本,修正与发展不相适应的、滞后的方面,保持应有的活力。作为政府重要组成部分的海关系统来说,创新与变革同样重要。中国海关需要借鉴别国经验的同时,立足本国实际,探索适合自己国家的道路。

三、流亭机场海关公共管理的现状

流亭机场海关前身是 1987 年成立的青岛海关驻民航办事处(科级),1988 年升格为青岛海关驻机场办事处(处级),1997 年 8 月 28 日正式建关,现有缉私分局(正处级)和驻出口加工区办事处(副处级)、快件监管中心(副处级)机构,共 27 个科室,关员、民警 204 人(其中关员 174 人,缉私警察 30 人),平均年龄 35.4 岁;本科及以上学历 183 人,党员 152 人,分别占全体人员的 89.7%、74.5%。目前,流亭机场海关从事业务工作的关员 153 人,占全体关员的比例已达到 88%。

流亭机场海关在公共管理改革中存在以下几方面的问题。

（一）与机场联检各单位职能交叉严重

举例来说,2013 年年初,"青岛经上海至洛杉矶"的新航线开通,可是直至航线首航前一周海关才接到通知,完全无法及时配备人力物力,而这只是海关与边检、检疫等联检单位由于职权交叉造成的沟通不畅、管理成本上升的一个小小的例子。

（二）现场业务人员紧缺，关员基本上都是超负荷工作，工作压力极大

以流亭机场海关旅检工作现场为例，现在该现场的关员是工作60个小时，休息36小时，没有节假日及轮休。每天不到10个人的人力，监管出入境客货机60余架次，监管进出境旅客万余人。在如此之大的工作强度下，还要确保管得住、服务好，关员的压力之大可想而知。

（三）与当地政府关系处理困难

海关实行的是垂直领导体制，与地方政府无直接从属关系，可是两者之间却有密不可分的关系：地方经济的发展离不开海关的支持，海关的后勤保障还需当地政府的帮助。这样就出现了监管严格了企业找政府、政府压海关，监管宽松了企业违规甚至违法的情况。自2008年金融危机以后，政府招商引资的企业，包括一些所谓的金牌企业，偷偷"跑路"的不胜枚举。

四、完善流亭机场海关公共管理的对策

改革开放以来的海关公共管理实践证明，改革与创新是海关公共管理不断取得跨越的法宝。当前，海关公共管理创新已不仅仅局限于工作模式的创新、技术手段的创新，更重要的是通过公共管理创新，进一步调整、促进管理各要素的有机组合，优化配置，拓展在制度创新、机制创新、队伍创新等方面的空间，全面提升海关管理质效，从总体上布局，推动海关前进。具体来说，笔者认为可从以下几个方面来完善流亭机场海关的公共管理。

（一）创新管理理念

国外许多国家改革的成功经验告诉我们，海关要想适应经济全球化的发展，转变管理理念是海关行政体制改革中最重要的环节之一。新公共服务理论对当代政府的职能提出了更高要求，那就是政府的工作重点在于"服务"，而不是"掌舵"。海关作为一个政府部门，在关注公众利益、强化服务意识、突出公共服务等方面上是责无旁贷的。因此，海关必须转变其原有的公共管理理念，完成海关行政工作由"强制导向"向"服务导向"的转变，建设"服务型海关"。具体来说，一是以"人"为本，加大力度推行"服务型海关"。正确处理好监管与服务的关系，在强化职能上下工夫，创造更加良好的涉外经济发展环境。本着"继续简政放权，提供优质公共服务，维护社会公平正义"原则，海关管理职能要收放结合，有所为有所不为，特别是针对绝大多数的守法行政相对人，要突出服务职能，创造更加积极的与社会发展相适应的良好环境和发展条

件。二是以"法"为要,塑造"法治型海关"。在全面推进依法治国的方略要求下,海关要从各方面、各层次实现工作法治化,让权力在阳光下运行,建立科学、规范、公开、透明的海关权力运行与监督机制,提升民众满意度,树立良好的海关社会形象。总之,随着经济社会的进一步发展变化,海关承担的责任只能更多,需要发挥的职能也比以往复杂。海关要有效管理,担负起应当担负的责任。

(二)创新人力资源管理方式

一是改变人力资源分配方式。一方面要尽量压缩职能部门的人员规模,主要集中一些专业性人才,做好资源的分配、后勤的保障、技术的支持、业务的监督。随着社会经济的快速发展,社会各方要求精细化服务的需求越来越高,海关是行政管理部门,专业性强,更应着力从专业化的角度,强化精细管理,提升管理层次,提高管理效率。另一方面是要增加现场业务人员,基本可以实现重要岗位双人作业,通关现场加班后补休、轮休等执法要求。二是在后勤保障方面,加大现场海关基础设施和科技设备的投入,提高现场监管的科技含量,为条件艰苦及生活成本高的海关建设生活中心,解决在子女就学、医疗、养老等方面的后顾之忧。

(三)创新管理职能设置

一是管理职能的综合化。当前海关与联检单位之间、海关各部门之间仍然根据传统职能以切块分工模式开展职能管理,在原先的形势任务下,能够发挥积极作用,但随着监管对象的复杂化、面临问题的艰巨性、承担职能的多样化,原来单一职能管理方式给行政协调协商带来巨大压力,无形中形成的部门间掣肘相互牵绊。建立"大部制"的职能管理方式,实现从"线性"到"面上"转变的综合化管理,有利于高效决策、科学管理,越来越成为提高监管与服务的迫切需要。二是管理职能的纯粹化。随着社会经济的发展,海关各部门职责的不断调整、分化是正常的管理行为。海关在扩充新职能的同时,对一些应由社会中介机构行使的职能应当坚决分离,从而保持海关监管的特性。

综上所述,在经济全球化和一体化不断扩展的当今时代,海关系统应学习和借鉴把握国外海关公共管理的成功经验,结合我国海关实际情况,紧随时代发展,把准时代脉搏,立足实际,不断突破和发展。只有这样,才能始终站在时代发展有前沿,更好地履行自身的职责。

【参考文献】

[1] 李宇峰,季蕴茜.试论海关行政执法模式的根本性转变[J].上海海关高等专科学院学报,2004(1).

[2] 刘靖华,姜宪利.中国政府管理创新[M].北京:中国社会科学出版社,2004.

[3] 颜廷锐.中国行政体制改革问题报告[M].北京:中国发展出版社,2004.

[4] 王培军.论社会转型期政府行政职能的构建——从全能政府向有限政府转变[J].湖北社会科学,2005(5).

[5] 权茹.对构建服务型政府的思考[J].理论学刊,2006,(2).

[6] 胡熙华.英国地方政府改革的几点启示[J].华中师范大学研究生报,2008(1).

[7] 严宁荣.新形势下海关行政管理变革与创新初探[J].辽宁行政学院学报,2008(7).

[8] 中央党校课题组.我国行政管理体制改革问题研究路径与目标模式[J].浙江树人大学学报(人文社会科学版),2009(1).

[9] 刘树杰.现代监管理念与我国监管现代化[J].经济纵横,2011(6).

检验检疫应对欧盟机电产品最新法规与技术壁垒的措施研究

张晓琳①

摘　要：欧盟为应对日益严峻的能源危机及实现对国际社会的环保承诺，近期出台了一系列的新能源政策法规。这些法规涉及机械产品、电子电器、建筑材料等广泛领域，在环保节能方面虽然能起到积极作用，但在贸易方面却对他国构成新的技术壁垒。由于我国输欧产品中机电产品所占比重很大，受其影响较强，检验检疫部门担负着出口产品检验监管的重任，应及时研究相关应对措施，帮助企业克服技术贸易壁垒。

关键词：能源效率　技术贸易壁垒　检验检疫部门

一、欧盟技术贸易壁垒的提出、发展及影响

欧盟为了应对经济快速发展对能源需求量的加大和出于保护本国市场的目的，制定了一系列技术规章、标准和合格评定程序，内容包括包装、标记和标签要求在内的各项要求，并进一步积极修订、制定了多项能源技术贸易壁垒法律法规，用以不断提高进口产品的技术标准和大力强化进口产品的管理要求。但这些措施通常超过了现行国际标准的要求，对其他成员方商品或服务进入该方市场造成障碍，成为欧盟的主要贸易保护手段之一，构成欧盟新型的技术贸易壁垒，其发展特点和趋势如下。

第一，欧盟新能源技术贸易壁垒所涉及的产品范围越来越广泛。欧盟2005年颁布的耗能产品生态设计指令（2005/32/EC，简称 EuP 指令）中规范的产品仅限于耗能产品，而在2009年10月颁布的能源相关产品生态设计指令

---

① 张晓琳（1982—　　）男，山东潍坊人，中国海洋大学2012级公共管理专业研究生。

（2009/125/EC，简称 ErP 指令）中将产品范围扩展到了在使用中可能影响能耗的所有与能源有关的产品；欧盟于 2006 年 7 月 1 日正式实施的《在电子电气设备中限制使用某些有害物质指令》（简称 RoHS 指令），经过了 2008 年 12 月和 2009 年 9 月两次修订，于 2011 年 7 月发布了 *RoHS* 的改写指令（2011/65/EU），将产品范围扩大至所有电子电气产品，包括医疗器械、监视和控制仪器等其他所有电子电气产品；2012 年新欧盟能源效率指令（2012/27/EU）中，首次提到不动产，指令中表明："翻新全国公共和私营住宅及商业楼宇；公共机构购买具备高能效表现的产品、服务和楼宇。"这些都是基于对能源效率的提高。

第二，内容上更加细化。2012 年 7 月，欧盟发布了新的《电器及电子设备废料指令》（2012/19/EU，简称 WEEE 指令），该指令对产品的范围、实施时间、回收目标、产品回收率等都做了更加细致的规定，有很强的操作性。

欧盟新型能源技术贸易壁垒对我国输欧机电产品影响巨大，随着其范围的不断扩大，越来越多的机电产品受到新能源技术壁垒的约束。一方面从一定程度上促进了我国出口机电产品降低能耗，促进企业积极对产品升级换代。我国输欧机电企业的产品为了合法进入欧洲市场，就必须更新现有高能耗的机电产品设计，提高机电产品的技术水平，生产与欧盟法规要求相符合的产品。在这方面，欧盟技术贸易方面的一系列政策、法规也为我国出口机电企业提供了一定机遇。但是欧盟新型能源技术壁垒也带给我们更多的是一系列负面影响，主要体现在增加了输欧机电产品的出口成本，削弱了机电生产企业的市场竞争力。欧盟制定和实施的一系列能源政策、法规提高了进入欧盟的市场准入门槛和产品的技术要求，这就要求企业应当重新变更产品设计、采用成本更高的低能耗部件、升级产品制造工艺等措施，这都将使得产品成本进一步增加。同时，基于这些能源政策、法规已经逐渐涉及欧盟能源方面的所有机电产品，所以这些措施也影响到了几乎我国对欧盟出口的所有关涉能源的机电产品，对我国输欧机电产品产生非常明显的阻碍作用。

二、欧盟对其新技术保护的法律变化

随着世界经济的快速发展，当今能源的耗费量大幅增加。作为世界能源消费大户的欧盟，与北美和亚太一起并为世界三大能源高消费区。欧盟为应对能源危机，近期出台了一系列与能源相关的政策、法律，如 2009 年 10 月发布的相关产品生态设计指令（2009/125/EC，简称 ErP 指令）、2010 年 6 月发布的新能源标识框架指令（2010/30/EU）、2012 年 7 月发布的电器及电子设备废料指令（2012/19/EU）等。欧盟于2012年11月14日又公布了新的能源效率指令（2012/27/EU），这些政策、法律、指令虽然在一定程度解决能源危机，但也同时对他国构成一种新型能源技术贸易壁垒。

欧盟能源政策与法规的目标在于提高能源效率，通过在能源和环境之间寻找平衡的解决办法，解决能源耗费过高的问题，将提高"能源效率"作为欧盟能源政策、法规的宗旨和目标。世界能源委员会（World Energy Council，WEC）在1995年发表的《应用高技术提高能效》一文中，把"能源效率"定义为"减少提供同等能源服务的能源投入"。欧盟不断出台政策法规，提高能源效率，主要原因有以下几点。一是欧盟是目前世界最大的能源进口地和能源消费地。据《欧盟能源政策绿皮书》显示，欧盟目前能源对外依赖程度为50%，如果欧盟内部能源竞争力不能有效提高，在未来20～30年中，欧盟能源的进口依赖度将上升为70%左右。紧迫的能源需求趋势要求欧盟自身必须提高能源效率。二是提高能源效率是欧盟履行相关国际条约承诺的要求。欧盟在《京都议定书》中承诺在2008—2012年期间，将温室气体的排放量在1990年的基础上再减少8%，高于发达国家承诺的平均减少5.2%这一水平。虽然环境保护可以作为其例外条款存在，但一国能否不考虑有关国家发展的现实，而一味提高环保等方面的要求呢？环境与贸易的平衡发展是世界贸易组织全体成员方的共同目标，《GATT1994》第20条"一般例外"的（b）项和（g）项就是为环境保护的需要而规定的。环境保护条款一方面可以促进自由贸易的健康发展，另一方面如果设置过高的环保标准将会阻碍自由贸易的发展，可能形成新的贸易壁垒。

三、检验检疫部门的应对措施

检验检疫部门是负责出入境商品检验的行政执法机构，组织进出口商品检验检疫的前期监督和后续管理、管理和指导质量监督检查，并承担技术性贸易壁垒协议的实施工作，管理上述协议的通报和咨询工作，是我国出口机电产品应对技术性贸易壁垒的重要部门。机电产品是我国输欧重点产品之一。为更好地服务好国内企业克服欧盟日益严峻的最新能源法规政策及技术性贸易壁垒，扩大我国机电产品出口，建议可考虑以下几个措施，更好地开展工作。

第一，应在全国业务层面加进完善机电产品欧盟最新能源法规政策贸易壁垒预警联动机制。通过欧盟能源法规政策及技术贸易壁垒的发展趋势可以看出，未来欧盟不仅不会放松机电产品能源效率的要求，而且极有可能通过陆续出台新的能源政策及技术壁垒或是将更多种类的机电产品纳入范围等手段,进一步加严机电产品能源效率要求,从而实现其能源目标。为更好地应对,可以由国家总局牵头跟踪欧盟能源政策法规及技术壁垒的最新动向,并建立预警联动机制,及时将信息发布到各地分支检验检疫部门,便于各地分支检验检疫部门结合本辖区内出口机电产品情况,制订针对性的检验监管方案,确保出口机电产品符合输欧能源政策及强制性技术法规要求。同时,各地检验检疫部门可以在退运货物调查工作中加强对因欧盟能源效率问题遭退运通报的机电产品的关注并深入调查。在对外贸易中,由于企业担心告知检验检疫机构会导致监管加严,因此企业能瞒则瞒、能不报则不报,检验监管部门不能及时了解退运信息,不能及时进行相关调查和有效监管,极有可能造成同类产品的再次退运。因此,各地检验检疫部门在调查中一旦发现问题,应即时向总局反馈退运调查报告,由总局统一退发布预警信息,避免同类问题再次发生。

第二,充分利用数理统计及风险分析技术,提升出口机电产品能效检验工作。由于我国输欧机电产品出口量较大,其能源政策所涉及产品种类繁多,产品质量、企业生产制造水平、质控能力等方面也是参差不齐,如果眉毛胡子一把抓,无差别地对所有输欧产品设定统一的抽样检验方案,在大批输欧产品这一抽样母本中很难发现不符合欧盟能效要求的产品,致使工作成效有限,浪费了大量人力、物力。为更有效地做好出口机电产品检验工作,各地检验检疫部门可以利用数理统计及风险分析等技术,对本辖区内出口机电状况进行分析,制订动态抽样检测方案,将检验重点指向高风险企业及高风险产品,把好出口产品质量关。

第三,帮扶企业克服能源技术贸易壁垒,提升出口机电产品质量水平。我国输欧机电产品生产企业中,还存在不少综合技术水平不高的中小企业,这些企业自身产品开发能力较差,部分企业通过模仿他人设计的产品,或是完全按照采购商所提供的技术要求进行生产,加之对欧盟最新能源法规政策和技术性壁垒缺乏了解,产品开发时多注重产品是否能满足使用性能,而忽视了产品的能耗,致使无法达到欧盟相应要求,遭受欧盟通报及退运。检验检疫部门应当加大对这些中小企业的帮扶,可以从以下措施入手协助企业跨越最新能源技术壁垒。

首先,可以主动向企业进行宣传辅导。检验检疫部门可以及时将国家总局跟踪到的欧盟最新能源政策法规及技术壁垒主动对所在辖区机电生产企业进行宣传辅导,使企业在一时间内掌握相关信息,在产品设计之初即按照欧盟相关要求进行开发,并及时修正以往产品设计中存在的问题,提高企业应对欧盟新能源技术壁垒能力,同时积极帮扶企业迅速做出反应,在政策实行之初迅速占领市场出现的空白,扩大产品出口,提高欧盟市场占有率。

其次,可以帮助企业提高自身企业标准,积极推动出口企业机电产品向国际现行标准靠拢。欧盟新能源技术壁垒使得我国机电产品生产企业出口产品与欧盟技术标准有较大差距。由于我国的机电产品国家标准及行业标准中尚无能耗方面要求,检验检疫部门应协助出口企业产品研究欧盟新能源技术壁垒措施的动态,帮助企业制定适合欧盟要求的企业标准,使企业标准高于国家标准及行业标准的要求,尽可能与欧盟标准接轨,将欧盟新能源政策及技术壁垒转化到企业标准中去,以便企业在原材料采购、产品设计开发、最终检验等各个环节有据可依,保证产品质量符合欧盟能耗要求,提升企业质量控制能力。

再次,帮助企业提高产品水平,促进产品升级。由于中小企业生存压力较大,最高管理者多将关注重点放到市场开发及销售方面,为应对日益严峻的市场竞争环境,大多数企业通常采取降低产品成本的策略,在选取产品原材料及部件方面往往只注重其对产品质量安全及性能,而忽视产品能耗。由于以往欧盟仅对机电产品机械电气安全作出要求,造成企业多注重产品的绝缘耐用、电气强度等安全项目及性能外观等方面而忽视了对产品能耗的考察。在这种传统思路影响下,企业为使投入成本效益最大化,会将更多的投入分配到产品的电气安全部件和外观性能方面去,而在关系到产品能耗方面的投入会尽量压缩,甚至由于对政策缺乏了解,直接将能耗方面忽视。以电烤箱产品为例,如果企业为降低产品成本,在产品开发设计时采用的保温材料较薄,使用加热电气元件技术落后、加热效率不高、电路板集成的电阻品质较低、发热量较大等等。这些因素并不影响用户的体验,也不会影响到产品的质量安全,在以往企业不会受到任何不良投诉和或是通报,是降低产品成本的一种可行设计,但这些因素却严重影响着产品的能耗。如果企业开发设计能力较高,会在欧盟出台技术壁垒后及时进行调整,而对那些技术综合水平较低的企业则无法及时发现这些因素,致使产品被欧盟拒之门外。检验检疫部门可以在充分分析欧盟反馈的通报及退运产品案例以及检验工作中发现的机电产品不合格检出,查找出各类机电产品容易发生问题的风险点,对输欧机电生产企业进行辅导,真正将技术壁垒理论转换为实际产品设计指导,帮助企业有效查找自身产品存在的问题,有效应对技术壁垒,促进产品升级。

综上所述,检验检疫部门可以充分利用信息和技术的优势,有效地帮助我国输欧机电产品生产企业突破欧洲最新能源技术性壁垒,并在挑战中寻找机遇,帮助企业迅速占领新能源壁垒实施后产生的市场空白,促进我国输欧机电产品贸易的发展。

【参考文献】

[1] 周德群. 中国能源效率研究 [M]. 北京:科学出版社,2012.

[2] 郭志俊. 欧盟能源政策的环境因素及其对中国的启示 [J]. 国际瞭望,2007(6).

[3] 高勤. 出入境检验检疫部门应对技术性贸易壁垒的对策研究 [D]. 长沙:国防科技大学,2005.

[4] 江虹. 突破绿色贸易壁垒策略——国际绿色营销 [M]. 北京:中国社会科学出版社,2008.

[5] 王小飞. 出入境检验检疫部门应对进出口机电产品技术壁垒政策研究 [D]. 上海:复旦大学,2009.

[6] 张锡嘏. 外国技术性贸易壁垒及其应对 [M]. 北京:对外经济贸易大学出版社,2004.

论基层环保档案管理工作中存在的问题与对策

纪发文① 于 冰②

摘 要：本文在深入剖析基层环保档案管理工作现状的基础上，针对现阶段基层环保档案管理工作中存在的档案管理意识不强、制度建设滞后、投入不足及开发利用水平低等方面的问题进行了探讨，综合分析了在"人、财、制度"等方面存在的制约基层环保档案管理工作水平提升的深层次原因，从加强制度、能力、规划建设等不同层面提出了富有针对性的改进对策，并对互联网时代的环保档案管理工作转型进行了展望。

关键词：环境管理 环保档案 基层环保档案管理 问题 对策

环保档案是环保部门工作的历史记录，是环保信息交流的重要工具。环保档案管理工作是一项科学性、系统性、专业性很强的工作，是环境管理的重要组成部分，该项工作的好坏直接反映了整体环保工作的水平。做好环保档案的收集、整理、开发和利用等工作，对加强环境管理、提高监管水平有其非常重要的意义。由于种种原因，目前，基层环保档案管理工作存在许多不足，已不适应环保工作发展的要求，急切需要采取有力措施，加强基层环保档案管理工作。本文就现阶段基层环保档案管理工作存在的问题进行分析，并就问题的解决提出相关对策和建议。

一、基层环保档案管理工作存在的问题

第一，环保档案管理意识有待提高。长期以来，基层环保部门工作人员对

---

① 纪发文（1981— ），男，山东济南人，中国海洋大学 2012 级公共管理专业研究生。
② 于冰（1984— ），女，山东济南人，青岛大学工程硕士。

环保档案的作用和价值认识不清,档案管理意识薄弱。工作中往往只忙于环保业务,忽视对工作中形成的原始材料的收集、积累和整理,导致环保档案管理出现基础档案材料不齐全、内容不完整的现象,进而大大降低了环保档案的史料价值和使用价值。

第二,环保档案管理制度建设滞后。1994年国家环保总局、国家档案局制定出台的《环保档案管理办法》,至今已经施行将近20年,一直未根据实际工作的开展进行调整修订。同时,有关环保工作的档案整理规范、标准等不够完善,导致基层环保部门在档案的收集、整理等工作中只能参照同级档案部门的有关规范进行,不能全面体现环保档案的专业特点和特色,制约了档案在环保工作中的服务作用和价值。随着网络信息技术的不断深入发展,环保档案管理信息化建设的不足也日益凸显。

第三,基础设施能力投入不足。基层环保部门档案室(馆)受资金、办公条件等限制,存在使用面积不足,库房容量不够,档案收集、整理、保管和利用设施技术水平较低,设备相对落后等情况,不能完全满足目前环保工作的需要。有的基层环保部门只是将普通的办公室、住房或其他用房充当档案库房,甚至还将其他杂物堆积于档案库房中。随着环保工作的不断深入,档案的种类、数量越来越多,形式和内容也越来越丰富,导致现有库房及设施负荷过重。在办公场所紧张的情况下,有些基层环保部门现有库房已无法增设箱柜,不能满足管理的需要。

第四,档案管理专业人员不足。基层环保部门侧重于法律法规和环境政策的落实,偏重于现场执法,缺乏专业的档案管理人员(有些地方环保档案管理人员只能兼职配备),导致环保档案管理工作专业化程度较低。加之部分基层环保部门的绩效考核机制不健全,人员待遇常与现场执法量等挂钩,导致出现环保档案管理工作人们不愿干、不想干的情况,直接影响到环保部门档案管理队伍的稳定。甚至在一些地方环保部门出现了由所谓的"老、弱、病、残"充实到档案管理工作的"福利岗"现象,加之学习和培训不足,环保档案管理人员的知识结构和业务能力体提升更新工作更无从谈起。

第五,环保档案开发利用水平低。目前,部分基层环保档案的利用只是偶尔被借来当作资料查阅,利用率低,利用效果不理想,缺乏更高层次的利用方式和途径。同时,检索手段滞后,多为按照传统的手工操作方法,尚没有与当前快速发展网络信息技术进行互联,导致效率低、速度慢,而且编制过程中易出现差错,容易出现漏查现象。随着档案数量的增加,每年都要制作新的检索工具,而现有人力难以应付。检索工具的落后,成为导致大量档案资源得不到充分开发和利用的直接原因。基层环保档案建设亟须适应当前互联网社会快速发展的需要,在做好保密工作的同时,开发出方便、快捷的检索工具,加快电子档案建设工作,积极推进社会化利用工作。

二、改进基层环保档案管理工作的建议

第一,将档案基础建设纳入环保能力建设。将档案基础建设所需资金列入同级财政预算和环保工作经费中,各级环保机关在加大其他硬件设施投入的同时,要适当加大对档案基础设施的投入、完善档案管理设施。在改善办公条件时,立足长远地进行档案库房的规划设计,预先考虑好库房面积、结构和档案设施布局等要素,配备好档案库房专用设施。对条件不符合要求的档案室要设法进行改造,增加和配备档案管理使用设备,完善档案管理网络,促进档案管理和利用升级。上级环保部门要加大对基层环保部门档案管理工作的支持力度,强化督查、考核,协助、督促基层环保部门档案建设。

第二,完善各项环保档案制度。结合当前环保工作实际和长远发展趋势,尽快启动《环保档案管理办法》修订工作,以适应当前快速发展的工作需要。同时,紧密结合环保业务工作,出台有关环保档案整理规范和建设标准,体现环保工作的专业性和行业性特点,提高指导环保档案工作的针对性。

第三,加大环保档案人员的培训力度。加强环保档案人才的培养力度,支持和鼓励档案管理人员多学习、多培训、多实践。创造机会与高校档案专业或其他档案专业机构进行合作,对基层环保部门档案工作者参加进修、提高业务水平和管理能力提供方便条件,努力培养出一批高素质的档案管理人才。健全绩效考核机制,完善职称评审制度,在保持环保档案管理队伍稳定的同时促进档案管理人员的知识结构和业务能力体提升。

第四,促进环保档案的形成与收集。将档案工作纳入各级政府环保规划、各级环保部门的自身发展规划以及年度工作计划之中,组织实施并强化考核监督。实行档案管理目标任务与年度业务工作目标任务同步部署、同步推进,促进环保档案的形成、积累、整理和立卷归档工作。

第五,加快环保档案管理信息化建设步伐。坚持环保档案的利用价值导向,依托网络信息技术,发挥环保档案利用功能,提高档案资源利用的便捷性,使档案部门由后台走向前台,加快电子档案的收集、存储、管理,成为事实上的电子文件管理中心,真正实现信息资源的全区域、全时段的共享,充分发挥档

案的利用效能。在大力构建功能齐全、资源丰富的数据库的同时,做好网络平台及应用系统的建设,逐步建成安全、统一的电子档案馆,将电子档案按统一的标准入库在线管理,提供数字档案在线服务,提高环保档案利用效率。

三、结论与启示

环保档案管理工作作为一项基础性工作,既需要遵守传统档案管理工作的业务规范,也需要充分结合环保工作的专业特性,还需要主动契合当前经济社会飞速发展的新形势,坚持利用价值导向,在强化"人、财、制度"等基础能力建设的同时重点抓好收集、保管、利用三大环节,促进环保档案管理与服务工作创新,以更好地发挥环保档案的社会效益、经济效益。

在当前以网络信息技术的突飞猛进为重要特征的知识经济时代,推动环保档案管理工作数字化、信息化和网络化已成为新的历史必然趋势。处于环保档案管理工作"核心"地位的档案管理工作人员,除了应具备丰富的环保知识、扎实的档案管理工作业务功底之外,还要敢于向传统观念挑战,坚持突破陈规,积极适应新形势、新变化、新要求,在务实基础上促进创新,增强工作的主动性,不断提升自身能力与水平。可以说,某一基层环保部门的档案管理工作人员的工作能力和业务水平,直接反映了该单位档案管理工作的整体水平。环保档案管理工作人员要积极迎接知识经济的挑战和网络信息时代的冲击,全方位掌握新出现的各类新型载体的档案资料以及管理手段、利用方式,促进传统档案工作向现代档案管理转型,特别是抓好环保档案在线利用开发工作,通过传统档案的数字化、信息化并利用互联网实现环保档案的实时查询功用,不断将所谓的"死"档案做"活"。同时,环保档案管理工作人员的政治素质和服务意识,也直接决定着档案管理工作的水平。环保档案管理工作人员要树立爱岗敬业精神,忠于职守,埋头苦干,努力为环保工作的开展提供优质服务。

环保档案管理工作在现代化转型中,除了在硬件方面基本的物质投入外,相关软件开发利用工作也十分迫切,适当的财政投入必不可少。作为一项环境管理工作的基础工作,有必要将环保档案管理列入行政经费名录专项列支,建立专项经费保障机制。同时,适时启动环保档案室(馆)的标准化建设工作,编制有关发展规划,鼓励有条件的地区通过推进环保档案室(馆)标准化来促进长效投入机制的建立,并推进实现环保档案的规范管理。要逐步加大对环保档案管理工作的公共财政投入,将有力地改变当前基层环保部门在档案管理工作中财政经费捉襟见肘、工作推进困难的现状。

做好环保档案管理工作有待制度的保障,如财政投入制度、档案利用制度、各类档案管理规范等。有效地落实这些制度,才能推进环保档案管理工作的规范化。在这其中,围绕如何更加有效地推进环保档案的收集、保管与利用已成为环保档案管理工作制度建设的核心内容。在收集方面,尝试推动建立专(兼)职档案人员制度,形成环保档案的收集网络。通过指定专门人员为兼职档案员,负责本部门的档案收集、接收、整理、分类、鉴定、保管、统计、移交等工作,业务上受专职档案员的监督、指导、考核。在保管方面,严格落实档案管理规范,并结合环保工作的行业性特点科学归档、科学管理;同时,将档案管理工作纳入一般业务管理程序,健全各项档案制度,确保档案完整、准确和安全。在开发利用方面,环保档案管理工作应在做好有关内部利用的同时,积极推进社会化利用。要在加强数字档案室(馆)建设、在落实各项保密制度的前提下,积极利用互联网来推进环保档案的社会化利用,打破时间、地域、部门的限制,化部门内部的"小循环"为社会利用的"大循环",实现环保档案的系统成套地利用,同步推进政府环境信息公开工作,充分发挥环保档案的社会、经济效益。

环保档案是一种无形资产,更是全社会的财富。做好环保档案管理工作,成为基层环保部门履职尽责的题中应有之义。基层环保部门应积极适应经济社会发展带来的新形势、新任务,认真研究档案工作中遇到的新情况、新问题,在实践中切实加强档案管理工作,不断革新改进档案管理工作的方法,大力推进档案管理制度化建设,不断提升档案管理服务工作、服务社会的效能,最大限度地发挥环保档案管理工作的应有作用。

【参考文献】

[1] 刘欣,董振瑞. 最新档案管理工作手册 [M]. 北京:中国言实出版社,2007.

[2] 王笑月. 档案管理规范化与环保科技档案信息的开发利用 [J]. 中国环境管理干部学院学报,2002(1).

[3] 陈红. 环保档案管理现代化的问题与对策 [J]. 魅力中国,2008(21).

[4] 宋依丽. 环保档案现代化的问题与数字化管理 [J]. 科技资讯,2010(7).

[5] 尚新生. 浅谈提高环保档案干部队伍政治业务素质问题 [J]. 山东环境,1994(1).

典型保税港区发展对青岛保税港区的启示与借鉴

林连蔚[①]

摘　要：保税港区是我国现有六类海关特殊监管区域中最为接近国际自由贸易区的区域类型。自2005年上海保税港区获批设立以来，保税港区已经过近10年的发展。本文从土地开发运营模式、行政管理体制、优惠政策与招商工作、围网内外互动发展等方面总结了国内先进保税港区的成功经验，并结合实际阐述了其在功能定位、运行机制、政策扶持、服务监管、功能整合、联动发展等方面对青岛保税港区的借鉴建议。

关键词：保税港区　发展经验　借鉴意义

自1990年6月国务院批准在上海设立外高桥保税区至今的20多年间，国务院先后批准设立了六类海关特殊监管区域共110个，其中，保税区12个，出口加工区46个，保税物流园区5个，跨境工业区2个，保税港区14个，综合保税区31个，分布在我国内地的27个省、直辖市、自治区（贵州、西藏、青海和甘肃目前尚未设立特殊区域）。保税港区与其他五类海关特殊监管区域相比，政策更优惠、功能更齐全、开放度更高，与国际自由贸易区更为接近。2013年，上海以保税港区为载体，成功获批中国（上海）自由贸易试验区。目前，青岛市也正以保税港区为载体积极申报自由贸易港区。因此，总结国内先进保税港区的发展经验，对于青岛保税港区的发展和自由贸易港区的申办具有重要的借鉴意义。

---

① 林连蔚（1976—　），女，山东青岛人，中国海洋大学2012级公共管理专业研究生。

一、中国保税港区发展概况

目前,我国已经批复设立上海洋山、天津东疆、大连大窑湾、海南洋浦、宁波梅山、广西钦州、厦门海沧、青岛前湾等14个保税港区。我国保税港区可分为整合转型升级的保税港区、新增功能区的保税港区和全新设立的保税港区三种发展模式。整合转型升级的保税港区,是指由已经设立并且取得良好发展的港口、出口加工区、保税区、保税物流园区等海关特殊监管区域整合升级而成的海关特殊监管区域。目前,我国转型升级的保税港区有厦门海沧、青岛前湾、江苏张家港、山东烟台和福州保税港区5个保税港区。新增功能区的保税港区是作为新增功能区而设立的。此类保税港区没有独立的保税港区管理委员会和管理办法。目前,我国新增功能区的保税港区有大连大窑湾、海南洋浦、广州南沙和深圳前海湾等5个保税港区。全新设立的保税港区,是指在一个全新划定的区域内开始保税港区的开发、规划和建设,并且设立新的管理机构。目前,上海洋山、天津东疆、宁波梅山、广西钦州、重庆两路寸滩保税港区5个保税港区属于全新设立的保税港区。这14个保税港区的基本情况见表1。

表1 我国内地各保税港区基本情况

序 号	名 称	成立时间	运作面积(单位:平方千米)
1	上海洋山保税港区	2005年6月22日	8.14
2	天津东疆保税港区	2006年8月31日	10
3	大连大窑湾保税港区	2006年8月31日	6.88
4	海南洋浦保税港区	2007年9月24日	9.21
5	宁波梅山保税港区	2008年2月24日	7.7
6	广西钦州保税港区	2008年5月29日	10
7	厦门海沧保税港区	2008年6月5日	9.51
8	青岛前湾保税港区	2008年9月7日	9.72
9	深圳前海湾保税港区	2008年10月18日	3.71
10	广州南沙保税港区	2008年10月18日	7.06
11	重庆两路寸滩保税港区	2008年11月12日	8.37
12	张家港保税港区	2008年11月18日	4.1
13	烟台保税港区	2009年9月7日	7.26
14	福州保税港区	2010年5月18日	9.2

二、国内主要保税港区发展经验

(一)土地开发、运营模式方面的经验

(1)上海洋山保税港区:上海洋山保税港区基础设施的开发主体为上海同盛投资(集团)公司及上海临港经济发展集团有限公司两大集团;其中,上海同盛投资(集团)公司负责基础设施建设,上海临港经济发展集团有限公司负责土地开发。建成后资产也归属这两大集团,由这两大集团负责运营管理。

(2)天津东疆保税港区:天津东疆保税港区是从海上吹填而成,天津港集团作为业主办理用海手续,并作为土地一级整理商办理大土地证,具体项目用地转让要进行招拍挂。

(3)海南洋浦经济开发区:海南洋浦经济开发区(含洋浦保税港区)的土地目前由独立于开发区的海南发展控股公司控制,每亩土地转让价为25万元,若招商项目用地转让价低于25万元,由开发区财政负担差价。目前,洋浦开发区正在争取将土地转为管理局自己控制负责。

(二)行政管理体制方面的经验

(1)上海洋山保税港区:上海洋山保税港区管理委员会作为上海市政府的派出机构,为正局级单位,同盛集团和临港集团是港区内两个国有开发公司,同属正局级单位。港区管委会和这两个集团之间建立了联席制度和沟通机制,协同开发和管理港区内经济运行相关事务。港区内设置了商检、海关、边检、外管、外事等职能机构。上海市口岸办、交通委、港航管理等部门也在区内设置了办事机构。上海市政府于2006年10月出台了《洋山保税港区管理办法》,对管理体制、管理模式、运行机制、招商政策等方面进行了具体界定,这也成为指导我国保税港区管理和运作的纲领性文件。

(2)天津东疆保税港区:天津市人民政府常务会议审议通过《天津东疆保税港区管理规定》,设立天津东疆保税港区管理委员会(与天津东疆港区管理委员会是一套班子、两块牌子),对东疆保税港区(10平方千米)及毗邻的综合配套服务区(20平方千米)实施统一的行政管理。东疆保税港区坚持"小政府、大服务"的理念,借鉴国内外先进政府管理模式,在管理体制、管理方式、运行机制等方面不断进行改革创新,提出了"东疆事东疆办"的明确要求。

(3)大连大窑湾保税港区:大连市政府设立专门的大窑湾保税港区管理局对大窑湾保税港区的建设运营进行统一管理。在具体运作上,设在港区内大连保税区物流局具体负责大窑湾港区的开发建设、功能开发、综合协调等工

作。大连市政府还成立了专门的保税港区协调领导小组，由常务副市长牵头，保税区管委会主任、大连海关关长、大连商检局局长、大连港集团董事长为成员，并建立了联席会议制度，每周一次碰头会，每月一次调度会，每两个月一次协调会，齐心协力、共同处理港区建设管理方面遇到的问题。

（三）优惠政策与招商工作方面的经验

保税港区是目前我国对外开放功能最强、政策最优、开放度最高、服务最便利的区域和最为开放的口岸，叠加了保税区、保税物流园区、出口加工区的全部政策。各保税港区在执行这一大的优惠政策的基础上，根据各自的情况制定了一些特殊优惠政策，降低门槛招商引资。

（1）上海洋山保税港区：2009年4月，上海洋山保税港区对营业税政策进行了调整，主要内容包括对注册在洋山保税港区的航运企业从事国际航运业务取得的收入，免征营业税；对注册在洋山保税港区内的仓储、物流等服务企业从事货物运输、仓储、装卸搬运业务取得的收入，免征营业税等。

（2）天津东疆保税港区：天津东疆保税港区除了享受保税港区的基本税收优惠之外，还享受一些特殊的优惠政策。例如，对于新设立的大型分拨、配送、采购、包装类物流企业及期货交割库，自开业年度起，由同级财政部门第一年全额返还营业税，后两年减半返还营业税；自获利年度起，由同级财政部门第一年全额返还企业所得税地方分享部分，后两年减半返还企业所得税地方分享部分。在东疆保税港区注册营运的船舶公司，可享受税收和人才方面的多项优惠政策，如自开业年度起，前三年按营业税的100%给予资金支持，后续经营期内，按营业税的80%给予资金支持；自开业年度起，对船舶公司高层管理和技术人才，5年内按个人所得税地方分享部分的100%给予奖励等。

（3）海南洋浦保税港区：海南洋浦保税港区制订的财政税收优惠政策有对投资开发区的生产性企业，除执行国家现行所得税减免规定外，自缴纳企业所得税年度起，5年内，按所缴纳企业所得税洋浦地方留存部分，给予50%财政扶持，6～10年按所缴纳企业所得税洋浦地方留存部分，给予25%的财政扶持。招商工作软硬件配套，重点集中在保税港区的基础设施配套和优质服务上，以及企业营运成本和目标市场的选择上。对影响到整个保税港区发展的特殊企业政府会区别对待，适时出台一些特殊政策给予个案扶持。

（四）围网内外互动发展方面的经验

（1）大连保税区：大连保税区（含大连大窑湾保税港区）实施区域转型战

略、区区联动战略和功能拓展战略三大发展战略。一是大力推动行政区与功能区高度融合,用功能区的优惠政策来带动行政区的发展,用行政区的良好社会服务来为功能区服务,推进保税区由政策功能区向综合经济区和现代化新城区转型发展。将金州区的二十里堡、亮甲店街道与现保税区(出口加工区)所辖区域,一并规划为保税区组团,使大连保税区管辖范围达到251.3平方千米,成为全国面积最大的保税区;二是整合资源,完善政策,优化功能,实现保税、保税港和出口加工区A区一体化管理,形成布局合理、分工明确、特色突出的联动发展新格局;三是推进特殊政策功能向周边区域、辽宁沿海经济带、东北地区物流节点城市的有效拓展和延伸,保税港区的业务已经延伸至沈阳、长春、哈尔滨等内陆地区。

(2)宁波梅山保税港区:宁波梅山保税港区实行保税港区与增值服务区、国际商贸区、生活配套区、旅游区一体化管理,管辖范围达到38.3平方千米,用国务院批复保税港区面积7.7平方千米带动全岛38.3平方千米的开放开发,真正起到核心平台和龙头带动作用。

三、对青岛保税港区的借鉴意义

青岛保税港区是山东省第一个海关特殊监管区,地理位置优越,港口优势突出,政策功能富集,体制机制灵活,开放层次最高。当前,经济全球化步伐加快,国际、国内两个大局的互动联系更为紧密,建设自由贸易区成为打造对外开放新平台的重要选择。随着中日韩自由贸易区谈判的正式启动,青岛保税港区应抓住这一难得契机,借鉴国际国内海关特殊监管区域建设的发展经验,加快推进向自由贸易港区的转型升级,成为中日韩自由贸易区建设的先行先试区。这对于提升山东省开放型经济水平,特别是深入实施山东半岛蓝色经济区战略具有重要意义。

(一)明确功能定位、统筹规划土地储备与运营

进一步明确青岛保税港区的功能定位,按照"统筹规划、分步实施、逐步封关"的原则,高起点、高标准地做好规划区、拓展区及协调区域规划。在上述规划的引导与制约下,合理确定土地利用方向、结构和布局,统筹安排各类用地。土地开发要严格按照规划进行。要着眼于长远拓展保税港区发展空间,可通过飞地开发、项目合作、土地划拨等方式建立区外产业配套园区,统筹解决发展用地问题,既为产业结构调整、非保税企业迁移等提供空间,又为区域

协调发展开辟新的路径。

（二）创新保税港区的管理模式与运行机制

借鉴天津行政管理体制，山东省政府应对保税港区管委会充分授权，强化管委会协调能力和手段，实现区内事情区内办，构建"统一高效、小机构、大服务、低成本"的行政管理架构，为企业提供高效便捷的服务。同时，建立健全管委会与海关等查验机构、开发建设企业、市政府有关部门之间的定期磋商协调制度，强化协同推进合力。

（三）加大政策扶持，促进金融创新

目前，保税港区的税收政策、检验检疫政策、外汇管理政策、人员出入境政策等与国际上自由贸易区的相关政策还有一定差距，使保税港区在人员进出、货物进出、资金进出等方面仍然受到较大的政策约束，还没有真正实现"境内关外"。青岛保税港区应着重从税收优惠、外汇管理、融资便利、人员出入境等方面构成一套完整的政策体系，搭建青岛保税港区的政策引导平台，增创保税港区政策性优势，提升港口综合竞争力，拓展保税港区发展空间。

（四）创新监管模式，强化服务监管

充分吸收国际上管理自由港或自由贸易区的先进经验，进一步放松特殊区域与境外之间的物流、人流和资金流限制，参照国际上自由贸易区"一线放开、二线管住、区内自由"的原则，实施国际通行的自由贸易港或自由贸易区监管模式，构建"海关监视下的非关税区"。一方面，创新保税港区监管模式。采取分类通关、通关电子化等有效方式和先进技术手段简化通关手续，提高监管效能，最大限度地提高通关效率；另一方面，创新保税港区口岸监管体制。成立口岸联合监管协调委员会，赋予其法律地位，由海关、检验检疫、海事、边检、保税港区管委会等单位组成，形成联合办公、联合查验、信息共享、设施共享的新型管理体制。

（五）功能整合，集约发展

依托港口和腹地的产业优势，进一步完善已初步建成的以橡胶、棉花为龙头，集塑料、建材、油品于一体的大宗生产资料市场，探索建立期货市场，进一步提升国际贸易的层次与规模；加强与国家有关部委的沟通协调，积极开展"启运港退税试点""船舶特殊登记制度试点""内外贸同港作业模式试点"等一系列改革试点，进一步提升国际物流的层次与规模；积极争取外国籍干线船舶在青岛保税港区发展中转业务，并在外贸、检验检疫等方面先行先试，大力

提升保税港区国际中转比例和航运市场规模,促进国际物流与贸易发展,使保税港区成为国际采购中心、配送中心、商品交易和定价中心。

(六)推进区港联动、区区联动、港港联动、内外联动

深化区港合作,探索采取联合投资、股份制管理方式,开发保税码头及相关物流园区、实现真正意义上的区港一体化;实现核心区与其他功能拓展区之间要在空间、产业、政策等方面实现联动发展,探索与周边的非海关特殊监管区域在功能、政策和项目上进行对接联动;加快青岛港与山东省其他港口的联动发展,对接国家战略,加强与韩国釜山、仁川,日本横滨等自由港的战略接轨;发挥区位、政策和功能优势,大力发展专业化保税生产资料市场、国际物流和出口加工,实现外联内通,为腹地开展分拨配送、资源加工等提供支持,更好地发挥辐射作用,促进国内外市场联动。

【参考文献】

[1] 成思危. 从保税区到自由贸易区:中国保税区的改革与发展[M]. 北京:经济科学出版社,2004.

[2] 丁晓芳. 我国保税区的多样性及其多元化发展战略分析[M]. 南京:东南大学出版社,2006.

[3] 王军,张文旗. 发挥区港联动政策优势、提升保税物流园区辐射和带动作用[J]. 开放潮,2006(6).

[4] 朱云生. 实施区港联动建设区域性物流中心[J]. 港口经济,2005(1).

[5] 于武进,孙群. 洋山保税港区通关监管作业流程[J]. 国际市场,2006(1).

[6] 秦昕. 关于在天津东疆保税港区设立国际船舶特别登记制度的思考[J]. 港口经济,2007(6).

[7] 阎兆万,刘庆林,马卫刚,靳忠伟. 多区港联动——基于开放的区域发展新模式研究[M]. 济南:山东人民出版社,2008.

[8] 杨建文,陆军荣. 中国保税港区:创新与发展[M]. 上海:上海社会科学院出版社,2008.

[9] 蒲少伟. 抓住机遇,迎接新挑战,创造新业绩[J]. 中国保税区出口加工区协会简报,2013(2).

山东省外来林木有害生物入侵现状及防治对策

李 蕾[①]

摘 要: 外来生物入侵越来越成为影响生态安全的重要问题。随着山东省对外开放的不断扩大和对外经贸往来的日益频繁,外来生物的入侵问题也愈加突出,严重威胁着全省林业生产及生态安全。同时,有关部门在进境木材、木质包装检验检疫等工作中还存在一些亟待解决的问题。因此,必须在完善法律和标准体系、提高检疫技术水平、改进检验和监管模式、提升检疫除害效果、密切相关部门联系等方面,采取综合措施防治外来林木有害生物的入侵。

关键词: 外来林木有害生物 进口木材 植物检疫 防治对策

随着经济的全球化,越来越多的有害生物伴随进出境的货物、交通工具、人员等进入他国,并迅速传播蔓延。外来生物入侵已成为一种特殊的全球性环境和经济问题。我国改革开放以来,对外贸易迅猛发展的同时,有害生物传入所带来的问题也日益突出,特别是林木有害生物的入侵,在近20年来对我国的生态环境、林业发展造成了巨大破坏。而山东的气候和生态环境特点,决定了其容易遭受外来生物入侵。因此,研究和把握山东省外来林木有害生物的危害状况,认真分析在检疫防治工作中存在的问题,深入探讨防止外来林木有害生物传入的对策,对保护林业生产和生态环境、确保经济的可持续发展无疑具有重要意义。

一、山东省外来林木有害生物的入侵现状

近年来,山东省外来林业有害生物入侵呈加剧趋势,入侵动物、植物、微生

[①] 李蕾(1971—),女,山东莱阳人,中国海洋大学2012级公共管理专业硕士研究生。

物都对林业造成不同程度的危害。目前入侵山东省的植物中,分布较普遍的有曼陀罗、牛膝菊、圆叶牵牛、飞机草等,它们严重威胁着果树的生长。山东省的外来林木有害动物较多,共计9科12种,占外来有害生物半数以上[1],给省内森林资源造成重大损失。入侵山东省的微生物主要有落叶松枯梢病菌、松孢锈病菌、杨树花叶病毒等3种,它们凭借个体微小、难以检测的特点进行传播,对林业造成危害。这些林木有害生物主要随进出境的木材、货物木质包装传播。

(一)山东省进口木材中林业有害生物疫情概况

近年来,我国进口木材的数量逐年增加。山东依托口岸及木材加工产业发达等优势,逐渐形成了以岚山、黄岛、蓬莱为代表的木材进口口岸群。2005—2013年,山东木材进口量以年均80%的速度增长,2013年的总进口量突破1 000万立方米,约占全国总进口量的1/6。进口材种以针叶木为主,其中辐射松、花旗松、樟子松、云杉、铁杉、白松等占总进口量的90%左右。木材主要来自俄国、加拿大、美国、新西兰、澳大利亚、欧盟、韩国、日本、马来西亚和印度尼西亚等50多个国家和地区。

随着木材进口量的增加,一些危险性林木有害生物也随之传入,已严重影响到当地生态系统。据统计,2004—2011年,山东检验检疫部门在进口木材中截获有害生物15 571次(表1),截获次数呈增长趋势,特别是金融危机过后经济复苏的缘故,2009年以后木材进口量大增,截获的有害生物次数大幅度增长,其严重程度有所不同。2003—2006年,青岛口岸在来自20多个国家或地区的进口木材中检出有害生物,其中来自美国、加拿大的木材截获疫情较多,约占检出有害生物批次总量的50%,来自加纳的木材疫情检出率最高,为65.22%[2]。此外,由于森林病虫害的分布和寄主各不相同,从不同国家进境的不同木材中检出的有害生物的种类也有较大差别(表2)。这些进口木材传入的病虫害情况极为复杂,应引起我们的高度重视。

---

[1] 宋楠,宋亚囝,刘建,等. 山东省林业生物入侵现状分析及对策建议[J]. 山东林业科技,2005(5).

[2] 袁丽君,张治宇,裴华新,高连喜. 青岛口岸在进境木材上截获的有害生物[J]. 植物检疫,2008(2).

表1 2004—2011年山东木材进口地区有害生物截获次数

2004年	2005年	2006年	2007年	2008年	2009年	2010年	2011年	总计
113	190	371	208	259	660	5 292	8 478	15 571

（注：数据来源于国家质检总局的相关分析报告）

表2 2003—2006年青岛口岸进境木材主要输出国的疫情[①]

输出国家	主要进口木材	检出物
美国	赤杨板材、红象板材、红象原木、胡桃木单板、胡桃木原木、樱桃木原木、袖木板材、雪松块材	齿小蠹、竹长蠹、肤小蠹、竹盆、天牛幼虫、花天牛、筒天牛、花斑露尾甲、黄足毒蛾、夜蛾、土耳其扁谷盗、土壤
加拿大	红松板材、黄雪松、加拿大白松、去皮铁杉原木、铁杉板材、云杉板材、西部红柏	斑皮盆属、黑条木小盆、小杯长小盆、短咏木象、按木象长蝽、赤拟谷盗、扁谷盗、双齿谷盗、罗谷盗、花斑露甲、二瑟小草甲、隐翅甲、叶蜂、美金翅夜蛾、蜘蛛
德国	榉木板材、榉木原木、木质包装（胶合板）、橡木原木、柄木板材	虎天牛、天牛亚科幼虫、木小蠹、长林小蠹、对粒小盆、长尾露尾甲、叩头甲、姬蜂、红蟥、茎蝇、鳞翅目幼虫、欧洲沙潜、小杆线虫、蚁科昆虫、有翅蚁、日本弓背蚁、土壤、蜘蛛
加纳	大非洲楝板材、腺瘤豆木	双钩异翅长盆、双棘长盆、棕异翅长盘、异翅长盆属、中对长小盆、额瘤异翅长盆、小草甲、褐草甲、锯谷盗、单齿谷盗、双齿谷盗、夜蛾、花蝽、蜘蛛
韩国	白皮云杉、铁杉板材、银杏原木块、云杉板材	双棘长盆、黄足长棒长盆、杯长小盆、黑条木小盘、赤拟谷盗、花蟥、蛤瑜、家茸天牛、叶甲、蚂蚁、通缘步甲、黑草甲、窃科甲虫、木虱、蜘蛛、蠼螋
马来西亚	多层板、胶合板（木质包装）、密度板、木托、椰棕、中密度板	双钩异翅长盆、材小蠹、双棘长蠹、竹长盆、竹盆、中对长小盆、日本球棒皮盆、双齿谷盗、三星谷盗、米扁虫、长蝽、飞虱、小点拟粉虫、长蟥、隐翅甲、黑菌虫、蚂蚁、蜘蛛、蠼螋
印度尼西亚	柳安木板材、多层板、胶合板（木质包装）	双钩异翅长盆、双棘长盆、木盆象、材小盆、蜂蝇、决明属种子、蜘蛛、郭公甲
澳大利亚	赤杨板材、辐射松、红柳按板材	骚蝇、蟋蟀、叩头甲、婪步甲、滑刃线虫、小杆线虫、瘤鞘薪甲、缩颈薪甲、小菌虫、弹尾目昆虫、弧丽金龟、蜘蛛

---

① 袁丽君,张治宇,裴华新,高连喜.青岛口岸在进境木材上截获的有害生物[J].植物检疫,2008(2).

(续表)

输出国家	主要进口木材	检出物
新西兰	辐射松板材、密度板、针叶木多层板	短嚎木象、褐梗天牛、裂臀蚻虫、食植飘甲、土壤、蜘蛛
俄罗斯	柞木原木、水曲柳原木、桦木原木、松木原木	马铃薯白线虫（食品舱）、云杉八齿小蠹、落叶松八齿小蠹、十二齿小蠹、黑条木小蠹、材小蠹、四眼小蠹、断眼天牛、天牛亚科幼虫

（二）山东省进口货物木质包装中林业有害生物疫情概况

木质包装，因其价格便宜、加工方便、装载性能良好，在进出口货物中被广泛使用。但是，由于木质包装来源及用材的多样，加工过程粗放简单，极易携带林木有害生物。1996年光肩星天牛引发木质包装问题之前，木质包装材料携带有害生物的问题没有引起足够重视，从进境的木质包装中截获的有害生物数量非常有限；而2000年以后，国家质检总局发布公告，要求对输华木质包装进行除害处理，同时要求出入境检验检疫机构加强对进境木质包装的检疫和监管，自此之后从进境木质包装中截获的有害生物数量明显增长。

以2000年为例，山东省有关部门在对来自美国、日本货物的木质包装检疫中，从出具了热处理证书的木包装中截获有害生物49批次，从具有非针叶木声明的木质包装中抽查出针叶木包装123批次，从无木质包装声明的货物中抽查出木质包装111批次，从无证书和任何声明的货物中抽查出带有木质包装的82批次[①]。在木质包装中检出的有害生物主要是昆虫类，其次为线虫类，而真菌、细菌在目前截获的比例较小，但不代表其不能随木质包装进行传播。在进境木质包装截获的疫情中，对林业危害较大的昆虫有天牛、小蠹和长蠹等，其中天牛以断眼天牛、梗天牛、幽天牛、墨天牛、虎天牛、沟胫天牛类为主，也还有很多无法鉴定到属种；长蠹主要以双钩异翅长蠹、黑双棘长蠹、咬木长蠹为主；天牛类、小蠹类等同时也能传播多种林木等真菌病害。线虫类主要以滑刃线虫、小杆线虫、松材线虫、拟松材线虫为主。疫情主要来自美国、日本、缅甸、泰国、越南、俄罗斯、阿根廷、巴西、新加坡等国家。不同来源的木质包装，携带有害生物的种类具有显著差别，如松材线虫多来自美国、日本等国家，双钩异翅长蠹主要来自缅甸、新加坡、泰国、越南等东南亚国家和地区。

---

① 张成标，鄢建，杜琦，王作佳. 山东口岸进境植物检疫截获疫情分析[J]. 植物检疫，2002（1）.

随着人流、物流的增加,危险性病虫通过人为因素携带入境和异地扩散的几率增加,特别是近年来山东省木材及木质包装流通数量的逐年增加,树木种类、输入方式都发生了新的变化,更多的有害生物随之传入,成为制约林业发展和威胁生态安全的重要因素。

二、山东省外来林木有害生物检疫防治中存在的问题

虽然省内相关部门已经采取一系列举措,加强了对进境木材和木质包装的检疫,但依然存在一些需要重视和改进的问题。这些问题主要表现为以下几点。

(一)进境木材检疫工作存在的问题

一是检疫法规有待完善。国家《进出境动植物检疫法》及其《实施条例》是进行检疫工作的基本法律依据,但是其对外来有害生物风险评估、危害、预警、消除、控制、生态恢复、赔偿责任等方面缺乏明确具体的条款。山东省在木材检疫方面的地方性法规也相对较少,对一些新情况、新问题的应对,还没有及时反映到法律法规当中。二是监管机制有待健全。木材进境经口岸检验检疫准予调离后销往各地,流通范围广、环节多,因此针对进境木材外来虫害的检验检疫监管应当是一个包括境内外相关部门,从林木生长地到最终使用地的有效全过程的监管,但是目前进境木材口岸局和指运地局之间的联系协调机制尚不完善,渠道还不畅通,手段还比较落后,相关部门缺乏沟通和协调,尚不能对进境木材调离入境口岸后的各个环节实施及时、有效、到位的监管。三是业务工作的软硬件建设有待加强。近年来检验检疫业务量增大,但是从业人员没有增加,专业人才不能有效得到补充;虽然检验检疫部门在实验室硬件配置上增加了投入,但是受专业技术人员缺乏的限制,实验室林木病害检疫及鉴定能力相对薄弱,仪器设备利用水平、科研攻关水平还有较大提升空间。

(二)木质包装检疫工作存在的问题

一是人员紧缺、查验设备相对落后。各口岸每天需要抽检的木质包装量大、涉及的厂家多且情况复杂,加上监管进境木质包装现有查验和检测技术设备相对落后,大量的工作都需要人工完成,造成工作效率和检出率低下。二是部分木质包装查验困难。如经第三方国家或地区中转的货物木质包装抵达山东省口岸后,常常由于证单不全、审单不细等原因,存在难以得到核实确认的情况。再如,进口一些散杂货物时带有的垫舱木料,容易在检疫工作中被忽视,使有害生物趁机传入。三是真伪难辨。一些货主及其代理人为达到逃漏检的

目的,常常在证书及声明书上造假,或是部分企业为蒙混过关,对进境货物木质包装不经处理并加施 IPPC 标识,或加施假标识,检验检疫部门对真伪的辨别缺乏有效科学的方法,各口岸的分析制度不够统一、规范。

三、山东省外来林木有害生物的防治对策

第一,应建立和完善有关防御外来林木有害生物的法律体系和标准体系。参照 WTO《实施卫生与植物卫生措施协议》、国际植物保护公约制定的标准、建议和指南,完善《进出境动植物检疫法》《植物检疫条例》等相关法律法规,完善检疫程序,减少盲区和交叉,堵住漏洞,使法规上下配套、内外衔接、有章可循;严格进口木材和木质包装的检疫,强化执法,依法采取相应手段维护检疫工作的严肃性;还要完善木材监管制度,尽快建立和完善林业植物检疫标准体系,统一执法尺度,尽快构建包括基础标准、检疫检验技术标准、除害处理技术标准等内容的林业植物检疫体系框架[1],确保检疫工作规范化、制度化。

第二,提高口岸检验检疫技术水平。要加强人员配置和培训,提高工作人员业务水平和口岸检疫能力;加强科技支撑,增强口岸基础设施建设,购置必要的设备和仪器,配备符合要求的查验设施和处理设施,增强检验检疫工作的科学性和专业性;做好害虫疫情调查、分析和监测工作,在重点口岸和地区建立监测监控网络,尽快建立各种进口木材、木质包装及其相关有害生物的检疫鉴定数据库,并结合有害生物风险分析、有害生物风险监测制度等,建立预防外来有害生物入侵的有效机制;从严控申报、检验检疫和检疫处理三个环节入手,加强对进境木材的检疫,并强化与地方林业部门的协作配合。

第三,改进检验检疫模式和监管模式。建立木材进境口岸部门与指运地有关部门的联动机制,在入境口岸购买木材,可要求加工使用企业联系所在地检验检疫部门签发同意调入手续,口岸检验检疫部门凭此签发准予调运通知单,同时口岸检验检疫部门应及时早将截获的外来有害生物情况通报给指运地检验检疫部门,指运地检验检疫部门也应将企业防疫情况和监测情况反馈给入境管理部门[2],从而有效控制有害生物的扩散蔓延。对进境木质包装的监管,可以根据风险水平的不同,进行分类管理,采取相应的检疫监管方式,有效

---

[1] 王旭.浅议我国林业植物检疫工作现状及问题[J].中国科技投资,2013(14).
[2] 莫桂花,韩振冲,陆亚娟.从外来有害生物危害情况浅谈加强进境木材检疫监管的重要性及其对策[A].外来有害生物检疫及防除技术学术研讨会论文汇编[C].2005.

地切断外来林木有害生物的传播途径。

第四,加强检疫除害处理,确保处理效果。应对检疫处理场所、设施进行合理布局,取消安全隐患;对进出口贸易相对集中、检疫处理业务量较大的区域,可设立和建设集中的检疫处理场所、设施并加强管理;建设与业务相适应的检疫处理设施,如各大港口特别是木材进口较多的口岸应建立大型木材熏蒸场所,并配备低温下的加热设施、相关熏蒸气体监测设备、安全有效的防护设备等;还应开展关于处理方法的专门研究,根据有害生物种类及设备条件等选用适宜的方法,提高林木危险性病虫害的防治效果。

第五,密切与林业植保部门的合作。各部门在认真履行自身职责的同时,应理顺关系、加强联系、相互协调、密切配合,增强生物入侵、关税、濒危物种和生物多样性保护等一系列政策的协调性,筑起共同防范有害生物入侵的防线。

总之,林木有害生物防控是国家减灾工程的重要组成部分,采取切实有效的措施防止林木有害生物入侵、保护森林资源,对山东省的生态环境、森林健康、经济和社会的可持续发展至关重要。应继续认真贯彻预防为主,综合治理的方针,加强法制建设,不断提高检验检疫水平,完善检疫监管模式,密切林业植保各部门的合作,有效治理外来有害生物,促进生态环境的改善,提升应对重大林业有害生物灾害的防控能力,以保护森林资源和国土生态安全,促进人与自然和谐相处和经济社会全面协调可持续发展。

【参考文献】

[1] 宋楠,宋亚团,刘建,等. 山东省林业生物入侵现状分析及对策建议[J]. 山东林业科技,2005(5).

[2] 袁丽君,张治宇,裴华新,高连喜. 青岛口岸在进境木材上截获的有害生物[J]. 植物检疫,2008(2).

[3] 张成标,鄢建,杜琦,王作佳. 山东口岸进境植物检疫截获疫情分析[J]. 植物检疫,2002(1).

[4] 王旭. 浅议我国林业植物检疫工作现状及问题[J]. 中国科技投资,2013(14).

[5] 莫桂花,韩振冲,陆亚娟. 从外来有害生物危害情况浅谈加强进境木材检疫监管的重要性及其对策[A]. 外来有害生物检疫及防除技术学术研讨会论文汇编[C]. 2005.

浅析检验检疫行政处罚自由裁量权的规范

张志辉[①]

摘　要：自由裁量权的行使在行政处罚中有重要意义,检验检疫机关作为国家行政机关,拥有一定的行政处罚权,检验检疫行政处罚中自由裁量权的存在有其必要性。滥用自由裁量权不仅会对行政相对人的权益造成侵害,也会对行政法制构成威胁。如何对检验检疫行政处罚自由裁量权进行规范,防止自由裁量权被滥用已成为依法行政、反腐倡廉的重要课题。本文结合检验检疫执法工作实践,就如何规范检验检疫行政处罚自由裁量权进行了分析和探讨,并尝试提出可行性对策。

关键词：检验检疫　行政处罚　自由裁量权

　　行政处罚权是行政机关和法律授权的组织对违反行政法律规范的公民、法人和其他组织予以惩处的权力,是一种具有国家强制性的行政制裁权。行政处罚权从法律条文产生时就带着自由裁量权的性质。随着社会的不断发展和现代行政职能的扩张,行政处罚自由裁量权成为现代行政必不可少的组成部分,依法加强对行政处罚自由裁量权的规范使用,对于加强依法行政、实现依法治国目标具有重要意义。出入境检验检疫机关是具体行使行政处罚自由裁量权的口岸行政执法机构,但自由裁量权中的"自由"并不是意味着随心所欲,而是在规定范围内作出合理选择。检验检疫行政处罚自由裁量权是一把"双刃剑",正确使用能维护公共秩序、提高行政效率、实现国家职能,但一旦被滥用则会对行政相对人的权益造成侵害,甚至对行政法制构成威胁。因此,在检验检疫工作中,应采取合理规范的措施和手段,防止检验检疫行政机关自由裁量权被滥用。

[①] 张志辉（1986—　），男,山东滨州人,中国海洋大学2012级公共管理专业研究生。

一、检验检疫行政处罚自由裁量权的内涵及其必要性

(一) 检验检疫行政处罚自由裁量权的内涵与性质

行政处罚自由裁量权是指行政机关在法律规定的范围、方式或数额等方面享有一定的选择权力,行政机关在其享有"自由"裁量幅度范围内有一定选择权,并根据这一权力做出行政行为。行政处罚自由裁量权执行的是国家的意志,其作用的方式是单方行政行为,具有强制性。检验检疫行政处罚自由裁量权,自然也属于行政自由裁量权范畴,是指检验检疫机关在实施行政处罚时依据立法目的和合理公正的原则,在法律法规规定的范围和框架内考虑违法行为的事实、情节、后果、影响及违法者自身情况等,进而自主选择确定与违法行为相适应的行政处罚。目前,我国出入境检验检疫行政处罚自由裁量权主要体现在对行政处罚种类的自由裁量、对行政处罚幅度的自由裁量、对行政行为时限的自由裁量及对事实情节认定的自由裁量四个方面。

(二) 检验检疫行政处罚自由裁量权存在的必要性

行政处罚自由裁量权是做好出入境检验检疫执法工作之必需。法律作出一些原则性的规定,提出可供选择的处罚幅度及处罚措施,但面对复杂的社会环境,立法机关无法对各种现实情形作出非常细致的规定,只能授权行政机关根据各种可能出现的情况做出决定。

首先,立法机关很难预见未来的发展变化,它不能解决立法以后出现的新问题。如果剥夺出入境检验检疫机关的自由裁量权,必然导致新问题无法解决,进而导致执法者无法执法的尴尬局面。同时,法律一经颁布施行,就有相当的稳定性,不可能随时修改,因此给执法者以自由裁量权能适当减少法律滞后与时代发展的矛盾。

其次,检验检疫工作的复杂性和效率性要求行政处罚自由裁量权的存在。出入境检验检疫执法行为涉及内容广、内容情况复杂多变,要保证提高行政处罚效率这一原则,法律、法规不可能对所有情况下的行政处罚规定具体、详尽,必须赋予其一定的行政处罚自由裁量权,从而使检验检疫机关能够审时度势,根据实际情况和自己的判断,灵活处理各种复杂的问题。

最后,出入境检验检疫工作职能的特殊性要求行政处罚自由裁量权的存在。出入境检验检疫工作的根本目的是为了维护国家主权、保卫国家安全,对出入境的货物、人员、交通工具、集装箱、行李邮包携带物等进行检验检疫,以保障人员、动植物安全卫生和商品的质量。这种工作职能的特殊性必然要求

检验检疫机关运用特定的强制手段,为有效执行国家意志提供保证。此外,随着许多先进技术在出入境领域的应用,检验检疫业务的专业性、技术性不断增强,遇到的情况越来越复杂,其行政自由裁量权也必须随着行政权的扩展而扩展,以适应工作需要。

二、滥用检验检疫行政处罚自由裁量权的原因分析

(一)行政执法依据不完善

我国经济社会迅速发展,一些新政策、新制度刚刚出台,新问题、新情况便接踵而来,因而政策和现实脱节的情况时常会发生,同时会产生法律规定不一致的问题,给依法行政带来很大困难。例如,中央立法和地方立法都是行政执法的依据,其中地方立法是根据国家法的原则并结合本地区的实际作出具体规定,但国家法与地方法在一些具体条文规定上难免会出现差异,因而会导致执法人员在实际执法工作中面对"执法多据"问题时往往会自由选择适用法律,进而导致同类违法行为适用不同法律处罚的处理结果。

(二)执法办案过程中受到法外因素的干扰

检验检疫机关运用行政处罚自由裁量权实施行政处罚,是在法律法规授权的基础上,在公平、公正、合理的原则下,以案件的具体情况、被处罚人的实际情况为考虑因素执法的。但是在具体执法实践中执法人员经常会受到法外因素的干扰影响,个别执法人员要么无法排除各种"人情"和"关照",无法抵制处罚对象的拉拢甚至利诱;要么屈从于一些外部施加的压力,不能在执法工作中公平、公正、合理行使行政处罚自由裁量权。

(三)部分执法人员法律素养不高

客观地讲,任何法律法规都需要执法者来具体执行、落实,任何一起具体的行政处罚案件,执法时不可能没有人为的选择,也不可能不体现执法者的自由意志。因此,执法者的法律素养在法律法规的实施阶段能否准确理解立法本意并正确行使检验检疫行政处罚自由裁量权处理问题起着非常关键的作用。但部分执法人员受部门利益的驱使和人治观念的束缚,日常工作中乱作为、不作为的问题仍时有发生,如没有正确运用处罚裁量权,未考虑相关因素或过分强调一个因素而却忽视了另外一个因素,没有充分考虑案件的具体情况,机械照搬法律条文,缺乏行政处罚自由裁量的自主性和能动性,进而致使行政处罚自由裁量权所依据的理由不充分、不全面,最终做出不合理、不恰当

的行政处罚。

三、规范检验检疫行政处罚自由裁量权的对策

《中华人民共和国进出口商品检验法》《中华人民共和国进出口商品检验法实施条例》《中华人民共和国进出境动植物检疫法》《中华人民共和国进出境动植物检疫法实施条例》等法律条文实施以来成效显著,在规范检验检疫行政机关的行政处罚自由裁量权、促进依法行政等方面发挥了重要作用。但正如"阿克定律"所说:"权利导致腐败,绝对的权利导致绝对的腐败。"检验检疫行政处罚自由裁量权一旦被滥用,不仅对人的权益可能造成侵害,而且会对行政法制构成威胁。因此,检验检疫行政机关在司法实践中,应在遵循行政处罚基本原则基础上,全方位加以限制,各角度予以规范。

(一)完善检验检疫行政处罚自由裁量权执法依据

在源头上加强对检验检疫机关行政处罚自由裁量权的控制,应从完善检验检疫立法入手,提供执法依据。首先,要进一步完善检验检疫行政立法程序。行政处罚程序是对自由裁量权的有力限制,是行政处罚实体的公正依赖与程序的公正完备。目前检验检疫行政处罚在程序上的依据主要是《行政处罚法》及其他相关单行法律法规,它们共同构建起了检验检疫处罚程序的法律体系,但也有不严密之处。其次,要理清执法依据,全面梳理职权。梳理行政执法依据主要包括相关法律法规、司法解释、部门和地方规章、业务规范性文件、国家质检总局公告和检验检疫标准等。在检验检疫执法工作中要做到及时补充、更新执法依据,确保文件的现行效用。例如,黄岛出入境检验检疫局不定期对自行制定的行政、业务管理性文件进行梳理,将有关文件目录予以正式发文执行,并且明确检验检疫职权岗位职责,制定了黄岛检验检疫局职权目录。再次,要根据工作实际,进行必要的量化分析,细化检验检疫行政处罚自由裁量权标准,压缩自由裁量的空间和幅度,避免罚种和数额适用的幅度过大,确保有效地约束和规范权力。

(二)完善监督机制,确保检验检疫执法公正性

1. 内外结合,全方位开展监督

检验检疫行政机关要健全内部监督机制。《出入境检验检疫行政处罚程序规定》是一个关于相对原则的规定,需要配套的制度来监督实施,检验检疫机关应当建立健全机关内部法制机构的横向审核制度,完善监督检查制度,强

化内部监督把关。做到在作出重大执法决定或制定业务管理文件前将相关信息进行合法性审查,并综合运用行政执法责任制考评、行政执法监督员评议等内部和外部考评、评议,加强对行政执法质量的考核。

在外部监督方面,要切实做到严格实行执法公示制度,向社会公开法律法规规章制度、执法范围及程序、监督方式及投诉渠道等,注意查看行政执法信息平台投诉管理模块中的投诉收件箱,做好投诉举报处理工作;将每月实施的行政确认、行政处罚和行政强制等信息上报行政执法信息平台,接受监督。

2. 建立"三级联查"机制,强化督查通报

在检验检疫工作中,要建立一线业务部门日常监督检查和行政执法工作质量自检自控制度、综合业务管理部门全局行政执法工作质量检查制度、稽查管理部门日常督查与重点稽查相结合的工作制度,即形成"部门自查、日常检查、重点稽查"三级联查机制。在监督机制与信息化手段"有机结合"基础上,通过"三级联查"机制有针对性地开展对规范性文件、重点敏感业务执行情况的检查;同时对检查、稽查中发现的问题予以通报,对受到投诉的检验人员予以通报批评,进一步增强部门和一线执法人员的法制、责任和服务质量意识。

(三) 加强检验检疫行政执法队伍建设,提高执法人员法律素养

检验检疫干部是执法主体,是自由裁量权的被赋予者,在检验检疫行政处罚中处于能动的地位。加强检验检疫行政执法队伍建设,提高执法人员法律素养是防止自由裁量权滥用的关键。

1. 执法严格遵循行政处罚公平、公正、保障当事人合法权利等原则

检验检疫行政机关在实行行政处罚时,要严格遵守处罚公平、公正、保障当事人合法权利等原则,要切实做到"过罚相当"。这就要求检验检疫执法人员在工作时要以事实为根据,平等对待行政行为相对人,不能因身份地位、利益、背景的影响滥用自由裁量权。公开一切可公开的事务及办理过程,将处罚依据的法律政策、权限公开,将先行处罚的案例公开,将个案处罚的事实、理由、结果公开。

2. 强化专业培训,提高执法队伍素质

检验检疫行政处罚自由裁量权能否被正确使用,执法人员的法律素养和业务水平是决定因素。因此,检验检疫部门要通过各种渠道,强化执法人员专业技能培训,提高执法队伍的法律专业素质;并定期对执法人员进行法律和行政管理知识培训,使之全面熟悉掌握业务工作所涉及的法律、法规和技术规

范,提高执法水平,做到既懂得如何依法行政,又明晰执法的权限边界和法律对自身的约束,促进执法人员正确行使行政处罚自由裁量权。此外,要提高执法者的道德素养,使其具有公正执法、严格依法办事的品德,从而使得行政执法队伍廉正而有效率。

【参考文献】

[1] 杨卫东. 行政裁量问题探讨 [M]. 北京:法律出版社,2000.

[2] 陈巧栋. 检验检疫自由裁量权及其监督控制措施 [J]. 中国检验检疫,2003(09).

[3] 李长江. 中国出入境检验检疫指南 [M]. 北京:中国检察出版社,2000.

[4] 余凌云. 行政自由裁量论 [M]. 北京:中国人民公安大学出版社,2005.

[5] 王静. 论行政自由裁量权的监控 [J]. 内蒙古工业大学学报(社会科学版),2007(01).

[6] 茅铭晨,茅锐. 廉政建设视野下的行政处罚自由裁量权之规范 [J]. 行政与法,2009(11).

[7] 周佑勇. 行政裁量的治理 [J]. 法学研究,2007(02).

[8] 张大力,罗忠. 略论行政自由裁量权的监控 [J]. 行政与法,2003(07).

[9] 全珞玲. 论行政自由裁量权有效控制 [D]. 华中师范大学,2008.

[10] 李志勇. 社会转型期行政自由裁量权的运行及控制 [J]. 社会科学,2001(01).

[11] 牧子,明华. 浅议自由裁量权错位使用的危害与控制 [J]. 中国检验检疫,2007(08).

[12] 连尧斌,冯清. 控制行政自由裁量提高行政执法水平 [J]. 中国行政管理,2004(04).

山东半岛蓝色经济区陆海统筹建设的域外经验借鉴

韩宇召 ①

摘 要：随着海洋经济开发的力度不断增强，如何更好地统筹陆海一体化共同发展是当前山东半岛各地政府面临的重大历史课题。本文选取了国际上有代表性的美国的五大湖地区、加拿大东西海岸地区等海域地区，吸收其政府及多元主体共同在海洋区域陆海统筹中的治理经验，认为政府间应形成陆海统筹综合管理的共识，完善府际合作机制，促进多元主体的协同合作，为山东半岛蓝色经济区陆海统筹建设在全国的推广做好示范。

关键词：山东半岛蓝色经济区　陆海统筹　经验借鉴

2011年1月，国务院正式批复《山东半岛蓝色经济区发展规划》（简称《规划》），这标志着山东半岛蓝色经济区的建设正式上升为国家战略。《山东半岛蓝色经济区发展规划》中指出山东半岛蓝色经济区规划主体区范围包含海上域界和陆地域界两个部分：海上域界范围包括为山东省所辖的全部海上域界范围，陆地范围包括6个地市及2个沿海县。从《规划》中可以看出，山东半岛蓝色经济区的建设是我国探索陆海统筹发展的一个重要区域示范，是陆海共同发展在山东半岛区域的重大实践。如何做好陆海统筹，是山东半岛蓝色经济区建设中的一项重大任务。陆海统筹即实现陆地资源和海洋资源一体化发展的合力，使经济发展超越陆地范围而实现海陆经济的协同，这需要地方政府和企业、社会组织、社会公众等多元主体共同努力，不断提高陆海统筹的管理水平。放眼全球，世界上的很多沿海海洋国家和海洋岛国都具备陆海兼备的特征。他们倡导以生态保护为基础的综合治理理念，通过政府间合作、跨部

---

① 韩宇召（1989— ），男，山东青岛人，中国海洋大学2011级行政管理专业研究生。

门合作、多元主体治理等手段,运用先进的科学技术实现对海域资源的全范围监管,大力投入资金和优惠条件吸引海洋人才,一方面加强本区域陆海基础设施的统一建设、陆海环境的综合整治,另一方面也实现了本区域陆海经济的综合发展。

一、域外海洋地区陆海统筹的经验范式

本文选取域外海洋地区陆海统筹的范围主要包括两方面。第一个方面是选取域外强国美国的五大湖地区、加拿大的东西海岸地区。两者皆处于北美洲,东西两岸为大西洋和太平洋,北面是北冰洋,有极佳的海洋、极地开发优势区位。第二个方面是域外的地中海、黑海两个边缘海地区和南太平洋海地区。地中海、黑海边缘地区是亚欧大陆的重要交通要道,周边国家在地缘位置和经济发展上联系紧密。统筹好这两块海域的自然环境保护和经济发展将有利于周边国家自身的海洋权益维护,并增强陆海的经济收益。南太平洋地区群岛众多且较为分散,如何促进地区间的、多元主体间的协同合作,实现陆海统筹也对山东蓝色半岛陆海统筹中的多元主体协同有重要借鉴意义。

(一)政府在陆海统筹的经验范式——以美国五大湖地区、加拿大东西海岸地区为例

美国的经验范式是制定陆海统筹的立法和政策,自上而下进行管理。美国拥有绵延 13 000 英里(1 英里 =1.609 344 千米)的海岸线和世界上最大的专属经济区。拥有北美五大湖城市群和双岸经济带,沿海经济区是其国家经济发展的前沿地区。美国很早就重视海洋立法和制定适应本国的海洋开发战略,并在 21 世纪初发表了两份里程碑式的海洋政策研究报告,即美国海洋政策委员会发表的《21 世纪海洋蓝图》和民间组织皮尤委员会发表的《规划海洋变化的航程》,提出要以基于生态系统的特定区域的协同合作进行治理。皮尤委员会设计的管理方式是政府主导的自上而下的一种管理方式,将联邦、州政府和部落政府作为区域海洋主管部门的实施主体,保证了区域活动的开展符合国家海洋政策的标准。各州政府要与联邦政府在陆海统筹中的行动与区域海洋管理的规划一致。由区域管理委员会明确确定各行政主管部门的职能和责任,各行政主管部门必须履行其职责,杜绝行政不作为现象。这种以政府为主导的管理方式是以一种通过自上而下的严格监管,确立固定性的相关制度,并以强制力的法律作为保障,实现各政府部门在符合政策规定的前提下加

强陆海统筹合作。

加拿大的经验范式是实施陆海统筹的综合管理理念,以生态系统为基础加强经济开发中的海洋生态保护。加拿大与美国接壤,同样拥有绝佳的海洋地理区位。加拿大实行的是以生态系统为理念的陆海统筹综合管理体制。以加拿大西海岸为例,其陆海统筹的主要生态目标包括:海陆经济开发严格监管,人类海域使用活动生态防护,西海岸区域渔业生态保护,严格进行海洋环境行政执法。从海洋开发的实践来看,不同的行业和部门有不同的价值追求。例如,油气资源开发企业往往注重经济效益而忽视环境生态的保护,其海洋钻井活动往往会造成海洋生物多样性的破坏;渔民或相关远洋捕捞船员往往会只关注带来经济效益的渔业品种,在远洋捕捞中对忽视对深海环境保护,进而对深海的物种造成污染和破坏。陆海统筹的海洋综合管理就是要将不同的陆地和海洋产业部门在发展中从概念理论和物理操作两个层次进行规范管理,使涉及陆地和海洋的企业既要考虑到经济的发展,更要把多行业的共同和谐发展作为行业发展的理论建设指导。政府首先制定一定的绩效考核标准,同时,也与社会组织进行合作,发挥社会组织的监督及协助治理的作用。例如,加拿大的渔业和海洋组织(DFO)提出了大海洋管理地区计划(LOMA),并拟定了与之相关的生态保护的指标和参考点,主要包括目标参考分、限制参考分、维度、实践层面目标等,以此作为东西海岸陆海统筹综合管理的考评标准。加拿大还在东海岸魁北克区域建立了相关的陆地海洋生态文化和工业创新组织,对陆海统筹的相关基础设施进行改造和集聚,围绕海洋科学的六大工业进行生产力工业结构创新。这个项目因为国家和省的支持而得到了大力发展,成为了重要的工业投资项目。

(二)社会组织在陆海统筹中的经验范式——以地中海、黑海地区,南太平洋地区为例

地中海、黑海地区,南太平洋地区的陆海统筹经验范式主要强调其社会组织在陆海统筹中发挥的重大作用,建立先进的陆海统筹治理网络,引进先进的科学人才,进行跨区域的合作,这些都值得山东半岛蓝色经济区相关政府及社会组织进行借鉴。

20世纪80年代末90年代初,地中海、黑海地区涌现了大量的社会组织参与地中海、黑海的环境保护,其中世界海洋政策研究组织、世界海洋资源研究中心、MEDCOAST是三个比较重要的组织,他们的主要宗旨是宣传地中海的环境保护,并帮助公众进行环保意识及信息的教育和培养,成为提高社会公众在地中海及周边陆域环境问题中公共意识的先驱。他们利用地中海、黑海周边的学术研究机构开展网络式治理合作,如意大利组织筹建了地中海社区大学和地中海大学。世界野生动物基金会也在地中海跨越水资源客体情境中组织了如湿地学科、太阳学科的主题课题研究,成立了蓝色学校、户外知识培养学校。MEDCOAST 的设想是在地中海和黑海领域的海洋问题上提供科学和专业的支持,所有的 MEDCOAST 组织成员都是国际化的,很多知名的专家都加入了这个网络,成为网络中的合作伙伴。建立专家为中心的交流网络,敏捷地把握信息变化,装备最新的科学知识和现代管理工具,推动海洋课程教育,更好地促进海洋生态和人类活动和谐发展的关系。欧盟、世界银行组织对此十分重视,成立国际间的地中海行动计划。1997 年,美国皮尤海洋基金会开始对 MEDCOAST 进行资助,很多国际组织和国家也为其提供适当的经济资助;甚至 MEDCOAST 的训练营和科技会议都不需要太多的预算和金钱支出,因为它拥有很多的组织成员和外部人员进行资源贡献。现在 MEDCOAST 会议每两年在不同的地中海或黑海周边国家和地区举办,在地区陆海统筹的实践中作用极大,影响深远。

而处于南半球的太平洋海域地区,14 个太平洋岛国相继独立并建立了世界上独特的合作框架,并在 1947 年成立了南太平洋委员会,这种合作框架是基于政治互信、经济发展、安全信用建立、教育和社会问题的共同分担之上的,并由当地 7 个地区的社会组织协作共同实现该地区陆海统筹合作。在这里,太平洋社区组织是中太平洋和西南太平洋最为古老的地区组织,承担着众多议题,一方面将社会公众的问题和想法与政府进行平等表达,另一方面促进陆地和海洋的相关要素加速流动,成为本地区保障社会公众的经济效益,为社会公众提供信息基础的重要管理者。社会组织在南太平洋地区陆海统筹中的作用越来越大。以斐济为例,有世界保护组织和斐济地方海洋网络管理区合作的海洋科学管理区域和野生动物保护社会、世界自然基金会(南太平洋)、国际湿地组织(大洋洲)、南太平洋大学和斐济地方海洋网络管理区合作的两大基于生态系统的管理工程。海洋科学管理区域确立了三项目标。第一是对海洋科学管理区域陆海统筹功效的科学化问题做出回应,在海洋科学管理区域内实现生态的、社会经济学的和文化的等多领域的实践,验证不同的管理方式的产出成果,产生跨学科的比较;第二是建立陆海统筹科学研究能力的网站,制订了详细的指标设计;第三使研究的结果可以纳入到政府政策议程并影响决策,目的是证明基于生态系统的模式会因为自然和社会科学的理解并建立保护行动而得到成功。从20世纪80年代开始,当地社会组织和相关的捐赠者就开始强调要自下而上地进行陆海统筹管理,以社区为基本的管理单位。而现在,要求整个陆地和海洋景观以及整个区域的大规模保护和形成多元治理网络在社会组织内部的呼声越来越高,人们希冀建立一种自下而上主动参与的模式。

二、对山东半岛蓝色经济区陆海统筹建设的启示

第一,加快形成政府间陆海统筹综合管理的共识。山东省各地政府应当将陆地资源与海洋资源一视同仁,不能重陆轻海。在管理理念上应不断创新,不断引进企业等私营部门海洋管理的方式和方法,对海洋管理体制不断进行改革和重组,使公共管理的理论、陆海统筹的理论更好地应用于半岛蓝色经济区构建中。这种理念的创新或改革要有序、有度,可以在局部范围内试点,逐渐过渡到全局范围,也可以追求全局范围内的突破和跨越发展。从整体性治理的角度而言,政府应当调整单纯的海洋经济目标导向,以公民的利益为中心,将社会公众的基本诉求作为政策的重要着力点,应不断加强基础设施建设和海洋生态环境的保护,增强企业、社会组织、社会公众等多元主体共同参与的意识,实现自身发展同整个山东蓝色半岛经济区的公共利益及环境保护相协调,实现陆海统筹综合管理的目标。要将提高山东半岛蓝色经济区的陆海统筹、实现海陆联动的意识作为一种重要的价值观在政府、企业、个人之间进行培育。地方政府机构和涉及海洋的相关企业、社会组织、个人往往都把有关陆地的相关政策与海域相切割,过于重视陆地而轻视海洋。在山东半岛蓝色经济区构建中有很多具体的项目运作涉及陆海统筹,需要实施陆海之间的综合管理,许多相关的海洋政策制定与问题解决需要多部门之间共同协同合作。这就首先要求政府决策者深化陆海统筹的认识;其次需要政府对陆海空间进行合理的规划安排,并根据当前的行政生态构筑起全面立体的、现代化的海洋产业体系;最后需要政府不断加强对海洋生态的资金和技术投入,并进行陆地与海洋环境的合理保护,实现陆地海洋可持续发展的目标。

第二,明确山东半岛蓝色经济区建设中陆海统筹过程中政府的职能范围,实现与企业、社会组织共同协作治理。我国政府在过去很长一段历史时期都是"全能政府",简政放权的力度不够,与企业和社会组织间的共同协作的意愿不足,存在强势政府的现象。在山东半岛蓝色经济区陆海统筹建设中,应当明

确政府的职能管理范围,不断简政放权,加强改革的力度,使政府的职能控制在合理区间,尽可能在自身的职责范围内发挥最大作用,从控制向服务转变,实现政府的宏观调控作用。另一方面,要发挥市场、社会组织、社会公众等在山东半岛蓝色经济区中的重要作用,提高陆海统筹的供给效率,促进陆海统筹的供给手段多元化。政府可以采用购买公共服务等方式实现与企业或社会组织的合作。在全球调查中发现,社会公众在一些领域对社会组织的信任度已经超越政府、私人企业和国际组织;特别是在环境问题上,社会组织被认为拥有更高的可信度信息资源。因为社会组织具有自愿性,所以他们的意见往往可以很快动员起民众。因此,在山东半岛蓝色经济区陆海统筹建设中要促进企业、社会组织、社会公众等多元主体协同合作,形成山东半岛蓝色经济区陆海统筹的合力。

第三,完善山东半岛蓝色经济区陆海统筹的府际合作机制,统筹区域发展。府际间合作首先要培养府际共同用海的合作意识,各地政府应根据自身经济基础、优势资源,合理制定适合本地区本部门的发展目标,政府间应通过签署协议确立海洋资源共同利用和开发的模式,通过联席会议制度形成制度化的沟通模式,提高政府间的协同效应,提升效能,创造陆海统筹合作的更大效益。我们可以借鉴美国五大湖地区的经验,在山东省级层面上专门成立山东半岛蓝色经济区陆海统筹政策委员会,由省政府领导牵头,国家海洋局及其所属北海分局进行相关业务事项的指导和协调,山东省内涉海高校提供智力支持,以此来实现山东半岛蓝色经济区陆海统筹建设中政策制定的科学性和连续性;必要时还要加强立法,制定和出台专门促进与规范山东半岛蓝色经济区关于陆海统筹政府间合作的地方性法规,形成制度化的合作和交流机制,更有效地促进山东半岛蓝色经济区陆海统筹建设。

三、结语

陆地和海洋是不可分割的,只有合理有效地利用好陆地和海洋的资源,妥善处理好陆地同海洋的关系,做到提前规划、共同发展陆海产业资源、提高海洋国土的使用效率,才能更好地促进地方经济的发展。各地政府要摆脱错误的政绩观影响,更好地实现彼此间合作,要将海洋经济作为一项重要的战略发展方向不断予以重视,并投入重金大力发展。同时,要借鉴好美国五大湖地区、加拿大东西海岸地区、地中海、黑海地区、南太平洋地区政府及多元主体合作和共同在陆海统筹中发挥作用的重要经验,形成陆海统筹的共识。政府和企业、社会组织之间要明晰彼此的职能范围,拓展彼此合作的渠道。要通过完善相关法律法规建设,形成制度化的合作模式,加强彼此间的沟通。要在省政府的层面成立领导小组,集中发挥专家的指导作用,共同促进山东半岛蓝色经济区陆海统筹建设不断发展。

【参考文献】

[1] 徐祥民,于铭.区域海洋管理:美国海洋管理的新篇章[J].中州学刊,2009(1).

[2] Robert O'Boyle, Glen Jamieson. Observations on the implementation of ecosystem-based management: Experiences on Canada's east and west Coasts. Fisheries Research, 2006, 79: 1-12.

[3] Erdal ozhan. An NGO role in enhancing integrated coastal management in the Mediterranean and the Black Sea: The MEDCOAST experience. Ocean & Coastal Management, 2000, 43: 396.

[4] Martin Tsamenyi. The institutional framework for regional cooperation in ocean and coastal management in the South Pacific. Ocean & Coastal Management, 1999, 42: 473.

[5] Jesse G. Hastings, Rebecca L. Gruby, Leila S. Sievanen. Science-based coastal management in Fiji: Two case studies from the NGO sector. Marine Policy, 2012, 36: 912.

技术贸易壁垒对我国出口的影响及应对措施

吕珍燕①

摘 要:本文在介绍技术性贸易壁垒的概念和内容的基础上,运用贸易保护主义理论,分析了技术性贸易壁垒的形成原因和阻碍作用机制,并针对我国企业的出口现状,分析这些壁垒对中国出口贸易的影响,最后分别从政府和企业两大角度提出了具体可行的应对措施,以期对我国企业特别是中小型企业选择各种不同的方式来跨越国际上不合理的技术性贸易壁垒,加强我国产品的国际竞争力提供一定的参考措施。

关键词:技术贸易壁垒 出口 对外贸易 影响 对策

当今世界,随着世界经济一体化的加快,整个国际贸易呈现出贸易自由化的趋势,关税也随之大幅降低。同时,在世界贸易组织的倡导下,非关税壁垒正在大量减少,而且许多常用的非关税壁垒也已纳入世界贸易组织所规范的框架内,这使得西方国家不得不另谋新招。比如,以保护人类健康和消费者安全为由对进口产品设置纷繁复杂的贸易技术壁垒;无论是工业国家还是新兴工业国家,不仅陆续推出严格的环保法规,而且在进出口贸易中大都制定了环保产品优先的原则等等。为此,非关税壁垒出现了前所未有的新变化,突出地表现为技术标准、环境要求、生态标准和劳工标准等这些披着合法外衣的、有选择的、新的非关税壁垒,特别是贸易技术壁垒(TBT)措施日趋增多,已日益成为国际贸易中最隐蔽、最棘手、最难对付的贸易障碍之一,也成为新贸易保护的主要手段之一,并正在对国际贸易包括我国的出口贸易产生越来越大的影响,成为各方关注的重点。

---

① 吕珍燕(1982—),女,山东青岛人,中国海洋大学 2012 级公共管理专业研究生。

近些年,美国、日本、欧盟等发达国家和地区凭借在科技、管理、环保等方面的优势,对市场准入设置了极为严格的条件,使我国出口的粮谷类产品、蔬菜、水果、食用菌、肉类等因不符合进口国绿色条款而遭到预警通报、退货、销毁、禁止入境,甚至暂停进口的事件频频发生。同时,由于我国技术标准低、环境保护体系不健全等因素,造成低标准的产品大量涌入我国。这对我国的贸易产生很大的影响。因此,我们有必要加强对技术性贸易壁垒的研究,采取相应的对策,这对突破技术贸易壁垒、促进我国对外贸易的发展等均具有重要意义。

一、技术性贸易壁垒的含义

技术性贸易壁垒,简称TBT,是非关税壁垒的重要组成部分,通常是指一国以维护国家安全,保护人类、动植物生命及健康,防止欺诈,保护环境,保证产品质量为目的或以贸易保护为目的所采取的技术性措施。它一般通过颁布法律、法令、条例、规定,建立技术标准、认证制度、检验制度等方式,对外国进口商品制定苛刻的技术、卫生检疫、商品包装和标签等标准,从而提高产品技术要求,增加进口难度,最终达到限制进口的目的。技术壁垒是当今国际贸易中最隐蔽、最难应对、最棘手的一种贸易壁垒。

和大多数的非关税壁垒措施一样,贸易技术壁垒打着促进贸易的旗号而实际起着阻碍贸易的作用,但贸易技术壁垒并不是一开始就以贸易障碍的面目出现的,在关税壁垒和其他非关税壁垒盛行的年代根本不需要利用它来制造贸易壁垒。相反,贸易技术壁垒大都是为了保护本国消费者的利益而被各国提出并采用的,曾对国际贸易的发展作出过一定的贡献。在国际贸易中规定产品应达到一定的标准,这有助于提高产品质量,保护产品的使用和消费过程的安全,维护消费者的合法权益等。正是由于贸易技术壁垒的出现,使得技术法规和标准在国际贸易中得到广泛运用,对国际贸易商品质量也有了健全的评估体系,这极大地推动了国际贸易的发展。无可争辩的事实是有些贸易技术壁垒措施具有合理性,也为国际贸易发展创造了新的机遇,但也有一些技术壁垒措施从科学技术、卫生、检疫、安全、环保、产品质量和认证等方面入手,披上合法外衣,灵活多变,使得国外厂商难以应付,实际上已经成为推行新贸易保护主义的手段。

随着国际贸易的发展及市场竞争的日益激烈,贸易技术壁垒最终以贸易障碍的面目出现,使原本有利于国际贸易发展的技术变成了阻碍国际贸易正常进行的手段。关于对产品的技术标准方面的规范性管理和法规本身并不意味着构成国际贸易的技术壁垒。然而，如果技术标准方面的法规或认证程序不当，都极易起到贸易壁垒的作用，这种贸易技术壁垒是国际贸易保护主义的最好庇护所，是调节当今国际贸易的杠杆。形成贸易障碍的技术壁垒扭曲了技术规则的本来面目，使原本有利于国际贸易发展的技术标准变成了阻碍国际贸易正常进行的有效手段。

二、技术贸易壁垒对我国对外贸易的影响

技术贸易壁垒目前已逐渐成为国际贸易中的一种障碍。20世纪70年代，技术贸易壁垒占国际贸易非关税壁垒的20%，90年代上升到45%。我国加入WTO后，在国际贸易上的纠纷一直不断。我国相当数量的传统优势产品频繁遭遇国外技术壁垒，出口纷纷受阻。从浙江打火机的安全装置问题、中国水产品的抗生素残留问题、中国茶叶的农药残留问题到DVD、彩电、手机、路由器受阻，媒体上频繁出现的此类消息，已使人们对我国遭受技术贸易壁垒措施从开始的惊讶变成习以为常。有的产品由于技术性贸易壁垒甚至被迫退出了市场。技术贸易壁垒对我国外贸的具体影响如下。

第一，严重阻碍了我国产品的出口。作为世界上最大的发展中国家，我国出口产品面临越来越多的来自主要发达国家的TBT措施的挑战。特别是加入WTO后，我国出口受国外TBT的限制更加严重。据商务部科技司的调查，2012年我国71%的出口企业、39%的出口产品受到国外技术性贸易壁垒的限制，造成损失达170亿美元，与2010年相比影响程度大大提高，出口产品受限比例提高了56%，损失金额增加了54%。

第二，削弱了我国产品的国际竞争力。首先，烦琐的认证认可制度与检疫程序使中国产品成本增加；其次，中国的检验检疫设备和国外存在差距，而引进先进的检测设备又会增加出口成本；再次，国外一些进口商不承认中国的检测机构，必须由其指定的外国机构认证，其认证费用非常昂贵，增加了出口产品成本，削弱了畜产品国际竞争力。

第三，加剧了我国与发达国家的双边及多边贸易摩擦。目前，技术性贸易壁垒已成为贸易争端的重要领地。在世贸组织争端解决的案例中，有28个涉及技术壁垒，双边贸易中的技术壁垒更是层出不穷，且近年来有上升的趋势，我国在这方面常常处于不利地位。例如，中国厦门丝绸进出口公司的产品主要销往欧盟，但自1992年以来，其产品出口量呈现下降趋势。经调查发现，丝

绸产品出口量逐年下降主要起因于德国的有关纺织品染料的法案。该法案禁止在纺织品染色时使用对人体有害的偶氮染料,厦门丝绸进出口公司不得不在产品销往德国之前将其色样送到一家德国认可的代理检测机构进行检测,但其检测费极其昂贵,给该公司带来了很大的负担。

三、我国政府应对技术性贸易壁垒的对策

政府应从战略高度出发,坚持"对内积极引导、对外妥善应对"的原则,既要充分利用国外技术壁垒提升我国企业的产品档次、改善结构,又要积极对外斡旋,尽量争取对自己有利的贸易环境。

(一) 对内积极引导

第一,调整出口发展战略,建立有效的创新和专利激励机制。技术性贸易壁垒的应对能力取决于国家整体的技术竞争力,跨越和破解技术性贸易壁垒的关键是国家的技术创新体系和技术创新能力。中央政府和各地方政府要通过制定财政、信贷和税收优惠政策,营造创新环境,培育创新能力,鼓励企业进行技术创新,加强检测技术的研究和提高技术装备水平,建立完善的质量管理和监督体系等手段提升产品档次;鼓励在技术开发、产品生产、商品流通等各环节使用低能耗、无污染技术,使产品在生产、使用和回收环节不对环境造成污染和破坏;通过完善知识产权保护制度,激励企业进行新产品和新原料,特别是"绿色"产品和原料的开发。

第二,实施国际标准化战略,完善认证机制,鼓励企业积极申请国际认证。申请和获得国际认证是通往国际市场的通行证,是冲破国外技术壁垒的武器。政府应设立专门的基金,带动企业开展国际认证和认可,提升技术水平、管理水平和国际竞争力。

第三,建立完整和畅通的信息通报制度。在国际贸易中,若一国经常对技术法规进行修订,其他国家在信息不畅的情况下按照进口国的原先要求生产商品,在出口时就会遭遇信息障碍。因此,政府应充分运用世贸组织的透明度原则,及时掌握相关信息。只有借助于完整和畅通的信息通报制度,企业才能了解到需要面对的问题并据此积极应对。

第四,积极培育和扶植中介组织。作为联系政府与企业的桥梁,行业协会是政府向企业传递信息和收集企业信息,了解产业发展动态的有效渠道。政府要赋予行业协会一定的协调管理权限,完善其运作机制,使他们能够更好地

把一盘散沙的企业组织起来并形成行业力量。中介组织将不仅为国家决策提供参考建议,而且必要的时候也充当对外交涉的主体,与主要贸易伙伴的行业协会进行各种层次的交流。

(二)对外妥善应对

第一,充分利用有关技术贸易壁垒的法律条款,维护我国的正当权益。《TBT协议》明确规定对发展中国家实行特殊和差别待遇,我国政府要充分利用这些有差别待遇。评议世贸组织成员国的技术法规是我国加入世贸组织后的权利,政府应充分利用这个权利,时刻关注世贸组织成员国技术壁垒的新动向,积极参与评议。

第二,了解对手的决策程序,抓住有利时机提出意见和建议。例如,欧盟在出台涉及众多生产商、销售商和使用者的法规政策时,整个决策过程至少要一两年,而且信息都对外公开。我国政府应该充分利用这段时间及时提出意见,维护自身的利益。

第三,充分调动和利用当地进口商等外部力量对外国政府施加影响。旨在限制进口的技术性贸易壁垒必然影响到当地进口商的利益,我国政府可通过进口商或当地行业协会了解新标准的真正目的,了解当地厂商、协会及政府的动态,及时作出反应,甚至利用这一力量游说其所在国的政府。

第四,积极参与国际标准的制定和修订,努力将我国具有比较优势的传统出口商品的国家标准和行业标准提升为国际标准,确立在国际市场上的优势地位。

总之,我国政府在应对技术性贸易中必须发挥它的主导作用,为企业营造一个良好的对外贸易环境。

四、我国企业应对技术性贸易壁垒的对策

各种技术性贸易壁垒在限制我国企业产品出口的同时,也给企业带来了前所未有的机遇。国际标准化组织颁布的各种国际标准都是帮助企业提升系统竞争能力的标准和依据。市场的机会决定一时,企业的能力决定长久。因此,对于我国企业特别是中小型企业,要积极应对各种TBT,从根本上提高自身产品的出口竞争力。具体来说,我国各类企业应对技术贸易壁垒的对策如下:

第一,科技为本,从根本上提高出口产品的竞争力。企业能否立足于国际市场并谋得长期稳定的发展,关键要看产品质量的优劣和技术含量。企业应

该在保证产品质量和性能的前提下,不断加速进行技术改革和创新,提高产品的技术含量,增加产品的附加值,尽可能免受技术性贸易壁垒的限制。固然,技术改革和创新过程中难免会有较大的成本和物力支出,但从长远考虑还是值得的,产品科技含量和质量的提高可以避免进口国的一些技术性限制或少受一些限制。

第二,加强和改善企业管理,提升企业竞争力。加强和改善企业管理,提高科学管理水平,既是建立现代企业制度的重要组成部分,也是适应加入世贸组织、提高企业国际竞争力的重要途径。只有通过改善企业管理,提高自身的竞争力,才有可能逐步在竞争中脱颖而出,增强对抗技术性贸易壁垒的能力。

第三,抓住技术性贸易壁垒的核心,积极参与和采用国际标准和国外先进标准。技术性贸易壁垒的核心是技术性法规和标准。当今全球化经济下,标准的作用越来越重要,标准先行者在贸易竞争中掌握了更大的主动权。企业应尽可能提高产品技术标准总体水平,增强企业标准化意识,加强收集、整理和研究世界先进国家和国家组织的相关技术法规、标准并结合自己的产品对相关法规和标准中的内容进行吸收,严格按标准生产,增强自身产品应对进口国技术性贸易壁垒的能力。

第四,研究国外技术标准与认证体系,申请国际认证及贸易对象国的认证,取得通往国际市场的通行证。采用国际标准是冲破技术壁垒的有效手段。对于我国企业的大多数产品而言,获取产品安全认证是保证自身产品顺利进入国外市场并被认可的重要途径之一。我国各类制造企业要加强收集和研究各国与国际组织的技术法规、标准、检验与认证制度,把与企业出口商品相关的内容加以吸收,并制定到自己的产品标准中去,严格按照标准组织生产,使自己的产品具有穿透对方技术壁垒的能力。企业也应了解认证的相关知识,与有经验的认证检测机构或技术咨询机构建立联系,尽早全面地为产品取得通行证,避免受阻。

第五,改变企业的投资方式。为绕开国外复杂繁琐的技术壁垒,我国企业可以采取直接投资、间接投资等方式进行跨国经营。通过合资、独资、收购、兼并、投资等手段,发展国际化经营规模。先进的技术、生产标准以及品牌和营销渠道会促进对技术壁垒的跨越。此外,我国企业可通过东道国国内的非合资企业与跨国公司之间的协同效应、竞争模仿效应和研究开发的本地化所带来的技术转移溢出效应,实现国内企业技术的积累,跨越技术壁垒。

【参考文献】

[1] 姚志毅. 技术贸易壁垒对出口的影响：中国的检验[J]. 河北经贸大学学报, 2009(2).

[2] 卢洁. 欧美国家应对技术性贸易壁垒实践对中国出国贸易的启示[J]. 全国商情（经济理论研究）, 2009(10).

[3] 武心波. 美元贬值的背后——新战略下的一种变相的经济保护主义政策[J]. 国际观察, 2003(2).

[4] 潘志伟. 全球贸易视角中的技术性贸易壁垒[J]. 商业研究, 2004(3).

[5] 郑展鹏, 苏科五. 技术性贸易壁垒的南北比较与中国的政策选择[J]. 世界经济与政治, 2007(4).

我国进出境动植物检疫工作中存在的问题及对策

袁丽君[①]

摘　要：作为国门生物安全屏障和国家主权行为的进出境动植物检疫工作，在生物物种资源保护方面的重要作用毋庸置疑。本文概述了我国进出境动植物检疫工作对防止生物物种资源流失的重要性及存在的问题，并提出了解决对策，以期我国进出境动植物检疫对生物物种资源保护工作发挥更有效的作用。

关键词：进出境　动植物检疫　生物物种资源

生物物种资源是维持人类生存、维护国家生态安全的物质基础，是实现可持续发展战略的重要资源。然而，我国物种资源保护现状不容乐观。多年来我国生物物种资源的输出和引进基本处于失控状态。以植物物种资源为例，引进和输出数量之比超过1∶10。作为国门生物安全屏障和国家主权行为的进出境动植物检疫工作，在生物物种资源保护方面的重要作用毋庸置疑。2003年，国务院专门召开了协调会，于同年8月成立了包括国家质检总局在内的17个部委组成的生物物种资源管理部际联席会。2004年国务院发出了《关于加强生物物种资源保护和管理的通知》（国办发〔2004〕25号），明确要求建立生物物种资源出入境查验制度，加强对生物物种资源出入境的监管。2007年12月7日国务院发布了《全国生物物种资源保护与利用规划纲要》，确定了12个重点领域的近期和中长期规划任务，其中涵盖了生物物种资源出入境管理。多年来，进出境动植物检疫为防止有害生物传入传出，保护农林牧渔业生产安全、生态环境安全和人体健康作出了巨大贡献。然而，我国的进出境动植物

[①] 袁丽君（1982—　），女，山东青岛人，中国海洋大学2012级公共管理专业研究生。

检疫在生物物种资源进出境查验方面的工作尚处在初级阶段,还存在多种问题。

一、加强生物物种资源进出境查验工作的重要性

我国是世界上生物遗传资源最丰富的国家之一。据统计,我国拥有高等植物30 000余种,仅次于巴西和哥伦比亚,居世界第三位。同时,我国也是发达国家掠取生物遗传资源的重要地区。美国官方公布的一组数据显示,截至2002年6月30日,从中国引进植物资源932个、种20 140份,其中大豆4 452份,包括野生大豆168份。与此形成鲜明对比的是,我国官方记录同意提供植物资源仅仅只有2 177份。大量野生动物资源被引出或流失,其途径包括野生动物贸易、国际合作、非法走私、资源掠夺等形式。微生物资源流失的主要渠道包括外国人到我国大量采集土壤等样品;外国机构与国内科研单位合作,在我国大量采集土壤样品;出国访问学者将大批土壤样品、菌种携带出境;国内科研单位向国外合作机构提供大量微生物菌种,等等。由于从未进行过微生物资源引出的系统调查和统计,这方面的数据基本空白。

造成生物物种资源流失的因素有很多,非法进出口贸易是其中最重要的因素之一。我国出入境检疫人员在工作中多次发现和截获走私、窃取珍稀濒危动植物资源的案例。动植物检疫人员在1982年截获日本某团体在中国境内采集的昆虫标本6536号,分属13目81科,906种;植物标本4 000多份,160多种,其中部分是稀有种或新种。1985年深圳动植物检疫局截获非法走私野生动物301头。据统计,从20世纪80年代到90年代初,昆明动植物检疫局在口岸共截获9批、1 061种国家规定的濒危稀有动植物及标本。2006年3月,广东出入境检验检疫局机场检验检疫部门对出口观赏鱼、虾进行查验时,查获2袋国家Ⅱ级重点保护的濒危野生动物——红瘰疣螈共550多只。以上这些案例也许只是冰山一角,可能有更多的生物物种资源未被查获而非法出境,暗示了生物物种资源非法出入境的严峻形势,特别是边境区域的非法贸易更为猖狂。据调查,在云南边境地区涉及活体和产品贸易的野生动物有134种,鸟类54种,隶属11目、17科及2亚科;爬行动物47种,隶属3目、16科;哺乳动物33种,隶属6目16科。因此,出于生物物种资源保护目的的进出境动植物检疫工作的意义和责任都十分重大。为了减少和防止我国生物物种资源外流,进出境动植物检疫工作亟须加强。

二、在生物物种资源进出境查验工作中存在的问题

（一）没有完善的法律法规支持进出境动植物检疫在物种资源保护方面的工作

我国尚未建立完善、科学的生物多样性保护法律体系，仅有针对某一特定生物资源的强制性保护立法，进出境动植物检疫的专属法律法规仅《进出境动植物检疫法》及其实施条例。首先，其中对进出境动植物检疫的目的仅限在"为防止动物传染病、寄生虫病和植物危险性病、虫、杂草以及其他有害生物传入、传出国境"，对进出境动植物检疫在物种资源保护方面的职责范围没有明确的界定。其次是对于进出境动植物及其产品仅列出了禁止进境物，而未对哪些动植物产品禁止出境做出界定，从而未赋予进出境动植物检疫机构出于生物物种资源保护而禁止某些动植物及其产品出境的权利。进出境检疫机构开展生物物种资源进出境查验所依靠的仅仅是2004年国务院办公厅发布的《关于加强生物物种资源保护和管理的通知》（国办发〔2004〕25号）。仅凭单一的一部法规来指导、规范和管理我国如此庞大、复杂的生物物种资源查验工作是不完善的。

（二）生物物种资源进出境口岸查验系统还不健全

根据国务院2004年通知，检验检疫机构负责物种资源口岸查验工作。目前，国家质检总局关于生物物种资源进出境查验的政策法规研究和技术开发研究正在紧锣密鼓地进行，各直属检疫局也把该项工作纳入了新增工作的重点内容。多个直属局针对生物物种资源通过携带、邮寄等方式流失严重现象成立了专门的邮检部门，但相应的生物物种资源查验体制和操作规程尚未建立，没有明确的规章制度、方式方法和标准，而且没有专门的生物物种资源鉴定实验室，缺乏专业的人才和鉴定技术，也没有和其他科研机构建立广泛的合作机制，难以快速、准确鉴定生物物种。不法分子通常以普通货物的名义申请、报检和通关，将我国生物物种携带或出口到国外。

（三）相关各部门之间没有形成良好的协调配合机制

根据党中央和国务院的精神，我国自2003年起建立了国家生物物种资源保护部际联席会议制度，国家17个政府部门参加了此项工作，共同保护我国的物种资源，在物种资源保护和利用上取得了一定成效，但各部门之间没有形成良好的协调配合机制。以我国濒危物种的进出口管理为例，目前我国濒危物种的进出口管理工作主要由林业部的濒管办负责。濒危物种进出口审批、

检验、放行等程序复杂,工作量大,涉及的部门多,存在权力的交叉和重复。

三、完善进出境动植物检疫工作对策

我国政府已充分认识生物物种资源保护和管理的重要性、紧迫性和艰巨性,已经采取了相应措施来加强生物物种资源的进出境管理工作。鉴于当前的形势和生物物种资源进出境查验工作上仍存在的不足,这里对我国针对生物物种资源进出境管理的动植物检疫工作提出几点对策。

(一)尽快修订完善立法

第一,我国法律修订周期一般是10~15年,动植物检疫法和实施条例已分别实施了约22年和17年。根据我国在物种资源保护和进出境管理方面法律法规上存在的漏洞,应借鉴国外的经验,将修订动植物检疫法及其实施条例提上议事日程,尽快完善相关法律法规的修订工作,做到有法可依。第二,完善出于生物物种资源保护目的的进出境动植物检疫文件体系建设。进出境动植物检疫作为行政执法工作,法律法规是最为重要的基础,是制定各层级执法依据文件的根基;规章和规范性文件是执法依据体系的主干,是执行法律法规的重要依据;技术规范是内部操作规范,是开展具体业务工作的方法指南。要做好生物物种资源的进出境查验,还需要在完善法律法规的基础上,建立一套完整的文件体系。要加大执法监督的力度,严格执行申请、审批、签发、报检、报关等程序,对违规携带我国生物物种资源出境者予以重罚。

(二)应建立起完善的生物物种资源进出境管理体系

建立起完善的生物物种资源进出境管理体系,使各部门既能各负其责,又能分工协作、紧密配合。生物物种资源保护涉及17个部门。各部门都在积极努力,为保护和持续利用物种资源制定了本部门的政策、法规、行动计划和方案,但要做好出入境生物物种查验工作,防止出现权力的交叉和重复问题,必须建立起完善的生物物种资源进出境管理体系。

以美国的濒危物种进出境管理工作为例,美国濒危物种进出口的管理机构是内政部鱼和野生动物管理局,下设19个处室,包括管理处、科学处和执法处。管理处在执行CITES公约(濒危动植物物种国际贸易公约,以下同)方面起到关键作用,它负责制定美国执行CITES公约的有关政策、规定,审批和签发进出口许可证,为CITES公约和秘书处准备年度报告,并负责CITES公约成员国大会的筹备工作。科学处同管理处紧密配合,为管理机构提供大量的咨询,并共同提出一些标准和建议。执法处主要是从法律的角度保证CITES

公约的执行,他们派驻特派员和检查员到各个动植物进出口口岸,与海关密切配合检查进出境的动植物及产品,同时负责发放经管理处批准的许可证。为了更好地执行 CITES 公约,鱼和野生动物管理局还与海关、农业部、商业部动物园协会等政府和民间机构保持合作。在指定的动植物进出境口岸,农业部的植物检疫部门不仅为派驻口岸的执法人员鉴别物种,还提供农业部的允许进出境检疫证明。

(三)在现有基础之上尽快建立健全口岸查验体系

充分利用进出境动植物检疫机构现有的技术、人员优势,做好针对生物物种资源的出入境查验工作的技术与人员支持。一方面,作为技术执法部门,进出境动植物检疫机构有架构完整的检疫物鉴定检测实验室,稍加改造即可用于生物物种资源鉴定;有完善的进出境动植物检疫查验程序可供建立生物物种资源口岸查验程序借鉴。另一方面,目前我国从事生物物种资源查验的大多为以前从植物检疫、森林检疫及动物检疫的人员,有生物物种资源保护意识,经过培训可以快速掌握物种资源查验工作。这些条件为进出境动植物检疫机构尽快建立健全口岸查验体系提供了良好的技术和人员基础。结合口岸查验工作的实际情况,目前进出境动植物检疫机构最为欠缺的是生物物种资源进出境查验规程和标准和专设的查验机构。进出境动植物检疫机构应加大精力、人力、物力的投入,加快配套实验室建立,强化物种资源保护专业人才培养,着力进行查验方法改进,在现有基础之上建立健全口岸查验体系。

【参考文献】

[1] 薛达元. 遗传资源获取与惠益分享:背景、进展与挑战 [J]. 中国生物多样性,2007(15).

[2] 张呈伟,韩彤. 生物物种资源出入境查验存在的问题及对策 [J]. 现代农业科技,2009(20).

[3] 伏建国,安榆林. 我国濒危物种的进出口管理和查验 [J]. 植物检疫,2007,21(S1).

[4] 胡嘉滨,毕波,郭伟. 论我国生物多样性保护和可持续利用法律体系的重构 [J]. 国土与自然资源研究,2002(2).

[5] 莫晓凤. 刍议生物物种资源出入境查验 [J]. 中国检验检疫,2009(9).

[6] 马驹如,王占云,刘元等. 美国濒危物种进出口管理工作 [J]. 世界林业研究,1990(2).

浅论西方公共管理理论视角下的海关关税管理工作

徐 辉[①]

摘 要: 新公共管理理论和新公共服务理论是当代西方行政改革运动的主流指导思想,在此理论框架下考量我国行政改革工作,对于审视传统观念、排查现存问题、探寻解决道路等方面都提供了很多有益的可选项。本文以海关税收征管工作为研究对象,认为在这一领域的转变职能和简政放权改革中,借鉴上述理论中的合理部分,可以从四个方面着手实施:一是强调市场意识,培育社会力量辅助执法;二是摒弃指标化管理;三是再造流程,理顺机构职责分工;四是加强政务信息公开。

关键词: 新公共管理 新公共服务 海关关税管理 转变职能 简政放权

海关作为进出境管理机关,其使命是充分履行为国把关的职责,同时在严密监管的同时做好服务经济的工作。海关行政改革的方向是规范、简化通关手续,在保证有效监管的同时,为企业提供更为高效便捷的服务,这体现了简政放权、转变职能的思路。在当代西方行政科学领域中,"政府瘦身"是学界对于行政改革趋向的主流意见之一。本文试图从西方公共管理研究领域中的有关理论入手,对海关关税管理工作简政放权、转变职能提出个人的认识和思考。

一、西方公共管理理论简述

(一)新公共管理理论简述

新公共管理是20世纪80年代以来兴盛于英、美等西方国家的一种新的

[①] 徐辉(1981—),男,山东威海人,中国海洋大学2011级公共管理专业研究生。

公共行政理论和管理模式,也是近年来西方国家行政改革的主要指导思想之一。它以现代经济学为自己的理论基础,主张在政府等公共部门广泛采用私营部门成功的管理方法和竞争机制,重视公共服务的产出,强调文官对社会公众的响应力和政治敏锐性,倡导在人员录用、任期、工资及其他人事行政环节上实行更加灵活、富有成效的管理。

新公共管理作为一种新的管理模式,其理论基础与以往的行政理论有很大的区别。如果说传统的公共行政以威尔逊、古德诺的政治—行政二分论和韦伯的科层制论为其理论支撑点的话,新公共管理则以现代经济学与私营企业管理理论和方法作为自己的理论基础。所以那些已经和正在为私营部门所成功地运用着的管理方法,如绩效管理、目标管理、组织发展、人力资源开发等并非为私营部门所独有,它们完全可以运用到公有部门的管理中。

(二)新公共管理的理论主张

第一,政府职能由"划桨"转为"掌舵",这是该理论的核心理念。新公共管理主张政府在公共行政中应该只是制定政策而不是执行政策,政府应该把管理和具体操作分开,也就是说政府的角色应是"掌舵",而不是"划桨"。他们认为传统政府低效的一个重要原因就是忙于"划桨"而忘了"掌舵",做了许多做不了、做不好、舍本求末的事情。至于"掌舵"的主要途径,新公共管理认为要通过重新塑造市场,不停地向私人部门施加各种可行和有利的影响,让其以"划桨"的方式来进行。

第二,新公共管理重视服务质量和顾客满意度,由自上而下的控制转向争取成员的认同和争取对组织使命和工作绩效的认同。

第三,新公共管理要求缩小政府管辖的空间范围。其活动内容只是提供那些市场做不了也做不好的服务,即提供具有非排他性的公共产品和服务。当然,政府的"小"只是空间范围上的小,并不意味着政府能力以及竞争力的弱小。

第四,在公共管理中引入竞争机制。传统公共行政力图建立等级森严的强势政府,强调扩张政府的行政干预。新公共管理则主张政府管理应广泛引入市场竞争机制,通过市场测试让更多的私营部门参与公共服务的提供,提高服务供给的质量和效率,实现成本的节省,以竞争求生存,以竞争求质量,以竞争求效率。

(三)新公共服务理论对新公共管理理论的发展和扬弃

新公共管理理论的产生,为政府改革注入了新鲜血液。然而,新公共管理的思想并没有涵盖当今政府在实践中所应该涵盖的基本理念,而且新公共管理过分强调市场机制的作用,过分强调政府向企业学习、用企业提供商品的方式提供公共服务,忽视了公共部门与私营部门的差别,从而产生伦理上和责任上的问题。另外,在市场化过程中也出现了一些不尽如人意的腐败现象。这一切,导致公平与公正问题的凸显。因此,以美国公共管理学家登哈特夫妇为代表的一批公共管理学者基于对新公共管理理论的反思,特别是针对作为新公共管理理论之精髓的企业家政府理论缺陷的批判而建立了新公共服务理论,提出和建立了一种更加关注民主价值与公共利益、更加适合现代公共社会和公共管理实践需要的新的理论选择:一是吸收了传统公共行政的合理内容,承认新公共管理理论对于改进当代公共管理实践所具有的重要价值,但摈弃了新公共管理理论特别是企业家政府理论的原生缺陷;二是把效率和生产力置于民主、社区、公共利益等更广泛的框架体系中;三是建立一种以公共协商对话和公共利益为基础的公共服务行政。

二、海关关税管理工作中存在的问题

近年来,我国逐步成长为世界第二大经济体和第一大实货贸易体,经济实力得到显著提高。随着我国经济和对外贸易的发展,税收征管作为海关工作的四大职能之一,为服务中央财政、服务国家经济发展大局发挥了突出的作用。但是,当前海关关税管理工作仍然存在着很多与行政职能转变、国际贸易发展等要求不相适应的方面,主要表现在以下几个方面。

(一)管理理念僵化

近年来,随着市场经济的发展,"效率"与"公平"逐渐成为行政管理的价值取向,在传统监管职能基础上,促进贸易便利化成为主管机关考量海关工作、地方政府评价海关作用、人民群众认可海关公共服务的重要标准。但是,传统的"官本位"仍没有被完全摈除,"管"和"卡"仍是进行行政管理的主要手段;近年来海关系统渎职案件的多发与社会各界的关注程度提高,使个别海关具体执法人员产生"宁可多做、不可放错"的心理,造成机械执法行为的盛行。比如,在关税估价领域,对低于价格风险参数或海关不掌握其确切价格行情的进出口货物,个别审价关员往往站在"把关"立场,出于"宁可多征,不能放过"的机械执法的心理,直接以价格风险参数或不具有参考意义的价格资料向纳税义务人提出质疑,影响了估价效能,很容易引发纳税争议,降低了关税征管工作的科学性和公信力。

(二)执法依据、执法方式尚不完善

一是现有法律体系仍不能覆盖税收征管全方位与各要素,相关法律法规的"立、改、废"工作实效性不强,部分领域作业标准、制度规范缺失。比如,用于指导进出口货物分类通关的参数作业表中,与价格有关的仅包括一份价格参数表,即分类通关作业改革还未涉及对不同资信的纳税义务人的差别化审价管理。一些规定本身过于原则、笼统,缺乏可操作性,执法过程中自由裁量权过大,同一行为认定标准、认定结果、处置方式不同,导致执法不统一情况在一定范围内长期存在,同时使权力寻租有了可乘之机,进而易产生腐败问题。二是现场执法过程中,执法人员忽视程序正当性要求,"重实体、轻程序"现象仍不同程度的存在。比如,海关价格管理模式呈"纺锤状",税收工作过于依赖通关环节,通关前后的价格管理未予以足够的重视,导致征税在一定程度上仍然是通关效率的"瓶颈"。

(三)现行体制机制运行效率不高

主要体现在:以企业分类为基础,以风险管理为手段,与分类通关作业改革相适应的税收征管体制还没有完全建立,管理平均用力,效能不高的情况仍旧存在;内部管理权责分配有待优化,无论是在通关后的价格管理,还是在通关审价流程和环节中,总署与直属海关、直属海关内设部门与隶属海关、审单处与现场通关科的职责还没有完全厘清,容易发生"重复用力"的情况,浪费了行政成本;各部门、各环节协调配合不顺畅,缺乏协调机制,密切协作有效的综合治理格局尚未形成,各自为政、单打独斗现象仍不同程度存在,制约了海关管理效能的进一步提升。

(四)服务贸易便利化能力有待加强

要由过去强调"税收效率"型海关,转变为"把关与服务"并重的海关,还有很长的路要走。在"把关"与"服务"辩证关系的处理上,仍侧重于"把关",现代管理理念在日常管理过程中没有做到融会贯通,在价值取向上更多地侧重"效率"而忽略了"公平"。以海关的价格管理为例,以往的工作中,我们片面地强调海关审价工作的技术性,而对如何发挥海关审价专业技术性强的特点,从而推进对经济贸易发展的服务作用的研究不够深入。此外,纳税义务人

对审价专业知识不了解、不理解的情况比较普遍，再加上很多时候海关和纳税义务人之间还间隔了报关行、代理公司等中间环节，沟通不畅，估价投诉或争议屡屡发生，应对新情况、新矛盾的快速反应机制尚未建立，企业合理诉求缺乏有效反映途径，解决实际问题、处理矛盾纠纷能力有待提升。

三、改进海关关税管理工作的建议

毕竟，西方发达国家公共行政管理改革与我国公共行政体制改革所处的社会发展背景不同。但是，这并不影响我们在改革中吸收和借鉴西方新公共管理的某些先进思想。新公共管理理论所提出的"效率"观点和公共服务外包思路以及新公共服务理论所倡导和追求的公众参与、公正和责任等基本理念和原则，在相当程度上可与建设服务型政府理念进行有效对接。现在我们谈的"转变政府职能、继续简政放权"，是我国当前形势下保持经济持续健康发展的迫切需要和重大举措，也是经济社会发展到这一阶段的客观要求。如何转变思路，理顺职责，真正做到"该放的放掉，该管住的管好"，上述学说从理论上给我们提供了一定的指导与借鉴。

（一）建设"有限"关税部门，借助社会力量辅助执法

新公共管理理论的核心理念是把"划桨"的任务交出去，就是政府不再同时"掌舵"和"划桨"，而是把"划桨"的任务赋予更为高效率的市场，政府则专心做好"掌舵"的工作。转变职能，要尽可能为行政相对人提供直接、便捷、可靠的"一站式、一条龙"服务。但海关的工作能力是有限的，关税部门应充分发挥社会资源的优势，通过将部分权力和责任转移出去，既缓解海关工作压力，又把过于集中的矛盾、风险分散开。对技术性、服务性、辅助性的事项，如商品化验、预归类服务，逐步向中介机构和行业协会有序转移，海关凭社会组织的鉴证结果和专业技术实施管理，对其加强监督和指导，真正做到转得出、接得好。为此，海关应引入市场机制，使社会辅助力量在竞争中发展壮大。通过行政授权、委托、招投标等方式，将预归类服务、特许权使用费、化验、原产地预确定等事项分别交由具有资质的报关企业、会计师事务所、专门鉴定机构等来操作，积极引进知名的高端中介机构，促进中介服务做大做强；此外，海关也应加大对中介的指导和培育力度，建立企业内部服务质量控制系统，搭建服务系统平台，引导中介机构加强与进出口企业和海关的沟通，加大对中介机构人员的海关业务培训力度，提高其守法意识和技能水平。

（二）寓管理于服务中，摆脱指标考核理念依赖

政府应以顾客需求为导向，尊崇顾客主权，坚持服务取向。同时，政府也要摒弃以往像企业一样重视绩效考核、指标管理的做法，更加注重服务的公共属性。海关转变职能的方向应当是干好"市场干不好、干不了"的事情。因此，海关应淡化对一些税收征管的严格考核和过度要求，不再设定和追求每年的征税任务，让税收管理回归到实现对贸易活动主权体现和调节经济的杠杆本质上来；提升税政研究的广度、深度，集中力量对科学发展、国家战略和区域发展进行前瞻性和高层次研究，积极提出关税设置和调整的政策建议，发挥关税调节作用。在具体实施中就要做到不再强调"应收尽收"，而要求"不应收绝不收"和便利为先的指导理念，防止层层加码导致基层关员压力过大，两眼紧盯税收额的片面化、机械化执法现象的出现。

（三）开展业务流程再造，梳理调整各级部门职责权限

政府也需要提高效率，以提供更好的公共产品。目前，海关系统制约效率提升的主要问题是自身管理运行体制方面存在一些亟待解决的问题和不足。如：三级事权界定仍不明晰，划分比较笼统；横向业务职能的分工越来越细，各部门过度强化自身的职能；职能设置往往倾向于简单的因事设职、设岗，缺乏对整体功能的统筹考虑等等。这些问题造成现有体制看似合理且易于操作，但是结合部位容易出现壁垒，协调成本加大，作业流不畅。因此海关行政管理理念亟须更新转变。在改革中，应坚持"宽职能、少机构"的思路，建议归并过细的管理环节，剔除过多的审批环节，坚定支持一线执法的合理性，提高行政效率。

（四）加强对民众利益的保护，提高行政公开性和公正性

公共管理者在其管理公共组织和执行公共政策时应承担为公民服务和向公民放权的职责，建立一些明显具有完善整合力和回应力的公共机构。对于海关而言，主要是要做好以下几个方面工作。第一，要完善法律法规制度建设，扎紧结牢制约权力运行的"制度栅栏"，紧紧围绕海关管理环节及业务职能划分，进一步做好海关相关规章和规范性文件的立、改、废工作。第二，加强业务结合部管理，避免出现管理真空地带。例如，可以借鉴综合治税管理模式，确定相关部门为综合管理部门，负责从总体上做好牵头和协调工作，理顺各部门各环节的协调配合。第三，推进政务公开透明，主动公开归类和审价的原则、方法，以及常见进出口商品的归类，开展网上公开审批、咨询和办复。第四，建

立快速反应机制和直通热线,构建企业反映合理诉求的有效途径,提升解决实际问题能力,避免纠纷,化解矛盾。

【参考文献】

[1] 〔美〕戴维·奥斯本,特德·盖布勒.改革政府:企业家精神如何改革着公共部门[M].周敦仁译.上海:上海译文出版社,2006.

[2] 〔美〕珍妮特·V·登哈特,罗伯特·B·登哈特.新公共服务:服务而不是掌舵[M].丁煌译.北京:中国人民大学出版社,2004.

[3] 李克强.在国务院机构职能转变动员电视电话会议上的讲话[J].中国机构改革与管理,2013(6).

[4] 刘智勇.公共管理视域下工商行政管理职能转变的若干思考[J].中国工商管理研究,2013(6).

[5] 胡世文,姚明,赵翊君.新公共管理范式及其争论——《公共管理导论》述评[J].改革与开放,2012(16).

[6] 袁方成,盛元芝."新公共管理运动"的困境与转型——新西兰公共部门改革的反思及参鉴[J].公共管理学报,2011(3).

[7] 董璞砚.新公共管理理论对我国政府改革的启示[J].改革与开放,2012(2).

[8] 杨楠.新公共管理视角下的政府管理模式创新[J].人民论坛,2012(5).

[9] 李文健.海关改革与发展的价值目标——推进贸易便利与维护贸易安全不能顾此失彼[J].上海海关高等专科学校学报,2006(4).

[10] 范筱静.海关在保障全球贸易安全与便利中的定位[J].当代经济,2010(1).

组织行为学视角下的
检验检疫系统人力资源管理

战亦飞 ①

摘　要：随着社会的进步、科技的发展，人的主观能动性和创造性对组织目标的实现产生了至关重要的作用。本文从检验检疫系统人力资源管理现状入手，分析了检验检疫系统人力资源管理工作取得的成就和存在的不足，提出了改进人力资源管理工作的建议，旨在通过引入组织行为学来不断改进完善检验检疫系统人力资源管理各项工作，提高管理水平，从而提升人力资源的潜能，以保证检验检疫工作的快速稳步发展。

关键词：组织行为学　人力资源管理　检验检疫

组织行为学是从管理学中独立出的一门新兴的行为科学，是研究一定组织中的人们行为规律的科学，是提高管理人员预测、引导和控制人的行为能力、实现一定组织既定目标的科学。近年来，随着经济社会的全面发展，它已被广泛应用于人力资源管理等各项管理工作中，以发挥它在协调各方力量、促进以人为本管理方面的作用，从而最大限度地挖掘人力资源的潜力。检验检疫系统作为国家质检系统的重要组成部分，为适应经济社会发展、促进对外经济贸易的快速稳定增长需要，同时为实现十八大、十八届三中全会关于中央全面深化改革工作的一系列要求，抓住职能改革的契机，进一步完善人力资源管理的各项工作。在此基础上，将组织行为学的概念和应用理论引入到检验检疫系统人力资源管理中，更有利于整体推进领导队伍、公务员队伍和专业技术人才队伍建设，有利于创新用人机制、优化人才环境、改善人才服务，开创检验检疫系统人事工作新局面，为促进质检事业改革发展提供技术保证和人力资

---

① 战亦飞（1981—　），男，山东青岛人，中国海洋大学 2012 级公共管理专业硕士研究生。

源支持。

一、检验检验系统人力资源管理现状

检验检疫系统传统的人力资源管理是以事为中心、以事论人,管理的目的就是控制人,被管理者只能被动接受领导者意志,根据上级的要求来开展工作。作为检验检疫系统的基层工作者,在服从上级指令开展工作的同时,也面对着大量的进出口生产企业、代理商以及亿万进出境人员和货物。依靠单一的工作指令来开展繁重的检验检疫业务,使个人的主观能力受到了很大局限,导致效率低下,影响了检验检疫事业的开展,同时也对对外经济贸易的发展产生了不利的影响。随着社会的发展、信息时代的到来,对人力资源管理提出越来越高的要求,人的能动性、创新性对工作的贡献越来越大。随着对专业人才技能的需求越来越高,检验检疫系统新进人员的素质也大幅度提高,包括学历、思维能力、专业水平都有了不同程度的提升。随着我国加入WTO,国家经济结构逐渐转型,我国的对外贸易从出口的低技术含量产品逐渐向高技术含量产品发展,带来了利润的大幅度增长。与此同时,我国从境外进口的产品科技含量也越来越高,这对验检疫执法把关工作人员的数量和业务素质提出了更高的要求。工作人员数量的增多,对外贸易经济的迅速发展,需要检验检验系统人力资源管理进一步完善。

(一)检验检疫系统人力资源管理工作取得的成就

随着国家和社会对检验检疫工作的认可和支持,近些年来,检验检疫人力资源管理工作得到了飞速发展。国家质检总局每年通过国家公务员考试对应届毕业生和社会在职人员进行考录,专业涉及医学、动物学、植物学、食品、化工、纺织、机电、外语、法律、计算机等多个学科;同时面向社会招考高学历、专业技能强的事业编工作人员,用于补充工业品、农产品、食品实验室以及国际旅行卫生保健中心等专业部门,目前全国检验检疫系统职工超过3万人,分布在全国各口岸及开展进出口贸易的城市。检验检疫系统对新进人员实行高标准招录、严要求使用的方式,对新进人员在业务技能、道德水准和专业素养方面实施全面考核,新进人员在工作中必须通过初任培训考试,并且经历一年的试用期,依靠扎实的专业技能做到严格把关、热情服务,确保能够成为合格的检验检疫工作者才能通过试用评议,成为一名正式员工。根据质检总局规定,检验检疫工作人员要根据相应的岗位经过岗位培训并考取岗位资格证后方允许上岗开展工作,这就要求在岗人员必须具备熟练的专业技能和业务知识,从而保证检验检疫执法把关的专业性和严肃性。

(二)检验检疫系统人力资源管理工作存在的不足

随着进出口贸易的增长和出入境人员数量的增加,检验检疫系统人力资源管理工作存在的不足日益明显,主要表现在人力资源结构不合理,包括人员专业结构不合理和知识文化层次结构不合理;专业技能教育培训不能满足业务发展需要;人员分布不合理,导致有的部门人手紧缺,有的部门人员数量臃肿;缺乏有效的奖惩机制,忽视"以人为本"的观念。

只有人尽其才,方能物尽其用。因此,现代人力资源管理必须以"人"为中心开展工作,解决好"人"与"工作"的和谐统一,建立起以人为本的管理体系,从而有效地激发人的工作积极性,最大限度地发挥人的主动性和创造性。组织行为学正是以人为中心,通过把握人的行为规律来引导控制人的行为能力,调动人的主动性和创造性,变被动为主动,从而实现领导者的期望目标,继而实现检验检疫工作既定的目标,促进检验检疫系统各项工作取得最优成果。

二、在组织行为学基础上开展人力资源管理工作

(一)加强思想政治教育,是做好人力资源管理的前提

在人力资源管理工作中,必须加强人的思想政治教育,把握住人的思想脉搏。特别是随着社会发展的日趋多元化,一部分人的价值观、人生观发生了很大变化,社会责任感日益淡化,以自我为中心,将个人利益凌驾于社会整体利益之上。如何加强思想政治教育,增强工作责任心的主动意识,是检验检疫系统人力资源管理中迫切亟须解决的问题。

要做好思想政治教育工作,应坚持因势利导的原则,正确引导人的思想朝着积极向上的方向发展;必须坚持循循善诱、自觉启迪的方针,避免一切简单粗暴的手段。检验检疫系统人力资源管理面对的是具有千差万别的人,因此,思想政治教育工作的方式方法也应灵活多变,具体问题具体分析,既要坚持原则,又要动之以情、晓之以理。只有这样,才会有效激发被管理者的内在动力,也才能化解思想抵触情绪。同时,作为人力资源的管理者,要做到与群众打成一片,深入基层了解被管理者的基本情况和思想动态,及时协调处理好各方关系,将一些思想问题消灭在萌芽状态。只有这样,才能让各岗位工作人员真正树立起责任意识,培养良好的工作作风和全心全意为国把关、为民服务的观念。

（二）重视研究个体需要,是做好人力资源管理的核心

美国心理学家马斯洛把人的需求分为五个层次,这些层次由低到高分别是生理需求、安全的需要、社交的需要、尊重的需要和自我实现的需要。马斯洛研究发现,当人的基本需求得到满足时,会对行为产生一定的动力,并且在一种需要被满足后会向更高一级的需求迈进。根据马斯洛的需求层次理论,人的需求是人的行为的动力源泉。人力资源管理就是要根据个体的不同层面的需求,采取不同的手段和方法,对人的行为加以引导和控制,以实现整体的目标。而组织行为学的核心内容就是从个人需要和利益出发,研究满足这些需要的方式方法。

随着全球一体化进程的发展、国际贸易的日益频繁,进出口货物数量价值大幅度提升,对检验检疫系统提出的要求也越来越高。进出口商品检测种类、标准、质量的变化,出入境人员疫情防控要求的提高,国际动植物疫情传播风险的加大,加剧了检验检疫系统人力资源的紧张程度。在此背景下,检验检疫系统的个体情况关系着整个系统事业的成败。因此,作为系统的管理者必须主动走到被管理者中间,掌握每个人的生活状况,关心他们的生活、工作等各个方面的问题,真正从每个被管理者的角度出发,创造一切可能的条件,为他们分忧解难,维护他们的切身利益,从而增强每个人的集体观念、提高其工作积极性。由于个体的性格爱好、工作能力等方面的不同,对工作的贡献程度也不相同,因此管理者必须重视每个个体的特点,实行人性化的管理。管理者应创造一个团结友善的工作环境,建立健全相关规章制度,使被管理者能得到身心健康发展,从而提高工作的积极性和主动性。其次,应以表扬鼓励为主,批评惩罚为辅。管理者的赏罚分明可使个体具有强烈的荣誉感和成就感,从而进一步提升主动责任意识,增加其社会责任感。再次,在了解每个被管理者的知识结构和业务素质的基础上创造条件,鼓励他们提高自己的文化水平和专业技能,增强服务社会的能力。总之,要最大限度地发挥被管理者的积极性,挖掘其潜在的能力,就必须发挥激励的作用,激发工作热情,引导塑造正确的价值观和人生观,向检验检疫系统管理目标的方向发展。

（三）构建正向系统文化,是做好人力资源管理的依托

组织行为学认为,影响个人行为的因素都跟组织文化密切相关,个体的行为是管理者必须把握的对象。检验检疫系统自身形成的文化氛围可以无形地影响人的价值观和思维方式,可以实现自我价值,使人积极向上、富有生气、友

好和谐,从而满足个体精神需求,激发工作潜能;积极的组织行为能带动被管理者的工作积极性,提高工作满意度和成就感;反过来,工作的满意度和成就感又会加固个体对组织的忠诚度和归属感。积极向上的组织行为也有利于促进被管理者形成共同价值链理念,构筑一种和谐默契的组织氛围。

检验检疫系统文化建设是一项系统工程,需要统筹规划,依靠建立长效机制,有重点、全方位地稳步推进。首先,应建立新型人力资源管理体制,反对任人唯亲的用人机制,构建以检验检疫文化为中心的人力资源管理体系,积极创建以优秀党团员为主的学习型组织,形成有利于人才成长的文化氛围。其次,要建立平等民主的人际关系,促进组织与成员的双向交流,让管理者了解成员的需求、被管理者了解组织的状况,加强彼此的沟通,增强组织的凝聚力和向心力。另外,建立绩效为标准的薪酬制度,形成能者上、庸者下的人员流动机制,实现系统内部的公平分配,激发被管理者的主动为组织发展出谋划策的积极性和创造性。

三、改进人力资源管理工作的建议

为适应业务发展的需要,检验检疫系统人力资源管理工作应进一步完善,坚持把推动检验检疫事业发展作为人事工作的根本出发点和落脚点,做到人力资源发展和事业发展规划、人才素质提高和工作质量提升紧密结合,牢牢把握"抓质量、保安全、促发展、强质检"的方针,将个人工作情况与绩效考核紧密挂钩、统筹安排、和谐发展。根据工作实际和组织行为学理论,在人力资源管理工作中提出如下几点建议。

(一)合理规划配置人力资源

检验检疫系统应根据自身工作需要对人力资源进行合理规划配置,包括依据人员专业层次分为专家型人才、专业型分类人才和辅助型人才;建立任职资格机制,通过岗前培训、岗位资格考试和岗位年检等方式来强化岗位资质;加快人员岗位交流,根据检验检疫系统各部门工作特点建立畅通的人才交流通道,实行有效的干部职工交流制度,既有助于使工作人员全面了解掌握各项业务,同时有助于减少执法不严的不良现象;建立人力资源实时分析模型,对人力资源现状进行分析,从而判定现有人力资源配置是否合理,进而对现有人员进行优化配置,实现人力资源与质量效率的统一。

(二)加强教育开发人力资源

为有效提升人力资源的文化水平和专业技能,检验检疫系统应根据自身情况加大现有人力资源的教育培训力度,根据不同层次针对性开展教育培训工作,做到员工的文化水平和专业技能共同提高;同时,要注重职业道德和爱岗敬业教育,培养检验检疫工作人员良好的职业道德,使检验检疫工作人员自觉地将个人工作目标与单位和国家的发展目标相结合起来。要广泛开展业务知识技能培训和"岗位大比武"活动,分门别类地针对行政岗位人员和专业技术人员进行培训,形成业务工作上你追我赶、互不示弱的良好工作风气,以提高工作人员的专业素质和水平。

(三)建立构建科学的考评体系

检验检疫作为涉外技术执法部门,具有自身工作特点,首先是涉外性强。检验检疫系统所开展的各项业务工作都是围绕进出口货物、出入境交通工具和出入境人员开展的,每一个环节都涉及国家对外的层面上;其次是责任重大。检验检疫系统作为我国执法把关的重要部门,所有工作都关系着国家对外贸易的发展、国民的健康安全和农林牧业生产安全,任何一个微小的疏忽都可能给国家人民带来巨大的危害。因此,检验检疫系统应根据实际对各岗位工作的不同情况进行分析,明确各岗位的目标、职责、工作流程、专业要求等,并以此为依据实行量化考核、动态评价,完善激励制度,明确岗位工作职责和风险防控措施。

科学的考评体系能够不断实现检验检疫系统工作的规范化、提高执法把关能力和服务水平,其具体表现在:一是能够规范检验检疫系统内部管理;二是可以促进和完善检验检疫工作机制的建立;三是能够增强工作人员的积极性和主动性;四是有利于树立检验检疫系统良好的形象。

(四)建立有效的激励机制

通过检验检疫系统自身的不断完善,全系统工作人员的工作条件逐步完善,但同时应注重建立有效的激励措施。

第一,提高物质激励。物质奖励是肯定工作者工作成绩并对其产生激励的一种有效措施,检验检疫系统应根据岗位特点,采取与人才贡献相适应的激励措施,包括根据工作业绩发放绩效奖金等措施,通过实现"多劳多得"的奖励方式来提高工作人员的积极性。

第二,重视精神奖励。检验检疫系统应根据自身文化特色对工作中表现优异的人员实施精神奖励,从而激发工作者的工作热情和大局意识,通过记功、授予荣誉称号乃至职务晋升等措施,使个人的发展与系统的发展紧密结合,激励全系统职工在工作中实现自我价值。

第三,鼓励参与管理。参与管理是一项能够有效调动工作人员积极性的激励手段,让工作人员参与决策人事、财务、基建等重大事项,既能提高工作人员的管理决策能力,又能增强检验检疫系统的凝聚力和向心力。

随着科学技术的进步和经济社会的发展,现代人力资源管理已经变被动为主动开发策略式管理,它强调以人为本,重视发挥个体的创造力和凝聚力。在加入WTO实现全球经济一体化发展以后,面对日益增加的压力,检验检疫系统必须对自身进行及时调整以适应改革需求。这就要求检验检疫系统的管理者和决策者必须在新形势、新环境下,借鉴国内外先进经验,围绕人力资源规划、人员教育培训、绩效考核评估、激励机制建设等方面进行研究分析,不断采取新的方式方法,提出创新构想,综合运用组织行为学的理论方法,对检验检疫系统内部资源进行合理的安排。要遵循科学发展、可持续发展的原则,建立人才发展的良好环境,建立科学的人才评价体系和制度,使系统的人力资源管理更上一个新的台阶,实现检验检疫事业的快速稳步发展。

【参考文献】

[1] 张德. 组织行为学 [M]. 北京:高等教育出版社,1999.

[2] 侯光明. 人力资源管理 [M]. 北京:高等教育出版社,2009.

[3] 〔美〕加里·德斯勒. 人力资源管理 [M]. 曾湘泉译. 北京:高等教育出版社,2006.

[4] 王志民,黄永木. 检验检疫人力资源管理模式研究 [J]. 检验检疫科学,2005(4).

[5] 李家存. 山东检验检疫系统人力资源开发与管理初探 [J]. 中国石油大学学报,2007.

产品质量监督管理抽查制度的有效性研究

刘立明[①]

摘　要：近年来我国在经济高速发展的同时，质量事件也在不断出现，大大小小的问题不断刷新各大新闻版面，刺激人们的眼球，引起社会关注。这是多重原因综合作用的结果，但其中的许多问题都与我国产品质量监督抽查制度存在的问题有关，因此，有必要对我国产品质量监督抽查制度的有效性问题进行深入的探讨。本文主要是从产品质量监督抽查制度的现状入手，深入分析产品质量监督抽查中存在的问题以及产生这些问题的原因，最终提出提高产品质量监督抽查制度有效性的途径。

关键词：产品质量　监督管理　抽查制度　有效性

产品质量监督抽查作为我国产品质量法明确确定的一种产品质量监督手段，在现阶段如何更加有效地实施关系到我们国家人民群众的切身利益。国家对产品质量实行以抽查为主要方式的监督检查制度，对可能危及人体健康和人身、财产安全的产品，影响国计民生的重要工业产品以及消费者、有关组织反映有质量问题的产品进行抽查。国家质检总局在2010年12月29日第133号令公布《产品质量监督抽查管理办法》，以规章制度形式来规范产品质量监督抽查，新办法自2011年2月1日正式施行。同时相关产品抽查的实施细则也陆续出台。为了更好地实施产品质量监督抽查，提高监督抽查的有效性，我们有必要对我国现行的产品质量监督抽查有效性问题进行总结和分析，并进一步寻找提高监督抽查有效性的办法，这也是本文的初衷和研究重点。

[①] 刘立明（1983—　），男，山东东营人，中国海洋大学2012级公共管理专业研究生。

一、产品质量监督抽制度的现状分析

我国从 20 世纪 80 年代中期就建立了产品质量监督抽查机制,经过 30 年的建立、发展和完善,在各级政府、有关部门、有关组织和社会各界的共同努力下,在维护市场经济正常秩序、促进企业加强企业质量管理、促使行业质量水平的提高、向社会提供可靠的质量信息以及推动质监事业的快速发展等多个方面起到了至关重要的作用,在我国经济和社会生活中发挥了积极的作用,其影响力越来越深入人心。尤其是近年来,全国质检系统上下联动、及时有效开展的产品质量国家监督抽查,在食品质量安全监管和应对处理突发事件方面,发挥着重要的作用,为有效维护经济健康发展和社会稳定作出了重要贡献。一些产品通过多次的监督抽查后,产品的抽样合格率有了明显的提升。实践证明,这是我国产品质量管理的一种有效手段。

尽管监督抽查已经形成了完整的工作程序,而且这个程序也在日趋完善,各级质监部门也在严格按照已经形成的工作程序进行着每一次的监督抽查,并根据监督抽查的进行不断总结,对各种产品的监督抽查制定了相对完整的抽查实施细则,但仍存在以下问题。

(一)抽样人员资质的问题

经济的快速发展对产品质量的监管工作提出了越来越高的要求,尤其对质检人员的要求越来越高。由于各方面的原因,质监系统人员不足的问题逐日凸显。监督抽查相关法律法规和管理办法规定,监督抽查抽样必须由两名以上具有监督抽查资质的人员共同进行。部分质检机构因为人员不足,或者具有抽样资质的人员不足以及监督抽查时间紧任务重等多方面的原因,指派没有资质的人员参与监督抽查抽样,有的出现了一名有资质的工作人员加一名司机的抽样搭档进行抽样工作,甚至出现了所有抽样人员都无证上岗的现象。这些现象的存在不仅违反了相关法律法规,并且给监督抽查工作留下了隐患。

另外,也存在部分检验人员虽然通过培训考核取得了抽样人员的资质证书,但是由于缺乏后期继续教育培训和学习,导致业务不精甚至荒废的现象。对于抽样人员的培训是连续的、不可缺少的,所有参与抽样的人员必须经过上级部门的培训考核,合格后方能持证上岗。对于抽样标准的理解和执行是抽样人员必须弄明白的问题,一知半解是最不可取的。通常在监督抽查任务下达后,要集中对所抽产品标准进行分析,对抽样规范进行研究,确保能够应对现场发生的各种复杂问题。

（二）未抽到样品的问题

自从监督抽查实施以来，各省市根据《产品质量法》的要求，都为适合本地经济发展和质监工作的需要制定了监管区域内的监督抽查实施规范。各地的监督抽查规范都对不得抽样的情况进行了详细介绍，例如《山东省产品质量监督抽查工作规范（试行）》明确规定了不能抽样的8种情况，但是根据笔者多次参加的国家级、省市级监督抽查的经验和对同行实施的监督抽查进行分析发现，几乎每次监督抽查都有部分企业存在非上述8种情况下抽不到样品的情况，或者即使抽到样品也不能真实反映该企业实际生产水平的问题。造成这种现象的原因有很多，总结如下：一是部分企业近期确实未生产，提供不了样品；二是企业拒绝抽查，不能抽到样品；三是企业逃避抽查，无法按规定抽取样品；四是样品不能代表企业的真实质量水平。

（三）"随意抽样"的问题

监督抽查抽样检验是相对于全数检验而言的，以"批"为处理对象抽样是假设检验的具体应用，以部分推断全体对整批质量作出合格与不合格的判定，这就要求监督抽查要承担由于推断失误所造成的生产方和使用方的风险。各级法律法规和抽样标准都要求，产品质量监督抽查的抽样要随机抽取，而现实中却存在以随意抽样代替随机抽样的问题。有的抽样人员没有很好地掌握随机抽样的方法或者对随机抽样的标准和规定不认真执行；有的抽样人员为了抽样的方便，从样品库中相邻的位置直接抽样；更有甚者为了某方面的利益，预先观察样品，有目的地挑选合格或者不合格的样品进行抽样。这样用随意抽样获得的样本检验结论不能真实地反映产品的质量水平，这是不科学、不准确的。随意抽取的样品检验结论只能代表样本的质量状况，不能一次推断批的质量，而质监部门在进行处理时，对不合格的样本按批产量进行处罚，对于企业是有利的但对合格产品的放行则大大增加了产品使用方的风险，是对消费者不负责任。因此，抽样失去了随机性就会使监督抽查失去了有效性，不仅造成了人、财、物的大量浪费，还增加了生产方和使用方的风险，对生产者、消费者和管理者都是不负责任的行为。

二、影响产品质量监督抽查制度有效性的原因分析

（一）体制层面的原因

第一，属地管理和计划不统一与全国统一市场之间的矛盾。目前，我国的

产品市场是一个相对开放的市场,部分产品在全国范围内流通很广,计划交叉重复与全国大市场的格局就出现了产品质量的重复监督抽查问题。一是中央与地方产品质量监督管理部门、各省之间单独制订产品质量监督抽查计划,行政职能交叉的领域多个行政部门重复管理,各自制订产品质量监督抽查计划,在制订计划之前,相互之间没有一套沟通机制;二是我国产品质量监督管理部门实行的是四级管理体制,省级以下实施垂直管理,由于管理层级多,信息传递不畅,上下级之间的检查情况不能及时传递;三是同级政府管理部门由于行政不相隶属,相互之间无法协调,没有信息传递的渠道,同级政府产品质量监督部门只对本级政府负责,造成各自为战、重复检查。

第二,过度分权导致的政令不畅。由于中央政府不断地向地方分权,扩大地方自主权,地方也在逐级下放权力,使上级政府对下级政府的行政领导能力减弱,出现上有政策、下有对策、令行不止的现象,滋生了地方保护主义。就产品质量监督抽查为例,地方质量技术监督部,为了地方经济的发展,保护地方企业,对本行政区内的企业不进行有效的监管,对违反产品质量法的行为处罚力度不够或不予处罚;对进入本行政区域内的产品强加以不应有的监管,利用行政自由裁量权加大处罚力度,造成作为市场主体的企业在该地区处于不平等的竞争环境中,而且出现了在多个地区流通的产品被重复监管,企业的产品流通越广,被重复监管的程度越严重。

(二)技术层面

第一,信息系统建设比较落后,在质量监督抽查领域中,信息大多是单向运行的。制度设计中的缺漏,加上人为因素的干扰,极大地影响了信息传递的及时性和准确度。上情不能及时下达,下情不能准确上传,这种信息传递和反馈的滞后与失真,必然会导致上级难以对下级产品质量监督抽查情况作出准确的判断和评价,进而无法对下级的失范行为进行有效的制约和监督。

第二,产品质量检验机构水平参差不齐。产品质量监督检验机构有:国家产品质量监督管理部门和行业管理部门依法授权的国家产品质量监督检验中心和行业产品质量监督检验中心,这些机构一般授权在国家级的研究院所、大专院校,技术力量强;省级产品质量监督管理部门依法设置的产品质量监督检验所(院),属于综合的技术机构,依法授权的产品质量监督检验站,一般授权在省级的科研院所,技术力量弱于国家产品质量监督检验中心;市县级产品质量监督管理部门依法设置的产品质量监督检验所,这些所大多为综合检验机构,技术力量相对较弱,能检验的产品品种少。水平不同检验机构的检验结果可能出现同一产品,不同的检验结果。

三、提高产品质量监督抽查制度有效性的方案设计

提高产品质量监督抽查有效性的途径,主要应从发现问题的几个原因出发,从大到小,从政策到技术,从理论到实践,层层推进,最终才能达到目的。

(一)进一步深化行政体制改革

新中国成立以来我国进行了多次行政体制改革,产品质量行政管理部门是历次改革的重点,特别是1998年的改革力度最大。省级产品质量行政管理部门的主要领导需征得国家产品质量行政管理部门的同意,由省级人大任命,省级以下实行垂直领导。但是,随着社会主义市场经济的不断完善,我国行政体制的变革远远落后经济体制的变革,制约了社会主义市场经济的发展,应"完善行政执法体系,行业自律、舆论监督、群众参与相结合的市场监管体系,健全产品质量监管机制,严厉打击制假售假、商业欺诈等违法行为,维护和健全市场秩序"。"加快形成行为规范、运转协调、公正透明、廉洁高效的行政管理体制进一步调整各级政府机构设置,理顺职能分工,实现政府职责、机构和编制的法定化"。所以,必须进一步加强行政机构的改革,加大产品质量行政管理部门的执政力度。

(二)加强产品质量监督抽查信息化建设

一是建立一体化的信息基础平台;二是开发产品质量监督抽查应用系统软件;三是应用多种信息化手段。建立多种信息化手段的应用,能够强化产品质量监督抽查的服务功能。为企业和公众提供公共服务是政府的主要职能之一,随着信息技术的发展和时代的变革,这一职能将逐渐成为政府的主要职能。一是建立产品质量监督抽查结果网上信息公布系统,向全社会及时公布产品质量监督抽查合格产品名单、不合格产品名单、劣质产品名单;二是提供产品质量消费指南、产品质量警示公告;三是建立产品质量网上申诉处理系统,解决消费者投诉难的问题。

(三)加强对产品质量检验技术机构的监管

一是加大产品质量技术检验机构的改制力度,产品质量技术检验机构必须是独立于政府、企业的第三方机构;二是加强产品质量技术检验机构的审批把关,法定产品质量技术检验机构是国家质检总局、行业主管部门、地方政府

质量技术监督部门、行业主管部门对通过计量检定（有的需要实验室认可）的技术机构给予产品质量检验能力的授权，成为法定的产品质量检验机构；三是加强产品质量技术检验机构的日常监督管理，产品质量技术检验机构数量大、门类多，其日常管理是一件非常烦琐和复杂的工作，要做好各项管理工作；四是加大产品质量技术检验机构的投入，为了做好工作保障，国家和各级地方政府要继续加大对产品质量技术检验机构的投入。

（四）加大新闻媒体宣传报道的及时性和准确性

新闻媒体的宣传报道是产品质量监督抽查制度有效性提高的重要"武器"，一方面，要继续加大产品质量监督抽查工作的宣传力度，及时报道监督抽查的结果等内容，为广大消费者服务；另一方面，也要加大对新闻媒体的监管，建立一些可行的制度，如媒体在发现重大质量安全事件时，首先向有关部门征求意见，然后再报道，确保其报道的真实性和准确性，从而更好地提高监督抽查制度的有效性。

产品质量监督抽查制度是我国进行质量监管的一个重要手段，监督抽查机制运行30多年来，起到了至关重要的作用。随着经济的快速发展对质监工作要求的提高，在监督抽查过程中逐渐暴露出了一系列的问题，文章对以上监督抽查过程中问题进行了详细总结，并提出四项对策，希望借此提高我国产品质量监督抽查的有效性，促进我国产品质量监督抽查事业更好更快地健康发展。

【参考文献】

[1] 寇洪财. 新版标准检验国家抽样实用手册[M]. 北京：中国标准出版社，2005.

[2] 田桂英. 随机抽样技术的应用[M]. 长春：吉林科技出版社，2005.

[3] 叶永和. 产品质量监督抽样检验实践[M]. 北京：中国计量出版社，2005.

[4] 蒲长城. 工业产品抽样方法[M]. 北京：机械工业出版社，2000.

[5] 乔治·J·施蒂格勒. 产业组织与政府管制[M]. 上海：上海三联书店，1989.

[6] 国家质量监督检验检疫总局. 中国质量监督检验检疫年鉴[M]. 北京：中国标准出版社，2005.

浅论我国警察体能训练的问题与对策

王璐萍 ①

摘 要：体能素质是衡量警察战斗力的最基本的标准，是衡量警察体质强弱以及身体健康的重要指标，也是现代警务技能中的一个重要因素。虽然公安部给予了高度的关注，但我国警察的体能训练依然存在较多问题，诸如缺乏体能训练评价标准体系、没有足够的体能专职教官、体能训练机制不完善等问题。本文通过研究警察体能训练的重要性，分析目前警察体能训练中存在的主要问题，提出了改善警察体能训练的对策。

关键词：警察体能　现代警务　体能训练

一、关于警察体能训练的基本概况

（一）警察体能训练的重要性

警察体能是人体各器官系统的机能在警体活动中表现出来的能力，包括警察的基本身体素质、基本活动能力和运动能力三个方面。合格的公安干警不仅要具有优良的政治素质和道德品质、较高的政策水平和业务技能，而且要具备健壮的体魄和勇敢、坚毅的意志品质。良好体能是警察与犯罪分子较量时所必备的基本能力，同时也是掌握警察实战技能的基础，直接影响警察实战技能在执法活动中的应用效果。

人民警察由于工作的特殊性，其职业特征要求他们必须具备较高的实战技能、应变能力、意志品质，而这些能力和技能的形成必须以良好的体能作为基础。一方面，体能训练要求公安民警必须提高自身身体素质，加强体能和技能的培养，以应对实战要求，面对危险有快速反应能力，面对犯罪嫌疑人有威慑力和制服对方的能力，面对群众有保护能力。另一方面，当前社会治安形势

---

① 王璐萍（1985—　），女，山东青岛人，中国海洋大学2011级公共管理专业研究生。

复杂,社会暴力性、群体性、突发性事件日益增多,警察伤亡率颇高,给公安队伍和国家造成重大损失。良好的体能可以保证在高强度的工作压力下公安民警的身体健康和安全,满足公安队伍可持续发展的需要。因此,加强体能训练是提高身体素质、增强身体基本活动能力、提高警察战斗力的自身需要,由此可见警察的体能训练尤为重要。

(二) 警察体能训练的基本方法

警察体能训练方法是多种多样的,训练中应采取科学的训练方法,全面提高警察体质、加速技能形成和增强战斗力。警察体能训练的基本方法可以分为以下几种。

第一,提高民警速度的训练方法。提高速度,主要是提高反应速度、动作速度和移动速度,通过训练可以增强公安民警在实战中的快速反应和快速制敌能力。速度的训练,主要是利用外界助力、阻力、器材重量变化、提高力量和重复跑等方法来完成训练的,如冲刺跑、上、下坡跑、反向跑、反向转身、快速出拳、快击手脚靶、步伐的快速移动、快速出枪、压杠铃等练习。

第二,提高民警力量的训练方法。提高力量,主要是提高绝对力量、相对力量、速度力量和耐力力量。各项运动都是在于阻力对抗的过程中产生的,应用于公安民警的抓捕、控制、战术、射击等实战技能。力量的训练主要有:负重抗阻力练习,对抗性练习,专门器材练习,克服自身体重、弹性物体和外部阻力的练习等,如提拉、挺举重物、负重蹲起、引体向上、俯卧撑、跳跃等练习。

第三,提高民警耐力的训练方法。耐力是大多数公安民警体能素质中严重缺乏的一项能力,通过训练可以提高公安民警连续作战和抗疲劳的能力,培养顽强的意志品质,改善心血功能。耐力训练采用的方法主要有各种形式的长时间跑,长时间的其他固期性运动,各种循环练习等,如变速跑、越野跑、间歇跳、游泳、长距离骑车等练习。

第四,提高民警灵敏的训练方法。灵敏是指在各种突然变化的条件下,能够快速、准确、协调改变身体运动的能力,通过训练可以培养公安民警在执行公务或突发事件中果断的判断力、敏锐的观察力、灵活的应变能力以及身体的协调能力,减少伤害,提高战斗力。灵敏素质的训练方法有躲闪、突然起动、急停、迅速、转体、快速改变方向的各种跑、球类活动、体操、游戏、翻腾、跳跃、利用信号进行的快速反应练习等。

二、警察体能训练的主要问题

(一) 配置资源不足

配置资源分为体能教练员配置和装备配置,但是目前这两项配置都存在严重不足的问题。调查结果显示,配备专业体能教练员的警务机关占23%,无专业体能教练员的占77%。有专业体能教练的微乎其微,大部分处于自己摸索着练的状态。国外警务系统一般都配备了专业体能教练,他们认为注重系统体能训练的警察,能更快地适应快速变化的环境,能更好地提高其战斗力,他们的体能教练员分工明确合理,按运动素质分为力量、速度、耐力体能教练员等。而我国的体能教练员既负责技能训练,又负责身体素质训练,还包括学员的日常生活,没有专职的体能教练。而在装备硬件方面,由于缺少体能训练所必需的场地和器材设施,许多项目无法进行。很多基层派出所甚至分局都没有专门的健身房、操练场。截至2013年1月,全国公安机关新建各级训练基地已达到2 080个。此外,各级公安机关还借用、租用训练场所2 100余个,但是训练资源的利用率却很低。现有的训练基地多在各级公安院校,而公安院校所承担的训练任务不多,导致有警而无训,很多警察训练设施和场地得不到优化配置与合理的使用。

(二) 训练方法的不足

首先是缺乏针对性。目前,在基层体能训练中采用的训练手段比较盲目,缺乏针对性,往往是千篇一律,不分对象,不管个人体能状况如何,都是采用相同的强度和相同的训练手段。这往往使民警体能存在的弱项得不到发现,得不到提高,也达不到要求。而对于体能好的民警此种训练手段却显得过于简单,练与不练一个样,长期下去,会挫伤他们的积极性,达不到训练效果。

其次是缺乏系统计划性。刚从警校毕业的警察体能相对比较好,但上班后没有规律的集体训练,体能训练逐渐被淡忘,大部分警察出现体能下降的趋势,一到关键时刻就不能很好地发挥出原有的训练素质,不能更好地完成保打击违法犯罪的任务。因此,为了提高所有在职警察的体能水平,必须按照计划、系统地进行全年和多年体能训练。体能训练不能搞突击,不可能一劳永逸。

再次是缺乏专业指导。民警体能训练方法不多,能采用的手段比较单一,难以调动民警的兴趣,严重地制约了训练效果。比如,对速度的训练单纯练习加速跑,耐力训练单纯采用田径式长跑。又如,力量训练多为民警练习杠铃举重。其实,目前先进的力量训练方法除杠铃外,还有大强度的跳跃练习器、综合力量练习器等动和电刺激力量训练。盲目的训练会使机体能力得不到有效的刺激,使警察的体能保持在较低水平,达不到全面发展身体素质的目的。

(三) 在职警察训练时间少

首先,公安机关普遍存在重视"新警"培训忽略"老警"训练的问题。各基层公安机关对新入警人员的培训,均能按照训练大纲的要求,认真组织好"入警"训练,但对"老警"的训练却普遍存在有认识上的偏差及实际训练中的懈怠现象。其次,重视"晋升"培训忽略"非晋升"训练。《公安机关人民警察训练条令》对于在职警察职务晋升有训练内容和训练时间的明确要求,但是对非晋升警察的训练时间没有明确要求。由于没有强制性要求,加上平日业务工作繁忙,值班、加班制度明确,使得在职体能训练多沦为空谈。最后,《公安机关人民警察训练条令》规定训练时间不足。根据该条令第27条,副科级以下职务的人民警察的职务晋升训练或者一级警司以下警衔的人民警察的警衔晋升训练的主要内容包括政治理论、法律法规、公安业务、警务技能和体能训练等。职(等)级内晋升,训练时间不少于10天。跨职(等)级晋升,训练时间不少于40天。很显然,不管是领导干部、老警还是新警,训练时间明显不足。新入警人员,在40个训练日内从一个毫无法律专业知识和警务知识的自然人转变为公安执法人员,担任缉拿追捕、调理纠纷的任务,应该说有相当的难度,而作为大工作负荷量的公安干警,每3年中只有40天身体素质的训练,要达到训练要求和训练目的更是相当困难。

三、加强警察体能训练的对策

(一) 要树立先进的训练理念

要提高教育训练的质量和效能,全面提升公安队伍的整体素质和实战能力,必须进一步更新训练理念,调整重心,改善教育训练条件。而公安队伍的整体素质和战斗力要以体能训练为基础。体能是警察技能、战术的前提,是警察素质的落脚点。擒拿格斗、手枪射击等实战能力所需要的力量、速度、耐力、灵敏等都有依赖于体能训练去获得,都要通过体能训练打好基础。只有提高在职警察的体能素质,才能适应新时期公安工作的需要。因此,研究警察的体能和体能训练等问题,提供有关的体能训练方面的理论指导,更好地服务于公安实战,具有重要的现实意义。应通过各种途径的培训学习,提高警务管理者、警察对体能训练重要性的认识,使他们明白具有良好的体能是完成警务工作的必备条件之一。应掌握广泛的体能训练基本知识原理,借鉴国外警察院校警务训练的成功模式,根据我国实际的训练情况,研究训练思路、意识、目标、原则和方法等,提高训练的指导水平。

(二)健全警察体能训练保障机制

民警体能训练最大的任务就是培养实战技能。训练场景和实战环境贴近很重要,因此,加快战术模拟训练场馆的建设是当前急需解决的问题。另外,在各级警务系统中,要求配置专职体能教练员并逐渐推广,作为制度规定下来。没有足够的体能专职教官,基层一线警察的日常训练就难以保障,训练工作就得不到落实。一线警察由于繁重的警务实战工作,往往很难自觉主动地参与体能训练,需要有专职教官牵头负责组织,督促他们参加训练活动,因此,各级公安机关应加强职业体能教官配备建设。体能专职教官要有良好的专业和业务素养,既懂相关的运动训练知识,又精通警务实战技能,并具有较好的警务实战工作经验,能在训练中把运动训练知识与公安实际工作结合起来,使体能训练充分体现出警察职业特色,让参训警察能感觉到警务实战氛围,并使他们通过训练形成良好的意志力和工作作风,达到对各种条件下的警务实战工作环境的适应。

(三)构建警察体能训练标准体系

现行的《公安民警体育锻炼达标标准》(以下简称《警标》)在内容、指标、评定方法等方面存在不少问题,很难达到提高公安队伍职业体能的目的。学者陈博认为,"现行《警标》是一项群众性体育锻炼标准,与国家体育锻炼内容有较强的通用性,没有将锻炼与训练标准区别开来,对警察体能的评价不全面,不能适应新形势发展的需要",并认为"应尽快从粗放的警察体育锻炼标准向职业化、专业化的警察体能标准转型"。构建警察职业体能训练标准体系,需要我们深入细致地调查分析不同警种的体能状况,并了解国外同行的情况,选定评价项目,初步建立基本适合我国各警种的评价指标体系,再通过实践逐步完善。项目选定时,要充分考虑项目能否反映不同警种、不同岗位、不同年龄警察群体的体能需要,要做到项目选定能保证各警种、各岗位、各年龄阶段警察群体在体能训练项目选择上有合理的选择内容,评价指标、标准也应充分反映他们的工作性质和特点,反映他们的心理承受、身心适应、抗疲劳等多方面的身体综合能力。警察职业体能训练标准体系应主要运用在警察日常训练及专门的强化性训练中。

(四)完善警察体能训练激励机制

警察体能训练活动作为警察文化建设的一部分,其开展也需要依靠合理的激励机制来推动。完善警察体能训练激励机制要注意两方面问题。一方面,要制定全面合理的评价制度,全面客观地评价警察训练效果。这一制度既要针对警察的训练行为与成绩,也要针对教官的组训能力与训练计划完成情况。要把警察的达标成绩以及警察的训练行为、所处岗位、年龄充分结合起来,不同警种和岗位要有不同的评价方法和标准。另一方面,要制定严格合理的奖惩制度。要根据形势的变化不断完善奖惩制度,切实把训练评价结果与公安工作年度考核挂钩,奖惩分明,督促警察参与训练。年度考核时要把体能训练考核评价结果当作一项重要指标来对待。对于体能实训效果优秀的警察,要给予精神和一定的物质奖励;对在警务实战工作中由于良好的体能状况而出色完成警务实战任务的,要给予特别的奖励,在晋级晋职中也要给予优先考虑;而对于体能训练评价结果为不合格的,不但要做出限期通过训练提高的惩罚,更要在职务、级别和岗位上给予相应惩罚;对于屡次不合格的,应根据情况,作出停职停岗、降级降职甚至离开公安工作岗位等相应处理。

发展警察体能是适应当前公安工作的需要,我们要充分认识到警察体能及其训练的科学性、重要性,并加强民警体能训练。警察体能发展是一个系统工程,在注重科学训练的同时,要建立科学的评价体系和监督机制,以促使民警全身心投入训练。

【参考文献】

[1] 宋万年.警察体育概论[M].北京:中国人民公安大学出版社,2002.

[2] 王惠明.对加强警校学生体能训练的思考[J].铁道警官高等专科学校学报,2004(4).

[3] 陈长礼.论中国警察体能教育学课程的创建和开设[J].吉林体育学院学报,2006(1).

[4] 陈永辉,尹双双.在职民警培训教育中体能训练现状与改进研究[J].公安教育,2011(5).

[5] 陈博.《公安民警体育锻炼达标标准》实施状况分析[J].体育文化导刊,2009(9).

[6] 田文学.公安民警在职培训中体能训练问题的探讨[J].四川警察学院学报(社会科学版),2009(10).

[7] 孙津津.浅谈如何搞好基层警营文化建设[J].求实,2009(S1).

青岛海关守法信用评估机制探析

蔡 禛①

摘 要：近年来我国十分重视诚信体系建设，中国海关也顺应时代要求，在对企业管理中运用守法信用评估机制，将企业按照守法信用分为多个等级，并对企业采取了相应对应的监管措施，该机制已经被海关实践证明是一种先进的海关监管方法和机制。本文以青岛海关为例，分析了海关企业守法信用评估机制的现状，对守法信用评估机制中存在的问题及形成的原因进行了剖析，并尝试就如何完善化解存在的问题提出了建议。

关键词：海关 企业管理 分类管理 守法信用 评估机制

近年来，我国从信贷诚信开始，各行各业都在积极探索社会诚信体系建设，并且取得了飞速进展。国家"十二五"规划提出，要全面推进社会信用体系建设，建立健全覆盖全社会的诚信系统，大力推动信用信息在全国范围内的互联互通，培养社会整体的诚信意识。中国海关在对企业实施分类管理中运用的守法信用评估机制是以科学发展观为指导，为鼓励企业守法自律，提高管理效能，保障进出口贸易的安全、便利，对在海关注册的企业按照企业遵守相关法律、行政法规、海关规章和经营管理状况以及海关监管、统计记录的状况进行守法信用评估，设置出的 AA、A、B、C、D 五个管理类别，进行差别化管理。信用等级的评估由企业自己向海关申请。

一、海关运用信用评估机制对企业实施分类管理的意义

海关运用信用评估机制对企业进行分类管理是海关适应当今社会和进出口贸易的发展，解决海关严格把关与服务经济和日益增长的业务量与有限人

---

① 蔡禛（1986— ），男，山东青岛人，中国海洋大学 2012 级公共管理专业研究生。

力资源的矛盾,合理配置海关管理资源所建立的一整套现代海关企业管理方法。海关对企业的分类管理根据企业信用将进出口企业划分不同的管理类别,实施差别化管理措施。这一举措使海关管理的方式发生巨大变化,加速了海关管理的重点由传统模式转向"以企业为单元"。企业信用评估机制自实施以来,不断整合海关对企业的便利措施,规范、统一了海关的执法标准,极大地提高海关管理的有效性。通过施行"守法便利、违法惩戒"管理模式,鼓励进出口企业守法自律,一定程度上规范了企业进出口的行为,推动了海关企业信用管理机制与国家信用管理体系的衔接。

二、青岛海关运用企业守法信用评估机制的现状分析

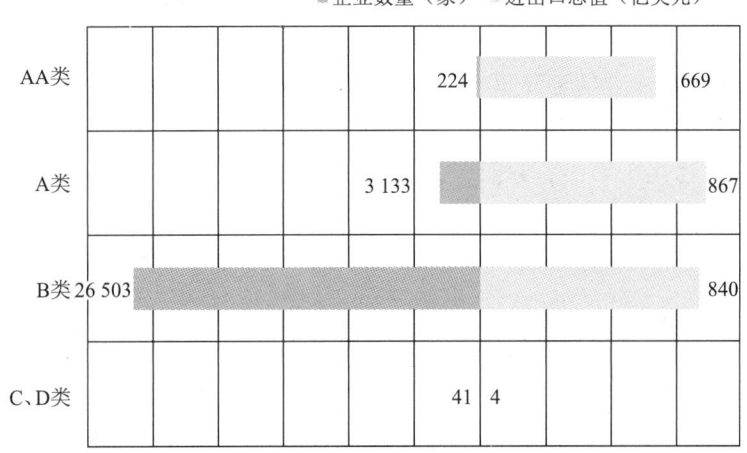

图1 2010年各管理类别企业进出口活动情况分布图

图1显示,青岛关区AA类、A类、B类、C类、D类企业在数量和进出口规模上均呈现出两头尖、中间粗的橄榄形结构,海关监管的主要企业集中在A类企业和B类企业,AA、C、D类企业较少,探究其主要原因要从两个方面入手来进行分析,即海关目前所施行的守法信用评估机制的标准和相对应的监管方法。

（一）AA类企业的信用评估

海关对AA类企业的信用评估标准十分严格:必须要达到A类企业一年以上,且需要经过严格的准入式海关验证稽查,具备较高的守法信用水平,能够达到此标准的企业数量较少,可以直接按照高信用等级进行来进行管理。

达到此标准的企业有如海尔、海信等大型国有企业,其守法水平较高,在国家其他行政机关、银行等部门均具有较高的信用等级,在通关和后续监管方面享有海关最大限度的便利措施。

(二) A类企业的信用评估

A类企业的数量占全部进出口企业的1/10,但是进出口值却占全部企业进出口总值1/3以上。按照海关规定,A类企业必须具备以下11个条件:第一,已适用B类管理1年以上;第二,连续1年无走私罪、走私行为和违反海关监管规定行为;第三,连续1年未因为进出口侵犯知识产权货物被海关行政处罚;第四,连续1年内没有拖欠应纳税款、应缴罚没款项的情事;第五,上一年度进出口总值在50万美元以上;第六,上一年度进出口报关差错率在5%以下;第七,公司会计制度完善,业务记录真实且完整;第八,能够主动配合海关管理,及时办理各项海关手续,向海关提供单据、证件真实、齐全、有效;第九,每年按时向海关报送《企业经营管理状况评估报告》;第十,按照规定办理《中华人民共和国海关进出口货物收发货人报关注册登记证书》换证手续和相关变更手续;第十一,连续1年在商务部、人民银行、工商局、税务局、质检局、外汇管理局、监察局等行政管理部门没有不良记录。应该说,成为A类企业的守法信用标准较为严格,标准量化易于操作,其在海关工作中也享有一定限度的便利措施。

(三) B类企业的信用评估

B类企业数量庞大。目前海关在短期内难以实现对其守法信用评估的全面覆盖,因此其准入条件也相对宽松。其多为中小型企业,或者刚刚成立的企业。成为B类企业必须具备以下条件:第一,首次注册登记的;第二,首次注册登记后,管理类别没有发生调整的;第三,AA类企业不符合原管理类别适用条件,且也不符合A类管理类别适用条件的;第四,A类企业不符原管理类别适用条件的。海关在各项监管条件上,也是使用常规监管措施,没有特殊的便利措施。

(四) C、D类企业的信用评估

C、D类企业主要是针对违反海关规定,有走私行为或者走私犯罪的企业,按照情节轻重加以区分,这两类企业在青岛海关管理的企业中数量极少,业务量也极低,主要原因是处于C、D类的企业,会受到海关部门最严格的监管,难以生存。

三、现行的企业守法信用评估机制存在的问题及原因分析

（一）海关评估的企业很难反映企业实际的信用状况

从海关稽查和缉私部门反馈的数据来看，违反海关规定、涉嫌走私犯罪的有不少是海关管理的A类或者AA类企业。另外，根据青岛海关统计数据，有超过50%的A类企业有被海关部门查处的记录。造成这一现象的主要原因在于按照现行的评估机制，海关企业管理部门对所评定的企业类别并不能真实反映企业的守法状况。

第一，从准入环节分析，海关只审核企业能够量化的指标，不考虑企业的内在素质，企业要达到A类，只需要同时满足海关对企业分类管理办法的第7条11个条件，判断起来较为简单。例如，已经适用B类管理1年以上、上一年度的进出口总值50万美元以上、上一年度进出口报关差错率3%以下等，这些具体的量化标准虽然简单，也便于海关操作、统计，但却不能够真实反映企业内在的管理水平和财务水平等关键的信息要素。由于通过A类是不需要验证稽查的，主要还是依靠企业的自主报送资料来进行审核，很难对企业的行为进行有效的监督，客观上造成A类企业的准入门槛较为宽松的现状，海关在评估的准入环节也无法准确考察其守法信用水平。

第二，从考察时间看，海关对企业类别的审核，一般只考核企业一年内的情况，而对企业可能存在的潜在风险往往无从掌握。有些企业因经营困难，已经无法达到相应评价标准的规模和实力，按现有规定，海关应当调整企业类别，但是这一调整通常需要在一年以后才能实施。对于已经降级的企业进行重新申请的考察时间也未进行专门设定，与首次申请的考察时间一样，只需一年即可再次申请晋级；加之准入环节较为宽松，造成守法信用水平不高的企业降级后再次返回较高等级较为容易。

第三，从考察范围来看，海关只审核统一的指标，不考虑行业的不同特点。海关目前的企业信用评估机制是执行的统一评价标准，缺乏对不同类型、不同行业界的各具特点的审核指标。例如，要求上一年度的进出口总值50万美元以上，但对某些特殊行业而言，尤其是大宗出口商品生产周期较长的情况下，有可能上一年度的进出口总值很小甚至没有进出口，而下一年度的进出口总值却很大，也在客观上限制了某些企业申请A类或者AA类企业。

（二）现行的企业守法信用评定机制，在评定后的奖励机制上并不完善，造成了很多符合 AA 类和 A 类申请条件的企业，对申请晋级缺乏积极性

现行的守法信用的评估机制，对 A 类企业的入门标准是很低，但是很多符合 A 类或者 AA 类标准的企业并没有向海关申请，主要是由于评价机制背后的激励措施不到位，对 A 类和 AA 类企业与 B 类企业之间的差别化管理，存在很多无法实现的虚假优惠措施。

例如，对现行机制中 A 类企业可以优先申报货物的规定，在海关实际申报工作中执行起来很难：第一，接受企业申报的行为对海关来说是一项常态化工作，不存在资源有限的情况，在正常的情况下，企业向海关的申报，海关均应接受；第二，企业在申报时，一般均需要通过预录入向海关发送电子的报关数据，海关审单时按照收到的电子数据的先后进行，也不存在同时申报或者优先申报的现象，因此对 A 类企业是没有任何"照顾"的。

此外，在对 AA 类企业的便利措施中，规定了通关现场一般情况下不查验。但对于什么是"一般情况"，并没有作出详细规定。目前青岛海关要求达到通关现场的查验率控制在 5% 以下，而一些进出口量较大的隶属海关还远达不到这一标准。对绝大多数进出口商品种类单一或者进出口情况比较正常的企业，通关时海关也不会采取布控查验的措施，因此对 AA 类企业的"特殊待遇"也就无从谈起。

（三）现行的企业守法信用评级机制，实际上使大多数企业游离于海关对企业的监管之外

从海关的工作实践来看，目前，95% 以上的企业是 B 类企业，这种橄榄形的分类模型，也在很大程度上掩盖了企业经营过程中存在的问题。对这部分企业，海关的管理措施仅仅是海关对其实施常规管理措施。因为 B 类企业的守法状况、管理状况和经营状况也存在着很大的不同，每个企业的情况也相对较为复杂，这种笼统粗糙的分类方法，没有办法揭示其潜在的监管风险，造成海关对 B 类企业管理作用大打折扣。

四、完善海关企业守法信用评估机制的建议

（一）进一步完善企业守法信用评估机制的考核体系

第一，充分利用海关稽查、缉私等部门的职能，完成对企业的守法信用全面普查，整合海关各部门的资源，对辖区内的企业规模、经营状况等作深入调

研,在此基础上重新对现有的评判标准加以完善,并及时利用海关后续监管手段进行守法信用的动态化监管,及时更新数据库信息数据,缩短企业评级和升降级的评定时间,最大限度地消除信息滞后所带来的风险点。

第二,将 B 类企业的管理进行细分。B 类企业的守法状况,也应当制定相应的标准进行细化作出评价,设立科学客观的计算公式模型进行统计评估,将 B 类企业再划分为 B_1、B_2、B_3 等不同具体类别,并采取相对应的不同的监管措施,这样可以进一步将企业信用评估机制在全行业进行覆盖,减少监管盲区,进一步使广大的 B 类企业感受到海关守法信用评估机制的监督和制约作用,促使企业形成守法、诚信的经营模式。

第三,进一步完善 A 类和 AA 类企业的公示制度。将申报 A、AA 类企业的相关情况在所在地方或者所在行业进行公开,提高社会公众在海关信用评估工作中的知情权和监督权,及时接收社会各界的反馈意见和建议。对收集到的各种情况反映,进行认真梳理和分析,对在评估中涉及的实质性问题,必须进行认真核实,切实提高企业申请 A 类以上级别的准入门槛。

(二)充分发挥社会中介机构在海关守法信用评估机制中的作用

海关可以充分利用各种的社会中介机构,为其提供相关的业务咨询,开展深度合作。除目前已经开展的借助会计师事务所进行审计之外,还可以与相关的行业协会、国际贸易组织开展合作,交换信息,建立覆盖面更广、指标设置更加合理的守法信用定量指标系统,充分利用新技术条件下中介机构能够提供的信息资源共享平台,获取更多的企业信息,将信息和资源,解决目前获取信息途径单一的问题。

(三)调整企业守法评估机制的奖励机制,引导进出口企业认识信用的价值,实现信用的自我管理,让守法企业切实得到应有的实惠

企业守法评估机制,必须树立一种守法便利、失信惩戒的示范效应。第一,要对进出口企业和报关企业进行更加深入、全面的调研,弄清楚哪些通关便利条件是企业所重视的,哪些便利措施是企业迫切需要的;在此基础上,根据 A 类、AA 类企业的实际需求提供更有针对性的个性化监管服务,重新制定便利措施和奖励机制,增强吸引力,提高企业申报晋级的积极性和主动性;第二,要加强对各个海关业务现场的监督和检查,保证每一项便利措施都能够落到实处。

【参考文献】

[1] 成卉青. 中国海关法理论与实务总论[M]. 北京：中国海关出版社，2001.

[2] 李红霞. 海关风险管理研究状况与趋势[J]. 上海海关学院学报，2011(3).

[3] 李德顺. 价值论(第2版) M. 北京：中国人民大学出版社，2007.

[4] 海关总署办公厅. 中国现代海关制度规划汇编[M]. 北京：中国海关出版社，2007.

[5] Mgranger Morgan, Maxhenrion. Uncertainty—a guide to dealing with Uncertainty in Quantitative Risk and Policy Analysis[M]. Cambridge University Press.

[6] 王伟建，夏燕红. 从缉私角度看海关监管风险所在[J]. 上海海关学院学报，2008(1).

[7] 钱锦，林德萍，胡晨寅. 中国海关风险管理调查分析[J]. 调研世界，2010(12).

信息公开

政府信息公开的成本收益分析

王印红　徐国锐[①]

摘　要：政府信息公开是时代的要求。本文运用经济学的有关理论，从政府信息的公共物品性入手，通过运用经济学中的成本—收益分析方法，对政府信息公开的成本和收益进行了详细的分析，指出政府实行信息公开，其收益远远大于成本，不仅有利于政府自身建设，而且还可获得巨大的社会收益，加深对政府信息公开的必要性的认识具有一定的现实意义。

关键词：政府信息　信息公开　成本收益

政府信息是政府所掌握和拥有的信息。具体来说，政府信息是指各级人民政府及其职能部门以及依法行使行政职权的组织在其管理或提供公共服务过程中制作、获得或拥有的信息[1]。政府掌握了社会上巨大部分的信息资源，基本上覆盖了各个领域，如政治、经济、科技、军事、文化等，不仅对公民日常生活有重要影响，而且对社会公共利益的实现也具有同样的影响力。

在当今这个信息社会，无论是公民社会的发展还是民主政治的发展都要求政府信息公开，政府信息公开是政府的基本义务和职责。在这样的背景下，我国逐步将政府信息公开纳入法制化管理。2007年4月5日，《中华人民共和国政府公开条例》由国务院正式颁布实施，政府信息公开首次从法律层面被予以规范。政府信息公开是指国家行政机关和法律、法规以及规章授权和委托的组织，在行使国家行政管理职权的过程中，通过法定形式和程序，主动将政府信息向社会公众或依申请而向特定的个人或组织公开。政府通过这种方式可以为公民提供及时有效可靠的公共信息服务，而公众则可通过这种方式充

---

① 王印红，男，山东济宁人，中国海洋大学法政学院博士、副教授；徐国锐，女，山东青岛人，中国海洋大学2011级法政学院行政管理研究生。

分利用政府所掌握的信息为自己的社会活动所用。

一、政府信息资源的公共物品性

在经济学中,根据社会生产的产品的两个特性,可将其划分为私人产品和公共产品。公共产品由政府生产提供,是用以满足全体社会成员共同需求的产品和劳务。纯粹的公共产品具有两个基本特征。一是非排他性,即任何人都可以消费它,同时任何人都不可以也不可能阻止其他人消费它。弗雷德曼称"公共物品一旦被生产出来,生产者就无法决定谁来得到它"。作为公共产品,关于它的消费是由集体共同来消费的,即使是面对不同的消费者,公共产品的效用也不能被分割,更不会像私人产品一样被分割为许多单位供个别消费者购买和拥有。例如,国防提供的国家安全保障是面向一国国内的所有公民而并不是仅仅针对某个公民。事实上,只要生活在该国境内,任何人都无法拒绝这种服务,更不可能将拒绝为国防付费的公民同付费的公民区别开来。想要做到排除个别没有为国防付费的公民非常困难。首先这种情况在技术层面上很难做到,其次这种情况的成本过于高昂。二是非竞争性。公共产品一旦提供出来,任何消费者对公共产品的消费都不会影响其他消费者的利益,也不会影响整个社会的利益。也就是说,增加一个消费者不会减少或影响任何人对公共产品或服务的消费,或者说,增加一个消费者,其边际成本等于零。比如夜晚用以照明的路灯,它使来往的行人和车辆都能享受到光明,即使现在私家车的数量与日俱增,也不会减少任何车辆所享受的路灯提供的照明。

显然,政府信息资源符合公共产品的一般特性,既具有非排他性,又具有非竞争性。政府信息一旦公开就很难对公民个体进行限制,并且在一定范围内即使增加一个消费对象,对政府这个信息提供者而言,这种行为带来的边际成本几乎为零,甚至可以忽略不计。例如,政务网站上的信息,全体公众都可以登录政务网站浏览信息,而政务网站并不会对某个公民屏蔽信息,也不会因为某个人浏览网站的时间过长,获取的信息量过大而减少对其他人公开的信息量。由此可见,政府信息是一种典型的公共产品,具有公共性。

政府信息的公共性是由政府的公共性决定的。首先,政府工作的最直接表现形式就是大量的公文信息、会议文件或档案记录等,政府工作的开展进行也是通过信息传递。可见,政府代表、维护和增进公共利益的必要途径之一就是政府信息行为。其次,政府信息源自社会公众,政府信息资源的收集采编、加工处理都是从基层逐级上报而来。政府信息作为公共产品,无论从政府角度还是公众角度来看都具备公开的必要性。

二、政府信息公开的成本收益分析

作为信息社会最为宝贵的资源,信息就像我们用以买卖谋取获得利益的货币一样,通过将信息公开并且使其自由流通,公众就能够获得巨大的经济收益。对政府而言,实行信息公开不仅有利于政府自身建设外,而且还可获得巨大的社会收益。所以,信息公开不但对政府具有举足轻重的政治意义,而且还具有相当大的经济意义和社会意义。在此,本文运用经济学中成本收益分析法对政府信息公开进行分析研究。

(一) 成本收益法

成本收益法是一项被广泛应用于经济学的分析方法,它常用于分析进行某个经济项目的可取性。它是西方发达国家从20世纪40年代以来,为了进一步加强对公共支出的管理,根据投入产出原理,设定出特定的指标体系,再按照统一的标准,通过比较各种备选项目的全部预期收益和全部预期成本的现值来评价这些项目,以作为决策参考或依据的一种方法。这种方法的特点是将项目中投入的成本与其所获的收益进行对比,如果所获收益大于投资成本,表示该项目在经济上可行;相反,如所获收益小于投资成本,则表示该项目在经济上不可行。

公共部门的成本收益分析与私人经济部门有着显著不同:主要体现在以下两个方面。

第一,在决策时私人经济部门侧重于追求经济利益,而公共部门则是以社会福利最大化为目标。比如,政府在决定修建大坝前,必须统筹考虑大坝对周围生态环境的影响,而不是仅仅考虑大坝所带来的经济利益。

第二,许多政府项目的成本和收益难以用市场价格直接表示。这主要是由两个因素决定的:一是与这些政府项目相关要素的市场价格根本不存在,因为大多数公共产品并不在市场上交易,如国防、灯塔等,这些要素无法在市场上交易流通,自然也就不存在市场价格;二是由于市场失灵,市场价格在许多情况下不能反映相关产品的真实社会边际成本或社会边际收益,就像假如政府认为资本市场运作不理想,就不应采用市场利率作为政府项目评估的贴现率。

从本质上讲,政府信息公开也属于经济活动的一种,政府信息公开属于政府的投资性支出,有支出必然有收入,所以在政府信息公开这种经济过程中必然存在成本与收益。根据成本收益分析理论,只有当政府信息公开所获得的收益大于投入的成本,才表示其在经济上可行。因此,对政府信息公开进行成本收益分析,能够有效地促进社会和谐和经济发展。

由于政府投资信息公开的目标是以社会福利最大化为目标,这就要求政府信息公开不能单纯仅追求经济效益,更多的应该考虑社会效益。基于这一基本要求,对政府信息公开效益评价的标准不同于私人经济部门追求经济利益的评价标准,政府信息公开应以社会利益作为评价政府信息公开的基本出发点。

(二)政府信息公开的成本

政府信息公开是政府根据自身所拥有的信息资源向社会公众提供服务,必然要投入一定人力物力和财力,例如,开展人口普查需要大量工作人员逐门逐户进行调查,政府门户网站的政务信息的发布需要通过计算机等软硬件设备等,这些政府信息的收集和公开行动必然耗费成本,这其中不仅包括信息资源和物资设备价值这些显而易见的成本,更包括人力资源成本和时间成本等更深层次的投入等。具体来说主要由以下四部分组成。

1. 信息资源成本

信息资源成本包括信息采编收集、加工处理、存储维护等成本。据统计,我国政府掌握着80%以上的信息资源,这些信息资源是政府进行信息公开的基础,政府信息公开成本的重要组成部分之一就是获得这些有价值的信息资源的成本。

2. 人力资源成本

其主要指从事政府信息公开的工作人员产生的所必需的支出,包括支付给从事信息公开工作人员的报酬福利以及学习培训费用等。

3. 基础设施成本

其主要包括固定资产的投资、计算机的软硬件设备的购置以及记录存储介质等成本。

4. 其他成本

其主要包括进行政府信息公开时所产生的办公费用以及相关的会议差旅等费用。

(三)政府信息公开的收益

政府信息公开既然是有成本的劳动,在其成本投入之后就会获得相应收益。政府信息公开的收益主要是指通过政府信息的公开,所产生的针对政府自身的以及全社会的广泛结果。这些收益主要表现在政府行政效率的提高、公众满意度的增加、社会资源的优化配置、公众对政府的信任与支持度提高、社会发展稳定等。在此,按照收益主体的不同,将政府信息公开的收益划分为政府收益和社会收益。

1. 政府收益

政府信息公开虽然是为社会大众提供的服务,以社会福利最大化为目标,但对政府本身而言也获益颇多。对政府信息公开的收益进行评估,所要考虑的因素是多方面的,在此可按照政府信息公开所获得的收益是否能够以市场货币价格计算将其划分为有形收益和无形收益。有形收益是指能够以市场货币价格计算的政府信息公开所获得的收益,具体来说是政府信息公开后给政府带来直接的货币价值。社会公众和组织在利用政府信息时会支付一定的检索、复制费用;政府还可以出售一些增值性信息,如统计年鉴、数据库或者其他的增值性信息服务或商品有偿出售等等。

政府信息公开所带来的有形收益还包括由于实行政府信息公开后随之树立起来的公开透明的政府形象所吸引的外资,信息公开所带来的外资对我国的经济快速增长无疑起了极大的推动作用。

无形收益则是指不能用市场价格直接估价的政府信息公开所获得的收益。政府信息公开不仅可以为政府带来经济方面的收益,而且有利于塑造良好的政府形象,改善政府决策,防止行政权力滥用。

(1) 改善政府决策。虽然政府是一个国家最大的信息资源拥有者,但政府的信息也并不总是面面俱到,因此政府在不同的方案之间作出的决策具有一定的片面性。另一方面,由于只有一小部分决策人员能够参与到决策过程中,而这一小部分人总是代表其所在阶层或集团的偏好和利益,这就不可避免地导致了决策的局限性。基于这些可能性,如果政府继续对决策信息进行保密或者限制公开的话,则会产生更大的危害。虽然政府及其工作人员的职责是最大限度地谋求公共利益,但由于他们的双重角色——公职人员和利益个体,他们同样具有利己性倾向,同普通公民一样追求私人利益,所以存在着为获取私人利益而侵害公共利益的可能。如果出现决策失误,而决策人员与政府官员又害怕承担责任转而寻求自我保护,信息就更不会公开,决策的圈子变得更小,由此形成恶性循环,影响政府决策的质量和效率。这说明在缺乏有效约束的情况下,政府利己行为对公共利益具有很大的危害性,而在政府信息公开的前提下,这种情况就可有效避免。

政府公共决策民主化和科学化的前提是政府信息公开,我们的政府是人民的政府,这就要求政府的决策应当体现人民的意愿。只有尊重人民的意愿,在考虑人民意愿的基础上做出决策,甚至一些重大的决策直接由人民决定,并且政府作出的重大决策通过各种渠道,如门户网站、新闻发布会以及大众媒体等等让人民知情,才会符合人民的利益和要求。通过政府信息公开,使决策过程公开化,让公众参与进这个过程,这样的决策才能代表大多数人的利益,反映大多数人的偏好,改善政府决策,使我们的政府决策向民主化和科学化方向发展。

（2）减少寻租,遏制腐败。政府具有机会主义倾向。在市场经济中,市场主体利用交易信息不对称,通过实施市场机会主义来谋取机会主义收益是其取得谋取最大交易收益的重要方式。政府及其官员也在考虑自己的最大化利益,利用机会主义设租寻租谋取利益。

在现代经济学中把供给被人为限制时所产生的额外收入称为租金。寻租是一种"垄断性活动",凭借政府批准的垄断权来取得利益或争取政府庇护,逃避竞争,取得垄断租金。租金无处不在,只要信息和流动性的不对称阻碍着资源的流动,就存在租金。孟德斯鸠在《论法的精神》中指出:"一切有权力的人都容易滥用权力这是万古不易的一条经验,有权力的人们使用权力一直到遇有界限的地方才停止。"在政治组织中,信息意味着权力,而有权力管制的地方,往往存在着寻租行为,也就是说,寻租与权力紧密联系,权力寻租不仅导致政府官员的腐败有损社会总福利,而且还导致了交易费用和寻租成本的增加,从而降低经济效率和行政效率。例如,出于对租金的追逐,政府可以选择不向公众公开信息,而将这些被政府封锁的信息转而提供给某个集团以帮助其获得垄断地位,攫取垄断资金,政府便可从中得到好处,继续钱权交易。由此可见,政府信息不公开是寻租的前提条件之一;相反,政府信息公开则是防止寻租的有效途径。

美国前总统杰斐逊曾说过:"阳光能够杀病菌,路灯可以防小偷。"阳光是最好的杀菌剂。对一个国家而言,政府信息公开则是将政府活动置于公民的监督下,有效防止行政权力滥用和腐败的途径。从政府机关的角度来说,公开政府机关的职权、工作程序、工作结果、工作方式等信息,提高行政权力行使的透明度,有助于提高政府官员行使行政权力的合理性和合法性,从源头上遏制腐败滋生蔓延。

（3）政府信息公开有利于树立政府的良好形象。政府形象主要是指政府及其工作人员在社会公众心目中的美誉度大小，是政府活动受公众欢迎、接纳、信任的程度，包括对政府的执政目的、决策水平、管理状况、工作效率、官员形象等一系列因素的评价。政府形象的优劣直接关系到政府的威信高低，关系到政府自身的发展与工作的开展顺利与否。及时准确地公开政府信息，提高信息的公开度和透明度，有助于树立良好的政府形象。

另外，政府信息公开不仅有助于在本国公民面前树立良好的政府形象，同时也是展示我国政府良好国际形象的重要途径。政府信息公开，是一个负责任大国勇于担当的表现，展现了大国崛起应有的风度。政府信息公开可以令全世界看到处于飞速发展中全面而真实的中国，能够有效避免国家声音在传递过程中受"噪音"干扰而失真，有利于为中国政府赢得更广泛的国际信誉，同时也让中国被更多的国外组织、媒体等了解，改变他们对中国的看法，最终有利于塑造我国良好的国际形象。

2. 政府信息公开的社会收益

政府信息资源的公共物品性决定了它并不以经济利益最大化为最终目标，而注重追求社会利益。具体来说这些社会利益主要包括以下几个方面。

（1）保障公民的知情权。在第二次世界大战末期，针对美国联邦政府随意扩大保密权限以及其对待政府信息公开的消极态度，美联社的一篇文章中首度提出"知情权"这一概念，认为公民应当享有更加广泛的知情权，使公众了解政府的状况是政府应尽的义务之一。所谓知情权，就是公民对于国家的重要决策、政府的重要事务以及社会上发生的与普通公民密切相关的重大事件有了解和知悉的权利。

公民的知情权是现代民主社会公民的一项基本权利，是现代民主社会的基石，是衡量一个国家民主化程度的重要标准。作为公民从事政治经济文化等活动的必要条件之一，知情权也是公民参政议政的前提。在我国，一般将公民的知情权作为政府信息公开的宪政基础。政府是一个国家最大的信息拥有者，公民的知情权不应仅局限于了解和知悉国家的法律、法规以及大政方针等，还应涉及政府手中一切与公民权益有关的内容。政府应主动履行对公众信息公开的职责，否则普通公民很难真正享有并充分利用原本就属于他们所有的信息资源，可见政府信息公开是公民的知情权得以实现的前提。另一方面，政府信息公开的目的之一就是保障公民的知情权，《中华人民共和国政府信息公开条例》就是政府为保护公民的知情权所建立的法律保障。该条例明确规定,行政机关应当按照及时、准确、便民的原则,通过主动公开和依法申请公开,建立信息公开制度,有效保障公民的知情权。这是我国第一部规范政府信息公开和利用行为,保障公民知情权的重要行政法规。它促进了我国政府信息公开的制度化,使政府信息公开有法可依,不仅保障公民、法人和其他组织依法享有获取政府信息的权利,更提出公民对获知政府信息拥有主动权,从而使其更有可能全面了解政府的权力运行情况,为公民的政治参与提供了条件和制度化的保障。

(2)降低交易费用。政府作为制度供给者,在现代市场经济中应为市场交易提供一个成本更低的制度基础和制度保障,并且所建立的制度要有利于经济主体的公平参与,有利于降低交易费用。交易费用,按照新制度经济学理论的界定,是指"个人交换他们对于经济资产的所有权和确立他们的排他性权利的费用",或者说,它是指"事前准备合同(契约或制度)和事后监督及强制合同执行的费用"。因此,交易费用包括与交易有关的所有费用或代价,如获取信息、讨价还价、监督和执行有关契约等方面所需要的费用。

在一个远离政府规制的产权让渡市场上,各个行为主体在自身利益的强烈诱导下,在一切可能发生的情况下经济主体可能会以损人利己的手段达到自己的目的。行为者机会主义倾向的存在,客观上提高了交往的风险,也增加了市场交易的成本,交易双方既要支付交易费用以便获取交易对方的更多信息,又要支付交易费用去竭力掩饰于己不利的信息以便索取较高的交易费用以实施自己的、抵制别人的机会主义。

在一个政府信息闭塞的市场上,由于市场的行为主体机会主义倾向的存在,从客观上提高了交往的风险,也增加了市场交易的成本,交易双方既要支付交易费用以便获取交易对方更多的信息,又要支付交易费用去竭力掩饰于己不利的信息,以便索取较高的交易费用,无疑导致了交易费用居高不下、市场秩序混乱。新制度经济学认为,交易费用是制度的源泉。交易费用与制度的作用是密切相关的,制度的使命就是要减少无序的交易状态,促成有序的交易行为,从而减少交易成本、增加社会整体利益。政府制定政府信息公开制度,主动提供必要的信息,从而节约了信息成本,进而降低了全社会的交易成本。政府信息公开制度的存在可以使市场制度按照有序的方式进行,有助于市场秩序的稳定和保障市场经济的有序健康发展。

(3)缓解信息不对称。在信息不对称的环境中,交易双方对交易信息的拥有量不平等,拥有信息量多的一方可能会谋求在交易中获得更大的收益,隐瞒相关信息,这样一来拥有信息量少的一方则可能因此利益受损。在市场经济中,生产者在市场交易中相对消费者而言无疑在产品信息量上占绝对优势。生产者熟知自己产品的情况,如成本、质量、盈利等,而消费者对此了解的却并不多。市场信息的不对称使得市场欺诈行为成为可能,劣质产品的生产者将产品的真实信息隐藏起来,传播产品虚假信息,通过欺骗的手段来实现产品的销售,以谋取经济利益。这些虚假的产品信息的传递,不仅损害了消费者的利益,而且还降低了市场运行的效率,这将导致市场运行一直处在低于信息完备的均衡状态下,甚至可能导致市场的萎缩和失灵。

在这种情况下,政府应该利用各种手段保证市场信号的真实性、可靠性,及时向消费者公开有关市场、生产者和产品的信息,这样一来各种欺诈现象也就无处藏身,而市场秩序混乱等制约我国经济发展的难题也就迎刃而解了。所以,政府信息公开有利于解决市场信息不对称,提高市场效率,促进市场经济健康有序地发展。

(4) 维持社会稳定。对于社会公众,政府信息公开还起到解除谣言、稳定民心的作用,尤其在危机事件发生时这点更为突出。公共危机发生后,公众对相关信息的需求异常强烈,如果政府不做出及时的反应,公众无法从正规途径知晓客观权威的消息,只好道听途说,谣言就会蠢蠢欲动。特别是在互联网高度发达的今天,信息的传播速度惊人,谣言一旦被传播开来就会造成巨大的公众恐慌,影响社会稳定。此时,如果政府还故意封锁消息隐瞒事实真相,或者迟迟不给予公众权威信息,使得坊间谣言疯传、人心惶惶,社会不稳定的情况就会更加恶化;相反,此时如果政府能够在第一时间客观全面地向社会公众公开与危机事件相关的第一手信息信息,利用信息传播中的首因效应,并与公众建立起良好的交流和沟通,就能够有效地抑制谣言,稳定民心,维持社会稳定。

由此可见,政府信息公开有利于在全社会范围内促进信息的共享、优化资源配置、促进社会发展;同时,政府也是其实行信息公开的受益者。政府通过信息公开可以对国家的经济生活进行及时有效的调控,促进经济自由和社会公平,进一步提高政治文明程度,切实保障公民权利。将政府信息公开的成本与相应的收益进行比较可以发现,政府信息公开作为一项重要的行政管理方式,其收益远远大于成本,这是国内治理需求与国际形象两个因素合力导向的必由之路。因此,政府应主动公开必要的信息。比如,我国各地政府建立的政务网,通过浏览政务网,公众可以轻松便捷的获得到他们所需要的信息,而这一行为的成本对于公众而言仅仅是少量上网费用,这一成本降低的主要原因是公众所"购买的信息"是由政府提供的。同时,我们也要避免盲目不计成本地获取信息资源,以使政府信息公开的作用得以真正发挥。

综上,政府信息公开具有一定的经济理论基础,它是伴随着全球信息化浪潮的到来,伴随人类步入信息社会而出现的政府管理方式,它有待人们更为深刻的认识,有待人们更为多角度地开拓其功能。

【参考文献】

[1] 刘恒. 政府信息公开制度 [M]. 北京:中国社会科学出版社,2004.

[2] 〔法〕孟德斯鸠. 论法的精神. 张雁深译. 北京:商务印书馆,1997.

[3] R. atthws:"Th conoics of Institutions and th Sourcs of Growth" [M]. Conoic Journal 96,(Dcr)1996.

[4] 刘树成. 现代经济词典 [M]. 南京:江苏人民出版社,2005.

[5] 王芳. 阳光下的政府:政府信息行为的路径与激励 [M]. 天津:南开大学出版社,2006.

[6] 潘伟杰. 制度、制度变迁与政府规制研究 [M]. 上海:上海三联书店,2006.

[7] 乌家培. 信息经济学 [M]. 北京:高等教育出版社,2002.

[8] 周伟,叶常林. 电子政务信息服务的经济学分析 [J]. 情报理论与实践,2009(2):11-13.

[9] 贾晋. 关于信息资源配置效率的分析 [J]. 情报杂志,2004(9):33-34.

[10] 马费成. 我国政府信息服务的现状与创新 [J]. 图书情报工作,2003(12):25-29.

[11] 王勇. 也论政府信息公开制度 [J]. 法学评论,2011(6):15-37.

[12] 赵娟. 寻租与寻租理论 [J]. 经济界,2006(2):78-84.

[13] 陈兴桂. 信息寻租的现象分析及应对措施 [J]. 广西社会科学,2005(3):21-23.

[14] 程峥,洪瑾. 论公民知情权与政府信息公开度 [J]. 北京理工大学学报(社会科学版),2006(4):7-14.

基于政府信息公开的责任政府构建

张梦楠[①]

摘　要：本文首先针对在政府信息公开环境下责任政府的构建问题，从政府信息公开下政府责任的基本价值入手，得出政府信息公开下责任政府的定义，进而通过对政府信息公开条件下责任政府的动力机制分析，得出完善责任政府建设是中国现代化进程中的必然选择。最后，从绩效评估、网络问责以及新闻媒体问责三个方面提出建立一套较为完善的政府责任追究机制来构建新时期下的责任政府。

关键词：政府信息公开　责任政府　绩效评估　政府责任追究机制

随着社会的进步和经济的发展，公众对政府的期望越来越高，希望政府更加民主、透明和高效，要求政府在制定和实施各项公共政策的过程中都要经过民众和相关利益群体的广泛知情、参与和讨论。而当今政府推行的政府信息公开，对构建新型的责任政府具有重要的推动作用。

一、政府责任的含义

关于政府责任，美国公共伦理学家库珀将其分为主观责任和客观责任。"客观责任的具体形式有两个方面：职责和应尽的义务。所有客观责任都包括对某人或某集体负责，也包括对某一任务、下属员工人事管理和实现某一目标负责。前者是职责而后者是义务。职责和义务，对某人负责和为某事负责，都是客观行政责任的两个方面。主观责任根植于我们自己对忠诚、良知、认同的信仰。"可见库珀认为政府责任划分中的客观责任来自于社会公众、组织上下级以及一定约束条件的外部力量的监督，而主观责任则来自于行政人员自身

[①] 张梦楠（1987—　），女，山东滕州人，中国海洋大学2012级公共管理专业研究生。

的价值观、信仰等内部力量的驱使。行政管理学者斯塔林认为,尽管很难界定政府的责任,但是,政府责任或行政责任所涵盖的基本价值在于回应、公正、灵活性、负责、能力、诚实。我国学者张成福对政府责任进行了广义和狭义上的划分:"广义的政府责任是指政府能够积极地对社会民众的需求做出回应,并采取积极的措施,公正、有效率地实现公众的需求和利益。狭义的政府责任意味着政府机关及其工作人员违反法律规定的义务,违法行使职权时,所承认的否定性的法律后果,即法律责任。"

以上对政府责任的论述,是从不同角度所作的分析,对于界定信息公开下的责任政府有一定的代表性和借鉴意义。综合以上几种观点,本文认为责任政府是指通过政府信息公开的方式完善政府责任机制,保证政府履行政治、法律、道德及其他责任,并更好地服务民众的新型、高效、透明的政府。而政府信息公开下的政府责任就是政府必须承担与自身所赋予的权力相应的义务,并积极、有效地利用政府公开的信息回应社会需求,为社会提供满意服务以及当行为后果危害公共利益时,所应承担的相应的政治、法律以及道德责任。

二、政府信息公开下责任政府构建的动力机制

责任政府不仅是对政府官员失职行为的惩罚机构,也是确保官员能够忠实履行职责的机构。尤其在政府信息公开日益完善的今天,责任政府的建设更加重要。那么,构建责任政府的动力机制到底是什么呢?笔者认为主要有如下几点。

第一,构建政府信息公开的责任政府是法治的必然要求。目前,法治已经成为世界各国为民施政的重要理念。政府一切权力的来源、政府的运行和政府的行为都受制于法律。长期以来,我国政府主要依靠政策和行政命令办事,行政法制不健全,加上传统观念的影响以及对于信息公开的内容没有设定标准,在少数机关养成了官僚作风,造成一些机关有其权而不负其责的现象。《政府信息公开法》的实施也是为了加强政府责任,使其对民众更加负责、对政府行为更加负责,使政府进入到法制体系。

第二,构建政府信息公开的责任政府是民治的必然要求。人民是权力的所有者,政府应该全心全意为人民服务,政府的政策和行为必须以人民的意志为根本出发点,保证人民享有知情权和参与权。因为"只有当受治者同治者的关系遵循国家服务于公民而不是公民服务于国家,政府为人民存在而不是相反这样的原则时,才有民主制度的存在"。在我国的政治生活中,由于政府是

社会的直接掌权者,掌握着大量的社会资源,因此,公众处于相对劣势的地位,加上政府控制着向社会公布信息多少的主动权,公众可获得的信息是有限的,因而对政府的监督可能弱化甚至虚化。这样就会导致个别地方政府因其自身和行政人员个体的利益趋向而偏离公共权力设置的初衷、违背公共利益的现象的出现,从而会产生一系列的责任问题。只有更多的公众知晓并参与到政府的工作中,责任政府才发挥其为人民服务的功效。

第三,构建政府信息公开的责任政府是信息化时代发展的必然要求。当今世界知识与科技成为了主导生产力发展的关键因素,而这种知识经济的核心就是信息。人们的经济生活和社会生活广泛运用先进的信息技术,普遍采用信息技术和电子信息装备开发利用信息资源,国民经济各部门、部门内部之间通过有效的信息进行交流沟通,信息社会促使信息成为一种重要的生产要素。随着市场竞争的加剧,如果快速地获得有效的信息并转化为现实生产力是一个部门能否快速发展的决定因素,信息公开也就理所当然地为市场机制的运作提供了一个透明、高效的社会经济环境,同时也要求政府的工作更加透明化和公正化。这种信息化时代的变革,必然使得政府信息公开下建立责任政府成为时代发展的必然要求。

总之,基于法治、民治和信息化时代发展的动力机制,在现代社会建立责任政府的要求愈来愈强烈。向人民负责、向法律负责是现代政府依法行政、公开行政、责任行政的最终目的。我国各级政府唯有建立一个完善的责任政府并充分保障公民的合法权益,才能适应现代社会对一个新型政府的需求。

三、政府信息公开下责任政府构建的路径选择

构建一个职能比较完善的责任政府是一项复杂艰巨的系统工程,不仅要求政府将日常的工作公之于众,更重要的是要把政府信息公开下的责任政府的建设和运行纳入规范化的轨道,使其不断完善,才能使政府得到良性发展并逐步发挥其效能。责任政府强调的是政府的责任,建立有效的问责机制是能否取得成效的关键。

(一)责任政府的设定

责任政府的责任不只是政治责任,还应包括法律责任和道德责任。政府信息公开下的政府责任,应当对于公民有参与权、知情权和监督权。根据政府行使公共权力这一特征,政府责任有三个层面:最广义的层面是指政府能够积极有效地回应社会公众并最大限度地满足公众的利益和需求,即政府的社会

回应能力。广义层面是指政府及其公职人员履行其在整个社会中的职能和义务,即法律和社会所要求的义务。这种义务不仅要求政府在法律约束的范围内正确地做事,而且要求政府做正确的事情,能够促使社会更加美好、进步的事情。从狭义层面上看,政府责任意味着政府违反法律规定的义务、违法行使职权时所承担的否定性法律后果。这不仅意味着政府要对自己的过错行为承担责任,还要求对于利益受损方做出最大限度的补偿。通过上述三个层面的分析,政府要成为真正意义上的责任政府,要做到的不仅仅是对自己的直接过错承担责任,还要因自己的不作为过错承担责任。这就必须有一套严格的责任制和行政问责制来约束与督促政府的行为。

(二)责任政府的评估

绩效评估的目的体现了奖优、治庸、罚劣的精神,绩效评估的结果为构建责任政府的职能设定提供了可靠的依据。政府的绩效如何,很大程度上反映了一个政府是否是一个负责任的政府,反映了政府的组织协调能力以及政府的办事效率。绩效评估过程分为横向评估和纵向评估:横向评估体现在对政府行为事前评估、事中评估和事后评估的全过程;纵向评估体现在对政府同级部门之间的评估、上下级的评估和社会评估,这种评估既对结果进行评估,也对过程进行评估。因此,依据绩效评估的可靠资料,那些虽然没有造成重大责任,但却导致政府信息公开效率低下的政府官员和政府部门也都难以逃脱问责制。

(三)政府信息公开下的责任政府的构建

责任政府的构建需要一套完善的责任机制和监督机制,这不仅需要政府上下级之间、同级部门之间的内部监督,更要加强社会民众与舆论的外部监督。关于内部的监督,政府已经通过一系列较完备的法律以及责任追究机制,在政府及公职人员履行职能和义务方面作了一些规定,并取得了一系列明显的效果。政府目前需要的就是建立一套完善的外部监督机制来完善政府信息公开下的责任政府,这主要包括网络和新闻媒体两个方面。

第一,通过网络建设责任政府。在现代政治理念中,政府的权力来自于个人权利的让渡,这种让渡建立在为了让每个人生活得更安全更幸福的基础之上。因此,在这种让渡的同时,强调责任是现代主流政治文明中最为重要的政府执政理念。必须承认,在当前我国的政治权力架构中,还没有充分借鉴和采用西方国家分权制衡的土壤,立法和司法领域仍存在需改进之处,这种情况给予网络这一新的监督手段以更多的生存空间对于建设责任政府至关重要。例如,在2008年初号称"史上最牛"的某县委书记因滥用公权落马后,又于下半年"因祸得福",悄悄在沈铁城际轨道交通工程办公室总指挥履新。放在以往,该书记极有可能在人民不知情的情况下继续代表人民直至退休,然而正是网络的巨大作用,使得其再次中途下马。见微知著,既然网络能让一些掌握公权力的政府部门和官员万般纠结,那说明这正是我们苦苦寻找的得力监督和问责手段,让责任政府在网络阳光的普照下精神焕发。鉴于此,在政府自己监督自己的根本难题尚无治本之计的今天,网络监督不失为一种有效的问责方法。只要有关部门正视政府机构改革的重大意义,正视自己的权力来源和应有责任,从行动上给予网络监督放行和支持,通过网民问责机制建设责任政府必将取得实效。

第二,通过新闻媒体建设责任政府。媒体报道的天职就是向大众迅速、充分和客观地报道事实的真相,提供准确的信息。在信息公开的今天,媒体更应发挥监督的作用,这就必须赋予新闻媒体一定的权利。例如,出台保障媒体报道权的相关规定,赋予新闻机构独立的新闻报道权和调查权,保证新闻宣传的客观性和公正性,防止新闻媒体因受制于地方领导机关或个别领导干部只报喜不报忧,甚至歪曲事实、提供虚假信息、欺骗组织。政府工作中的优劣不仅在于政府内部的评定,更要通过新闻媒体的报道从外部进行监督和评定,这样做有利于政府慎重地做出决策,强化政府责任。新闻媒体在报道政府相关方面的工作和决策时,能为政府提供更多的具有实际可操作价值的意见和建议。

四、结语

随着信息社会的到来和现代信息技术的迅猛发展,信息的传播速度大大提高,而政府信息作为社会最具有影响力的资源,如何发挥政府信息资源在社会生活中的服务功能已经成为社会关注的焦点。责任政府的构建在于一个"责"。本文对如何强化"责"的监督和完善展开了一些论述,目的是为了当政者能更好地把握信息化时代责任政府的建设问题,明确政府在信息公开方面应具备的素质和责任。

【参考文献】

[1] 〔美〕特里·L·库伯. 行政伦理学:实现行政责任的途径[M]. 北京:中国人民大学出版社,2001.

[2] 〔美〕斯塔林. 公共部门管理[M]. 上海:上海译文出版社,2003.

[3] 张成福.责任政府论[J].中国人民大学学报,2000(2).
[4] 〔意〕乔·萨托利.民主新论[M].上海:东方出版社,1993.
[5] 韩艳丽.我国责任政府的构建:基于完善行政问责制视角下的思考[J].天水行政学院学报,2007(4).
[6] 唐国林.责任政府的责任设定原则[J].湖南商学院学报,2003(2).
[7] 沈鑫.论责任政府建设中的政府问责制建设[J].河北科技师范学院学报(社会科学版),2009(1).

我国网络反腐的起因、困境与出路

高文洁①

摘　要：网络反腐是信息时代开展反腐败斗争需要探讨的一个重大的命题。从"表哥""房姐""雷政富"等事件中,我们可以看到网络反腐的盛行以及网络反腐对于反腐败工作的积极意义。网络反腐丰富了反腐方式,但是也具有很多负面因素,使得网络反腐在推行过程中遇到困境。网络反腐在面临诸多阻碍的情境下,它的出路在哪？政府应如何引导网络反腐走出困境,发挥积极作用？本文通过构建网络反腐的动力机制,分析困境下的阻碍因素,从而探讨网络反腐的出路。

关键词：网络反腐　动力机制　困境

随着信息化时代的到来,网络成为了公民参与政府治理的新通道,也在塑造着政府与公民良性互动的机制。我国网络反腐开始于2003年,被称为"中国舆论监督第一人"的李新德创立了"中国舆论监督网",成为民间自发网络反腐的开端。2003年10月1日,最高人民检察院开始建立网络举报平台,开启了公民通过政府官网进行腐败举报的历程。由此可以看出,网络反腐呈现出政府与社会的互动局面,首先由网民对腐败行为进行评析,逐渐演变为腐败行为举报,进入反腐职能部门的视野,最终动员力量进行调查、处置,并且将处置结果通过网站回馈给网民,形成一种社会力量反腐和体制内力量反腐紧密结合的方式。但与此同时,网络反腐也具有极大的风险。寻找网络反腐的出路,利用好、引导好这一反腐方式,对于我国反腐倡廉工作至关重要。

---

① 高文洁(1991—　),女,内蒙古鄂尔多斯人,中国海洋大学2013级行政管理专业研究生。

一、网络反腐兴起的动因

2009年10月,《中国青年报》社会调查中心就"公民最愿意用什么渠道参与反腐"这一题目,通过民意中国网和腾讯网在线调查(1 983人参加),数据显示:排在首位的是"网络曝光",75.5%的人选择此项;接下来依次是"举报"(58.2%)"媒体曝光"(53.8%)"信息公开"(48.0%)"信访"(30.6%)"审计"(30.1%)。"网络曝光"远远超过其他几种传统渠道,让我们不得不深思其背后的原因究竟是什么。

第一,直接动因:互联网的繁荣。随着互联网的发展,网络技术的不断成熟,网络逐渐渗入了每个人的生活中。博客、论坛、微博等网络平台的不断出现,为公民参与政治生活创造了新的平台,也成为公民参与反腐斗争的新方式。首先,我国互联网等硬件设施快速发展,为网络反腐的发展创造了基本的物质条件。尤其是智能手机的普及,使得人们随时随地就可以上网,及时地获取各种信息、保存信息以及直接发布相关信息。例如,当时网友通过微博发表了"表哥"在交通事故现场微笑的照片,随后"表哥"遭到网友的"人肉"搜索,发现了他的腐败证据,最终受到审查与处分。其次,网络反腐具有高效、便捷、成本低、信息来源广等优点。网络反腐不仅是一种"全天候的反腐利器",更重要的是举报人可以匿名举报,对于网络反腐者相对来说是隐蔽的、安全的。由于网民众多,一旦一些问题成为网民关注和讨论的话题,会引起相关部门重视,进入调查审理阶段。

第二,创新动因:传统的反腐途径如上访、举报等,一方面,群众反映的问题得不到重视,不管不解决;对于被举报反映的顶头上司不敢查、不愿查,不把群众举报信当回事;遇到被举报人的阻挠或报复。另一方面,需要花费大量的人力物力,有的上访者甚至需要付出放弃工作、失去收入来源的巨大代价。这些不足使得传统反腐途径迫切需要制度创新,需要新的反腐途径作为补充。在网络上进行反映或者举报,信息能直接传达到监督部门,甚至能够直接和监督部门的领导对话,在一定程度上消除了传统举报途径的种种障碍。从某种意义上讲,网络反腐是传统的举报机制困境倒逼下的"产物",是制度创新的需求。

第三,现实动因:网络反腐取得的巨大成果。2010年12月29日,我国首次发布《中国的反腐败和廉政建设》白皮书,白皮书首次肯定了网络反腐的作用:我国高度重视互联网在加强监督方面的积极作用,切实加强反腐倡廉舆情网络信息收集、研判和处置工作。这一切都是由于网络反腐取得了巨大的成效。十八大以来,网络秒杀贪官的事例新近出现较多,至本文成稿时至少15位官员被纪检部门公开停职并调查,涉及重庆、广东、四川、山西、山东、新疆等省市自治区的领导干部。这就给广大人民群众营造了一种观念,那就是网络反腐能够取得良好的反腐效果,而且反腐效率更高。还有一个现实原因就是,我国有一个相对宽松的舆论环境。改革开放30多年来,受自由、民主等价值观念的影响,我国制定了相关法律法规保障公民的言论自由和自由表达等权利,营造了一个宽松的舆论环境。

二、网络反腐的困境分析

金登把公共问题引起决策者注意并进入政策议程的机会称为"政策之窗"。笔者借用金登的这种政策之窗,为反腐倡廉构建一个窗口模式,公民通过微博、博客揭发贪污腐败行为或者通过官网举报腐败的行为,实质上是在努力打开这扇反腐的"窗口",但是这扇"窗口"的开启还受到其他因素的影响,要有相关配套机制和法律的保障,这扇"窗口"才会顺利开启。目前网络反腐在打开反腐"窗口"的进程中陷入制度困境、法律困境和道德困境,其推动反腐倡廉的作用被大大缩减。

第一,制度困境。由于缺乏制度保障,网络舆情没有能力独立开启反腐的"窗口",目前网络反腐的效能发挥依旧取决于政府部门的"自觉",一些地方和部门消极对待甚至反对和排斥网络。因此,要想发挥网络反腐的效力,必须使网络舆情被反腐职能部门采纳,这中间需要有制度化的通道,否则会被忽视。实践中,虽然网络可以匿名,但是通过有关技术依旧可以找到举报人,我国缺乏对于举报人的保护机制,公民往往因发帖而受到打击报复。例如,2013年7月,广州惠州半职业举报人"惠阳欧伯"因一直坚持举报黑恶势力以及官商勾结事件,遭3男子泼硫酸和刀砍。目前网民通过网络反映民意的积极性很高,习惯于在网上评价并揭露一些腐败事件,但是受理这类网络语言的机制还不是很完善,没有形成一种解决机制。这些制度的不完善,导致网络反腐遇到阻力,无法最大限度地发挥它的正能量,甚至会激发它的负效应。例如,由于缺乏网络舆情的汲取机制,使得相关部门没有重视发掘民意,从而刺激一些人采取过激行为来表达自己的利益与需求,最终导致网络暴力。网络反腐的负效应很大程度上来自于缺乏制度保障,使得网络反腐陷入困境。

第二,法律困境。目前,我国对网上举报、网络监督、网上反腐,没有一个系统的法规和条例来规范,无法保障利益相关人的合法权益,这样大大打击了网络反腐的正能量的发挥。网络反腐涉及的利益相关者包括举报人、被举报人以及反腐职能部门。针对举报人来说,缺乏对举报人进行专门保护的法律,一旦举报人受到打击报复,应当如何处置,这些都没有法律规定,从而导致现实中举报人被打击报复的事件增多。当然,有一些网民利用网络的特点故意诬告、诽谤、提供虚假信息,对于这种行为也必须制定相关法律进行约束。还有一些网民的非理性表达,严重损害了网络文明,对于建设文明网络也应该制定相关的法律法规。针对被举报人,有的网络举报信息失实,导致对被举报者的隐私权的侵犯,这就会陷入法律困境。对于隐私权该如何保护,如果全面保护,就会阻碍网络反腐的信息搜集;如果不保护,不符合保障人权的原则。因此,关于如何保护举报人和被举报人的隐私权的法律困境引人深思。针对反腐职能部门来说,由于网络的开放性,被举报人往往会在被查处之前就采取了保护自己的措施,事先串供或销毁证据,订立攻守同盟,导致很多事情无法查实。这样不但加大了查处难度,反过来被举报人会诬告其诽谤,司法机关只能追究举报人的诽谤责任;由于缺乏相应的法律规范,一旦发生纠纷就难以处理。

第三,道德困境。网络的快捷性、虚拟性正极大地改变着普通公民反腐"话语权"的行使,但也容易产生不良信息的迅速传播、诬陷被举报人的名誉、非理性的情绪宣泄等挑战道德底线的行为,笔者在这里介绍三种挑战道德底线的情境。第一,非理性判断影响社会风气。由于网民自身来自不同的地域、不同阶层之中,其表达的观点受到个人情绪、利益、情感等非理性因素的影响,一般难以从客观公正的角度对事物作出判断,加之网民一般具有从众效应,从而形成集体的非理性,这种非理性对于社会的健康发展造成危害。第二,网络暴力危害社会安全。网络暴力是社会暴力在网络上的延伸,最典型的网络暴力是"人肉搜索"。"人肉搜索"严重挑战了道德底线。为了揭发腐败,网友们通过各种途径爆料当事人的私生活,甚至连当事人的亲友也不放过,在网上发表具有攻击性和煽动性的失实言论,致使其人身权利受损;还有就是以讹传讹,演变成一种精神层面的暴力行为,在社会上形成一种恐惧网络的心理,给社会和谐造成伤害。这种不尊重人隐私、恶意中伤他人、造谣生事的行为在道德上是可耻的,但是如果不进行"人肉搜索",也许不可能深入发掘腐败,这就是网络反腐在道德上的困境。

三、网络反腐的出路

网络反腐在面临诸多阻碍的情境下,它的出路在哪,政府应如何引导网络反腐走出困境,发挥其积极作用?笔者认为,网络反腐与制度反腐都是反腐的手段,应该将网络反腐和体制内反腐结合起来,并且实现这两种方式的良性的紧密衔接,发挥反腐的合力。但是,网络反腐要破解现存困境,一方面,必须完善相关法律法规和配套机制来为网络反腐保驾护航;另一方面,要为网络反腐和体制内反腐链接建立通道,这样才能顺利打开反腐的"窗口"。因此,要正确引导网络反腐,最大限度地发挥其正能量、减少负能量。

(一)制定网络反腐专门法律,出台规范性文件

政府必须引导和规范社会公众在法律框架内行使自己的言论自由权、监督权、举报权等权利,在推进网络反腐专门法律的进程中,需要注意尊重和保护这些权利,不断提升网络立法水平。首先要健全网络管理、网络监督的相关法规。在尊重网络规律的基础上,保障网民权益的同时,禁止和打击不负责任的网络言行。其次,制定一部网络反腐的专门法律,对于网络舆情如何纳入到反腐进程中应当有详细的硬性规定,同时对网络举报人、被举报人的责任进行捆绑式的严格规定,明确问责程序。一方面要使举报人不敢随意污蔑他人,使被举报人不敢打击报复举报者;另一方面,要在举报者和被举报者之间出现纠纷时,有法可依进行解决。还有就是,从总结国外网络立法经验来看,他们一般都拥有完善的现行法律体系的坚实基础,如在个人隐私保护方面。相较而言,在我国推行网络个人隐私保护时受到了极大的阻碍,具体原因是相关法律的缺失和不健全。所以,我们在推进网络反腐的立法专门化的同时,也需要加快其他相关法律的建设,将法律体系相互结合,使其更加协调和配套。这样网络反腐立法才能既有法可依,又培育公民的法律意识。

2008年8月份,湖南省株洲市纪委市监察局出台了《关于建立网络反腐倡廉工作机制的暂行办法》,受到全国网民的热烈关注,被认为是"中国网络反腐第一办法"。该办法规定了网络信访的举报受理负责单位、受理的范围、网络信访举报受理要建立健全登记、请示、查办、交办、转办、催办、反馈等基本工作制度。此暂行办法为我国网络反腐树立了一个新标杆,因此,各地方政府可以依据地区特点,先行尝试出台规范性文件,在此基础上细化和创新制度,以此填补法律缺失的空白。

（二）加紧相关配套制度的建设

首先，必须建立必要的网络监管制度，应该根据网络信息的危害程度让网站运营机构承担连带或重要责任。政府的精力是有限的，如果对每条信息都进行监管，其成本是巨大的，因此要想创造一个文明的网络环境，必须对网站运营商进行责任绑定，让运营商监督网上的信息，监督管理网民的网络行为。第二，完善网络反腐舆情预警机制，建立网络舆情收集机制。成立专门机构、指定专人负责舆论的搜集反馈，并保障其经费；成立网络反腐预警研究机构，深入分析预警员的报告，经综合考虑后发布权威预警报告；建立预警处置机制，对应突发事件启动应急预案；建立跟踪反馈机制，创新各级网络反腐绩效评价体系，采用多元综合评价方法，评价结果直接运用到绩效考核之中。第三，完善举报人保障制度。要严密保护举报者的相关信息，充分利用科技手段，对网络举报采用加密技术；建立对举报人的紧急保护机制，如举报人的生命财产安全在举报之后受到威胁，相关执法部门应立即出警保护；加大对打击报复者的惩戒力度，应严厉打击打击报复者利用公权力迫害举报人的违法犯罪行为，使打击报复者违法犯罪的成本增大，不敢轻易迫害举报人。第四，加快建设电子政务和阳光政府。尤其是要建立完善党务政务信息公开机制，通过公开机关的职权、工作程序、办事过程、时限、办事结果、监督方式等，使网民可以通过网络途径了解公共权力部门的信息而不受到任何干扰，保障公民了解充足的信息，使网络监督更加畅通。

（三）建立网络反腐和体制内反腐互动的通道

网络反腐和传统的制度反腐都是我国反腐倡廉的手段与方式，他们不是相互取代的关系，而是一种互补的、良心互动的关系。如前所述，网络反腐的动因之一是传统的反腐方式制度上存在缺陷，所以网络反腐是一种"次优"选择，不能单独成为一种模式，必须实现与体制内反腐的无缝隙合力，才能真正有效地推动反腐倡廉的工作。当然，这种无缝隙连接需要一定的通道。

第一，整合网络反腐资源。利用全国信访信息系统搭建网络举报框架，可以实现网络反腐与现行制度的有机衔接。各级纪委和监察部门应该抓住国家大力开展电子政务和党务信息化建设的时机，积极建设信访信息接收查询系统，尽快实现信访信息系统互联互通。通过系统的建设和运用，及时优化举报处理及其他工作流程，实现举报人在当地举报、当地查询，从而发挥信访信息系统在提高廉政政策执行力、建立健全惩治和预防腐败体系中的独特作用。

第二，政府及时出面引导网络反腐的方向。国内外的每一个重大事件和热点问题，几乎都会在论坛上引起强烈的反响和激烈的辩论，形成一个网络评论的"自由市场"，因此，对于重大、敏感的政治、经济、军事问题和社会突发事件等在论坛上的讨论应该给予必要的"软引导"；加强重点媒体网站论坛建设，健全网上主旋律宣传教育；培养网络"意见领袖"，以强化主流言论，孤立非主流言论；努力使网民在网络社会中沟通，交流并解决问题，互相理解和尊重。

【参考文献】

[1] 杨金卫. 网络:一种新的反腐利器——网络反腐的制度规范与机制创新研究 [M]. 济南:山东人民出版社,2012.

[2] 高波. 走出腐败高发期:大国兴旺的三个样本 [M]. 北京:新华出版社,2012.

[3] 约翰·W·金登. 议程备选方案与公共政策(第1版) [M]. 丁煌,方兴等译. 北京:中国人民大学出版社,2004.

[4] 熊光清. 中国的网络监督与腐败治理——基于公民参与的角度 [J]. 社会科学研究,2014(2).

[5] 邹庆国. 网络反腐:兴起缘由、价值解读与风险防范 [J]. 理论导刊,2012(4).

[6] 李国青,杨莹. 我国网络反腐的策略设计——以SWOT四维度方法为分析框架 [J]. 安徽行政学院学报,2013(2).

文化与传媒

都市类报纸时政新闻报道科学化的途径探析

江翡翡[①]

摘　要：一直以来，都市类报纸都要求报道鲜活，但随着都市类报纸的发展，从《华西都市报》的横空出世到目前百花齐放，都市类报纸所追求的社会责任已经慢慢趋于理性，负面新闻正面思考、坚持正确的舆论导向的理念越来越被更多的都市类报纸所接受，并体现在办报过程当中，而对于时政类新闻的追逐更体现出了这一点。本文立足《半岛都市报》在时政报道中的实践，来揭示都市类报纸加强时政新闻报道的必要性和未来发展趋向，探讨实现时政要闻报道科学化的途径，也是对时政新闻采编部门未来发展的一个预想。

关键词：都市类报纸　时政要闻　报道　科学化

一直以来，大众报业集团要求《半岛都市报》加快向区域内主流媒体转变步伐，立足青岛辐射周边，尽快在整个山东半岛蓝色经济区形成强大的品牌影响力。这一区域主流媒体的体现，一个重要方面就是涉及各党政机关、职能部门的时政新闻报道。

一、当前都市类媒体在时政要闻报道中存在的问题

（一）报道手法单一

新闻报道表现形式是复杂多样的，消息、通讯、语言、结构、版面、媒介等都属于形式的范畴。这些具体的形式乍一看起来让人眼花缭乱，但是仔细梳理一下，可以清楚地发现其表现形式包含以下四个层次：一是构成元素层面，主要包括材料、结构、语言等形式；二是新闻体裁层面，包括消息、通讯、评论等形

[①] 江翡翡，（1981—　），女，山东青岛人，中国海洋大学2010级公共管理专业研究生。

式;三是新闻组合层面,包括新闻版面、栏目等形式;四是媒介层面,包括广播、电视、报纸、杂志、网络等形式。

报道方式最终在报纸上的具体展示及形象化,就是报道的表现形式。在新闻报道策划中,表现形式是因报道方式的选择而确定的。换句话说,一旦确定了具体的报道方式,报道的表现形式也就相对产生了。例如,集中式报道的表现形式一定是版面的集中处理,新闻与背景资料、评论、图片等多种体裁配合使用来表现一个主题。都市类报纸对时政要闻的报道,很多时候都是千篇一律的报道方式,显得呆板、乏味。

(二)报道深度不够

深度报道是一种系统反映重大新闻事件和社会问题,深入挖掘和阐明事件的因果关系以揭示其实质和意义,追踪和探索其发展趋向的报道方式。深度报道不是一种新闻文体,而是一种报道追求深刻性的理念、思想方法和立体的思维方式和旨趣。一篇深度报道包含的主要内容有事件、新闻背景、新闻前景、新闻过程、新闻分析、主观感性、新闻预测、图片说明、对策建议等。深度报道从调查走向研究,从知性走向理性,记者通过调查研究社会问题,从调查型记者走向研究型记者。

具体来说,很多记者都只是就事论事,缺乏一针见血的评论。在强大的工作压力下,为了增加出稿量,有的记者就一味地追求字数、篇幅,而在时政要闻内容的深度上没有下工夫,致使报道很多时候流于肤浅。报道深度不够,最终会降低公众对时政要闻的思考深度,也会给报纸带来不利影响。

(三)报道失实

基于都市类报纸记者的自身素质和主观思想两个因素,对时政要闻的报道存在着极大的失实隐患。主要有以下几种表现形式:一是无中生有,凭空捏造;二是添枝加叶,层层拔高;三是偷梁换柱,移花接木。新闻失实,就其性质来说,可分为两种:故意性失实和非故意性失实。非故意性失实是在采写编新闻过程中,作者并没有觉察到自己报道的事实与实际情况不符。这种失实,多半是由于作者在采访中获得的原始材料失实造成的。有的采访不深入等也是造成失实的原因。

故意性失实则是明明知道自己所写的新闻与实际情况不符,却明知故犯,造成新闻失实。其原因比较复杂,有新闻队伍内部问题,也有社会原因。新闻失实可分为宏观失实与微观失实。宏观失实是指虽然报道中的某一事实或全部事实符合客观实际,但放在整个传媒大背景下,则可能存在某些思想性或导向性错误,引起受众对某一类事件的"同一"看法甚至是偏见,从而对某一类事物产生不良的社会影响。微观失实是指报道中的某一事实失实或新闻六要素中的某一要素失实。

二、都市类报纸时政新闻报道的基本原则

(一)时政新闻报道要坚守党性原则

坚持党性,是党报集团的立身之本,也是集团文化的重要组成部分。党管媒体,每一家媒体都是党报集团的媒体。不管是党报、子报,还是新兴媒体,在党性要求方面都没有特殊性,都必须坚持党性原则。这对于都市类媒体尤其重要。

从全国来看,部分都市类报纸在党性原则上屡踩红线,看似达到了宣传效果其实却严重损害了报纸的公信力。这类报纸在所谓的大众化、平民化、市场化的口号下,放松了对党性原则的坚持,出现了庸俗化、媚俗化、另类化等的不良倾向。这些新闻事业发展中的不和谐音符的产生有悖于党性原则,对我们都市类报纸的发展有着极为不好的影响,如出现了渲染暴力色情、爆炒明星绯闻、新闻制假泛滥、滥用话语权力等现象。

都市类报纸在坚持党性原则问题上,不能有丝毫的动摇,因为党性原则是社会主义新闻事业的根本原则,是马克思主义新闻理论的重要支柱。针对这一点,《半岛都市报》坚持党性,在采访报道时强调政治家办报意识,这一点在"两会"报道和重大的时政新闻报道中体现得尤其明显。例如,在报道中要求记者对于被采访对象的职务、姓名、采访对话进行逐一核实,虽然工作量非常大,但是在如此重大场合一旦出现一个错误都有可能是致命的。在报道"两会"上通报的重大案件时,同样只报道新闻事实和恰当的解读,而不是着重关注其幕后所谓的"猛料",用负面的例子来刺激百姓的神经。总的看来,都市类报纸明确了党性原则,它能让都市类报纸在市政新闻报道中明确自己所应承担的社会责任,有利于其更好的实现社会效益,同时也有利于都市类报纸的健康发展。

(二)时政新闻报道要坚持创新理念

从党报到早报、晚报,再到都市类报纸,时政类报道发生了翻天覆地的变化,而这个过程,实际上是媒体在时政类新闻报道上的结构、写作特点以及文

本的变化,越来越贴近百姓服务社会,更进一步说就是"创新"二字,在不断创新中推动时政新闻报道的发展。都市类报纸的时政报道不同于党报报道,更不能简单沿袭都市类报纸以往的民生报道模式。如何使都市类报纸的时政报道既具备思想性、权威性,又注重可读性、贴近性,这无疑是摆在所有都市类报纸面前的一道难题。而在当前的媒体生态格局中,如何借助时政报道的创新探索,来完成都市类报纸的深层次转型,更是成为牵动都市类报纸未来发展方向的一个重要命题。

创新,首先要对事件了解,因此采访者要做重要政治生活的参与者而不是旁观者。以2014年"两会"报道为例,以往"两会"报道中着重处理常规报道、代表委员建议提案,但这样往往就会沦落到只是有不同的人出面说。最近的两会则打破这一窠臼,将记者放到"两会"会场中去,通过亲身经历这一年一度最大的时政新闻来写出鲜活的新闻。也正因为这样,此次《半岛都市报》记者在"两会"会场抓到了很多第一手的甚至独家的新闻报道。例如,《委员报到骑单车这不是作秀》,就是记者抓到的一个十分鲜活的现场,将看似索然无味的代表委员报道写得生动起来,并且没有停留在表象,报道的事件背后还有对环境保护、履职方式等深层次的探讨;还有《让末班车延时,咱想一块了》、《海洋教育中心拟选址胶南》、《岛城拟建平价商店抑物价》等一批稿件都是独家报道。在"两会"新闻资源争夺白热化的阶段,只有亲自参与现场,才能做出优于同城、比肩国内的报道。

创新还在于策划。在新闻报道同质化严重的今天,都市类报纸把握时政新闻报道的一个重要方向就是在同样的新闻事件中找到不同的角度。同样以"两会"为例,2014年报道整体栏目化的现象比较明显,报告解读、热团点击、深度话题、民生热点等都将新闻资源很好地整合在了一起。例如,《女委员痛斥职场性别歧视》这篇报道就是在热团点击栏目中推出的。记者在市政协妇联团蹲点,抓现场、找新闻,最终写出的报道十分鲜活,这个栏目也成为比较受欢迎的栏目之一;此外,对于深度的追求让"两会"报道的高度得到提升,《医院停车难顽症该治治了》《公立医院改革进入体制层面》《学有优教,病有良医难在哪》等都体现了这一点。

此外,在新媒体时代,单向的新闻报道模式缺乏生命力,时政报道尤其如此,以前那种灌输式的报道方式很难引发读者的关注。开放的互动模式既是传播过程的有机组成部分,又是传播效果的实现标志。本报延续了以往微博同"两会"的互动,并创新性地将微博带进了"两会"会场,这更是让新媒体的作用发挥得淋漓尽致,代表委员在现场就能同市民互动,起到了不错的效果。

三、时政新闻报道科学化的基本途径

时政新闻报道要打造新闻品牌厚积薄发。创新无疑是都市类报纸在时政新闻领域有所作为的必由之路,并且这个过程是随着时代的变化而不断变化的。十年前谁曾想微博会成为报纸报道的一个重要角色,而如今"微博打拐"、"免费午餐"等都成为报纸追逐的话题。在长期的创新、变化的过程中,都市类媒体要形成有自己特色的报道,就要打造品牌,做出一系列有社会影响力的报道。我们能看到,从客观角度来讲并不是每条时政新闻都适合民生解读,这就要求我们关注某件时政新闻是否事关全局大局、是否涉及与广大民众利益紧密相连的内容、是否是当下热点和民众的关注点。根据这三点,我们就能找寻出时政新闻的突破口,而在"冶炼"新闻"富矿"的时候能有不同角度的审视,就会形成自己的品牌。

《半岛都市报》的"两会"、高考等重大时政报道一直是王牌,每年在新闻争夺战中都能脱颖而出,这就形成了自己的品牌。拿高考来说,在同样关注各个重大节点的常规事件外,还策划深度报道、延伸报道,将其他同城媒体甩在后面。例如,《要给偏才怪才留道缝》《考高中真比考大学难吗?》《中高考全民焦虑何时休》《普通考生的高考之路:一本二本间的徘徊与纠结》等,尤其是在《高考拿高分他们高在哪?》的报道中,在其他媒体关注的高分考生表象的同时,本报记者蹲点三天,将这些高分考生背后的必然和偶然都一一列举出来。

这些品牌有一个共同特点,那就是都是一年一度的常规新闻报道,要做好它并非易事,而强化前期策划是保持品牌、突出时政新闻影响力的最大法宝。没有策划和创新,中高考报道等就会落入俗套,就会变得毫无生气。在前期通过梳理提炼、释疑解惑、独到见解、专家解读、组合链接等方法的运用,从实际内容出发,从实际效果出发,从实际需要出发,就会形成自己的品牌。 从长远来看,一个媒体要令人看中,关键是它的报道能看到别人看不到的趋势。这样的媒体,无论政界还是商界都会关注。高端时政报道到了一定的火候,比的就是资源迅捷、判断准确、分析透彻,这是高端时政新闻报道的理想境界,也是都市类报纸此类报道的努力方向。

要实施这些创新,最主要的还是人才队伍的建设。大事大报,甚至举全时政部门之力而上集中报道,从人力资源的调配上来说是非常合理的。一般来说，大型报道涉及面非常广，如果仅仅是一两个记者采访，一方面花的时间长，另一方面由于报社日常采访分工的原因，记者难免有局限性。而同时调动大批记者进行大策划，并分工协作，由熟悉情况的记者采访自己熟悉的方面，既得心应手，又可以保证全面和深入，挖掘出更多更新的材料。

"两会"期间这一优势体现得就非常明显。"两会"期间，《半岛都市报》派出了9名上会记者，其中时政新闻部就有7名，其他两名为经济新闻部记者，并重经济新闻；而这还不是全部，还有两名记者做外场配合，如政协委员现场调研等就由他们配合来完成。如此安排也是多年"两会"报道所总结出来的经验。上会记者也不是没有头绪的，分成两拨分别负责人大和政协的报道，而每个人既有自己不同的分工，又相互配合，犹如一张大网撒向了"两会"会场及青岛市区。而正是这种分工明确而又通力合作的一个团队，既保证了不落新闻，又能挖掘出很多鲜活的现场新闻。团队的锻炼体现明显的一点还表现在政府市办实事公布时的策划采访上。由于时间紧任务重，全市一年内要做的民生实事都是老百姓关心的，为此负责各个口的记者被分配到与自己相应的民生实事，通过采访例子和专家分析，最终形成了两个版的解读报道，优于同城媒体，给老百姓提供了足够的信息量。

我们把时政事件作为民生新闻的"富矿"，在时政新闻和老百姓生活的相关性上做文章。如何做好时政新闻报道，这是都市类报纸当期面临最紧迫的问题，我们在摸索着前进，以期在新闻挖掘上开拓新的领域。

【参考文献】

[1] 魏先努. 都市类报纸"主流化"的逆向思考[J]. 当代传播，2007(1).

[2] 周玮. "两会"报道叙述社会变迁[D]. 厦门：厦门大学. 2009.

[3] 刘庆. 创新时政报道的方式——南方都市报的探索[J]. 新闻战线，2001(4).

[4] 吕冰. 对读书报道高端时政报道的认识与探索[J]. 青年记者，2010(1).

浅谈新媒体环境下政府的舆论引导

赵 冉[①]

摘 要：在网络信息膨胀的当下，公众拥有了更多的话语权，其参政议政的热情不断高涨，这为政府直接掌握社情民意提高了良好途径，但也给政府的舆论引导，特别是突发事件发生时的舆论引导工作提出了更大的挑战。怎样用好新媒体，完善网络舆论引导的途径，作出更"接地气"的公共决策，提高政策的民主化、科学化，对提升政府及领导干部的执政能力提出了新的要求。本文在分析新媒体环境下舆论传播特点的基础上，探讨了其传播方式对政府舆论引导产生的影响，提出了新媒体环境下政府舆论引导的应对策略。

关键词：新媒体 舆论引导 政府

在互联网络、电视网络、手机网络的推进下，新媒体信息技术的发展对国家和社会的政治、经济、文化等各领域都产生了深远影响。美国学者施密特指出："若个人意见得到公开发表，并且牵扯到公共问题，它就成了舆论。"舆论是公众对现实社会的一种看法，社会成员纷纷利用各类新媒体诉求权益、表达意见、宣泄情绪，众说纷纭、真伪难辨的舆论热点此起彼伏。近年来，我国由新媒体为起点而形成的网络舆论热点事件层出不穷，尤其是当突发事件发生时，微博等新媒体几乎成为公众获取信息、传播信息的第一手段。BBS论坛、QQ、微博、微信等新型传播方式，对传统的宣传教育、舆论引导策略和政府公共关系等都提出了挑战。面对这一新形势，党和政府作为舆论引导的主体力量，必须迅速适应新媒体的传播特点，提高自身对于网络舆论的引导能力和驾驭能力，改进社会宣传和舆论引导方式。本研究根据工作实际，在分析新媒体环境下舆论传播特点的基础上，探讨了其传播方式对政府舆论引导产生的影响，提

[①] 赵冉（1986— ），女，山东滨州人，中国海洋大学2013级公共管理专业研究生。

出了新媒体环境下政府舆论引导的应对策略。

一、新媒体环境下舆论传播的特点及对政府舆论引导产生的影响

新媒体由传统媒体向公众传播转向公众之间主动传播,打破了传统媒体的传播模式。新媒体以充分表达个人意见、互动性极强而获得公众的青睐,成为形成网络舆论热点的重要阵地。它为人人参与传播奠定了技术基础,使得新媒体环境下的舆论传播呈现出以下特点。

第一,极强的时效性。新媒体环境下信息产生和汇集的即时性,使舆论的形成和传播速度更加快捷。在现在网络极其发达的环境下,新媒体为公众舆论提供了良好的技术平台,公众随时随地都可以将眼前感兴趣的事通过微博、网络论坛、微信等新媒体传播出去。这种快捷、无缝的新媒体传播方式改变了传统媒体的信息发布过程的滞后性。现下发生的很多突发事件,其第一时间的发布者不是政府、不是媒体而是事件的当事人或者旁观者,他们记录事件发生的第一手资料并将其传播。由于信息反馈迅速,意见沟通、整合、扬弃的效率大幅提升,导致舆论热点立即形成并迅速广泛传播。

第二,极强的自主性。新媒体时代的最大亮点就是让每一个公众都拥有了成为媒体的机会,给了公众公开向社会发声的权利,他们是"自媒体"的传播者以及受众。这种新兴的传播方式打破了个人参与社会传播的传统格局,激发了公众参与传播的积极性。他们可以不受任何限制地表达自己想要表达的观点,选择自己感兴趣的对象去关注并获得自己感兴趣的信息。著名新闻传播学者喻国明形象地将此描述为"全民DIY",即自己动手制作,没有专业的限制,想做就做,每个人都可以利用DIY做出一份表达自我的"产品"来。

第三,良好的互动性。与传统媒体相比,新媒体的互动性也是其望尘莫及的,实现了受众与传播者之间的交互性。即时、双向、互动的数字化传播能激发人们参与的热情,受众可以在阅读信息的同时与传播者以及对这条信息感兴趣的受众一起讨论,传播者则可迅速就发布内容得到反馈,从而形成强烈的舆论热点,而传统媒体则难以做到。

第四,传播信息的不确定性。每个人都可以作为传播者的传播方式使受众获得了大量的信息,但传播信息是否真实权威却难以考证,网络谣言有了滋生蔓延的土壤。以微博为例,2013年由国内多家知名网站联合发起的"北京

地区网站联合辟谣平台"发布了十大典型辟谣案例。既有"花三四千元人民币就吃到一盅用六七个月大的婴儿炖成的补汤"等捏造事实型谣言。也有"三峡水电站被私有化"等微博谣言。网络凭借其巨大的影响力使谣言迅速传播，在社会上产生恶劣的影响。

新媒体颠覆了传播模式，拓宽了舆论传播渠道，丰富了舆论传播形态。为了适应新的媒体环境，许多地方政府纷纷开通了官方微博、官方微信、网络问政平台等与新媒体发展趋势相适应的网络问政渠道，大大提高了网络问政的效率，人民与政府的沟通渠道更加直接、快速、有效。政府新开设的网络问政渠道，不仅是人民获取政务信息的重要平台，也成为其监督政府行为、表达意见建议的有效途径。多途径的意见表达，高度集中的关注给政府的舆论引导带来机遇和挑战。新媒体环境给政府舆论引导带来机遇主要体现在：新的官方微博、微信、网站等平台的开设，为政府增加了新的传播手段，政府可运用这些新媒体将近期开展的政府工作快速、直观地展现给人民，成长为政府树立形象、沟通民众、解疑释惑的新渠道；尤其是当突发事件发生之后，政府运用新媒体快速、直接的传播特点，第一时间发布官方权威信息，不仅展现政府公开、透明的姿态，也可掌握舆情传播和引导的主动权，增强网络舆情传播的可控性。但随着社会不断发展，人民的认知度在不断提升，加强对政府行政的监督成为当下人民最关注的话题之一。在这种形势下，政府正在由"犹抱琵琶半遮面"的状态向公开、透明的方向转变。目前，人民需要海量的政府公开信息与政府舆论引导团队提供的消息有限形成了突出的矛盾。舆论环境日趋复杂，这对政府舆论引导团队的应对能力、传统信息沟通机制提出了新的挑战。

二、新媒体环境下政府舆论引导存在的问题

新媒体的快速发展，潜移默化地改变了舆论环境。政府应在不断适应新媒体的过程中，改变执政理念和执政方法，调整舆论引导策略和方法。但是，新的舆论格局和引导模式尚未完全确立，政府的舆论引导工作出现了空档，诸多问题不断浮出水面。

第一，舆论引导理念落后。在传统舆论传播过程中，政府习惯的是自上而下的信息传播方式，由政府作为舆论传播的主体单向传递。而公众只是作为政府舆论传播的受众，对政府工作的意见建议不能及时反馈和处理，政府政治宣传的有效性如何也不能检阅，缺少与公众之间的信息沟通。甚至有的政府官员"只说好的"，将不利信息进行有选择的处理或者直接屏蔽，公众获取信息

的真实性、完整性大大降低。而随着新媒体时代的到来，公众拥有更广阔的获取信息的途径，参政的平台也更广泛，政府传统的传播方式反而会让政府的公信度降低，从一开始公众想听政府发声演变到最后成为政府说也不听的状况，陷入被动局面，使党和政府的形象受到损害。

第二，对新媒体时代的认知程度不够。在传统媒体时代，政府作为信息的传播者和传播行为的实际控制者，只需要借助报纸、电视台、电台便可进行政治宣传，垄断了信息传播的平台，很多官员也已经习惯了传统媒体的传播方式。但新媒体时代，信息的多样化打破了政府垄断信息的局面，舆论控制权分解，传播者分散，作为公众人物的领导干部住进了"玻璃房"，随时随地都要接受群众的监督，接受公众的追问和质疑。不过，部分领导干部却没有充分认识到新媒体时代的特点、并及时转变舆论的引导方式，甚至于部分领导干部对于新媒体信息技术的落后，让很多领导干部在没来得及反应过来的状态下已经"失态"。

第三，缺少正确的舆论引导机制。公民参政的热情不断提高，通过新媒体发表自己对于政府执政行为、公共政策以及突发事件等方方面面的看法和建议，不时地掀起舆论热潮。而面对舆论热点的出现，部分政府由于对新媒体的认识不足和处理能力不足，或者选择沉默或者采取激进的处理方式，盲目的捂、压、删、拖这些手段都已经失效，政府的束手无策正是因为缺少正确的舆论引导机制，从而错过舆论引导的有利时机，或引发误解。

第四，缺乏与公众沟通有效的沟通机制。与传统媒体单一的传播方式相比，新媒体将信息的单向流动转变为双向沟通。新媒体时代给了公众话语权，但作为政府层面舆论引导的转化还未到位，被动地接受公众的信息已经让政府疲于应付。缺乏与公众沟通有效的沟通机制，缺乏对公众关心问题的了解，让政府无法察民意、获取准确的信息，从而也不能顺民意作出正确的决策，形成疲于应付恶性循环。

三、政府在新媒体环境下政府舆论引导的对策

当下网络信息膨胀，给政府舆论引导，特别是突发事件发生时的舆论引导工作提出了更大的挑战，但也给了政府更为直接掌握社情民意的途径。怎样用好新媒体，完善网络舆论引导的途径，作出更"接地气"的公共决策，提高政策的民主化、科学化，这对提升政府及领导干部的执政能力提出了新的要求。

第一，强化权威信息发布，把握舆论引导的主动权。在新媒体的环境下，

与其让公众捕风捉影,不如变被动为主动,直接通过权威发布以正视听,让公众享有充分的知情权,向社会发布政府的工作进展,消除公众对政府工作的误解,充分的公开、透明反而更容易获得公众的理解和支持。尤其是在突发事件发生时,公众处于无思考状态,谁先发声就掌握舆论引导的主动权,正面声音跟不上,负面信息就会乘虚而入。许多学者研究表明,在事发4小时内发布权威消息主导舆论是平息事件的关键,这就是处置突发事件的"黄金4小时"法则。面对突发事件,政府应该强化权威信息发布,对公众不隐瞒并及时发布处理措施,消除民众的不确定性,让公众安心,让社会放心。

第二,加强网络危机和公关能力培训,提升网络危机公关能力。政府部门要成功化解各种信任危机,有效应对各类突发公共事件,就应该重塑政府形象、提高政府公信力。要加强对领导干部以及各级公职人员的危机公关能力提升培训,通过培训掌握通过网络与公众对话的技巧,掌握科学的处置方式,合理处理各种突发事件。此外,应提高公职人员的职业素养,树立正确的行政伦理观,适应新时期的需求。只有这样,在遇到网络舆论热点时,才能迅速占领网络舆论阵地,回应群众的诉求,化解社会矛盾,找到最合适的处置方式将不利因素降到最低,赢得公众信任,避免政府的公信力遭到质疑。

第三,建立完善的舆论引导机制,增强舆论引导的可控性。政府应建立完善的舆论引导机制,重视舆情的收集工作,掌握网络舆情变化及发展动向,一旦危机发生,第一时间介入。要在掌握舆情发展动向的情况下迅速作出判断,掌握有利时机表明态度,主动采取措施,尽快消除误解,化解矛盾,将舆论限定在可控范围内。同时,要严格技术管控,打击网络犯罪,防止负面舆论传播;要建立预警机制,提高对危机的预防能力。建立完善的舆论引导机制还要提高"舆论领袖"引导舆论的能力。"舆论领袖"在新媒体环境下具有强大话语权,是在一些网民心目中享有一定的威望,容易得到多数网民的认同,在网络空间中说话有分量的特殊网民。他们的言论容易得到网民的理解认同,对普通网民有很大的说服力和影响力。因此,政府要积极与其主动沟通,用"舆论领袖"引导新媒体用户,让其成为促进党和政府与民众交流的有效纽带。

第四,建立起有效的信息沟通机制,提高舆论引导的针对性。政府要积极与网络媒体、手机传媒合作,开设官方微博、微信,开通政务网站、网络问政平台等新媒体手段,将这些平台作为政府和公众沟通的桥梁,增强政府与公众的互动,为民意真实、自由、充分表达设置途径,听名声、获民意,准确地获取社会信息。为了提高舆论的针对性,要根据政府所需要的舆论导向设置议题,针对特定时间,如暴雨袭击、地震等,网络媒体通过专题网页形式,对事件进行深度报导,满足公众了解事态发展的需要。只有建立新媒体合作平台及有效的信息沟通机制,政府才能够作出正确的决策,控制好社会秩序,提前化解各类风险和矛盾,防患于未然,提高政府的控制能力。

【参考文献】

[1] 〔美〕施密特等. 美国政府与政治[M]. 北京:北京大学出版社,2005.

[2] 王天意. 网络舆论引导与和谐论坛建设[M]. 北京:人民出版社,2008.

[3] 喻国明. 直面数字化:媒介市场新趋势研究[J]. 新闻实践,2006(6).

[4] 李伟娜. 新媒体环境下地方政府舆论引导策略探析[J]. 中国传媒科技,2012(20).

[5] 代玉梅. 自媒体的传播学解读[J]. 新闻与传播研究,2011(5).

[6] 张爱芹. 网络论坛对突发事件舆论的引导策略仁[N],中华新闻报,2007-11-28.

[7] 冯春. 新媒体与政府公共危机管理[D],上海:复旦大学,2009.

[8] 刘媛媛. 论新媒体环境下政府舆论引导的挑战和应对机制[J]. 湖州师范学院学报(社会科学版),2012(05).

[9] 林爱珺,孙姣姣. 新媒体环境下的政府危机管理与舆论引导[J]. 中国应急管理,2011(03).

[10] 栾轶玫. 新媒体新论[M]. 北京:人民出版社,2012.

[11] 裴大智. 新媒体环境下政府部门应对公共舆论的策略研究[D]. 兰州:兰州大学,2013.

学习型学校共同愿景的构建研究

秦 澎 [①]

摘 要:教育改革是一个极其复杂的过程,变革的一蹴而就也只能是天方夜谭。要想提高教育改革的有效性,解决教育改革所倡导的理念与现行的学校管理模式存在着根本性的冲突,必须从改变学校管理模式以及教育改革方式上着手。构建现代学校的学习型组织模式是提升学校效能的重要前提和基础。学习型组织的一个重要特征是拥有共同愿景。为此,本文从学习型学校的共同愿景着手,讨论其构建的重要性、实施的一般步骤以及针对基于当今学校特点现状,给出实践建议。

关键词:学习型学校 管理 共同愿景

一、学习型学校构建的必然性

20世纪60年代,《科尔曼报告》指出家庭以及同伴的影响被认为是决定学生学业成就的关键因素,而学校在决定学生学业成就上没有重要作用,也就是说,教育组织是低效的。到20世纪末,著名学者迈克·富兰在其影响卓著的《变革的力量——透视教育改革》中仍在感慨道:"我们正在进行着一场毫无结果的艰难的战斗。"迈克·富兰认为20世纪60年代以来的教育改革收效甚微。迈克·富兰的苦叹同样也折磨着中国教育界。20世纪80年代中期开始倡导的素质教育改革的实际效果令人质疑。为何当我们提出教育改革的理念时大家拍手称快,但具体到实践领域中受各界一致赞同的理念却无法落地?其中一个重要的原因就是教育改革所倡导的理念与现行的学校管理模式存在着根本性的冲突,而面对各种新理念,学校要么仍然执著于传统的教育模式,要

[①] 秦澎(1986—),男,山东青岛人,中国海洋大学2012级公共管理硕士研究生。

么将面临学校管理的困境。所以,要想提高教育改革的有效性,解决教育改革所倡导的理念与现行的学校管理模式存在着根本性的冲突,必须从改变学校管理模式以及教育改革方式上着手。

一定的组织模式对应着一定的效能。我们认为,构建现代学校的学习型组织模式是实践提升学校效能的重要前提和基础。有学者指出,学习型组织理论是建设优质学校的必然选择。这样的选择也要求我们在学校设计、管理方式上进行根本性的变革。对于教育重心的变化,保罗·克拉克进行了如下(表1)对比。

表1 现行学校教育与未来学校教育的对比

传统学校教育(schooling)	未来学校教育(learning)
学校为学生提供正式的课程,在一定时限内学生必须学习这些课程	人们可以一天24小时,一年365天,从广泛的资源中学习,学校只是其中一部分
教师只需知道是什么,学生在适应教师的教学	教师主要的是要满足学生的需要
学校是学习者的社区,学生在教师的帮助下力争充分开发自己的潜能	学校是一个学习的社区,在这里,每个人(学生、教师、家长、管理者)既是学习者,又是教师。一切依具体情境而定
学习的信息以特定的方式分级,并以特定的顺序学习。每个人学习非常相近的内容,只有一点点的差异	学生根据能力与兴趣,可以获得任何他们想获得的信息。在掌握了基本技能后,每个人所学内容相差很大
学校从形式到功能都与最初形成时相差不大	学校从形式到功能发生了重大的变化
学校与雇用其学生的人及学校周围的社区没有或仅有有限的互动	社区将负责学生与成人的教育。工商业将主动地参与学校的发展
如果学校能将学生送入各种可能的未来,学校就是成功。这些可能包括在从事非技术性的即时雇用,到通过中学后教育成为一个专业人士	如果所有学生获得在快速变化的社会与经济环境中工作与适应的能力,学校教育才是成功的
正式的教育机构不受市场干扰	正式的教育机构受市场机制与以民主方式建立的地方论坛所影响

保罗·克拉克的描述反映了学习型学校改革的趋势。而实际上,教育改革是一个极其复杂的过程,变革的一蹴而就也只能是天方夜谭。因此,应该让学校营造宽松的创新环境、教学环境、学习环境,让教育改革更多地来自于教学的第一线,发生于每一所学校。

二、学习型学校共同愿景的建立

(一)共同愿景的重要性

学校教育的高绩效有赖于教师的激情、投入以及奉献,可是这些不可能通过简单的管理体系来实现。共同愿景的建立和发展对学习型学校的建设尤为重要。在建设学习型社会的今天,学校已不仅仅是传授知识的场所,更是师生学习、自我价值实现的地方。建立共同愿景需学校全体成员共同创造。

克伦·西绍·路易斯和沙蓉·D·克鲁斯在《专业化和团体化:城市学校改革展望》一文中指出:"在影响学校的关键因素中,最核心的是关于学生怎样学、教师和学生如何行动以及维持团体的共同目标等问题的共同价值观。"对于建立在学生需要和更高期望基础上的学校改革,全体教职员工要具有共同的价值观和愿景。共同的愿景影响着教师的行为规范,对决定如何教与学有引导作用。

(二)共同愿景建立的一般性步骤

学习型组织的一个重要特征是拥有共同愿景。成功学校的运作应该首先树立一个共同的、目标远大的愿景。由学校领导简单地宣布一个愿景并把它强加给组织,产生不了组织向前发展的集体力量。领导的中心任务是调动成员的积极性,在建立过程中应当广泛调研,听取基层教师、学生和家长乃至社区的不同意见、观点,从而使集体的愿景与每个成员的愿景相吻合,并由此得到强化,扩充丰富学校的建设资源。也就是说,需要有学校领导者开展顶层设计,然后汇聚全体师生甚至要凝聚家长的智慧和共识以及社区的支持。共同愿景一旦形成,应当是在学校内外被广泛接受和共享的。

对学校而言,有了共同愿景,所做的事情多了一架桥梁。Sarah Bainbridge(2007)是 Air Balloon Hill 初级中学的代理人,她运用行动研究和案例研究分析为学校建了一个战略性计划。她概括了建立共同愿景的过程,列出了10个建立共同愿景的步骤,这些步骤建立在价值陈述和行动表格基础上。她重视价值陈述,包括7个维度,比如,安全积极的环境、积极和富有成效的人际关系、教和学、审美和精神层面的,这10个步骤见表2。

表2 学校建立共同愿景的10个步骤

步骤	内容
1. 包含所有利益共享者	所有这些人都能从不同角度为规划做出有价值的贡献;所有利益共享者的观点都被考虑到,因此没有遗漏

(续表)

步　骤	内　容
2. 制订计划	在战略层次上我们需要考虑一些问题,这些问题的答案必须被规划进整个计划中
3. 分配责任	给既有热情又有必要的技能的人分配责任很重要
4. 开放的交流	很有必要决定谁需要知道,需要知道哪些,什么时候(包括利益共享者)
5. 尽量增加乐趣	让工作容易并建立一个易管理的时间框架
6. 尽量切中学校需要	大家的努力被导向学校需要相关的议题至关重要
7. 尽量适用	愿景的核心价值和思想架构应当普遍适用,不应该改变但需要主动调整
8. 紧密监控过程	在计划和行动阶段,定期针对建立的目标监控进展很重要
9. 确保利益实现	评估产出很重要
10. 让愿景更生动	规划架构像一个生动的实体,每个人都信任并践行它的原则

三、基于当今学校特点现状的实践建议

在与家庭、学校上级主管以及社区各方沟通、达成共享愿景的过程中,学校面对的困难有来自自身方面的因素,诸如学校相关人员的心智模式影响等,也有来自外界的支持性条件。而挑战是组织变革的正常组成部分,正如青少年面临的挑战是他们成长的自然组成部分一样。尽管挑战富有强大的威力,在挑战带来的所有成功和满足之中,这种"学习型组织"的工作很容易导致失败,产生障碍、对抗性反应。在面临诸多困难处境的过程中,学校可以尝试改变困境,构建共同愿景。

(一)转变领导角色地位

霍德(1997)解释说,学校行政管理者与教师民主地分享权力、权威、共同决策之时,便是共享和支持性的领导使用之日。当一个学校变为学习型学校时,发生的最基础的文化转换之一就是看待教师的方式。在传统的学校里,行政人员被看作处于学校的领导位置,而一线教师只是政策的"执行者"或追随者。在学习型学校,行政人员和教师共同负责领导权和决策。格雷科曼(2002)认为,如果一个学校的领导者更加关注教室里的"教"与"学",那么持续的进步会越来越现实。

所以,在学校的改革中,领导权是否有效,并不在于你是否是领导者,而是取决于你在其他人中造就了什么样的领导力。学校领导应当从过去独立决定

学校事务的管理模式逐渐转变为更多关注事务的具体实施情况,注重倾听教师、学生和家长的诉求,关注教师的专业发展,对教师实施愿景管理,监控学校共同愿景的达成情况。在学校民主管理中,领导应当采取措施让所有利益共有者参与到学校管理中来,及时收集多方面意见,辅助学校相关政策的制定和实施。同时,学校领导应当在学校倡导终身学习的理念,带头开展个人学习、团队学习,用自身的学习行为激发带动全体教师学习积极性和创造性。

(二)构建教师专业发展机制

从学校的共同愿景建设高度,开展教师专业发展培训。教育质量的提升需要不断提高教师素质,教育活动的特点也决定了教师必须走专业化道路,这是社会、政府与整个教育界的共识。而在过去,我们通常的做法是提高教师学历,相关教育部门提供远程研修,或者安排假期的集中培训。诚然,研修或者集中式培训的确能够从某种程度提高对某课、单元设置乃至教学理念的认识,但这种培训的短板是时间相对较短,表现为"运动式",而教师思维方式、教育教学理念转变是否能够持续化、是否能够最终付诸实践并指导实践都需要很长的时间。所以,从建设学习型学校的角度出发,教师专业化更重要的是实施本校的专业化培训。再进一步来说,在培训中能否把个人的思维方式借机转化为团队共同愿景,重塑理念价值尤为重要;否则,各种培训就变成了形式的提高,起不到长远的效果。或许我们可以尝试诸如"试验小组"的模式。试验小组是变革的孵化器,一旦人们理解了任何伟大的事物都是从小处入手,那么人们就自然理解了"试验小组"。这些小组也许小到只有几个教师所组成,如可以以各教研集备组为单位选定试验小组的学科、处室带头人,也可以从年轻能干的教师中推选出骨干力量(如笔者学校部分改革从35岁以下年轻教师开始推进)。他们也许由学校领导直接任命,也有可能由一系列没有任何权威等级或命令非正式群体中自发形成,但其是基于成员间互相信任和愿意献身的一种影响。在成功的试验小组中一项不变因素是一种注重现实的好奇的倾向。例如,他们可能被课程的导入、新知识呈现、小组合作、归纳总结等课程的步骤所吸引;他们愿意进行系统思考、反思和探询或建立共享愿景,因为他们在教学改革中已经看到了很小的成功。他们被激发了兴趣,知道需要或多或少改变自己的心智模式。当一所学校中的各个人看到学校中的其他同伴参与试验项目,他们的好奇倾向或许就被激发了。他们看到同伴处于一种新的学习环境,他们愿意做出改变,愿意为了学生的利益而承担风险。

(三)学习型学校文化重构

学校文化重构要求学校重新审度自身办学目标和学生培养目标。这种文化重构,不是简单地否定学校文化,而是教育目标理性的回归和理性的思考。学校文化不仅仅包括校园文化,同时还包括了教师文化、学生文化等方面的内涵。学校领导要基于学校共同愿景,重新界定自身办学理念和办学思想,如实施什么样的教育、培养什么样的人才等等。学校文化重建中要重点建设教师文化,比如教师的专业水平、业务能力、团队合作精神等诸多方面的内容。要引导教师树立终身从教、团队协作、终身学习的观念。学生文化是学校文化的最终归宿,它包括学科知识教育、思想道德教育等内容。重构学校文化不是一个一蹴而就的问题,而是一个系统复杂工程,它关系到学校共同愿景的形成。我们常常见到某学区试图将某所成功学校的做法立即迅速地推广甚至复制到其他许多学校的做法。但是,组织中的可持续变革像任何生物的成长过程。本质上,所有的生长都遵从相同的模式:起始细小,逐渐加速,然后慢慢生长直到完全达到成长的规模和大小。我们并不是要先强加一个遥远的目标。所以,文化重构过程中可以采取建设性思维小步前进。我们可以向教师提出这样的问题:您是否认为现行的教育是最完美的?如果不是,您觉得您可以做哪些教育改进工作?

而与此同时,渴望新型学校改革的管理者和教师,常常会说:"我们没有时间去培训这种学习型组织的职员。"但是事实上,或许他们也没有时间尝试其他的教育教学改革方法。教育部长、学区领导、校长、学校主任不能命令人们富有热情或热衷于改进学校,这样的命令至多只能使人们在毫无投身于这些变革的感情的情况下去应付这些变革。如果他们选择投身于变革,如果这种学习型组织持续融入到他们的主动精神(学校)之中,人们才会保持兴趣。

总之,学习型学校的创建,需要通过学生、教师、管理层等多层面的交互作用,从根本上关注了人的变革,关注教师、学生和管理层自身的变革,关注组织人员的共同愿景的建立,关注学校学校文化、效能的深刻变革,通过全方位的关注,力求让学校内的每一个人都能实现自身的价值,进而提升组织运作的绩效。

【参考文献】

[1] Paul Clarke, Learning Schools, Learning Systems, Continuum(Springer: Journal of Educational Change, January 2002, Volume 3).

[2] Sarah and Bainbridge, Creating a vision for your school: moving from purpose practice (London: Paul Chanman Publishing, 2007).

[3] C. Patrick and Lewis, Building a shared vision: A leaders guide to aligning the organization (Portland: Productivity Press, 1997).

[4] Senge and P. M,"The leader's new work," Executive Excellence (1997, 8).

[5] 〔加〕迈克·富兰. 变革的力量——透视教育改革 [M]. 中央教育科学研究所,等译. 北京:教育科学出版社,2000.

[6] 〔美〕简·巴珀·霍夫曼. 学习型学校的文化重构 [M]. 贺凤美等译. 北京:中国轻工业出版社,2006.

促进现代职业教育集团化办学政策的建议

吕 程[①]

摘 要：为更好地建设具有中国特色的现代职业教育办学模式，扩大职业教育规模，提高职业教育质量，促进职业教育的发展，本文在简要论述现代职业教育集团化办学存在的主要问题的基础上，从顶层设计、制度与政策、外部环境等方面对发展现代职业教育集团化办学进行研究，并提出相应的对策建议。

关键词：现代职业教育 集团化办学 政策 制度 建议

党的十八大明确地把教育放在了极其重要的战略位置，而教育体系中的职业教育面向民众、服务社会，是助民、惠民、富民的基石。因此，从十七大报告中的"大力发展职业教育"到十八大报告中的"加快发展现代职业教育"可以看出，现代职业教育迎来了发展的春天。在这种形势下，为更好地建设具有中国特色的现代职业教育办学模式，扩大职业教育规模，提高职业教育质量，提升技能人才培养质量，促进职业教育发展，笔者在发展现代职业教育集团化办学制度和政策方面提出若干相应的对策与建议。

一、现代职业教育集团化办学存在的问题

职业教育集团是职业院校、行业组织、企业等组织为实现资源共享、优势互补、合作发展而组织的教育团体，是近年来我国加快职业教育办学机制改革、促进优质资源开放共享的重要模式。职业教育集团的组成主体包括政府机构、行业组织、企事业单位、职业院校、研究机构和社会组织六类。通过组建职业教育集团，不同主体可以充分发挥支持和参与职业教育发展的重要作用。

[①] 吕程（1983— ），男，山东青岛人，中国海洋大学2012级公共管理专业研究生。

按照组建形式的区别,职业教育集团可分为围绕区域发展规划和产业结构特点,面向地区支柱产业、特色产业的区域型职业教育集团;围绕行业人才需求,由行业组织牵头组建的行业型职业教育集团;跨区域或跨行业的复合型职业教育集团;以招生就业、劳动力转移培训等为合作内容的特色型职业教育集团和涉外型职业教育集团,等等。

职业教育集团化办学,是建设中国特色职业教育办学模式的重要突破口,是职业教育扩大规模、提高质量、密切校企合作、密切与经济社会结合的重大举措,是加快职业教育发展的战略任务。由于职业教育集团化办学具有跨部门、跨行业、跨社会组织的特点,在近些年的实践探索中,出现了以下有待解决的问题。

(一)职业教育集团成员的权利与义务不清晰,内部管理不规范

职业教育集团成员涉及政府、院校、企业、行业,由于缺乏职业教育集团化办学的制度体系和有效机制,缺乏具体的、可操作的政策法规和实施规则,导致职业教育集团内部各成员的地位及权利义务不清晰,责、权、利不明确,无法协调好政府、院校、企业、行业之间的关系,导致集团成员参与集团工作的动力及投入程度存在显著差异,比如政府参与集团活动的表层化、行业组织参与集团工作的被动性、部分企业成员和院校成员参加集团建设的滞后性等,使得职业教育集团内部政府的主导作用、学校的主体作用、企业行业的参与作用无法有效发挥,集团内部校企深度融合、院校紧密合作、校政互动发展尚待实现。

(二)"校企合作"缺少制度约束和激励政策,导致企业的参与热情不高

职教集团组建的根本目的是深化校企合作。高职院校和企业是校企合作的两个主体,一般会通过章程的形式约定成员间的权利和义务,合作的动力与保障是多方共赢。目前职业教育校企合作中,作为合作主体一方的高职院校热情很高,态度积极诚恳;而作为参与主体的企业,合作办学的意识并不强,参与校企合作的动力也不足,大多是"被参与者",难以调动积极性和能动性。究其原因,一方面,企业没有把参与校合作作为自己的社会责任;另一方面,大部分企业没有认识到人力资源的开发直接关系到企业的效益提高、兴衰成败和可持续发展。因此,企业在职业教育发展中的作用还有进一步发挥的巨大空间。

(三)集团治理结构松散,导致管理与运行中缺乏有效的切入点

由于多种原因,目前职业教育集团组建模式多为松散型模式。在这种模

式下,成员之间没有实质性的捆绑约束或约束力非常小,成员承担的责任和义务十分有限,集团成员之间的关系过于松散,导致集团的整合发展能力较差,人力、财力、物力等方面很难相互融合,难以真正实现集团成员的资源共享、优势互补。作为一种松散型的非正式组织,职教集团目前只是一种事实存在。职教集团身份不明确,既没有法律地位,也没有行政权威,集团成员进出集团自由,加上很多不确定因素的制约,从发展的角度看,集团将处于不稳定的状态,难以进行长远的发展规划,难以制定长远的集团战略目标。这些问题最终可能导致职教集团有名无实,流于形式。

二、促进现代职业教育集团化办学的建议

构建促进职业教育集团化办学的国家制度和政策,首先要完善促进职业教育的制度和政策建设。在制度和政策建设中,应遵循以下原则:既要有约束性政策,又要有激励性政策;既要有宏观层面的大方向要求,又要有微观层面的可操作要求;既要有国家层面的政策规定,又要有地方层面的配套措施;既要重视政策的制定,又要重视对政策执行的监督和评估;既要加强关于职业教育和集团化办学自身的制度和政策建设,又要创造有利于职业教育发展的外部环境。具体来说,笔者认为,可从以下几个方面着手来促进现代职业教育集团化办学的发展。

(一)顶层设计方面的建议

第一,成立国家层面的职业教育议事协调机构。建议成立国家职业教育发展议事协调机构,负责国家层面职业教育政策框架体系的设计和大政方针的制定。各级地方政府均设立相应机构,负责制定地方性政策法规、实施细则和绩效考核办法,统一协调、定期检查校企合作的进展情况。

第二,建立健全职业教育改革与发展的责任机制。建议各级政府把统筹职业教育工作作为政绩考核的重要指标,对主管教育的领导进行考核,强化责任意识。

第三,健全职业教育的资金投入机制。职业教育的资金投入,应当由受益方——政府、企事业单位、受教育者个人共同承担。要建立"刚柔并举"的投入机制。"刚性投入"指的是必保的经费投入,设定一些刚性指标,包括政府投入和企业投入两部分,并应以政府投入为主;"柔性投入"指的是建立多元化的投入机制,引导和鼓励企业、社会团体和个人以投资或捐赠的方式投入职业教育,拓宽融资渠道。

第四，加快完善现代职业教育体系。就目前看，对于职业教育而言，职业教育专科升入本科数量较少。当前的生源结构，不利于高等职业教育完成其培养高素质技能型人才的使命。应鼓励中职、高职、本科成立以专业为纽带的职教集团或者建立专业联盟。职业教育作为教育发展中的一个类型，完整体系应包括中职、高职专科、高职本科、专业硕士、专业博士等。因此，应加快建立现代职业教育体系，将应用型本科院校明确为职业教育，设置高职专业学士学位、专业硕士学位和专业博士学位，使职业教育体系和普通学历教育体系并存并重。

（二）促进现代职业教育发展的政策建议

第一，完善《中华人民共和国职业教育法》。建议《职业教育法》补充以下内容：一是明确相关政府部门、职业院校、企业、行业协会等有关各方在职业教育中的职责、权利和义务，变概括性、象征性的规定为具体的、强制性的规定，将企业参与职业教育作为企业的社会责任在《职业教育法》中予以明确；二是将企业参与校企合作作为一项国家制度在《职业教育法》中予以明确，在鼓励多样化的校企合作方式的前提下，应突出职业教育集团化办学的主导地位；三是对企业、个人投资职业教育或捐赠职业教育（含提供奖助学金）提供税收优惠。

第二，制定《职业教育校企合作条例》。建议在《职业教育法》的框架下，制定《职业教育校企合作条例》。《条例》应明确校企合作的范围、校企合作的模式、校企合作的内容、校企双方的责任、权利和义务、校企合作的激励措施、经费投入和职业教育发展基金的设立、校企合作的管理、校企合作工作的考核和奖励等内容。

第三，完善有关职业教育的税收政策。税务部门应出台一个整体针对职业教育与培训的税种、企业和个人投资职业教育或捐赠职业教育应享受的税收优惠以及企业接收职业院校教师和学生实习产生的投入应享受的税收优惠的办法。办法要特别注重可操作性，比如，税收优惠的审批手续、办理流程和方法都要从简。

（三）促进现代职业教育集团化办学的国家制度和政策建议

在教育部《关于加快推进职业教育集团化办学的若干意见》的基础上，建议完善以下政策。

第一，赋予职教集团法人资格。建议赋予职教集团法人资格，使其能够作为一个整体直接对外发生经济关系,以职教集团名义订立经济合同,对外开展各项活动。根据调研以及其他调查组的建议,法人型职教集团可以分为四种:企业法人型职教集团、社团法人型职教集团、事业单位法人型职教集团和民办非企业法人型职教集团。应鼓励集团按照国家有关规定登记社团法人或民办非企业法人。此外,当前大多数职教集团都是联盟型职教集团,属于契约联结型,不具备法人地位。应允许联盟型职教集团继续存在,并鼓励其以契约形式优化产权配置。

第二,推动公办职业院校的整合和重组。当前各地出台的职教集团政策,多数仍是将职教集团定位为松散型的联合体,成员单位的隶属关系不变,产权关系不变,经费渠道不变,员工身份不变。这四个"不变"决定了这类职教集团势必难以成为紧密型的整体。因此,建议地方教育主管部门应承担起设计者的角色,大力推动各类公办职业院校战略性整合和重组,统筹职教资源协调发展。根据地方经济发展现状、产业结构和职业教育现状,制定当地集团化办学的整体规划,并提出公办职业院校整合和重组建议,报地方政府批准。批准后,院校可以申请加入职教集团,也可以申请牵头组建职教集团,企业、行业协会等单位由院校负责联系加入;必要时,允许改变院校的隶属关系、产权关系、经费渠道和员工身份,允许院校合并。

第三,建立准入和评价机制。应建立职业教育集团化办学的准入和评价机制,形成集团化办学良性运转的局面。建议教育部职业教育联席会议协调民政和工商部门,制定或规范职业教育集团的注册登记程序。

第四,建设一批示范性职业教育集团。建议以立项申报、专家评审的方式,评选国家级、省级示范性职教集团,中央财政和地方财政分别拨出专项经费,重点扶持示范职教集团的建设。需要着重指出的是,不论哪种投资主体的职教集团都可以申报示范性职教集团。

(四)完善职业教育外部环境的建议

大力发展职业教育,不仅需要完善职业教育本身的制度建设、健全有关政策,还应该完善影响职业教育发展的外部环境。具体来说,完善职业教育的外部环境主要应做好以下几个方面的工作。

第一,提高企业的社会责任感。建议修订《中华人民共和国公司法》,明确企业社会责任的具体内容,并将校企合作作为企业重要的一项法律义务加以规定,同时还要明确企业不履行法律义务的后果。同时,建议证监会在上市公司年报准则中规定,公司必须主动披露履行社会责任的情况。另外,还应在《公司法》中规定企业设立校企合作专门账户以便于审计,并将企业对职业教育的投入情况写进年度财务会计报告。

　　第二,完善就业准入制度。实施就业准入制度,既是经济社会发展的需要,也是合理开发和配置我国劳动力资源的战略举措,其目的就是要促进劳动者改善素质结构和提高素质水平,进而促进劳动者就业和再就业能力的提高。职业教育推动就业,完善的就业准入制度反过来又会推动职业教育的发展。建议出台《就业准入法》,一是通过立法明确就业准入制度的地位和作用。明确就业准入制度的强制性,同时还要赋予职业资格证书与学历证书相同的效力,提高其社会认可度。二是规范职业资格证制度的管理。建议人力资源和社会保障部对现有的职业资格证书进行清理,未经批准或备案但质量高、操作规范、真实反映职业岗位要求的职业资格考试,仍可以批准或备案;对纯粹营利性的职业资格考试,以及质量低劣、操作不严格、不能真实反映职业岗位要求的职业资格考试,应坚决予以取缔。三是明确职业资格制度的范围。一方面,应根据经济社会的发展,不断完善职业分类大典;另一方面,应将职业资格制度扩大到所有涉及国家财产、人民生命安全和消费者利益的工种(职业),以及专业性强、技术性强、通用性广的工种(职业)。四是实现学历证书与职业资格证书的融通。应统筹职业教育和职业培训,实现一体化发展。教育部门与人力资源和社会保障部门共同制定专业教学标准和职业资格标准。要建立以职业院校为主要基地的职业培训体系,实现职业技能培训的高效益和高效率。五是明确就业准入的监督和处罚措施。要加强对用人单位的监督检查,对违反就业准入制度的单位,加大处罚力度。

三、结论与启示

　　职业教育集团化办学是职业教育产业化的产物,是适应社会主义市场经济体制、创新职业教育管理体制和运行机制的战略选择。因此,要保障职业教育集团化办学健康、可持续发展,不仅需要制度方面的"顶层设计",也需要一系列操作性强的法律、法规和政策措施的出台。现代职业教育集团作为多种经济主体的组合,它的组建与发展都离不开行政部门的引导与支持。政府应建立并完善系统的政策与制度,营造良好的外部环境,以推动职业教育集团持续、稳健地发展。

【参考文献】

[1] 吴蔚,李士伟. 发展职业教育是国策——访教育部职业技术教育中心研究所所长助理姜大源[J]. 教育与职业,2006(1).

[2] 黄国清. 职业教育为何关注率不高[J]. 教育与职业,2006(10).

[3] 匡瑛,石伟平. 职业教育集团化办学的比较研究[1]. 教育发展研究,2008(3).

[4] 曹晔. 我国职业教育集团几个问题的基本认识[J]. 广东技术师范学院学报,2009(2).

[5] 万恒. 社会分层视野中职业教育价值的再审视[D]. 上海:华东师范大学博士学位论文,2009.

青年活动的项目管理方式研究
——以青年登山环保活动为例

宋玉晓[①]

摘　要: 为进一步满足广大青年需求,继续提升青年活动的有效性和准确性,激发青年参与活动的积极性,增强团组织的凝聚力,青岛市市南区教育局团委结合工作实际,将项目管理方式引入青年活动中,取得了良好的效果。本文以青年登山环保活动为例,从项目管理的角度,通过案例分析的方式阐述青年活动的项目管理方式。

关键词: 项目　项目管理　青年活动

共青团十七大报告中指出:"各级团组织要千方百计促进青年成长成才、尽心尽力服务青年所急所盼、大力提升团的基层组织活力和服务能力。"近年来,青岛市市南区教育团委深入走访调研,问需问计于青年,开展了丰富多彩的青年活动,受到广大青年的一致好评。为进一步满足广大青年的需求,继续提升青年活动的有效性和准确性,激发青年参与活动的积极性,增强团组织的凝聚力,市南区教育局团委将项目管理方式引入青年活动中,取得了良好的效果。下面结合案例分析,阐述青年活动的项目管理方式。

一、项目管理与青年活动

美国项目管理协会(PMI)在《项目管理知识体系指南》中将"项目"定义为"创造独特产品或服务的临时活动"。项目的独特性和临时性是区分青年的项目活动和一般活动的重要标志。项目管理的定义为"将知识、技能、工具与

[①] 宋玉晓(1982—　),男,山东青岛人,中国海洋大学2012级公共管理专业研究生。

技术应用于项目活动,以满足项目的要求"。简单地说,就是运用管理的方式使项目圆满成功,并尽可能取得更好的效果。关于青年的界定,根据联合国世界卫生组织确定新的年龄分段,16~44岁的社会成员集合称为青年。本文对青年活动的项目管理方式界定为通过项目管理的方式开展的18~35岁青年的独特的、临时性的活动。

为了满足广大青年对登山健身、交友联谊和志愿环保等方面的需求,青岛市市南区教育局团委对全区青年教师发布了青年活动项目,经过设计、反馈层层选拔,最终由青岛市太平路小学团支部组成的项目组承接了该活动项目,并拟定了"登山环保志愿服务活动"项目方案和实施方案。针对青年们的反馈意见,项目组在修改完善了活动方案后,于2013年10月1日组织实施了登山环保志愿服务活动,取得了不错的效果。

二、案例分析

项目的生命周期决定了项目的开始与结束。美国项目管理协会认为,项目是分阶段完成的一项独特的任务,一个组织在完成一个项目时会将项目划分成一系列的项目阶段,以便更好地管理和控制项目,项目的各个阶段放在一起就构成了一个项目的生命周期。传统意义上的项目生命周期可分为五个阶段:启动、计划、实施、控制、收尾。在此,我们将青年活动项目的生命周期定义为四个阶段:概念阶段、设计阶段、实施阶段、收尾阶段。

下面,我们结合图1青年活动项目的生命周期对活动案例进行分析。

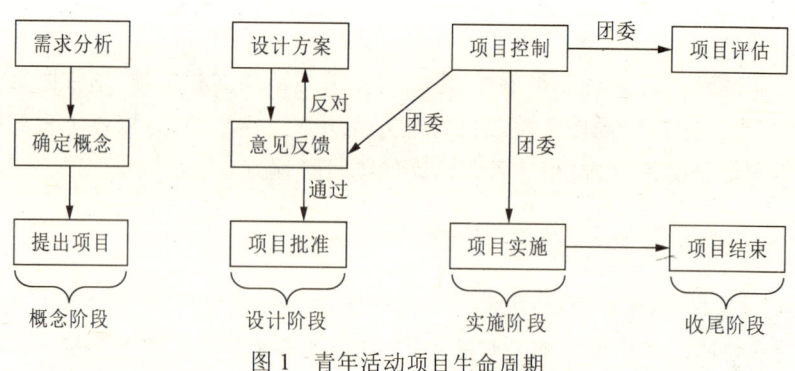

图1 青年活动项目生命周期

(一)概念阶段

在青年活动项目的概念阶段,主要解决三个方面的问题,即为谁服务(需求分析)、项目方向(确定概念)、对谁发布(提出项目)。

1. 需求分析：项目为谁服务

收集需求是为实现项目目标而定义并记录服务对象需求的过程，收集需求旨在定义和管理服务对象的期望。在概念阶段的需求分析步骤环节中，主要回答项目活动服务范围的问题，比如需求的人员范围、需求的趋向范围和需求的程度范围等。市南区教育局团委定期对所属44个基层团支部的青年需求及合理化建议等方面进行调研，2013年共收到调研反馈27份、调研报告16份。按照需求阶段初步对团员青年进行了划分，即14周岁以上中学生团员的需求阶段和35岁以下团员青年教师的需求阶段；按照需求内容初步划分为思想品德类、技能拓展类、身心健康类、文化艺术类、职业发展类、素质提升类、理论教育类、休闲娱乐类、交友联谊类和其他类；参照马斯洛需求层次理论将需求的程度简单区分为基础需求（普及）、一般需求（熟练）、高级需求（精通）等。每种需求阶段和需求内容类型又按照不同维度进行详细划分。因本文仅探讨18～35岁青年的活动项目，所以14周岁以上中学生团员范畴不再详细赘述。该案例中的项目属于35岁以下团员青年教师需求阶段，身心健康类中的"运动"、交友联谊类中的"交友"和其他类中的"公益"，需求程度为基础需求程度到一般需求程度。

2. 确定概念：项目内容方向

确定项目概念是制定项目和项目活动详细描述的过程，所以应该更具体地定义与描述项目内容。在确定概念步骤环节中，主要确定活动内容方向，分析项目是否可行等。

市南区教育局团委制作了需求趋向分析表，按照每次的调研、统计、调查等活动对青年反馈的需求及意见进行动态整理，并结合需求比重排位变化、活动开展效果等进行动态加权排位，按照排位后的分值确定开展活动的方向。与此同时，突出团委的管理控制，理性分析需求反馈，对于青年反映比较集中的纯娱乐、超范畴等活动方向进行转化合并或加强属性引导。在确定活动内容方向后，发布项目前的这一时间节点，再通过基层团组织将活动内容方向传达到每位青年，征求参加意愿，分析项目是否可行。该案例中的活动内容方向，依照分值确定为"身心健康类"中的"运动—普及"方向，经过征求意见后又加入了"交友"、"公益—环保"等方向。

3. 项目提出：项目对谁发布

发布项目信息是按步骤向项目干系人提供相关信息的过程。在概念阶段的项目提出步骤环节中，主要确定项目信息对谁发布，并对发布的项目给予界定。市南区教育局团委将青年活动项目的发布对象划分为两类：对内发布和对外发布。对内发布主要是指团委对体制内的青年或小组发布项目信息；对外发布主要是指团委对体制外的社会组织或团体发布项目信息。针对需求分析和确定概念的步骤，市南区教育局团还对发布项目的活动时限、活动任务、达到效果等作出明确的界定。该案例中青年活动项目对内发布；并界定项目的主要方向为"运动—普及"方向，兼顾"交友"和"公益—环保"方向；次数为1次；时间为1天以内；活动难度程度在高级以下程度；参与活动的青年满意度在70%以上。

（二）设计阶段

在青年活动项目的设计阶段，主要解决3个方面的问题，即谁在设计（设计方案）、谁去实施（意见反馈）、谁来授权（项目批准）。

1. 设计方案：谁来设计项目方案

设计方案在项目的时间管理中被称之为"规划工作"。在确定青年活动项目的发布对象后，项目对象就以团队或个人为假想项目承办人开始设计方案（图2），准备参加下一步骤的"意见反馈"，通过"意见反馈"也就意味着项目可以被批准了。

项目申请书

一、项目基本情况

项目名称：　　　　　　　　申请时间：　年　月　日
项目团队（组织名称）：
项目负责人：　　　　　　　项目周期：
联系电话：
项目目的：

（简要说明项目的目的和项目要达到的效果）

二、项目具体内容
（详细说明活动流程、活动进度、所需物资、应急预案）

图2　项目申请书

"设计方案"步骤与接下来的"意见反馈"步骤有密切的联系:"意见反馈"是"设计方案"的有效补充,"设计方案"是通过"意见反馈"的前提条件。在设计方案中,设计者参考发布项目的方向确定活动主题和主要内容,设计活动流程,预算活动成本,列出活动进度表,做好活动应急预案,还要将活动方向和反馈的意见有效整合,最终将以上材料报送到市南区教育局团委审核。该案例中的活动项目对内发布后,很多学校团组织和青年小组积极参与,围绕界定的条件设计了活动方案,并将相关材料提交到市南区教育局团委。

2. 意见反馈:哪个方案可以实施

谁的方案能获得实施?谁来决定?谁做补充?在项目管理中往往会遇到"现代人的重大困惑之一是面临着太多的选择而又不得不做出决策"的困惑。为了回答好上述问题,市南区教育局团委提出了以青年意愿为主、团委项目控制为辅的意见反馈方法,就是将通过审核的方案发往有该项目需求的青年群体,让青年选择是否愿意参加或提出修改意见。意见反馈步骤有两个功能:一是通过或否决某套方案,二是对方案提出补充意见。意见反馈步骤有两种结果:一种是通过(YES),通过(YES)指的是票数超过有该活动需求的青年群体人数的50%;一种是否决(NO),否决(NO)指的是票数少于有该活动需求的青年群体人数的50%。该案例中的项目,由太平路小学团支部项目组按照"身心健康类"中的"运动—普及"方向制订了"青年教师登山活动计划";然后经过意见反馈,加入了"交友""公益—环保"方面的内容;最终"青年登山环保活动方案"获得通过。

3. 项目批准:谁来授权

在某一个方案通过意见反馈环节进入到项目批准步骤时,为明确责任,保证活动顺利开展而进行的"授权",这在项目管理中称之为"项目章程"。项目批准的主体是团委,批准的对象是活动项目,责任人是项目负责人。项目批准的大致内容是:明确责任,如果是对外发布的项目,须参照政府购买公共服务的方法签订合同;如果是对内发布的项目,须双方在项目申请书上签字;物资保障、经费划转以及发布活动信息。该案例中,市南区教育局团委签发了"青年登山环保活动方案"项目申请书,发布了活动信息。青岛太平路小学团支部项目组开始着手实施活动项目。

(三)实施阶段

青年活动项目的实施阶段是整个青年活动项目生命周期的重要阶段,主要包含两个主要内容:项目的实施和项目的控制。

1. 项目实施

该案例中,太平路小学团支部项目组对"青年登山环保活动"进行了组织实施。首先,收集报名表统计参与人数,在活动开展前一天,对参与活动人员发布关于活动内容和天气等因素的温馨提示。活动当天,项目组从上午的召集队伍、组织登山、联谊午餐、拓展游戏,到下午的环保清扫、组织下山、活动小结等,严格按照"青年登山环保活动方案"组织安排实施。

2. 项目控制

在青年活动项目中,团委不再是青年活动的设计者、组织者、实施者,而转变为项目管理者,从项目控制的角度引导青年活动。比如,在"确定概念"阶段,市南区教育局团委对于青年们反映的纯娱乐性质的需求等,给予合并或者加强属性引导,类似于"运动—登山"+"公益—环保";在"意见反馈"阶段,对各项目组提交的方案和青年们的修改意见参考"项目平衡策略"进行项目冲突管理;在"项目实施"过程中,团委进行实时过程控制管理;在"项目收尾"阶段,团委对项目进行评价管理,等等。由此可以看出,团委对青年活动项目的影响贯穿于青年项目活动的每个环节。

(四)收尾阶段

青年活动项目的收尾阶段是整个青年活动项目生命周期的最后阶段,主要任务是项目小结、评价项目。

1. 项目结束

"项目结束"可以从两个方面理解:一方面是代表该次青年项目活动结束;另一方面表示项目小组在青年活动项目结束后进行的总结。该案例中,太平路小学团支部项目组按照活动方案进行了为期一天的登山环保活动,在活动结束后,组织参与活动的青年进行了活动小结,青年们反应热烈并一直认为该类型活动应继续开展。

2. 项目评估

项目评估是指团委对青年活动项目进行的评估。项目评估不同于项目结束,如果说项目结束是指站在项目的角度总结项目,那么项目评估就是指站在管理者的角度对项目组进行评估。市南区教育局团委制作了"青年活动反馈表"(图3),青年项目在活动结束后对所有参与该活动的青年进行满意度调查,该调查结果作为评价项目的考核指标。项目评估的其他考核指标还包括项目实施中的实时跟踪评价、绩效评价等。项目评估覆盖"项目批准"、"项目实施"、"项目结束"等青年活动的整个过程。该案例中,参与活动青年的满意度为100%,达到团委对于该次活动青年满意度在70%以上的要求。

姓名		单位	
活动名称		日期	
活动评价	□非常满意	□较满意	□一般	□不满意
参与活动的感想和收获			
意见建议			

图3 青年活动反馈表示意图

三、总结反思

青年活动项目区别于团委组织开展的一般性的青年活动。首先,从活动性质来看,青年活动项目的独特性和临时性是区分青年项目的活动和团委组织的一般青年活动的重要标志;其次,从人员构成来看,项目的制定实施者是项目组,参与者是青年,团委是管理者、监督者;最后,从活动整体来看,团委的事务性工作量大为压缩,青年的主动性、能动性和积极性广泛调动,青年活动的质量和准确性大为提升,青年参与活动的热情空前高涨。

通过这种区别可以总结出青年活动项目管理方式在实际运用中有三大优势:第一,青年活动项目管理方式周期灵活,可以更加体贴地制定符合个人需求的活动,针对当下青年需求的细微化、多样化有了良好的对策;第二,青年活动项目管理方式使青年在活动中占主动权,一方面充分激发了青年的积极性、参与性和凝聚力,另一方面减少了团委事务性工作量,从而提高工作效率;第三,管理效率大为提升,在钱、物、人、时、事等方面青年活动项目管理方式更为精确化,从而避免了管理资源的浪费。

青年活动项目的独特性和临时性，决定了青年项目活动内容难以复制。但是，从项目管理的方式来看，项目的生命周期、项目管理方式、整体管理流程却是基本固定的。所以，青年活动的项目管理方式在各层面各领域共青团组织有广泛的应用空间。

【参考文献】

[1] 〔美〕项目管理协会. 项目管理知识体系指南［M］. 王勇, 张斌等译. 北京: 电子工业出版社, 2009.

[2] 廉思. 中国青年发展报告（2013）No. 1［M］. 北京: 社会科学文献出版社, 2013.

[3] 柴彭颐. 项目管理［M］. 北京: 中国人民大学出版社, 2012.

[4] 王振海, 王义. 地方政府购买民间组织服务的现状与对策［J］. 天津行政学院学报（社会科学版）, 2011(5).

[5] 丁荣贵. 项目管理: 项目思维与管理关键［M］. 北京: 机械工业出版社, 2004.

[6] 王景山. 项目投资与管理［M］. 北京: 机械工业出版社, 2004.

浅论青岛市中学民主政治建设中存在的问题及其对策

孔恬恬①

摘　要：让教职工参与学校民主管理是提高中学教学管理水平、加强中学民主政治建设、发挥教师主人翁精神和责任感的必然要求。本文通过对青岛的中学民主政治建设现状的分析，提出有针对性的对策来切实保障教职工参与学校民主决策、民主管理、民主监督的权利，保证教职工对学校重大事项决策的知情权、参与权、表达权、监督权。

关键词：中学　民主政治建设　教职工代表大会　校务公开　对策

十八大报告指出：人民民主是我们党始终高扬的光辉旗帜。必须坚持党的领导、人民当家做主、依法治国有机统一，以保证人民当家做主为根本，以增强党和国家活力、调动人民积极性为目标，扩大社会主义民主，加快建设社会主义法治国家，发展社会主义政治文明。更加注重健全民主制度、丰富民主形式，保证人民依法实行民主选举、民主决策、民主管理、民主监督。学校民主政治建设是依法治校的重要方面，是依法治校水平的重要标志，因此，加强学校特别是中学的民主政治建设势在必行。

一、中学民主政治建设的现状

实践证明，加强学校工作的民主管理，能够形成全校上下"劲往一处使，拧成一股绳"，共同办好学校的喜人局面。近年来，青岛市很多所中学在民主管理、民主办学方面进行了多方面的探索和尝试。

---

① 孔恬恬（1986—　），女，山东曲阜人，中国海洋大学2012级公共管理专业研究生。

（一）建立教职工代表大会制度

教职工代表大会或教职工大会是学校教职工参与学校决策、实行民主管理、进行民主监督的基本形式，是教职工正确行使民主权利、实现自我管理的重要途径。《学校教职工代表大会规定》（以下简称《规定》）经中华全国总工会同意后，以教育部令颁布，并于2012年1月1日起施行。这是贯彻落实党的全心全意依靠工人阶级的根本指导方针、全心全意依靠教职工办好学校指导思想的具体举措，是对教育事业改革发展的顶层设计，是对学校管理改革的重大制度创新，进一步完善了新形势下做好党的职工群众工作的运行机制，体现了中国特色社会主义教育发展道路的重要内涵。《规定》的颁布开辟了学校民主管理的新纪元。

（二）认真做好校务公开工作

在党的十八大精神的指导下，我国的各项改革不断深化，社会主义民主政治建设日益发展，党中央倡导的政务公开、厂务公开、村务公开正在全国上下普遍推行。校务公开作为教职工代表大会制度的延伸和发展，是学校在新形势下加强学校民主决策、民主管理和民主监督的必然要求和重大举措，是保证和落实师生员工对学校工作的知情权、参与权、监督权和建议权的重要途径，是依法维护师生员工合法权益的一项重要内容。近年来，一些学校开始推行校务公开，取得了明显效果。在全国范围内，不仅一些先行学校已经形成较为成熟的实践经验，而且一些省市的党政部门已正式下达文件开始在面上推广。

（三）充分发挥教职工在学校各项工作中的主力军作用

青岛市多所中学坚持教师第一，以服务为主线，以维权为重点，努力为教职工实现全面发展营造一个"心齐气顺、和谐共事、心情舒畅、共谋发展"的良好环境；积极参与涉及教职工切身利益的改革及相关政策的研究和制定工作，始终把教职工的利益放在首位。

二、中学民主政治建设存在的问题

（一）教职工的参与意识和参与能力不强

当前教师的政治素质、民主意识、社会公德等还与学校的民主政治建设很不适应，教职工的民主与法制意识、维权意识、主人翁意识还不够强，不能明确自己在办学中的地位，没有形成参与学校管理的主动精神。在一些学校里，普通教师、职工往往被领导习惯性地看成被管理者，没有实际上的政治话语权，几乎没有实质的机会参与学校各方面的行政管理和监督。

(二) 教代会制度仍然存在许多问题

教职工代表大会作为教师参与学校民主管理的基本制度,在多年的实践中取得了一些成效,但其中也有一些问题一直没有得到解决,主要有以下几个方面。一是没有坚持执行。教代会召开与换届不按规定举行、教代会工作程序随意性很大。没有严格遵守组织的规章程序。一些学校没有严格按照教代会召开的程序进行,没有坚持审议、评议、监督、提案、表决等重要程序,使教代会流于形式。二是教职工代表的素质不高,不能真正发挥教职工代表的作用。教职工代表素质的高低决定着教代会的质量,教职工代表作用的发挥程度决定着教代会作用发挥的好坏。有的学校没有经过严格的选举,把教职工代表的名额随意分配给一些人,没有使既有理论水平和群众基础又能仗义执言的人当选为教职工代表。三是教代会的决议不能很好地贯彻落实。一些学校职工的提案和形成的决议如同一纸空文,提案不去办理,决议任意变通,因此也就失去了召开教代会的意义。这些情况表明,教代会在一定程度上被边缘化。

(三) 校务公开流于形式,名过其实

在校务公开中,个别学校迫于上级要求、群众呼声,虽建了公开栏、意见箱等,但平时无人问津,很少启用,不到检查考核内容不换,对意见不闻不问;即使偶尔公开,也多为通篇无实质性校务内容的文字、表格及公告,从而致使校务公开工作缺乏计划性、系统性,起不到公开化的真正作用。校务公开的内容经常避重就轻,公开一些无关紧要的问题,对那些关系到学校重大决策、教职工关注的热点问题却予以回避;有的公开教职工参与的而不公开领导决策的,个别学校对教职工参与的重大活动情况公开不误,而对领导"暗箱操作"又事关教职工切身利益的却极力回避;有些学校把校务公开当作内部管理的一般性工作,没有健全的制度,没有教职工和社会人士的参与,仅局限于学校行政单方面"我要公开什么就公开什么"、"在少数内容中公开"、"就事论事搞公开",使广大教职工被动地了解一些校务,而对于教职工关心的重点、难点问题却无法知晓,逐渐对校务公开产生了假公开的印象,从而对校务公开本身失去热情;有的学校把校务公开作为体现民主监督的权宜之计,仅立足于让人知情,只是格式化地公开结果,没有令人信服的过程公开,追求表面的轰动效应,不注重实际效果,没有给教职工参与管理和行使监督创造条件,造成校务公开游离于学校民主建设之外,引起教职工的不满。

三、改进中学民主政治建设的对策

(一) 提高教职工的参与意识和参与能力

民主管理从本质上说,就是教师是否真正获得民主参与的权利和积极自觉地行使这种权利。针对当前部分教师存在的参与意识淡薄、参与能力不高等问题,工会组织要进一步强化教育激励机制。要充分利用工会组织的亲和力,积极唤起教师民主参与的热情,正确引导和组织教师依法参与和有序参与;正视差异,区别对待,分层分类指导,使教师正确理解民主的含义,区分依法参与和放任自由的界限,提升教师民主参与的政策水平;学校应善于抓住学校工作的重点和热点,抓住典型案例,利用教代会等载体组织规范化、程序化民主参与的现场展示和宣讲活动,增加教师参与实践的机会,使教师在参与实践中获得锻炼与提高。在民主与法制教育中,学校要结合教育法、教师法、工会法的学习,突出教职工权利义务法定条款的学习讨论,使教职工真正明确自己在办学中的地位,增进职工参与学校管理的主动精神,通过循序渐进的过程,不断扩大教职工民主管理、民主监督的深度和广度。

(二) 教代会制度建设需要进一步规范

多年的实践证明,学校教代会制度是集中教职工智慧、群策群力办好学校的重要途径。以突出保证为前提,要着力加强教代会保证机制建设:学校多长时间召开一次教代会、教代会代表怎样选举产生、必须遵循哪些程序等,在新的学校民主管理法律法规中都应有明确规定。教代会作为中学民主管理民主监督的基本形式,其民主的实质意义在很多情况下是反映在会议程序上的,只有制定并严格执行会议程序,才能使民主落到实处。规范教代会开会制度,学校教代会要有听取学校工作报告,讨论学校年度工作计划、发展规划、教职工队伍建设等重大问题,并提出意见和建议的权利;要使广大教职工拥有讨论通过岗位责任制方案、教职工奖惩办法以及其他与教职工有关的规章制度的权利;要有监督学校各级领导干部,可以进行表扬、批评、评议、推荐,必要时可以建议上级机关予以嘉奖、晋升或处分免职的权利。教代会通过重要议案,要实行票决制,尤其事关对学校重大事项、涉及教职工切身利益的改革方案等,要用无记名投票形式来表决。要积极营造职代会建设和工作的氛围,提高大家对教代会地位作用的认识。每次学校职代会召开,都要调动各种宣传手段,让教职工知道大会主题、主要议程、要解决的问题和将要起到的作用,使教职工清楚看到教代会的召开是学校一件大事,清晰感受到教代会在学校中的地位。

（三）健全规章制度 确保校务公开

校务公开是学校民主管理的一种有效途径，是学校民主政治建设的重要组成部分，是尊重教职工主人翁地位、维护教职工民主权利的必然要求。具体来说，要着重做好以下几个方面的工作。一是要明确校务公开的责任主体。中学校长是校务公开的主要负责人，学校要成立以校长为组长的校务公开领导小组。学校工会组织负责校务公开的具体工作，其他相关部门负责提供职责范围内的公开信息资料，并做好校务公开的配合工作。校务公开采取公开栏、明白纸等方式，同时还应公开电话、邮箱、QQ号等联系方式。二是明确校务公开的具体内容。对事关学校的重大事务，如学校发展规划、改革方案、重大决策、重要决定、人事任免、财务收支状况、评选先进、职务职称晋升等与师生员工切身利益的工作应及时公开，主动接受监督。要突出校务公开针对性，抓住重点和热点问题，解决难点问题，使校务公开真正取得实效。三是加强对校务公开的监督。校务公开与加强教代会制度建设结合起来，通过教代会使广大师生员工对本校的重大事项知情有途径、参与有渠道、监督有手段。各校要成立由党委（支部）纪检委员和工会、教职工代表、家长代表、学生代表以及社会代表等组成的校务公开监督小组，定期对校务公开工作进行检查和评议，并及时将检查和评议结果向有关人员和组织通报，同时报告上级纪检监察部门和教育工会。市级教育行政部门和教育工会应组织对辖区内的校务公开工作的开展情况进行检查、指导和监督。

四、结语

推进中学民主政治建设，是我国政治体制改革的重要内容，是落实"三个代表"重要思想的具体实践。中学的民主政治建设，需要形成浓厚的文化氛围。应努力破除封建专制等级制度长期积淀的政治文化传统，改变人们心中固有的意识。通过学习、教育和实践，强化教职工的权利意识、平等意识、责任意识和参与意识，并把这些意识自觉贯穿到教学、科研、管理和育人各个方面，使其真正成为学校可持续创新发展的精神动力，进而有力促进全社会的社会主义民主政治建设进程。

【参考文献】

[1] 刘永佶.民主的权威[M].北京:中国经济出版社,2005.

[2] 肖和华,肖艳辉.论党内民主意识的内涵及其培育路径[J].湖南师范大学学报(社会科学版),2002,(5).

[3] 柳兵.公民与公民意识[J].和田师范专科学校学报,2006(5).

[4] 〔美〕科恩.论民主[M].聂崇信,朱秀贤译.北京:商务印书馆,1988.

[5] 〔德〕马克思,恩格斯.马克思恩格斯选集(第3卷)[M].翻译局译.北京:人民出版社,1984.

广电体制改革背景下蓬莱广电自办节目的探析

宋莹艳[①]

摘 要：我国的广播电视体制在近些年发生了翻天覆地的变化，经历了"四级办台"的扩张，制播分离，集团化公司经营，局台分离，网台分离。但在实际操作层面，县级台遭遇了前所未有的挑战，互联网的冲击导致电视开机率下降、人员分流导致节目质量下降、新媒体的竞争导致广告资源分流等等，使得传统广播电视的舆论引导力逐渐削弱。蓬莱广播电视台在广播电视体制改革中对自办节目进行了调查分析，在新闻立台、品牌节目、产业拓展等方面进行了探索尝试。

关键词：广播电视 体制改革 自办节目

随着广播电视体制改革大浪潮的推进，数字电视以迅雷不及掩耳之势抢占了有线电视的主阵地，应运而生的广电网络以购买资产的方式与广播电视台剥离。2010年，山东省广电网络公司成立，至2012年，蓬莱广播电视台与广电网络的分离也迈出了实质性的步伐。但在改革过程中也出现了一系列问题，改革后的地方广播电视台遇到了前所未有的挑战；加之互联网的全面普及，手机电视、移动终端等新媒体日新月异的发展，信息传播正在从原有的单一形式、资源垄断的封闭体系，向多元化、资源共享的开放体系转变，电信网、广播电视网、互联网的跨界融合业务不断出现，原有的产业格局正在发生改变。传统的广播电视宣传功能逐渐弱化，受众大幅减少，广播电视台不得不寻求新的空间发展。在数字化高度发达的现代社会，广播电视能否实现以改革为契机，开拓创新，在新闻传媒行业保持自己的主流媒体地位，提高舆论引导能力；如

[①] 宋莹艳（1982— ），女，山东蓬莱人，中国海洋大学2012级公共管理专业研究生。

何在新闻传媒产业挖掘、打造出自己的产业链,夯实事业建设基础,赢得更大的生存空间和利润空间,引人思考。

一、蓬莱广播电视台当前面临的困境

(一)节目质量令人担忧,舆论宣传引导力下降

广播电视体制改革后,主流媒体的引导任务也越来越重,加之上级考核越来越细、范围越来越广,新闻宣传形势不容乐观。"如果我们只完成上级任务,不考虑观众和市场的需求,宣传效果很差的话,那上级的任务也没有完成好;如果只考虑观众和市场的需求,没有完成好上级的任务,那也是违背导向任务的。"蓬莱广播电视台在广播电视体制改革之前,自办栏目曾最多达15档,包括《蓬莱新闻》《视点在线》《周末访谈》《百味人生》《乡村行》《我随法行》《史迹探释》《走仙境话蓬莱》《淘气猫》《时尚生活》《健康伴你行》《仙境置业》《走进中医院》《蓬莱红歌会》《观众点播》等;自办广播栏目16档,包括《阳光政务热线》《与您同行》《树茂讲蓬莱》《温静夜读》《乡音乡情》《音乐无极限》《蓬莱新闻》《仙境小螺号》《健康新生活》《闯关达人》《早安蓬莱》、《娱乐串串烧》《交警之声》等。在广播电视体制改革过程中,网台分离几乎贯穿了两个年度,这对于分流职工的人心稳定来说无疑是最大的挑战。在实践中笔者也发现,人员分流确实对节目质量造成了无形的影响。虽然节目周期不变,但是明显看出在细节上会出现瑕疵,比如唱词打错、转场延时等等,节目质量下降的确令人担忧。在电视制作人员锐减到原来总人数的1/3的情况下,为保障几档主流栏目的正常播出,不得不撤并精简栏目,对人员进行重新整合。

(二)广告面临观众和听众考验,主流媒体公信力受到质疑

我国各级广播电视台既有其政治属性,也有其商业属性,广电产业是国家提出的文化产业发展中的重要一环。近年来,由于受地域限制以及数字电视和各类新兴媒体的兴起,地方电视台发展空间逐渐缩小,当地广告资源的掠夺、技术设备的更新和优秀人才的流失都成为地方台(包括省级有线台、地市级电台、电视台和部分卫视台)不得不面对的现实。开辟广告创收渠道成为地方电视台发展产业的主要途径,而药品广告是包括省级卫视频道在内的广播电视广告投放最多的广告之一,普遍存在以医药广告养台的现实情况。"当厂商想利用广告来达到某种竞争目的时,往往就会诱导消费。"商家会打擦边球,

播放一些夸大其辞的药品广告,很多广告以当地消费者现身说法的方式来讲自己得了什么病、吃了该厂家的药品、如何彻底治愈病痛等等,以至于给一些仍处在水深火热之中的患者以巨大的迷惑性,被忽悠买药却治不好病。厂商为了追求利润最大化,不可能通过一种自觉行为来解决这一问题。从另外一个角度看,电视台监管不力也应该负一定责任,如果电视台不是为了增加创收而疏于严格审查的话,也不至于全国各地医药广告泛滥了。走访过程中,一半以上的观众对于医药广告的反感很大、质疑声声,广播电视台的公信力受到稀释。

(三)播出设备逢故障周期,安全播出隐患亟待解决

节目的播出需要技术设备作为保障,而摄录编播设备一套设备动辄几百万甚至上千万,一般使用周期在4~5年,到了这个年限以后就容易出现各种故障和问题,维护成本较高,需要及时更换。但是在网台分离后,有线电视收视费的创收主渠道随之划走,以致严重缺乏资金,无法短时间内完成理想状态的完全更换设备,因此增加了设备的维护成本。安全播出是广播电视的生命线,尤其是在地方及全国的"两会"期间,安全播出责任重于泰山,技术播出人员都要提前做好各种转播设备的检修和维护,针对可能出现的问题提前做好应急预案,建立起制播一体网的病毒安全防护体系,坚守阵地保障无线广播电视发射、有线电视播出的运行管理和技术工作,确保广播电视节目安全优质播出。这种随时应急的状态并非长久之计,风险太大,一旦"掉链子",很容易被非法插播,在社会上造成的影响将不可估量,因此安全播出隐患亟待解决。

(四)媒体竞争日趋激烈,广播电视发展进入关键时期

当前各种媒体快速发展,对传统媒体的经营发展带来巨大挑战。受互联网冲击,电视开机率下降,电视受众大幅减少,县级台节目关注度明显下降,电视广告也被大量分流,使得广告增收难度加大。正如克里斯·安德森所说:"网络上有数百万个终端,每一个都在用自己的方式挑战着传统的媒体和营销逻辑。"数字整转后,各类频道、各类节目应有尽有,观众越来越挑剔,节目制作创新压力越来越大,地方台影响力明显下降。立足本地,打造加快转型、打造贴近群众生活、富有乡土气息的本土节目,应当成为蓬莱台今后的发展方向。在创办节目的过程中,应多让老百姓参与进来,办出具有地域特色的品牌栏目,让当地受众在浮躁的切换中回归真正贴近自己的频道。

二、改善蓬莱广播电视台工作的对策

随着经济社会的快速发展和人民对文化娱乐需求的日益提高,百姓对广播电视需求的水平也越来越高。从目前看,政府投入不足、高端设备缺乏和高水平人才匮乏影响了广电事业的快速发展。电视台、电台节目创新不够、质量不高,在贴近群众、贴近生活、贴近实际方面做得还不够。在节目撤并精简的情况下,蓬莱广播电视台更要坚持"三贴近"原则,这也是中央对新闻宣传工作的总体要求,是广电部门的行动指南。具体来说,笔者就改善蓬莱广播电视台的工作提出以下几条建议。

(一)坚持新闻立台,不断提高舆论引导能力

坚持以正面宣传为主的方针,弘扬主旋律,打好主动仗,确保新闻宣传工作紧紧围绕当地市委、市政府的战略思想、重大工作决策和中心工作任务来进行。这主要包括以下几方面。一是把市委、市政府声音传播好。全面宣传好市委市政府重大决策、重大部署、重大举措,宣传好全市工作总基调、总思路。二是把社会进步主流展示好。精心组织主题宣传、成就宣传、形势宣传,推出各类典型,及时报道各行各业的生动实践和社会各界的良好风貌,增强干部群众的认同感、归属感。三是把群众心声反映好。加强民生报道,既宣传好市委市政府民生的工作成效,又要反映人民群众的合理诉求,挖掘贴近老百姓、接地气的民生新闻,做到党情和民情的统一。四是把当地政府各方面成就对外宣传好。进一步加强与省台、市台的沟通合作,及时观察了解上级台的宣传方向、宣传重点,推出更多体现当地特色、展现当地亮点的报道,配合全市对外开放大局做好重大活动对外宣传。

(二)坚持精品立台,努力提升核心竞争力

探索频道制改革和制播分离,运用栏目外包形式,凝聚社会力量生产丰富多彩的广播电视节目。要注重面向"三农",重点抓好《乡村行》系列农科类栏目,全面提高服务农村农业生产生活水平。要丰富声屏文化,办好文艺类节目和主题公益活动,为群众提供健康丰富的精神食粮,同时以大活动来扩大广播电视台的影响力,提升广播电视节目的收听、收视率。要加强节目的策划和创意,制作质量上乘的城市形象宣传片、栏目推介片和各类主题公益广告等,提升广播电视台整体形象。

(三)强化广告节目监管,净化荧屏声频

要坚持把社会效益放在首位,严把医药广告质量关,坚决杜绝违反行业规

定的广播电视节目的播出,清理整顿不良广告和抵制低俗之风,净化社会文化环境,努力实现经济效益、政治效益和社会效益的有机统一。2013年在全国范围内开展的规范药品广告的氛围中,蓬莱台也按要求规范了药品广告,有效净化了荧屏声频环境,也说明这不是个难不难解决的问题,而是监管力度够不够的问题。在"电视广告遭遇天花板"的严峻形势下,广播电视台必需积极探索套餐式、大礼包式、举办广告主题活动等新方式、新路径实现华丽的转身。

(四)加大播出监管力度,确保节目安全优质播出

要进一步完善安全播出协调指挥系统和应急反应机制,做好重大突发性事件和重要时期、敏感时期的安全播出管理,严防各类危害安全播出的事故发生。在节目编排上要高度重视栏目的格调和宣传主题,严格宣传纪律,强化节目规划、播出审查、监听监看,牢牢地把握正确的政治导向。在数字化整转的大形势下,应分梯次完成广播电视播出系统设备的升级改造,为完全实现数字化高清播出打好基础。

三、结语

在新一轮"三网融合"的改革进程中,广播电视台正在朝着适应新形势发展的方向迈进,探索一条适合地方广播电视体制改革的可操作的发展之路,是地方台不得不面对的现实。蓬莱广播电视台在体制改革过程中遭遇的困境也是诸多地方台在新一轮改革中同样面临的问题,在短期内不可能得到彻底解决。要想打造品牌、立稳阵脚,首先需要人,尤其需要新闻系列专业技术人才;吸引不来人才,节目数量就不能保证,节目质量更不可能指望提高,甚至连原来的节目都保证不了;节目数量减少,节目质量提不上去,谁还来做广告?合同到期客户就不再续签;老客户丢了,新客户更不敢冒险,广告收入削减,没有经济保障,事业谈何发展?在现有条件下,只能忍痛割爱,断臂求生存,保留必须有的新闻、时政、专题、农科等栏目,把党和政府的声音传播好,服务中心大局,服务人民群众,这是立台之本。在做好新闻宣传引导的同时,要发挥平台、载体和纽带作用,组织举办文化主题公益活动,增强互动,打好文化活动亲民牌。本着"走基层、转作风、改文风"的原则,真正创作出接地气的、老百姓喜闻乐见的节目,是基层广播电视台的唯一出路。

【参考文献】

[1] 胡涛.我国三网融合运营模式研究[M].上海:上海交通大学出版社,

2012.
[2] 高传智,谢勤亮."第三条道路"与中国广播电视新闻体制改革[J],新闻大学,2006(1).
[3] 吴予敏.传播与文化研究[M].北京:北京大学出版社,2007.
[4] 张治中.新媒体的用户属性与传统媒体的战略转型[J],新闻战线,2010(5).
[5] 黎斌.电视融合变革——新媒体时代传统电视的转型之路[M].北京:中国国际广播出版社,2011.

媒体话语权的寻租与防范

——"陈永洲事件"的教训与启示

钱 江 [①]

摘 要：媒体话语权作为一种权利资源，毫无疑问会受到寻租者的青睐，寻租不仅会影响公众正确的价值判断、损害媒体自身形象、消减媒体公信力，还会造成巨大的社会成本。"陈永洲事件"是媒体话语权寻租的典型案例。本研究通过对整个事件过程进行解析，深入探讨媒体话语权寻租现象产生的原因，并针对如何规范媒体话语权提出对策，以期引起公众对媒体话语权寻租现象的重视以达到防范寻租的目的。

关键词：媒体话语权　寻租　陈永洲事件

一、"陈永洲事件"与媒体话语权寻租的提出

2013年10月26日可以说是媒体的耻辱日，这一天《新快报》的记者陈永洲在长沙市某看守所坦诚了自己收受"黑钱"，发表一系列针对中联重科的大量失实报道，致使中联重科声誉严重受损、广大股民损失惨重的事实，舆论一片哗然。而此时距《新快报》指责长沙警方"跨省拘捕"，呼吁"再请放人"仅仅两天。在随后的两天里中记协忙于谴责、一些媒体忙于纠错、《新快报》忙于道歉，公众犹如看了一场跌宕起伏的闹剧。闹剧渐渐平息，平息后的政府、媒体和公众迫切需要了解整个事件的真相以及针对类似案件的解决之道。近年来，媒体高度介入社会生活，舆论监督的影响进一步扩大。在多数记者怀着理想和道义追问事实与真相的同时，也确有一些害群之马，打着舆论监督的旗号

[①] 钱江，男，中国海洋大学2011级公共管理专业学位研究生。

吃拿卡要、寻租设租，把本是服务大众的媒体当成谋取个人、小团体利益的私器。"陈永州事件"并非个案，在系列"有偿新闻"事件的背后，既有少数新闻工作者缺乏职业操守，违背道德伦理和法律底线的事实，又存在一些新闻媒体滥用自身的影响力和公众的信任力的现状，也有政府缺乏有效的对第四权力的监督机制等原因。

寻租的思想最早由美国学者戈登·塔洛克提出，他认为寻租是指"利用资源通过政治过程获得特权从而构成对他人理论研究利益的损害大于租金获得者收益的行为"[1]。而"寻租"一词则是由美国经济学家安妮·克鲁格于 1974 年在《寻租社会的政治经济学》一文中首次使用，她指出"在许多市场主导的经济体中，对市场活动的政府管制是很普遍的事情。这些管制措施产生了各种形式的租金，而且人们还争相竞争这些租金。有时，这些竞争是完全合法的，但是有些情况下，寻租行为可能会采取其他非法形式，诸如贿赂、腐败、走私和黑市"[2]。运用更为广泛的则是诺贝尔经济学奖获得者詹姆斯·麦吉尔·布坎南对于寻租的定义："寻租是投票人，尤其是其中的利益集团，通过各种合法或非法的努力，如游说和行贿等，促使政府帮助自己建立垄断地位，以获取高额垄断利润。"[3]

二、当前媒体寻租事件频发的原因

（一）少数新闻工作者缺乏职业操守，突破法律底线

作为媒体人，正确运用媒体话语权，客观、真实、全面地采集信息、实施报道是他们应该具备的职业操守。可面对手中影响巨大的话语权，少数媒体人没能坚定立场，被金钱权利诱惑而不负责任地有偿发布虚假新闻、误导舆论方向。职业操守的缺失使得他们不惜触碰法律以谋求自身利益，最终造成被寻租方利益受损，在使得媒体公信力丧失的同时自身也受到了法律的制裁。

（二）少数企业、个人不遵循市场公平竞争原则

一些行业之间的恶性竞争导致了寻租的产生。目前来看，不论是企业还是个人，诱导媒体人利用媒体话语权进行寻租无非就是为了提升自身在公众中的认可度并直接打压对手，以此来谋取自身利益的最大化。正是人性的自私贪婪导致了不正当的市场竞争，竞争方法则是媒体话语权的寻租。

（三）未能形成运转良好的媒体话语权监督机制

媒体可以通过多种途径第一时间获得信息，制作形成新闻报道，然后再通

过多种渠道公之于众,这种强势的话语权对公众产生的影响不言自明。可这种话语权却没有得到有效的监控,导致很多媒体话语权寻租事件的揭露都是在事发几个月甚至几年之后。如上文中,陈永洲已先后发表数十篇有关报道,持续时间长达一年之久。在这一年的时间里,相关单位并没能敏锐地发觉其中隐藏的不正当交易,而是在其报道对中联重科公司已经产生重大不利影响时才采取措施制止陈永洲的行为。再如2002年6月,媒体对于山西繁峙县义兴寨金矿区发生的特大爆炸事件进行了大量报道,但报道背后其中隐藏的寻租事件则是在次年9月份才得以披露。这些都有力地证明了对于媒体话语权的监督缺乏力度和时效,给寻租现象的产生提供了可能。

三、防范媒体话语权寻租现象的几点思考

身处市场竞争的媒体并不满足于自身先天的话语权,它们更希望获得一种话语霸权,从而盈利、巩固市场地位,保证持续长久的运营下去。为了防止媒体话语霸权的产生,达到防范媒体滥用话语权以预防寻租的目的,必须采取适当的措施对其加以制约。

(一)提高媒体从业者素质,倡导社会公平竞争文化及廉洁文化

廉洁文化作为社会主义先进文化的重要组成部分,其发展有力地促进了社会主义先进文化的发展。为了在激烈的社会竞争中占有一席之地,媒体人之间进行适当的良性竞争无可非议,但这都应该在道德允许的范围内进行。媒体是公众了解社会现实的直接窗口,对公众的价值判断有直接的导向,这就要求严格控制进入媒体行业的人员,在源头上提高媒体队伍的整体素质,杜绝媒体对话语权的滥用。必须在工作中对媒体从业者加强教育引导,倡导廉洁文化,使其有强烈的责任意识、自律意识,以客观严肃的态度对待每次新闻报道,坚定新闻工作的基本职业操守,抵制权钱交易,公正、真实、客观、全面地进行报道新闻。

除在媒体行业内部加强廉洁文化建设之外,还应在整个社会倡导廉洁文化,建立公平竞争、诚实守信的社会文化氛围。媒体话语权寻租的原因之一就是个别企业和个人为了满足自身利益需求,利诱媒体人运用手中权力进行寻租。若能对社会公众加强教育,提高公平意识及廉洁意识,以诚实守信、公平竞争为荣,以贪污腐败、权钱交易为耻,人人做到既不恶性竞争也不诱导他人贪污受贿,必定能从根源上杜绝媒体话语权的寻租,让媒体切实做到服务公众。

(二)坚持媒体信息公开,加强公众监督

媒体话语权寻租现象产生的前提就是媒体对于信息独特的获取和掌控能力。信息的不对称使得公众对信息内容的真实性不得而知,从而无法监督媒体话语权的运用以预防寻租。因此,应落实媒体信息公开,切实保护公众的知情权。除此之外,信息公开不应该只是让媒体公开真实的信息内容,对于获取信息的途径方法、信息的加工过程等都要进行公开。只有让一切有关信息的环节在阳光下进行,才能发挥公众监督的效力,保证媒体无法滥用话语权进行寻租。

(三)建立健全法律法规,完善外部监督控制体系

孟德斯鸠在《论法的精神》中指出:"一切有权力的人都爱滥用权力,这是万古不变的经验。防止权力滥用的方法就是用权力约束权力,权力不受约束必然产生腐败。"媒体队伍的完善不能仅靠从业者的自律,外部监督应发挥必要的作用。法律具有强大的威慑力和执行力,网络媒体管理的法律法规体系不完善是造成部分网络媒体肆意制造传播虚假新闻或虚假广告等违法行为的重要原因[2]。加强法律建设、填补法律空白,对规范媒体话语权的行使刻不容缓。

(四)全国媒体联动,进行媒体间监督举报

应实行全国媒体联动,立法赋予各媒体对其他媒体的监督检查举报权。我们作为普通公众,除了从各大媒体处了解新闻外,自身既没有时间、方法实地采取真实信息,也缺乏渠道把我们所掌握的信息公之于众,因此若依赖我们对媒体新闻报道的真实性进行监督收效甚微。所以,可以通过完善立法,实现各媒体之间的监督。每家媒体都拥有随时核实其他媒体新闻报道的权利,若发现报道不实或有隐藏的寻租事件则可依法举报,由公安机关出面作进一步的核实。若举报真实无误,在对被举报媒体进行处罚的同时,在金钱、名誉方面奖励主动举报的媒体,并号召其他媒体在坚持做好新闻报道的之余对同行媒体进行监督。

(五)提高寻租成本,完善惩罚机制

要提高寻租成本,完善惩罚机制,让寻租者付出超出心理承受范围的代价,对想要滥用话语权的媒体人是很好的警示作用。这就类似于我国对酒后驾驶的严厉打击。自从2009年公安部严打酒后驾驶,之后采取了扣分、罚款、拘留、吊销驾照等一系列严厉的惩罚措施,立即产生了立竿见影的效果,全国

酒后驾驶的数量明显减少,因酒驾而造成的交通事故也得到有效控制。如果将如此严厉的惩罚措施运用到媒体队伍,比如对滥用媒体话语权进行寻租的媒体人直接取消其从事媒体行业的资格,并予以金钱、名誉、人身自由的重罚,相信必定会对媒体行业起到很好的规范约束作用。

　　社会的发展使得媒体成为我们生活中必不可少的一部分,然而媒体话语权的变异使新闻媒体的公信力受到严重损害,这令我们厌恶、痛心,也值得我们反省。"媒体的话语权不应是媒体为谋求自身利益而为所欲为的话语权,也不能是其背后的广告主的话语权,而应是全社会公民的话语权。"[5]坚决反对新闻敲诈,是维护法纪的需要,也是行业整风的需要。身处资讯高度发达的社会,媒体人理应秉持专业素养和职业操守,出于公心,守住底线,在价值多元中呵护良知。新闻工作者只有恪守敬畏事实、秉持正义的道德伦理,才能善用记者权利,不辜负社会寄予的厚望。

【参考文献】

[1] 戈登·塔洛克. 寻租:对寻租活动的经济学分析[M]. 成都:西南财经大学出版,1999.

[2] A·克鲁格. 寻租社会的政治经济学.[J] 经济社会体制比较,1988(4).

[3] J. M. Buchanan, G. Tullock. Towards A Theory Of The Rent-seeking Society[M]. College Station: Texas A&M Press, 1980. 97-112.

[4] 马海霞. 网络媒体的公信力探微[D],中南大学,2005.

[5] 璩文双,柴光宇,沈明堂. 对当前滥用媒体话语权行为的考察与反思[J]. 东南传播,2008(6).

浅析中国传统文化对政府建设及管理的影响

——从霍夫斯塔德文化价值理论视角

张丽萍 ①

摘 要:文化是一个社会、一个民族的根本烙印,文化对经济、政治、社会发展起决定性作用。文化中好的方面无疑会极大推动社会发展,而那些糟粕则会影响到社会进程。霍夫斯塔德对不同文化人群进行研究从而得出了衡量不同文化的五个维度:权力距离、不确定性规避、个人主义/集体主义、男性化/女性化、长期取向/短期取向。本文从此视角着眼,分析了我国传统文化的儒家核心思想对目前政府的建设和管理产生的影响。政府要平稳而且高效运行,就得正视传统文化造成的影响,取其精华去其糟粕,留下最好的部分服务社会。

关键词:文化价值理论 中国传统文化 政府

文化是一种社会现象,是人们长期创造形成的产物,同时又是社会历史的积淀物。确切地说,文化是指一个国家或民族的历史、地理、风土人情、传统习俗、生活方式、文学艺术、行为规范、思维方式、价值观念等。大多数学者一致承认"文化是一个包含多层次多方面内容的统一体系",一个国家的文化对该国人民的影响是无处不在的,它指导着人们的思维观念和衣食住行,决定着国家的政治经济和社会发展。对于国家政府人员而言,其对文化的领悟水平与重视程度直接影响着国计民生。我国拥有博大精深的传统文化,这是悠久历史赠予我们的无价瑰宝;同时,传统文化对中国政府的影响也会更加巨大,因

---

① 张丽萍(1986—),女,宁夏固原人,中国海洋大学2012级公共管理专业研究生。

此探究传统文化对中国政府的影响是非常重要的。

20世纪80年代初,荷兰马斯特里赫特大学教授霍夫斯塔德进行了一次大规模的文化价值调查研究,从而得出了用来衡量不同国家文化差异和特征的四个方面:权力距离、不确定性规避、个人主义/集体主义、男性化/女性化;后来又基于亚洲研究人员反映儒家价值观的问题提出一种新的调查方法从而补充了第五个方面:长期取向/短期取向。尽管霍夫斯塔德所进行的此次调查本身就存在一些问题,而且经过30年的变迁,某些因素可能已经发生了不同程度的变化,但是此文化价值理论仍然有不可磨灭的重要性。由此,本文选用霍氏理论的视角分析中国传统文化对于目前政府建设及管理方面的影响。

一、中国传统文化特征

中国在长达几千年的历史长河中形成了一套以儒学为主流思想的传统文化体系。儒家思想之所以被秦以后的历代统治阶层所采纳和推崇,根本原因并非是"仁义"之道,而是其所维护的尊卑贵贱的等级秩序符合了封建统治者的政治需求。同时,我国传统文化还包括道家文化、佛教文化等其他文化形态。我国传统文化思想核心对政治、经济及人民生活等方面的影响在几千年的历程中从未停止过。

(一)以伦理道德为中心的官僚文化特征

传统的道德伦理思想是中国文化的核心部分,可以把中国传统文化叫作崇德型文化。有以下形容词可以描述这种文化:有等级区分的,程序化的,结构鲜明,命令的,有规律的,基础巩固的,团结的,谨慎的和有权力倾向的。伦理道德在传统文化结构中具有中心地位,伦理原则支配了整个社会生活,成为普遍的文化规范,实际上把政治原则与伦理道德等同起来。中国传统文化的道德中心倾向导致中国文化注重实用理性,轻视人与自然的关系;重视意识形态,轻视科学技术,形成了重义轻利的观念,对人与自然的关系着重于体悟、直觉。道德中心化的传统文化,不讲求进步发展,只讲和,反对走极端、偏执。以道德为中心,使中国成为礼仪之邦,对封建统治者和人民大众都有约束,避免了极端残暴的非理性统治。另一方面,道德中心文化又给封建专制披上了温柔的面纱。

(二)中国传统文化具有群体价值取向的特征

中国传统文化中,个体不能独立存在,只是家族、国家结构中的一种身份,它没有独立存在的合理性,人们应学会自觉地压制、泯灭自我价值。"木秀于林,风必摧之","出头的椽子先烂"。中国传统文化认为必须把个体融化于群体之中,才能获得存在的价值。中国传统文化的群体价值取向,一方面防止了个人主义的恶性膨胀,有助于集体社会的团结,同时又牺牲了个体发展,为封建专制主义打下了思想基础。

(三)追求稳定的经验理性文化传统

中国传统文化特征中具有"实用—经验理性"的特征,这一点虽然使中国人能毅然面对现实,勇于承受一切,但却也带来了使人逆来顺受、保守求稳而缺乏冒险精神的后果。长久以来,中华文化积淀出了重"恒"轻"变",追求"久远"的特征。绝大部分的中国人都安土乐天,容易满足,遵循着"天不变,道亦不变"的生活方式,能顾全大局、委曲求全。追求稳定、不求变化养成了部分中国人在稳重的同时不思进取、知足常乐的惰性,限制了竞争与冒险,扼杀了民族生存发展中蓬蓬勃勃的活力。

(四)天人合一的支撑型文化特征

中国文化中的天人合一思想,一方面强调人对自然的创造力,不是盲目性的,不是功利性的,不是强制性的,不是破坏性的,而是"顺天应时"的。人能够统合天地,弥合天地自然之不足。这种思想是长期实践的结果。使自然界与人统一,人的精神、行为与外在自然一致,自我身心的平衡与自然环境的平衡统一以及由于这些统一而达到的天道与人道的统一,从而实现了完满和谐的精神追求,这些文化思想反映出明显的支撑型文化特征。

(五)刚健有为的文化精神

刚健有为作为中国文化基本精神之一,是人们处理天人关系和各种人际关系的总原则,是中国人的积极人生态度的最集中的理论概括和价值提炼。自强不息的精神对促进社会发展、国家强盛和文化繁荣具有重要意义。刚健有为的精神,不仅在我们民族兴旺发达时期起过巨大的积极作用,而且在我们民族危难之际,如外族入侵、政权易手之时,也总是成为激励人们起来进行反侵略、反压迫斗争的强大精神力量。它凝聚、增强了民族的向心力,培育了中华民族的自立精神和反抗压迫以及不断学习、不断前进的精神。

二、中国传统文化对政府的影响

本文将从霍夫斯塔德提出的衡量不同文化差异的五个维度来分析我国传

统文化对于政府的影响。

（一）权力距离

权力距离指的是社会组织中的成员接受权力分配不平等的程度，是为了测定不平等在一个社会中的接受程度。权力距离越高，就代表着这个社会中人们接受人与人不平等的程度越高；反过来，权力距离越低，则在这个社会中，人与人之间的不平等程度就越低。

对于政府建设和管理来讲，权力距离意味着权力的分配方式，权力距离高，则社会中民众接受不平等程度较高，从而权力较为集中。中国几千年历史中，虽然经历了不同朝代、不同时期，但是其中不变的都是强调集权。而我国传统思想中所推崇的"皇权至上，专制主义"思想恰好迎合了统治阶级的利益需求，因而成为中国文化历史上的一枝独秀。

正是在我国传统文化思想的影响下，造成了国家公职人员在社会中很高的地位。在建设服务型政府的进程中，传统思想无疑是起到了一定的阻碍作用；而民众服从于悬殊的权力分配，普通百姓参与政治的愿望就比较低，不利于政府的民主性发展。

（二）不确定性规避

不确定性规避指的是在一个社会中，人们对于不确定的、模糊的因素或情景所感到的威胁并尽力避之的程度。通俗地说，如果文化中的人们具有高度的不确定性规避，他们就会偏好于回避模棱两可并推崇明确；而另一种文化中的人们具有较低的不确定性规避，他们认为模棱两可并不会威胁到他们，甚至在这种不确定中他们会觉得如鱼得水。

从某种程度上来说，对于政府部门，如果拥有较高的不确定性规避，则工作变得明确而具体，在这种偏好明确指定的环境中工作效率也会相应提高。在某项调查中，我国的不确定规避指数低于世界平均水平，这与我国传统文化中倡导的"和"的思想的很大的联系。在中国发展中，我们善于从全局看待事物，崇尚"天人合一"的思想给我国带来了不凡的发展成就，但是在今天的政府管理层面上，如果公职人员擅长于接受不确定的指令并"如鱼得水"，那么效率会大大降低。

（三）个人主义/集体主义

个人主义/集体主义指的是社会中个人与集体的关系。个人主义指的是一种松散的社会结构，而集体主义是一种紧密的社会结构。有些民族文化是个人主义文化,重视个人权利及自由。而在那些集体主义文化中,强调个人服从团队整体利益,相对来说喜欢保全面子。

我国传统文化倡导的群体本位思想使得我国是一个典型的集体主义国家。在过去几十年间,从中华人民共和国的成立到发展到今天在世界上占据重要的地位,不得不说集体主义的团结奋斗精神起到了支柱作用。集体主义文化中的个体善于隐藏个人利益需求以保全整个大局的发展,相对来说,对整个国家的发展起促进作用。但是在政府建设和管理中,一定要注意避免集体主义带来的群体决策失误以及"法不责众"心态下的盲从心理。

(四)男性化/女性化

这是对社会中两性角色差别是否清晰而作出的判定,男性化倾向代表社会中两性角色差别清楚,男人表现得自信、坚强、注重物质成就,女人表现得谦逊、恭顺、关注生活质量;女性化社会则对于两性在工作和家庭生活中扮演的大量角色持开明观点。

在中国古代社会的长期过程中,男性化倾向严重,两性的社会角色分工明确,男人在政治中占有全部地位,女性基本不参与政治。但是在目前的社会,这一点已经得到了巨大的改善,女性力量也开始走出家庭进入了政治圈,整个社会对于两种性别所代表的社会角色已经不那么固定和死板。在现代社会的政府中,女性官员比例呈上升趋势,女性拥有一些男性没有的性格特质有时会在政治决策中发挥出难以想象的正面力量和影响。

(五)长期取向/短期取向

长期取向的文化类型关注未来,重视节俭和毅力;而短期取向的文化里,价值观是倾向过去和现在的,认为此时此地才是最重要的。中华文化在几千年的发展中延续并不断完善的事实就是对长期取向的最好证明。我国注重事物的长期发展而非眼前利益,在政府内部利用职务的晋升形成长期的激励机制。但是近年来,随着经济的快速发展,个别从政人员为了个人目的,不惜花费大量人力物力来建造一些"政绩工程",在社会中造成了恶劣的影响。政府部门在制定一些重大决策的时候,应当着眼于长期发展而非某个领导的任期之内,决策时同时要注重普通大众的真实需要,使政府运行更加平稳。

三、霍夫斯塔德文化价值理论对政府建设的启示

我国传统文化的儒家核心思想在几千年的历史发展中发挥了不可或缺的

重要作用,这些思想在当前政府建设和管理中同样显示出了压倒性的影响作用,包括重道德、重伦理、重宗法关系,追求群体本位的价值观念;注重"普遍和谐"的思维模式等。从霍夫斯塔德的文化价值理论视角来分析,这些因素也直接决定了权力距离、不确定性规避、个人主义/集体主义、男性化/女性化、长期取向/短期取向等衡量不同文化差异的五个维度,政府要平稳而且高效运行,就得正视传统文化造成的影响,取其精华去其糟粕,留下最好的部分服务社会。

从霍夫斯塔德提出的五个维度出发,我国政府要挣脱传统文化带来的负面影响,应该降低民众对政府部门的权力距离、培养较高度的不确定性规避、在集体主义中同时提倡适度的个人主义、充分发挥女性特质的作用以及在绩效评价过程中更加注重长期取向。做到以上五点的关键在于全面深化改革,完成政府的职能转变,让政府将手中部分代表"权力"的职能下放给市场和社会。当政府"权力"有限,且抱着一颗服务的心时,群众对于政府工作人员的距离自然就会降低,而政府内部的工作人员认清自己的工作性质并不再过分崇尚权力时,他们的不确定性规避指数也会相应提高;相应的适度个人主义也会从集体主义中脱离出来,女性政治力量也会登上政治舞台并发光发热。政府转型中的绩效考核方式的转变会让长期取向成为主导。

几千年以来的传统文化思想势必很难在短期内发生改变,但是在如今的社会发展中,建设服务型和走群众路线的政府是必然趋势。改革会造成阵痛,但一个眼光长远的、形成长期机制的、切实有效的改革后的政府体制,将会把以前那些长期影响着政府工作效率和政府影响力的不良因素降到最低,最终建设成为一个着实来自群众、为了群众的政府。

【参考文献】

[1] 朱美荣. 中国传统文化的继承与批判[D]. 北京:东北林业大学,2006.

[2] 雷宏振,韩娜娜. 中国传统文化特征及其对企业创新影响[J]. 华东经济管理,2005(19).

[3] 李雯. 浅谈中国传统文化的特征[J]. 中共太原市委党校学报,2001(3).

[4] 彭世勇. 霍夫斯塔德文化价值理论及其研究方法[J]. 解放军外国语学院学报(社会科学版),2004(1).

[5] 林甘泉. 中国古代政治文化论稿[M]. 合肥:安徽教育出版社,2004.

[6] 王剑星. 中国传统文化及其对管理的影响[J]. 学术探索,2008(6).

[7] 朱旗锋.我国传统行政文化对服务型政府建设的影响分析[J].河南大学学报,2008(10).

[8] 魏四新,郭立宏.文化因素对地方政府绩效管理的影响研究——基于霍夫斯塔德的跨文化视角[J].中国软科学,2010(3).

威海市公园文化建设问题及对策研究

王　越[①]

摘　要：公园文化蕴含着丰富的地域历史文化，是彰显地域文化风采、传承城市文化、提升城市形象魅力和促进社会和谐发展的重要载体。近年来，威海市积极推进生态文明城市建设，坚持经济社会的可持续发展、人与自然协调发展的原则，先后建成"滨海公园—综合城市公园、广场—社区游园"三级公园体系。然而，随着市民文化素养的不断提高，对公园文化建设要求也逐步提升，威海城市公园文化建设面临瓶颈。本文通过分析威海市公园文化存在的问题，提出提升威海城市公园文化内涵的相应对策，从而开创威海城市公园文化新局面，提升威海城市整体竞争力。

关键词：威海市　公园文化　对策研究

　　威海市作为中国首个"世界宜居城市"，并先后获得了"国家园林城市""国家生态园林城市示范市"等荣誉称号，公园的作用不容小觑。近年来，随着威海知名度的不断提高，威海城市公园俨然已成为威海市面向社会、面向市民游客服务的窗口，是广大人民群众休闲、纳凉、散步的好去处，是市民丰富文化生活、提升人文情怀、调节生活节奏的精神家园和文化建设的重要阵地。然而，威海各公园建设也面临着当代公园"千园一面"的尴尬，具有全国影响力或较高知名度的公园为之甚少。公园文化是公园的灵魂，是彰显地域文化风采，传承城市文化、提升城市形象魅力和促进社会和谐发展的重要载体，因此，威海要想进一步提升自身竞争力、发展公园文化刻不容缓。

---

① 王越（1986—　），女，山东威海人，中国海洋大学2012级公共管理专业研究生。

一、公园文化的内涵

公园,古代是指官家的园林,而现代一般是指政府修建并经营的作为自然观赏区和供公众的休息游玩的公共区域。《公园设计规范》中对其的定义:"公园是供公众游览、观赏、休憩、开展科学文化及锻炼身体等活动,有较完善的设施和良好的绿化环境的公共绿地",具有改善城市生态、防火、避难等作用。2010年10月30日,北京市公园绿地协会秘书长景长顺在"公园文化信息交流会"上指出"文化是公园的灵魂"。这句话道出了公园的核心内涵,指明了公园规划建设和努力发展的目标与方向。公园建设只有抓住自身文化发展方向打造出自身特色,才能受到公众欢迎和喜爱,才能成为城市文化符号和缩影。

公园文化的内涵主要体现物质与精神两个文明建设。也可以说包括构建硬环境和营造软环境两个方面。具体而言就是包括优质的硬环境和优质的软环境。

第一,优质的硬环境,即优美的景区、景点。这就是要加强公园的细部景物设计和造型,园林植物配置富有空间结构艺术和时序景观,色彩丰富,四时有不谢之花。公园的景观文化,表现在自然美、意境美和社会美的协调,自然环境与人工环境的协调,处理好统一与变化的关系、空间开敞与郁闭的关系、功能与景观的关系。文明城市杭州,以美丽的西湖而闻名世界,长期以来成为我国的旅游胜地,其迷人的山水景色,再冠以富于诗意的题名,如柳浪闻莺、苏堤春晓、花港观鱼、曲院风荷、断桥残雪等,突出了四季时序景观。园中亭阁台榭的楹联和景点命名,是我国园林文化的精华,这是高层次的公园文化内涵。公园中的造景设施,如景墙、漏窗、园门艺术,临水榭舫拱桥,迂回曲折的长廊,飞檐翘角的亭阁等风韵独特的园林建筑,都显示了我国公园文化的博大精深,令人叹为观止。古老的树木,如银杏、榔榆、古槐等,树木阴浓,古柯虬枝,成为一景,也是公园历史风证。公园中的花展、字画展、文物展以及时事政治、科学技术、先进人物事迹的图片展廊,都是文化教育的窗口,而群众性的文艺和体育活动也都是公园文化的重要组成部分。

第二,优质的软环境,即完善的服务和管理。绿篱、草坪修剪整洁,园路、水畔有靠椅石凳,可供休息赏景。园门有全园浏览分区图和建园介绍,园中设置别具风格的果皮废物箱,醒目的导游标牌,树木有挂牌,方便游人的识别和欣赏,这样才能吸引广大群众百游不倦、流连忘返。公园的文明还表现在游人的素质修养，遵守园规，不随地吐痰，不乱丢废物，不损伤花木，不破坏公共设施，以保持公园的美观整洁，真正培养人们的社会公德和心灵美。

二、威海城市公园文化建设的现状

为保护城市有限的生态用地，同时满足市民休息、健身和文化娱乐活动需要，近年来威海克服种种困难，努力将非建设用地规划成各类公园。一方面结合生态空间资源保护和居民长假期、每周出行的休憩活动需求，沿海岸线建成滨海公园；另一方面，以人为本，结合局居民日常活动的需求，围绕社区建设社区游园，同时继续加大对综合城市公园的建设力度，从而精心打造出"滨海公园—综合城市公园、广场—社区游园"三级公园体系。这三大公园体系相辅相成，形成"城中有林、林中有水、水纳全城"的自然循环。然而，目前威海城市公园面临着文化建设的尴尬局面。

第一，公园建设特色不明，缺少景观文化。滨海公园连成一线，许多当地居民都分不清各公园界限，公园特色难以得到体现；城市综合公园在建设过程中除一两处标志性建筑有所区别，在植被运用、造景手法、园艺设计等方面大同小异，很难区分开来；社区游园多因建筑面积较小、管养复杂等问题，文化建设开展困难；缺少专业类植物园区的建设，如植物园、雕塑公园、主题公园等，不能满足市民日益增长的文化需求，相关的科普活动难以开展。

第二，文化活动开展形式单一，合作开展的文化活动少。随着城市的发展，近年来在威海市公园举办的文化活动越来越多，然而仍有很多不尽如人意的地方。一是活动的举办主要集中在环翠楼公园、人民广场等市区中心公园，增加了以上公园、广场环境承载的负担，使得公园、广场休养生息周期变长、速度变慢。同时，其他闲置的公园由于文化活动开展较少，造成场地资源浪费。二是园林部门组织的活动多以本单位为主办方，很少与外单位如社区等合作，且形式多以植物观赏为主，对活动内容的科普知识讲解较少。

第三，公园文化设施保护困难，存在管理漏洞。威海市公园文化设施较多、风格各异、艺术性强，给广大市民及游人留下了深刻的印象，提升了威海市园林艺术整体水平；但仍有很多不文明现象发生，如乱刻乱画、恶意损坏、胡乱采摘等问题无时无刻不困扰着园林工作者。由于缺少行政执法权，很多情况之下只能进行口头劝阻，但收效甚微。同时，公园管理人员文化素养不高，对园内造景以及各种文化设施不能够深入理解，对游客进行的讲解只能停留在艺术表面。

三、丰富和发展公园文化的几点对策

（一）从公园建设着手，丰富园艺文化和建园模式

优美和谐的园林景观是人们对城市公园的向往。公园是以植物为主体创造的休憩环境，是城市与自然和谐共处的一方，其景观应充分体现自然的美、自然的意境。提高景观效果重要的是提高园艺水平。景观中追求的自然要以园艺的自然手法创造植物的合理配置，景观的有序协调、建筑的艺术组合是一种自然、高雅的艺术享受。提高园艺水平就要丰富造园艺术，多方面、多层次丰富景观，形成自然与艺术、自然与意境、自然与环境、自然与建筑完美结合，使人们能在工作之余不出门即可领略到自然之美。公园的造景艺术文化，主要体现在两个方面：一方面是指公园造园艺术，如规划布局上的造园理念、造园手法，在具体景观设计手法上的叠山、理水、建筑、植物造景、借景艺术、命名艺术、匾额、楹联与刻石等；另一方面是指艺术思想，园林景观与艺术思想虽然是不同的两个方面，但现代景观设计一直深受艺术思潮的影响，在公园规划设计中交织运用各种艺术形式，如大地艺术、波普艺术和极简艺术等。

另外，威海应多借鉴国内外先进模式，开发建设专业类公园，如植物园、雕塑公园、主题公园等。近年来，如主题公园等专业类公园建设骤然兴起，然而盲目跟风也让不少城市专业类公园在开园之时火了一把之后就"门前冷落车马稀"了。因此，公园设计有没有发展潜力、有没有生命力，其蕴涵的文化内涵起着非常重要的作用。必须将公园和文化紧密地糅合在一起，将文化作为经营亮点，通过发掘和宣扬文化来综合地发展公园，以公园为载体多方位展示文化，赋予公园以丰富的文化内涵，从而创造出具有特色鲜明的公园文化。

（二）同创共建推进公园文化建设

要推进公园文化的建设和发展，离不开广大市民和社会各方的积极参与支持。威海市公园文化建设应与社区及其他社会各方共建结对，努力探索一条公园文化和社区文化、社会文化相结合，群众自律与公园组织引导相结合，公园、社会、志愿者"三位一体"积极参与共同推进公园文化建设的新路子。

1. 社区文化进公园，优势互补建家园

社区文化有着浓厚的群众基础和社会基础，具有丰富的社会内涵和社区文化的根脉，是广大市民联系最为紧密的文化体系。社区文化是公园文化的良好补充。社区文化与公园文化可有机融合，互为补充。一方面公园有文化底蕴和地理优势；另一方面社区有文化队伍，如文化管理工作队伍、文化艺术

专业队伍、群众文艺队伍与志愿者队伍。将社区文化引入公园,对公园有以下好处:第一,以满足大众消费为前提,努力做到高品位和通俗化的有机结合、雅俗共赏,可以满足各种文化层次游客的需要;第二,可将真实性作为文化内涵的核心;第三,可以进一步挖掘文化特色;第四,可通过外界注入新的文化内容来提高公园的文化内涵。总之,社区文化注入公园文化,可以最大限度地实现资源的共有和共享,可以营造出共驻社区、共建社区的良好氛围,公园也可以实现经济效益和社会效应的双丰收。

2. 引导志愿文化队伍,推进文明游园活动

公园文化的开展需要人的参与、人的创造,需要志愿者队伍发挥各自的创造力。公园志愿者应成为精神文明建设的生力军和重要的共建队伍,同时也是公园文化活动的亮点。目前威海市公园管理局已组织建立起一支"社会监督员"的队伍。这支队伍目前主要为公园管理者进言献策,对公园管理工作提出批评建议。下一步,应注重发展培育保护好这一新生力量,组织更多志愿人员加入,资助一定的活动经费,引导、扶持志愿者文化队伍不断发展壮大。

(三) 创新公园文化形式与内容,推进和谐社会建设

文化创新是文化生生不息、薪火相传的鲜明特色和本质特征,也是文化富有生机和活力的不竭动力。它是引导社会进步的罗盘,是张扬真善美的旗帜,对人的进步起着催化的作用,对思想解放起着引领作用,对社会和谐起着滋润作用。公园文化需要不断创新,才能延续传承、不断发展。

1. 创新公园文化,要贴近实际,贴近百姓生活

公园内的各类活动是公园文化的重要组成部分,也是市民生活的一部分。这类活动既有带传统文化烙印的,也有带现代文化气息的。传统的包括茶艺、诗歌(曲水流觞)、登高和赏月等。现代的包括时令花事活动、花艺、群众舞蹈、各类展览、大型歌舞表演、思想教育宣传和园林文化讲座等。这类活动具有直接的观赏性、参与性和互动性,是公众比较喜欢的一种形式。

2. 创新公园文化,要提升品位

公园管理如果没有一个高素质的团队支撑,文化建园也就无从谈起。可通过举办各类专业知识培训或讲座,提高现有从业人员的专业水平,甚至在政策上可以鼓励专业技术人员进行再教育来提高公园管理水平和专业理论知识;要在志愿者队伍中发挥有文化才能和优秀人才的作用,利用"一技之长"担任文化活动辅导员,通过各种渠道、方法,聘请专家、行家来公园"传经送

艺",培训文艺骨干等途径,提高文艺表演水平,提升品位,为公园新文化注入生机和活力;要坚持"海纳百川、百花齐放",完善文化的多样性、多元化、推动不同文化相互学习、取长补短,使健康文化得到发扬,使公园文化真正成为市民百姓陶冶情操、激发生活热情、推进和谐社会建设的精神支柱。

3. 创新公园文化,要积极推进形式创新

创新公园文化不仅需要内容创新,而且需要在形式和方法上不断创新。在公园内开展科普教育可以满足公众需求,是公园在文化服务功能上的扩展,是一种新的公园文化形式。公园除了开展与自己相关的园林植物、园林设计、环境保护和绿色生态文明等方面的科普教育外,也可开展一些如自然科学中的声、光、电、风等原理的科普工作,在公园中建设"声之播、水之压、风之能、风之音"等科普项目,也可将微观世界的量子理论和宏观世界的相对论等抽象理论以形象化形式进行科普宣传。总之,要以大众化文化活动形式为载体,以提高和升华群众的精神境界为目标,使公园文化得到百姓的普遍认同和广泛参与。

威海市作为国家园林城市、世界宜居城市,应在建设公园的过程前、过程中、过程后都注重公园文化融入到公园本身,充分依托其内在的文化资源,将其转化为文化资本,从而提升威海市城市公园的品位与影响力,进而提高其知名度和美誉度,这样才能让这些城市公园真正灵动起来。

【参考文献】

[1] 魏家启,刘玉红. 浅谈公园文化与社区文化[A]// 王向荣. 风景园林——中国公园文化传承与发展研讨会优秀论文集[C]. 北京:中国风景园林学会,2008.

[2] 曲美兰. 论丰富和发展公园文化内涵[A]// 王向荣. 风景园林——中国公园文化传承与发展研讨会优秀论文集[C]. 北京:中国风景园林学会,2008.

[3] 景长顺. 文化建园的哲学思考[J]. 中国园林,2001(02).

[4] 曹林娣. 中国园林文化[M]. 北京:中国建筑工业出版社,2005.

[5] 陈浩. 论上海古华公园的文化创新[A]// 王向荣. 风景园林——中国公园文化传承与发展研讨会优秀论文集[C]. 北京:中国风景园林学会,2008.

浅谈质检文化建设

赵晓莉[①]

摘　要：质检文化是社会主义核心价值体系在质检部门的集中体现,是促进质检事业科学发展的精神支撑和重要动力。深入研究和准确把握质检文化在质检系统中所具有的教育、导向、激励、约束、凝聚和辐射功能,并充分利用和发挥好这些功能,不断加强质检文化建设,十分重要。本文从总结分析各地、各组织文化建设的经验入手,提出了质检文化建设只有让质检文化在干部职工中落地生根,才能实现由抽象的纯理论"虚物"转化成能提高质检系统执法工作效率,改进服务方式,树立"三个形象"的"实体"的观点并进一步提出了相应的政策途经,最后通过案例分析,概括和总结了黄岛局在质检文化建设中的有益探索。

关键词：质检文化　文化建设　服务

文化是一个民族的灵魂,质检文化是质检系统的灵魂。所谓质检文化,是质检系统干部职工在长期工作实践中形成的价值标准、理想信念、职业道德、行为规范等具有质检特色的理念体系,它是社会主义核心价值体系在质检部门的集中体现,是促进质检事业科学发展的精神支撑和重要动力。质检文化建设是质检系统维护质量安全、提升质量水平、促进经济社会发展的重要精神力量。因此,深入研究和准确把握质检文化在质检系统中所具有的教育、导向、激励、约束、凝聚和辐射功能,并充分利用和发挥好这些功能,不断加强质检文化建设,十分重要。质检总局党组《关于加强质检文化建设的意见》指出,质检文化是质检系统精神理念、制度行为和物质形象的总和。在这三个层面中,相对于制度行为和物质形象的建设,精神理念层面的建设难度大、周期长、收效慢,因而更容易被忽略,出现文化建设只重形式而轻内涵的现象。文化只有

[①] 赵晓莉(1983—　　),女,山东淄博人,中国海洋大学2012级公共管理专业研究生。

在干部职工中扎根，才能具有生命力。因此，对于实现精神理念、制度行为和物质形象三个层面的建设的统一，以人为本，用统一的基本价值理念武装干部职工的思想，并将其渗透进干部职工的行为，让"虚"的文化产生"实"的效果，真正实现落地生根，在今后质检文化建设的工作中应引起更多的重视。

一、案例分析

黄岛检验检疫局检务处在质检文化建设中作出了许多有益的尝试和探索。2010年，黄岛局检务处制定了"优服务、严把关；提效率、树形象"的目标和"笑对每一人，办好每一单"的工作理念及"服务你我，把关尽职；友爱互助，共担融入"的团队精神，从思想和行为上进行规范和统一；打造了5S管理体系，在短时间内创造了"美观、整洁、大方"的报检大厅。5S管理体系源于"二战"后的日本，包括整理（SEIRI）、整顿（SEITON）、清扫（SEISO）、清洁（SEIKETSU）、素养（SHITSUKE）五个项目，因其日语的拼音均以"S"开头，故称"5S"。5S看似简单，实则是一个习惯养成的过程。

2011年黄岛局检务处制订了黄岛局检务行为规范、物品摆放规范、首问负责制、突发事件应急预案、工作人员争端解决机制、服务承诺制等极具窗口特色的制度和规定，使窗口内部管理迈上一个新的台阶，为更好地服务地方外经贸事业奠定基础；倡导"声音低一点，体谅多一点，笑容甜一点"，贯彻服务规范，使用服务用语，时刻注意维护检验检疫窗口的良好形象。多年来坚持积极参加各类社会活动、志愿活动，资助多名贫困儿童、春蕾女童、贫困大学生，用实际行动回馈社会。检务工作一个非常重要的特点就是工作人员需要不断学习，不断提高工作能力和效率。黄岛检验检疫局检务工作着力提高人员素质，促进服务质量提升，采取岗位负责人制、AB岗制、轮岗制等内部管理措施，打造全面的专业型检务人员；检务处作为新进人员的第一站，在传统的"一带一"培训模式外增加由新进人员定期串讲旧文件、梳理文件要点、定期抽查新进人员工作质量等措施确保新进人员尽快融入工作并避免失误；邀请局内相关专业专家来检务处以专业讲座的方式进行交流，提高检务人员的专业技能、判断能力；深入其他服务行业如金融系统、交运系统学习不同的服务文化，提升检务人员公共服务意识和心理调适能力。通过以上综合培训措施，检务人员业务技能、心理素质均得到有效提高，确保了各项工作的顺利进行。

拥有国家级"青年文明号"、全国检验检疫系统文明服务窗口、山东省"巾帼文明岗"、青岛市共建文明口岸文明示范窗口等荣誉称号的黄岛检验检疫局,在质检文化建设中,实现了干部职工对质检文化价值观的认同到质检文化行为化的成功转化,形成了质检文化,促进工作质量效率不断提高,进而使工作实践不断丰富并且完善了质检文化内涵的良性循环,质检文化在此处落地生根、开花结果。

二、目前质检文化建设中存在的误区

党的十七届六中全会作出《中共中央关于深化文化体制改革推动社会主义文化大发展大繁荣若干重大问题的决定》,在这样的大背景下,各地、各组织的文化建设工作开展得如火如荼,通过对各地、各组织经验教训的总结得出,质检文化建设存在着以下两方面的误区,是我们在推进质检文化建设的过程中需要注意的。

一是把理论文化学习与推广等同于文化建设。一个组织的文化是指在一定的社会大文化环境影响下,经过组织领导者的长期倡导和全体职工的积极认同与实践所形成的整体价值观念、信仰追求、管理风格以及传统和习惯的总和。理论文化学习只能了解到组织文化的理论,而理念的宣贯需要形成长效机制来进行潜移默化的影响。

在实际的工作中,组织领导者往往只是强调理论文化的学习,而忽略了文化理念的宣贯。黄岛检验检疫局在质检文化建设中注重的是文化理念的宣贯,通过一系列工作理念、行为规范以及工作机制的制定,将质检文件建设渗透到工作中,从而避免了理论脱离实际的文化建设。

二是忽视了干部职工的主体性。文化建设中,多采取自上而下的方式,缺乏自下而上的沟通和反馈,职工只能被动地接受和服从。一味的灌输导致制度上墙了、口号喊响了,职工却缺乏兴趣和热情,不能主动参与到其中来。"以人为本"是文化建设的实质,否则文化建设也就只能成为无本之木的空中楼台。黄岛检验检疫局在质检文化建设中始终坚持全员参与,一线干部职工是文化建设的主体,行为规范的制定、工作理念的倡导等文化理念的宣贯都是由基层干部职工自行制定和完善,从而避免了被动的文化建设。

三、落实质检文化建设的基本措施

质检文化建设只有让干部职工从文化价值观认同到文化理念的行为化,质检文化才能实现由抽象的纯理论"虚物"转化成能提高质检系统执法工作效率,改进服务方式,树立刚正廉明的依法行政形象、科学权威的技术执法形象、可亲可信的人民质检形象的"实体"。具体措施可以概括为以下几点。

第一，质检文化理念制度化。制度化是质检文化建设落到实处的保障，制度建设要以质检文化为基础。当组织开始制度化后，它就有了自己的生命力。检验检疫系统综合管理体系建设中的工作行为规范、奖惩制度以及绩效考核标准等等，都要以质检文化特别是核心的价值观为出发点和依据，要用规章制度、工作行为规范、奖惩制度以及绩效考核等等来体现质检文化，因为所有员工的行为一旦按照规章制度来做，那么也就是在实践和建设着质检文化。因此，要结合质检文化建设的需要，重新修定规章制度，对与"以质取胜，保国安民""抓质量，保安全，促发展，强质检"等质检文化的精神理念相违背的制度进行修订。要从综合管理体系中工作规范、作业指导书等规范性文件的细则入手，将每一个岗位的正确的工作规范、优良的工作方式制定出来，变成各个岗位必须遵守的规范，还要将"不美的""不良的"甚至违反职业道德和国家法律法规的行为指出来，让所有的职工在工作中都有据可依，让看得见的制度把虚无的理念形象化、具体化。

第二，质检文化理念内化为职工的思想观念。质检文化不是靠说出来、写出来的，不是靠专人拼凑和想象出来的，而是经得起时间考验、来自基层的思维和智慧的积淀、凝聚和升华。质检文化的理念只有得到全系统职工的认同，并成为职工自己的观念，文化才能生根；否则，文化永远是口号。质检文化架构体系建立以后，应该抓住一切机会倡导质检文化所集中体现的核心价值观。应该抓住一切机会，不厌其烦、坚持不懈地向职工、企业、媒体宣传解释质检文化，并带动领导形成用质检文化讲话、做事、思考的习惯。让文化理念变成职工的思想观念是一个长期的过程，不能"说起来重要，做起来可要可不要，忙起来不要"，单为应付上级检查。如果职工连质检文化的内容都不记得，连本岗位的体现质检文化精神和理念的规章制度都不熟悉，那还谈什么用质检文化的力量促进质检事业的科学发展！职工只有对这些内容都熟烂于心，质检文化建设才能取得实效，落到实处。

第三，职工的思想观念外化为职工的行为。质检文化理念内化为职工的思想观念，只是完成了关键的一步，在这个过程中要关注职工的行为转化，通过对行为的关注，分析职工是否遵循质检文化理念所倡导的方式做事。检疫检疫系统职工的所有行为都要真正体现质检文化体系的核心价值观，否则就是"魂不附体"。要将质检文化理念渗透到工作和管理过程中的每一个细节，融入到职工的一言一行、一举一动中，进而成为自然而然的行为模式。如何使我们的每一位职工的行动都时时刻刻体现质检系统的价值理念正是质检文化在行为层面建设需要开展的工作。我们需要把这个价值理念结合不同岗位的工作实际,细化为职工的行为规范,让职工在具体的工作实践中、行动中自觉融入质检文化的价值理念。

第四,引导职工行为习惯化。转化职工行为,就要不断强化使之成为习惯,如此,文化才能融合到职工的日常行为中并真正在系统内扎根。这是一个不断调整、不断改进的过程。要通过绩效考核引导,结合系统内部及部门内部评比争优等手段,利用精神激励辅以物质奖励的方式,激发职工的积极性和能动性,使职工行为的转化由被动接受逐步转化为主动适应。同时,要注重总结和反思,及时发现职工行为中需要提升的部分,找到文化建设过程中的"短板",不断改进,不断提高,让职工的行为更趋于标准化、规范化,提高职工践行质检文化的能力。长此以往,职工的个人习惯就能够体现出质检系统特有的文化特征。质检文化在质检系统中才真正能够实现落地生根,开花结果。

质检文化建设是个大处着眼、小处着手的长期事业,是一个由认知到实践,由实践转变为习惯的循序渐进的过程,关系着质检事业的长远发展。总而言之,要通过质检文化建设,变革执法工作和服务的方式方法,建立与质检文化相适应的制度规范,搞好结合,不断创新,保证这项工作与时俱进、不断发展;使质检系统的管理制度、干部职工的行为规范、工作的操作流程都体现出质检文化理念的精髓,让质检文化的精髓深深烙印在每个干部职工的心里;"春风化雨,润物无声",使职工外化于行并习惯化,促进质检文化落地生根,开花结果,最终实现树立刚正廉明的依法行政形象、科学权威的技术执法形象、可亲可信的人民质检形象,促进中国从制造业大国向制造业强国转变,为推动建设文化强国和质量强国作出应有的贡献。

【参考文献】

[1] 徐爱武,胡伟伟. 质检文化在促进地方经济发展中的作用[J]. 广西质量监督导报,2010(09).

[2] 刘恒泽. 浅谈质检文化建设[J]. 中国纤检,2011,(11).

[3] 翁平宽. 质检文化建设同质检事业发展的辩证关系[J]. 中国检验检疫,2012(12).

[4] 之剑,朝豹. 思考质检文化的理论与实践[J]. 中国纤检,2010(14).

[5] 谢柱军. 检验检疫通关管理中的大质检文化建设[J]. 中国检验检疫,2010(05).

"儒法理念"在反腐倡廉中的构建与应用

杜蓓蓓①

摘　要：通过探寻比较我国历史上儒法理念在反腐倡廉的构建与实施过程中的具体运用，针对我国目前存在的有关现状，借鉴历史经验，进一步探寻儒法理念在如今反腐倡廉工作中的新的结合点和切入点，从而建立有效的反腐倡廉新体系，并以此来促进党和政府的廉政建设、增强政府公信力，从而为构建社会主义和谐社会提供坚强有力的政治保证。

关键词：儒法理念　反腐倡廉　和谐社会

官吏贪污腐败是人类社会的顽症，也是当前中国面临的最大社会污染和重大政治挑战。无论是儒家以义利观、金钱观、价值观为代表的道德约束，还是法家"法、术、势"相结合的严刑峻法，都曾经在中国历史上的反腐倡廉中起到主导性作用。在制约权力、防治腐败上，我国古代的儒家和法家思想给了我们深刻的启示。但是，单纯的道德约束或者严刑酷法都不能从根本上解决腐败问题。面对积重难返、面大度深的腐败现状，我们必须借鉴历史经验，吸收儒法理念的合理成分，推陈出新，结合当前中国实际，进一步探寻儒法理念在如今反腐倡廉工作中的新的结合点和切入点，从而建立有效的反腐倡廉新体系，为构建社会主义和谐社会提供坚强有力的思想保证。

一、当前腐败问题的特点以及腐败的原因分析

（一）腐败的特点

要开展好反腐倡廉工作，必须全面把握当今腐败问题的特点。分析当今的腐败现象，可以发现其主要的两个特点。

---

① 杜蓓蓓（1985—　），女，山东青岛人，中国海洋大学2012级公共管理专业研究生。

第一,腐败的多发性。腐败的多发性可以从两个方面进行解读,其一是集体腐败盛行,其二是边缘腐败面大度深。集体腐败,通常也称为腐败窝案或共谋性腐败,指的是多名官员结成同盟、共同开展腐败行为的现象。一般可以分为两种类型:一种是"大"集体腐败,即腐败主体是整个单位,学术界通常也称之为单位腐败,具有一定的"公共性",往往可能是半公开的;另一种是"小"集体腐败,即腐败主体是单位中勾结在一起的部分官员。集体腐败比个人腐败的破坏性更大,会造成更大的经济损失,腐蚀更多的党政官员,更重要的是会产生更严重的政治腐蚀性。

边缘腐败就是近年来在法规、制度不完善的情况下出现的新型腐败,较之直接进行的行贿、受贿、贪污等腐败行为,其更具隐蔽性:打着集体研究、决策的幌子,谋取非法利益,逃避个人责任;钻规则、程序空子,利用合法程序任人唯亲,卖官、卖职级;利用内部信息资源牟取暴利;滥用裁量权、检测权、判决权牟利;巧用权力向他人输送实质利益,自己暗中间接获利,诸如此类边缘腐败行为在各行各业、各级单位都有体现。

第二,腐败的频发性。腐败犯罪不仅面大度深,而且具有频发性,这在两个方面表现尤为明显:一是"前腐后继"现象时有发生,造成某个地区或部门腐败现象"颇为严重"的视觉;二是"带病提拔"引起了群众的强烈不满,并对于干部选拔的公信度产生了质疑。

(二)原因分析

造成腐败犯罪多发、频发的原因是多层面的,可以从经济学、政治学、心理学等诸多方面考虑其成因,但究其主要原因,笔者认为主要体现在以下两点。

第一,行政伦理失范。古训曰:"官德隆,民德昌;官德毁,民德降。"思想文化上的封建思想余毒和官场文化等糟粕是集团腐败的滋生土壤。数百万公务员的行政伦理水平,是我们这个泱泱大国道德的风向标。传统腐朽的特权思想和贪渎文化,成为当前腐败的思想基础。再者,社会环境不利于官德的培养。现在的社会,一些人一方面对腐败现象深恶痛绝,一方面又希望通过腐败方式解决自己遇到的实际问题。对腐败的认同感、麻木感导致了"腐"文化的泛滥、社会价值观的扭曲,"审丑疲劳"构成了当今社会最危险的信号。在这样的文化氛围中,权力集体寻租就愈发见怪不怪了。

第二,法律制度失守。法律意识的淡薄给了腐败官员失足的思想基础。受官员自身素质和社会环境影响,一些官员缺乏法制观念和法律意识,"官本位""人治"色彩浓厚。尤其是一些司法、执法部门人员法律意识的淡薄,更容易让人们对司法、执法的公正产生怀疑。法制漏洞给了腐败犯罪以缝隙。迄今为止,我国尚没有一部比较全面而完备的反腐败专项法律,因而缺乏对各种腐败犯罪行为法定的权威界定。针对不同程度的腐败犯罪,没有明确的法律依据来量刑,也就产生了处罚较轻而不足以震慑官员的后果。监督不力造成政治腐败。我国目前的监督机制存在着严重缺陷。人大监督的法律制度尚不完备,国家权力机关行使监督权的具体程序不够明确,程序性规范少,且权力机关监督缺乏应有的独立性,处在国家党政权力支配之中,难以实现真正的监督。

二、儒法理念在历史上反腐中的运用及发展

作为中国传统文化主流的儒家思想,具有丰富的人文精神内涵。传承和发扬儒家思想,构建道德城墙,对于遏制腐败犯罪有着重要的现实意义。

(一)儒家思想的运用发展

儒家思想注重道德修养、追求人生境界的提升,对于反腐败的作用更大的在于"倡廉",通过道德要求来限制、防范腐败犯罪,即从心理根源上消灭腐败行为,是根治腐败的方法之一。其具体思想及实践体现在以下三点。

第一,正确道德观的树立。以孔子为代表的儒家人士从"政者,正也"的立论高度出发,提出了一系列为人、为官、为政的原则和规范。"道之以德,齐之以礼"是儒家思想的重要组成部分,其中的"德"体现了"以德治国"的意蕴。

第二,正确义利观的树立。在义利关系问题上,孔子主张"见利思义""义然后取"。他认为"君子喻于义,小人喻于利""不义而富且贵,于我如浮云"。这里的"义"便是普遍的道德标准,"利"则是物质利益。孔子明确提出"君义以为上""君子义以为质",即君子要懂得大义,要自己的思想和行为首先符合"义"的要求,这从"君子上达,小人下达"方面要求领导者做到大公无私、先公后私、舍己为人。

第三,道德榜样的标榜。道德榜样的标榜是各个朝代普遍使用的倡廉方法。《论语·子路》中,孔子曰:"其身正,不令而行;其身不正,虽令不从"。这是说:当管理者自身端正、作出表率时,不用下命令,被管理者也就会跟着行动起来;相反,如果管理者自身不端正,而要求被管理者端正,那么纵然三令五

申,被管理者也不会服从的。相对于儒家对道德典范的注重,法家思想更偏重于对腐败犯罪的严厉惩罚,以起到惩奸除恶、震慑众人的作用。

(二)法家思想的运用发展

法家主张以法治国,"不别亲疏,不殊贵贱,一断于法",以务实和积极入世的态度,力图以法制构建社会秩序,提出了"无力则国必削""治民无常,唯法为治"的主张。其主要思想和实践可以体现为以下三点。

第一,以利赏功。法家思想包括"赏""罚"两方面的内容,不仅"重刑",而且"厚赏"。韩非明确强调"凡治天下,必因人情。人情者,有好恶,故赏罚可用;赏罚可用则禁令可立,而治道具矣"。封建王朝的统治者也利用重赏来鼓励表彰清廉。秦律中规定,对于行贿受贿者,要追究刑事责任,而对于"清廉毋谤"的官员"必有大赏"。汉代对"清谨勤公",考评在中上者,皆加官晋级。唐朝对流内官实行的"四善二十七最"考课法,以"清慎明著"为四善之一,以"扬清激浊"为二十七最之一。有些廉洁的官吏死后,皇帝会追封谥号表彰其功勋,甚至让其后人世袭官爵,给予高官厚禄,宣扬其功德让后人效仿。

第二,以法制约。以法家思想为依据,各朝代也对贪污制定了严厉的处罚规定。汉代对官吏的贪污行为处罚很严,上自皿相九卿,下至郡县小吏,"赃值十金,则至重罪"。处罚有终身禁锢、处死、陈尸示众,以做效尤。北魏时,对贪污行为法律有了明确的惩治条款,规定:凡贪污十匹(布),处以死刑。太和八年,被处死刑的贪官就有40多人。唐朝时,法律日趋完备。《唐律·职制》规定:官吏贪赃枉法的,一尺杖一百,一匹加一等,十五匹绞刑;只贪污不枉法者,一尺杖九十,一匹加一等,三十匹加处流役。宋朝开国皇帝处罚贪污官吏更加严厉。从建隆三年(162年)到开宝六年(973年)就处死将军一级的贪赃高官十多个,且暴尸街头。作为对贪污腐败处置最重的明朝,朱元璋援引"刑乱国用重典"的理论,亲自制定了《明大诰》,主要是针对朝廷上下的贪污受贿、贪赃枉法等行为,其严酷程度超过历史上任何一个王朝。

第三,以事立威。法家注重"法、术、势"三者相辅相成,即"以术置法,以法立威,威立则令行"。在严刑峻法同时,抓典型、树威严也是法家"权术"的运用和表现。以事立威可以体现在一些典型案例之中。还是以明朝为例。朱元璋在反对贪官污吏的司法实践中,严格执法,重绳群臣;不论是谁犯法,即使是功臣宿将、开国元勋、皇亲国戚,一样要依法惩治,不能幸免。

三、运用"儒法理念",完善反腐倡廉体系

(一)加强行政伦理构建

行政伦理作为法与道德、他律与自律、客观与主观、强制性与自觉性的统一,是精神文明建设的重要内容,更是建设反腐倡廉的内在约束机制的最重要途径。要构建好行政伦理机制,形成"不想贪"的广泛共识,就必须从下面两点着力。

第一,打击贪渎文化。一方面要形成正面的积极的文化导向,向公务人员进行"民本"思想的灌输,树立公仆意识,时时处处以为人民服务为宗旨和原则,先公后私,甚至大公无私。另一方面,要使官员有"羞耻心",运用"八荣八耻"等的教育,树立正确的荣辱观,以贪污腐败为耻,加强自律意识。当然加强廉政文化建设,在社会上形成一种以廉为荣、以贪为耻的良好风尚,客观上对促使领导干部廉洁从政具有重要意义。

第二,广泛思想教育。在预防腐败体系中,教育是基础。通过加强教育,构筑起不愿腐败的自律机制,才能从根源上减少腐败行为。在加强对干部的教育方面,需注意扩展教育内容,做到思想政治教育和法规知识教育相结合,正面典型示范教育和反面警示教育相结合,集中教育和日常教育相结合,廉政教育和勤政教育相结合。教育方式要注重灵活,增强教育的感染力和吸引力。另外,对党员干部的经常教育,要做到与时俱进、警钟长鸣、防微杜渐。

(二)健全法制约束机制

第一,细化相关法律。从反腐败制度创新的角度来看,建设法治国家,防治腐败,需逐步树立宪法和法律的最高权威,实现从人治向法治的转变;健全法律体系,细化相关腐败处罚条令条例,提高法律法规的透明度、稳定性和可操作性;深化司法体制改革,确保司法公正;建立、健全有效的责任追究制度,增强党政官员的责任感。

第二,加强社会监督。加强权力监督制约机制建设至少应包括以下几个方面的内容。一是加强权力机关即人大的监督制约,全国和地方各级人民代表大会及常委会委员作为权力机关对"一府两院"(政府和检察院、法院)的工作负有监督的责任,应当明确人大监督的职责权限和手段,规范监督程序。二是强化司法机关内部的监督制约机制,公、检、法机关之间要相互分工、各守其责,相互制约。检察机关应当履行好侦察监督、审判监督、刑事执行监督和职务犯罪预防监督的职能。人民法院应当作好行政诉讼的审判工作,制止行

政侵权行为,监督各级政府依法行政。三是让民意充分发挥监督作用。应建立健全民意表达机制,重视新闻媒体的传达作用;适当允许民间建立反腐败组织,来配合帮助党和政府的反腐败工作;实行政务公开,迫使政府官员对一切有问题的权力行为都作出充分的、负责任的说明和解释,谴责那些该受责备的行为,并且使一切滥用权力或贪污腐败行为暴露在公众和舆论的谴责和压力之下,最终接受法律的制裁。

(三)探寻行政伦理立法化

第一,行政伦理立法的提起。我国虽然有几千年的"引礼入律"的伦理法律化传统,但现代意义上的行政伦理立法却发轫于法治传统较为悠久、法制相对完备的西方国家。我国行政伦理的制度建设不足,在伦理立法方面更是存在不少缺失,立法之路困难重重、步履维艰。新形势下,我们的高层决策者已经认识到,用法律的形式推动行政伦理建设是推进"官德"建设最重要的杠杆。

第二,推进行政伦理立法。除了宪法、行政法和刑法典中的有关行政伦理规范的规定以外,还应加紧制定专门的行政道德法典以及法律实施细则。行政伦理立法的内容应涉及公务活动的各个方面,主要应包括从事公务活动必须遵守的道德行为规范,确定管理廉政事务的机构及其职责权限,建立监督行政伦理规范执行的专门机构,对于违反行政伦理规范的公务员予以严肃惩处。

综上所述,法家强调法治,法具有强制性,儒家重视道德,道德强调自觉性;法具有客观性,道德具有主观性;法是一种实然的关系,道德是一种应然的关系。在反腐倡廉工作中,面对面大度深、积重难返的腐败问题,唯有综合利用"法治"和"德治",也就是把他律和自律结合起来,把客观性和主观性结合起来,把强制性和自觉性结合起来,把实然关系和应然关系结合起来,才能够有效地减少和防范腐败犯罪的发生,建立一个和谐社会。

【参考文献】

[1] 宋文冉. 当前我国集体腐败问题及对策研究[D]. 长沙:湖南师范大学,2010.

[2] 李金峰. 论我国腐败问题及反腐败制度机制之完善[D]. 北京:对外经济贸易大学,2007.

[3] 李扣红. 边缘腐败问题初探[D]. 苏州:苏州大学,2006.

[4] 武建国. 我国行政监察机关反腐廉政建设研究[D]. 秦皇岛:燕山大学,

2009.

[5] 王春瑜. 中国反贪史[M]. 成都：四川人民出版社，2000.

[6] 刘晓燕. 论我国古代的廉政措施[J]. 吕梁教育学院学报（社会科学版），2005(8).

[7] 唐环. 善治——遏制政治腐败的制度创新[J]. 天府新论，2010（5）.

[8] 闫慧. 试论儒家思想与吏治清廉的关系[J]. 廊坊师范学院学报（社会科学版），2007(10).

产业发展

促进中小企业发展的对策探讨

尚政涛[①]

摘　要：中小企业对吸纳社会剩余劳动力、提高经济活力、增加基层政府财力都有重要的帮助。进入新世纪以后，我国的中小企业发展环境得到改善，但还存在一些问题和障碍，企业生存压力大，竞争太激烈，融资难度大，个别地区出现了中小企业倒闭潮。认真分析这些问题，学习借鉴发达国家的先进经验，在法律、金融、培训等方面助力中小企业，使其更好地发展，对于提升我国经济发展质量和水平是有重要的意义。

关键词：中小企业　经济结构　发展对策

现代世界经济发展实践表明，中小企业的存在是经济发展的存在要求和必然结果，是保证正常合理的价格形成、维护市场竞争活力、确保经济运行稳定和保障充分就业的前提条件。无论是发达的欧美国家还是发展势态良好的发展中国家，中小企业都是国民经济发展的支柱，支持中小企业发展可以为国民经济持续稳定增长奠定坚实的基础。笔者曾有机会在美国华盛顿参加了三个月的培训，专题研究了中小企业发展问题，通过研究政策和到美国联邦中小企业署（SBA）参观考察，实地了解到美国支持中小企业发展的机构和政策，深刻感受到中小企业在促进经济充满活力方面起到的巨大作用。

一、中小企业在经济发展中的重要意义

世界各国都十分重视中小企业的发展，把其作为经济发展和社会稳定的重要因素。以美国为例，当前全美有2 500多万家中小企业，它们与上千家大型公司一起，互相协调发展促进，形成了大、中、小结构合理并柔性互补的经济

---

① 尚政涛（1977—　），男，山东莱芜人，中国海洋大学2012级公共管理专业研究生。

体,大大提升了美国的国际竞争力和经济发展活力。

第一,活跃国民经济,满足社会不同需求。社会需求的多层次决定了商品供应市场的多层次,中小企业经营灵活,运行成本低廉,对市场反应速度快、分布广泛,可以及时研制满足市场需求的不同层次产品,填补许多大企业不愿意涉足的日常生活服务领域,活跃市场经济,满足人民各种需求。

第二,增加就业机会,稳定社会发展基础。中小企业的重要特点是面广量大、投资少、开业快,对劳动者技能要求低,且大部分从事劳动密集型产业,能创造更多的就业机会。在美国,平均每10个人就有一个中小企业,美国每年新增就业机会中大约2/3由中小企业创造,美国就业人口的52%在中小企业工作。而我国,2009年,中小企业吸纳就业量达到74%,在工业领域更是占83%,可以说解决了社会大部分人的就业问题。在就业压力日益沉重的今天,中小企业的作用日益凸显。

第三,发展乡村经济,增加地方财政收入。中小企业规模小、门槛低,便于在农村等欠发达地区设立和发展。1978年以来,我国从农村转移出2.3亿劳动力,主要都是由中小企业吸纳的,这不仅有利于社会稳定,而且推动了农村经济发展,促进了农村的城镇化进程。中小企业还是地方政府的重要财政来源。目前,我国地方政府80%的财政收入来源于中小企业。事实证明,中小企业发展好的地方,农民负担就比较轻,地方财政收入有保障,社会关系也比较稳定。

第四,推动技术创新,促进科技进步。相对于大企业强大而稳重的发展方式,中小企业经营灵活、运转高效,有利于把科学技术转化为现实生产力,促进企业做强做大的愿望非常强烈,中间环节也较大企业少很多,可以通过发明创造实现企业的迅速发展。整个20世纪,全世界60%的主要发明如复印机、青霉素、直升机、圆珠笔等都由中小企业完成;美国从20世纪80年代至今70%的创新由中小企业完成,而在我国66%的专利发明、74%的技术创新都由中小企业完成,中小企业已成为科技创新的生力军。

第五,活跃国际市场,促进进出口。欧美发达国家和经济活跃的新兴经济体,中小企业都是进出口的重要力量。日本在20世纪五六十年代的经济腾飞期,中小企业的出口占比达到40%~60%,对日本成为贸易大国奠定了基础。在美国,从事进出口的主体有96%是中小企业,出口额占全部出口额的60%。而在我国,中小企业出口额也占每年出口总量的70%左右,是我国国际贸易的重要力量。

二、当前我国中小企业的现状

当前我国中小企业分布在国民经济各个领域,担负着经济增长的重要任务,日益成为经济发展的重要动力。目前,全国有1 023万家中小企业,占企业总数的99%,对GDP的贡献超过60%,对税收的贡献超过50%,创造了80%左右的城镇就业岗位。但近几年,受国际金融危机等因素影响,中小企业的发展面临着严重的困难。

第一,生存压力较大,市场竞争激烈。中小企业规模小、资金少、实力弱,抵御市场风险的能力不强;中小企业自主创新能力弱,缺乏自己的品牌,缺乏新产品开发能力,只能生产与居民生活需求相关的成熟产品,或者直接为大企业生产配套产品。这一"天生缺陷",使得多数中小企业只能被动地适应市场,一旦市场出现变化,这些企业就会面临被淘汰的风险。由于入场门槛低,每个领域都拥入大量中小企业开展竞争,使低层面竞争异常激烈。而近几年随着能源在内的原材料价格持续高涨、人民币汇率走高、国内劳动力成本上升,中小企业生产成本大幅提高,挤压了企业的利润空间,造成大批中小企业亏损,生存困难。目前,我国中小企业的平均寿命只有2.7岁,很多企业开业不久就关门停业,特别是今年以来,随着我国货币政策的调整,江浙一带中小企业面临着巨大的生存压力。

第二,市场环境不公,行业限制较多。公开透明的市场环境是中小企业发展的必要条件,由于自身条件的限制,对中小企业不仅不能限制其发展的领域,反而还要为其发展提供必要的扶持。以美国为例,美国法律明确规定,政府采购合同的23%要留给中小企业,在一些方面甚至可以对中小企业降低要求,帮助中小企业拿到订单,获得发展的机会。但在我国,各级政府出台了促进中小企业发展的规定,但大多没有以明确的实施办法予以落实。在一些利润率较高的行业,如石油、电力、煤炭、通信等领域,还设置了相当多的条件和高门槛,将中小企业排除在外,使这些利润较大的领域里国有大中型企业一家独大,占据了垄断地位,中小企业无法从中分到一杯羹。

第三,贷款难度较大,融资渠道不畅。由于缺乏健全的支持中小企业发展的财政和货币政策体系,加之金融市场发育不充分、融资渠道单一以及中小企业自身的弱点,目前,中小企业融资难问题十分突出。2008年金融危机后,中央出台了适度宽松的货币政策和一系列金融改革措施,降低了利息率和贷款准备金率,并针对中小企业融资难问题,改革银行信贷制度,改善金融服务质量，但一直未见改观。2010 年以来，为应对国内日益严重的通货膨胀，央行实行适度从紧的货币政策，连续上调存款准备金率和利率，冻结了大量流动资金，使中小企业贷款更加困难，一些中小企业较发达的地区如温州等地的企业面临资金链断裂的困境。为了应对融资难题，一些中小企业不得不求助于民间借贷，但这动辄 50% 甚至更高的年利率的融资不仅风险极大，更会严重影响社会金融稳定。

第四，扶持力度不够，企业负担较重。由于历史和现实的原因，我国的企业特别是中小企业税负一直较重。根据统计，仅 2012 年，我国的中小企业缴纳流转税 15 003 亿元，在流转税中所占比重达到 86%；缴纳企业所得税 4 952 亿元，所占比重为 76%。此外，各种行政事业性收费层出不穷。据统计，当前全国范围内中小企业比较普遍的较重负担有 17 项，包括中介服务费、评比费、报刊征订费、行政许可费、强制性服务费等各种各样收费，有的负担还相当重，比如一份环评报告就可以高达 12 万元，过滥的收费项目严重妨碍了中小企业的发展。

三、促进中小企业发展的意见和建议

在促进中小企业发展方面，可以借鉴欧美发达国家的经验，通过一些切实可行的措施，对中小企业"扶上马，送一程"。借鉴美国的经验以及目前我国的实际情况，可以从五个方面着手。

第一，法律政策支持，打牢发展基石。法律支持是中小企业健康成长的制度保证。美国在 19 世纪末开始建立完善相关法律，1953 年通过的《中小企业法》(middle and small enterprise law) 和《中小企业融资法》等法律共同奠定了保护中小企业发展的基础，此后又通过了《贷款机会均等法》(Equal Credit Opportunity Act) 等八部相关法律，对扶持中小企业的整个程序进行了细化和完善。中国 2003 年开始实施《中小企业促进法》(Law on Promotion of Small and Medium-sized Enterprises)，规定了政府对中小企业的资金支持、创业扶持、社会服务等内容，但由于缺乏相应的配套制度，该法还未得到很好落实，今后应当通过细化扶持细则，落实相关政策，帮扶中小企业发展。

第二，服务机构支持，提供对口服务。在美国，白宫、参议两院分别设有中小企业委员会，专门负责扶持中小企业工作；1953 年设立了专门的联邦机构——美国中小企业署(SBA)，该署在全国设有 90 个区域办公室，遍布全国 50 个州，专门负责中小企业发展事宜。此外，州一级政府对中小企业发展起着十分重要的作用。以笔者培训所在的马里兰州为例,其专门负责中小企业发展的经济与商务发展厅有130多名雇员,是政府中人数最多、职能最广的部门之一,可以为中小企业投资者提供登记、融资、咨询、培训等全面服务,对促进马里兰州中小企业的发展壮大起到了积极的作用。在我国,截至2012年底,全国有29个省份设立了中小企业服务机构,很好地起到了帮扶中小企业发展的作用,但由于缺乏统一协调,这些机构还未充分发挥出应有的作用。今后,国家应当尽早成立促进中小企业发展的专门部门,负责协调统一全国范围的中小企业促进工作。

第三,融资渠道支持,破解贷款难题。美国中小企业署主要通过担保、加强信用等措施鼓励金融机构向中小企业发放贷款或直接提供风险投资。成立50多年来,SBA直接或间接援助了全国近2 000万家中小企业的发展壮大,成为美国最大的金融支柱之一,也是美国政府中最有效率的部门之一。在我国,2003年由中央财政设立了中小企业服务体系专项补助资金,至今已累计安排300多亿元支持各类服务机构开展培训、创业辅导、管理咨询和信用服务等项目,但这些资金还远难满足实际的市场需求。今后,要根据我国国情多管齐下,一是拓宽中小企业直接融资渠道,加快中小企业资本市场建设;二是加快针对中小企业的小额贷款公司、村镇银行的建设,鼓励中小银行在县域及村镇设立分支机构;三是规范民间融资,保证金融市场的安全稳定;四是推进大型银行建立中小企业金融服务专营机构,对中小企业金融业务实行专业化管理,提高服务质量。

第四,税收负担支持,企业轻装上阵。税收优惠是对中小企业最直接的支持方式。在美国,主要的支持方式有降低企业所得税率、特别科技税收优惠、企业研发经费增长额税收抵免和个人所得税下调等。1981年和1986年,美国两次实施高新技术研发经费抵免税收法案,相当于增加14亿美元投资,至少可创办2 800家中小型企业和大型高新技术企业。我国近年来逐步减少中小企业的负担,在2008年在全国范围内取消和停止征收100项行政事业性收费,每年可减轻企业和社会的负担190亿元,这些都为发展中小企业起到了积极的作用。今后,要继续减轻企业负担,一方面要防止收费反弹,一方面要继续破除损害更大的企业隐性负担如各类"公关费用",真正为中小企业"松绑",使他们轻装上阵,迅速发展。

第五,教育培训支持,提供智力保障。人力资源的贫乏是制约中小企业发展的重要因素之一,中小企业从业人员整体素质普遍有待提升,而这些企业一般也缺乏人才培训机构和人才战略规划。在美国,中小企业署设有专门的办事机构,向有意创办企业的人士在教育培训、信息咨询、技术指导等方面提供面对面咨询和网上咨询,同时开设价格低廉而又有针对性的培训班,可以向全美1 580个地区的新兴与成熟中小企业主提供各类服务,帮助企业快速成长,同时避免走一些不必要的弯路。目前,我国已启动"国家中小企业银河培训工程",在全国范围内对中小企业主进行有计划培训,并逐步建立起与高等院校、科研机构和中介服务机构共建的中小企业学院和职业经理人培训体系,但目前项目进展较慢,还没有起到应起的作用,今后要探索完善这一项目的培训内容和形式,使其发挥更大的作用。任何企业都有由小做大的过程,今日的众多小企业中,可能就有明天的微软、谷歌、IBM等跨国公司。找准问题,理清思路,为中小企业的切实发展提供有益的帮助,可以为中国的经济腾飞增添持续不断的动力。

【参考文献】

[1] 李小萍. 美国支持中小企业发展的特点及启示[J]. 企业标准化,2009(4).

[2] 马玉锐. 中小企业在我国转轨经济中的地位与作用[J]. 国际商务研究,2013(4).

[3] 陈乃醒. 中国中小企业发展与预测[M]. 北京:中国财政经济出版社,2005.

[4] 黎炳成. 农村劳动力过剩的原因及对策探讨[J]. 中共四川省委省级机关党校学报,2009(01).

[5] 李子彬. 充分认识中小企业的地位和作用[J]. 求是,2009(8).

[6] 罗仲伟. 加快我国中小企业发展的政策思路[J]. 中国社科院学报,2005(4).

进一步提升高速公路经济社会效益的策略研究

李 翔[①]

摘 要：高速公路建设对于经济社会的发展具有巨大的促进作用，也是衡量一个国家和地区经济社会发展的重要标志。随着我国经济社会的发展，对高速公路的建设管理提出了更高的要求，以便为使用者提供更加安全、舒适、快捷、高效的服务。本文对高速公路所具有的经济社会效益进行了研究，并提出了提高高速公路经济社会效益的措施。

关键词：高速公路　经济效益　社会效益

高速公路作为一种以收费还贷的服务性行业前期投资巨大，如何有效的管理，实现资源的优化配置、提高高速公路的经济和社会效益成为当前高速公路部门的重要课题，因此加强对高速公路的经济社会效益研究具有重要的理论和现实意义。

一、高速公路所具有的经济社会效益

高速公路所带来的时空压缩、交通运输便捷已深入人心，它对区域产业结构优化、经济社会发展的贡献也逐渐被重视。自国内第一条条高速公路建成通车以来，高速公路已在我国经历了20多年的发展历程，建设里程年年攀升，高速公路路网逐渐形成。随着我国社会主义市场经济的不断进步，交通运输在国民经济发展中的作用越来越大，地位也变得越来越高，尤其是交通运输主动脉的高速公路在发展社会经济方面起到了越来越重要的作用。高速公路的迅速发展为国民生活水平的提起到了保障作用，也为社会带来了诸多经济效益。

[①] 李翔（1982—　），男，山东高密人，中国海洋大学2012级公共管理专业研究生。

(一）高速公路的建设管理增加了就业机会，带动了国土资源开发

高速公路的建设需要大量的钢筋、水泥、沥青、混凝土等原材料，缓解了这些行业的产能过剩问题，并有效推动建筑行业和机械行业技术水平和管理水平的提高。而高速公路建设本身也需要大量施工人员，运营需要大量养护管理人员，增加了就业岗位，同时为高速公路配套产业提供了发展空间，有利于高速公路周边行业的发展，间接带动就业岗位的增加。此外，物流快递、电子商务等的发展也大大受益与高速公路的发展，创造的就业岗位更是难以计数。根据国内外近年来的发展经验，一条高速公路建成后十年内，就会形成一条较为明显的高速公路经济隆起带，周边土地尤其是互通式立体交叉点的土地资源利用率得到大大提高。例如，我国的京津唐高速公路从天津到塘沽的高速公路11个出入口附近就分布了北京经济技术开发区、河北廊坊经济技术开发区等众多经济技术开发区，促使周边土地升值几十倍甚至上百倍。

（二）高速公路的发展提高了运输效率，推动产业聚集和结构调整

高速公路作为一种高等级公路，消除了与区域内交通的混合，降低了区域内的交通拥堵和交通事故，降低了行驶费用，缩短了运输时间，提高了运输效率，便于企业原材料和能源的输入以及制成品的输出，加速了产品和资金的周转，提高了企业产品的竞争力。从珠三角、长三角以及环渤海地区的乡镇企业分布可以看出，企业多聚拢在公路周围。高速公路的发展除了能够促使企业向其周边聚拢的之外，也带来了大量的人流和商品流，为高速公路沿线发展成商品集贸中心提供了便利条件，促进当地商业和旅游业等第三产业向纵深拓展，提高了其综合服务水平。同时，它还扩大了商品的市场范围，例如，寿光蔬菜就可以在冬季及时送达济南、青岛，甚至是天津、北京、上海，丰富他们的菜篮子。

（三）实现了区域的有效沟通，促进城乡平衡发展

我国各区域城乡之间发展还很不平衡，落后区域的发展除了观念、资金、技术、资源之外，交通是另一条严重制约其发展的条件。高速公路能够有效缩短区域间的时空距离，扩大区域间的经济社会交流，为发达地区向落后地区辐射创造了条件，有利于区域间的协调发展。尤其是中西部，便捷的交通运输网络是城镇体系发展的基础，是城镇体系布局考虑的重要因素。从成都、西安等地的高速公路发展来看，高速公路不仅缩小了城乡之间的额差距，使得原来封闭落后的地区向着商品化现代化的方向发展，提高了当地的文明程度，而且带

动了原有城市的扩展和新的城镇群体的出现,城镇与高速公路之间呈现出互为依托,相互促进的一种紧密关系。

(四)提高了综合运输效能,有力地保障了国家后勤安全

现代交通运输业包括铁路、公路、水运、航空和管道五种方式,每种都有自己的优缺点,各种交通运输方式之间既有竞争也有互补,通过互补实现现有交通系统效能的最大化。高速公路能够使现有饱和的一般公路、铁路、水路等拥挤状态降低甚至消除,大幅提高交通运输效能。不同交通体系之间有序竞争能够促进各自不断地提高服务水平,近年来铁路不断提速、民航不断降价并且服务水平不断提高正是这种良性竞争的结果。另外,密集的现代化交通运输系统大大提高了军队的快速反应和军需供给能力,部分高速公路在战时还可以作为飞机跑道使用,对于国家安全具有重要意义。

二、提升高速公路经济效益和社会效益的几点思考

高速公路作为收费还贷的新型服务行业,它的任务是发展经济、取得效益、保持较高的经济回报率。因此,确保高速公路的畅通、安全、舒适、快捷,为广大驾乘人员提供优质服务,从而获得最大的经济与社会效益,是高速公路营运管理的目标。要实现这个目标,必须充分挖掘高速公路的"高速"潜能,坚持以人为本,加强高速公路营运管理工作力度,增强整体效率,挖掘经济增长点。下面将对于具体提高经济效益与社会效益的方法进行浅析。

(一)推进智能交通,提高通行效率

智能交通是当前高速公路的重要发展方向,并在具体实践中得到良好应用,其中日本以及欧美发达国家正逐步推广,我国很多城市也进行了试点,并积极向这个方向靠拢。所谓智能交通是指在现有的交通设施条件下,将电子传感技术、电子控制技术、通信技术、信息技术以及计算机处理技术和系统进行有效集成并应用于整个运输系统,以增强交通系统的安全性、提高运输效率、降低能源消耗和环境污染,进而能够在大范围内建立起实时、准确、高效的综合运输管理系统,有效减少工作人员数量,降低人为操作可能出现的错误。当用户通过收费站时,可以智能化地完成收费、检测、放行等一切步骤,提高通行效率。在实际操作中,要始终按照相关标准,坚持统一规划、结算、发卡和撤销相关的收费站。当前山东省推行的电子不停车收费系统 ETC 已经覆盖了 60% 收费站以上,高速公路的运营管理能力和公众出行的服务水平得到显著

提升。相信随着智能交通系统的进一步推广以及各区域间的互联互通,高速公路的经济效益和社会效益会得到进一步的提高。

(二)加强养护管理,提升服务质量

高速公路的主要使用对象是人民,作为一项直接面向人民的社会服务,首先应当满足广大人民群众出行的安全、舒适、便捷、高效的要求,而这一切都以良好的道路情况为基础,因此高速公路管理部门必须加强对高速公路的养护管理。首先,高速公路管理部门和企业应当定期对道路进行科学养护,针对路面出现的破损情况进行及时维修和养护管理。其次,对于损坏的道路安全设施要及时进行更换、修补和清洗,杜绝因为道路质量问题引起的安全隐患,降低高速公路事故的发生率。在有效养护道路的基础上,要对高速公路提供的产品和服务进一步升级换代,例如,要加强对道路的监控,降低道路和公共设施的损坏率、延长道路及其配套设施的使用寿命;另外,还可以提供丰富的道路信息服务,提高人民群众出行的便捷性和高效性。提高高速公路服务质量首先要树立起为人民服务的意识,并根据高速公路服务总则的要求,将各项工作要求进行细化和标准化,并在具体的操作中进行严格实施。对于基层的收费站人员来说就是要让群众对其服务满意,创建文明窗口,这些自然这离不开从基本礼貌用语到语态等每一个细节的严格培训和考核,以使工作人员为人民服务的观念从思想上落实到行动中去。

(三)拓展产业链条,提高运营效益

每一条高速公路都是一条经济隆起带,其中蕴含着无限的商机,但由于高速公路封闭的建设管理模式,决定了其产业链条的简单性,但只要努力发掘,总能为高速公路的经营提供一些新的增长点。当前主要有三种模式,即高速公路服务区的经营管理、广告、与沿线区域的互动。我们可以看到,一些高速公路服务区存在着收费高、服务差的现象,多数群众对当前高速公路服务区提供的餐饮、住宿、加油和汽车维修等各项服务不是非常满意,因此我们必须在服务区引入竞争模式,提升服务意识,同意服务区管理规章制度运行,拓宽服务职能,增设网络通信服务、医疗服务、娱乐服务等,切实满足人民群众的服务需求,降低服务价格,提升服务质量,增强人群在高速公路服务区进行消费的意愿。其次,要合理经营高速公路两侧的广告位,发挥其封闭空间的商业沟通性能,从高速公路建设开始就在允许的范围内宣传布置广告位,吸进资金的投入,但在经营过程中应本着安全、美观实用的原则进行,实现经济效益和社会

效益的融合发展。再次,我们还要充分发挥高速公路的交流功能,加强与沿线区域的互动,让高速公路成为地方经济文化展示的窗口,强化沿线区域经济市场的一体化,带动当地工业、农业、旅游业的发展。

(四)完善制度建设,精简管理机构

随着市场经济的发展,我国高速公路建设发展取得了巨大进步,但与发达国家相比,我国在高速公路的管理方面仍然存在着巨大的差距,各项管理制度还不完善,管理机构繁多而复杂、效率低下。一套科学而规范的规章制度能够有效保证高速公路组织机构的科学性、严密性和权威性,并使得组织运营管理充满活力,保障各项各项工作的顺利开展,实现经济和社会效益的最大化。当前我国已经颁布《高速公路管理条例》《高速公路安全条例》《高速公路收费条例》等,这些制度的实施能够使高速公路的管理更加有效。作为高速公路管理单位和部门可以根据自身的具体情况制定相应的管理制度办法和条例,从而使高速公路管理的各项工作能够有序开展、有章可循。高速公路管理机构的繁多则是受到其投资主体多元化的影响,缺乏统一有效的行业管理,致使机构、岗位重复设置、设备重复购置,造成极大浪费,严重降低了高速公路营运效益。面对这一情况,必须统一省内的营运管理机构,统一行业管理标准,对于能够合并的机构一律合并,可要可不要的机构设置一律不要,能兼职的岗位一律兼职,严格压缩机构、岗位数量,降低营运管理成本的投入;还要积极引入市场化竞争,采用招投标的形式来盘活固定资产,提高设备的利用率。

科技日新月异,经济高度市场化,为高速公路的经济效益和社会效益的提高提供了更大的想象空间。只要能够制定切实可行的养护管理方案,准确把握用户的需求,利用新科技和市场经济思想巩固、完善、强化、升级原有服务,就能够有效地推动我国高速公路管理行业经济效益和社会效益的同步增长。

【参考文献】

[1] 王广振,孙晋峰,冯莉.高速公路经济和社会效益分析[J].中国新技术新产品,2010(02).

[2] 王建芳.新时期高速公路经济网络模式浅析[J].科技致富向导,2011(17).

[3] 宋广春.探析新时代下高速公路经济的网络模式[J].现代商业,2012(17).

[4] 赵磊.高速公路管理缺陷分析与相应对策探讨[J].公路交通科技(应用

技术版).2011(03).

[5] 杨明,齐远.高速公路社会经济效益评价模型研究[J].公路与汽运,2011(02).

[6] 李秀平.收费公路通行费费率调整机制及ETC技术采用探析[J].电子测试,2013(11).

[7] 朱贤.关于加强高速公路服务区建设与管理的思考[J].南方经济,2005(08).

[8] 沈航,田小勇.交通运输对区域经济增长影响的实证研究[J].武汉理工大学学报(交通科学与工程版),2012(04).

崂山茶产业的发展现状与前景展望

——以青岛市王哥庄街道为例

王丽莎[①]

摘　要：崂山茶是崂山区"南茶北引"成功的产物，它的持续发展不但为广大茶农提高收入提供了切实有效的途径，同时也给当地快速推进整个都市农业的标准化、产业化提供了着力点和突破口。本文以青岛市王哥庄街道为切入点，首先简要回顾了崂山茶种植的历史与现状，并分析了崂山茶在种植过程中存在的主要问题，进而提出了若干条优化崂山茶产业发展的对策建议。

关键词：南茶北引　崂山茶　产业发展

自"南茶北引"成功以来，崂山茶经过多年的发展，成品茶在青岛市中高档茶叶市场上已经占有很大比例。崂山茶的持续发展不但为广大茶农提高收入提供了切实有效的途径，同时也为快速推进整个都市农业的标准化、产业化提供了着力点和突破口。以崂山区北部的王哥庄街道为例，它地处黄海之滨，属温带海洋性季风气候，冬无严寒，夏无酷暑，水质优良，土壤肥沃，土壤呈微酸性，是北方少有的茶树生长适宜区。目前王哥庄街道茶园面积已发展到12 000亩，其中成年茶园9 200余亩，占全区茶园面积的80%左右，因此被誉为"江北名茶之乡"。

崂山茶的具体特点决定了它的"高档精品"特色，从王哥庄街道人多地少的现状出发，如何立足实际提高对发展崂山茶的再认识，使之在内涵和外延上同时扩充和提高，通过发挥优势、凸显特色，对推动王哥庄街道以优质产品丰富区域形象、以区域形象带动产业发展的良性循环，从而以提高种茶土地的单

---

① 王丽莎（1986—　），女，山东青岛人，中国海洋大学2012级公共管理专业研究生。

位面积产出效益、较好地解决收入和就业问题为开端,进而对其他农业产业的发展发挥积极的拉动和借鉴作用,无疑具有重要而深远的意义。

一、崂山茶的历史和现状

(一)历史沿革

崂山原本没有茶,真正的崂山茶是我区"南茶北引"成功的产物。"南茶北引"从1958年开始,经历了三次种源地改变、两次种植方式改革,最终以安徽楮叶群体种的成活宣告了崂山产茶的开始。因为崂山处于北纬36度线上,崂山茶的栽植成功,结束了"北纬30度以北没有茶树"的历史。

(二)基本情况

1996年前,王哥庄街道崂山茶的种植区域仅限于青山、晓望等村,但在1996—1998年的3年间,王哥庄街道崂山茶发展势头迅猛,从开始的几十亩茶叶发展到5 000亩,直到现在王哥庄街道崂山茶种植规模已达到9 774亩,其中成年茶园5 617亩,幼年茶园4 157亩,年产量308吨,34个社区都有农户从事茶叶种植;年加工能力达20吨以上的有6家;茶树品种主要有安徽楮叶群体种、龙井43、福鼎大白毫、九坑四类,其中楮叶群体种占总面积的87%;在质量等级认证方面,有农业部无公害茶叶专业认证1个,农业部绿色食品认证1个;在质量管理体系方面,有ISO质量体系认证1个;青岛市评选出的绿茶"十大三名"中,有2家崂山茶企业同时获得"名茶、名企、名人"三项称号。

(三)优势与不足

同南方茶叶相比,崂山茶的优势在于造就独特品质的自然条件,不足在于成本高、用地难、面积小、产量少。崂山多石,地表大多为微酸性沙壤土,土质疏松,土中微生物多,有机质丰富,因此有机质的合成与积累多,尤其是与茶叶品质密切相关的氨基酸、茶多酚、儿茶素、咖啡碱等有效成分含量高、酶活性强。然而,现有的茶园不断受到城区扩展的威胁,发展新的茶园也有较大难度。此外,王哥庄街道的种植面积小,现有茶园近1万亩,一般来说,也就是南方产茶大县种茶面积的1/6左右,如全国15个产茶大县之一的浙江新昌一个县就在8万亩上下。最后,茶叶产量较少。王哥庄街道管理最好的茶园,在扣棚条件下年产量也仅为110斤干茶,而南方茶园按照崂山茶的采法,一般情况下干茶年产量近700斤。

二、崂山茶产业发展过程中存在的问题

(一)生产分散

由于茶园分布零散、面积大小不一、技术水平不等、生产观念各异以及龙头企业对签约茶户的信誉度、控制力不尽相同等诸多原因,使之在具体的生产操作上难以统一要求,而鲜叶质量参差不齐,则给产业化的加工、销售造成了一定的困难。

(二)茶树品种需要改良

因为起初"南茶北引"的首要目标是引种成功,所以选种上着重考虑的是引种地和崂山地理气候的接近、品种在崂山的适应性等问题。最早引种成功、目前在全区茶园面积中占绝对比例的安徽楮叶群体种虽然适应性强,但最大的缺点是不适合做高档茶。现在虽然茶农也引进了龙井43、福鼎大白毫、九坑等优良品种,但因时间较短、见效不大。

(三)茶园管理水平低

虽然崂山茶种植面积逐年扩大,茶厂数量也不断增多,但在茶园管理上却普遍存在重产量、轻质量的倾向:一是对茶树的各项生理特性、管理要点了解不深入、知识不全面,常规管理上不去;二是一味追求全年产量,茶园扣棚逐渐增多,导致茶树抗霜冻能力和茶叶品质都有所下降;三是在具体的茶园施肥、采摘等诸多环节上缺乏严格要求,有的甚至对打药周期都不太注意,使茶叶在鲜叶环节上的质量就不大过关;四是故意轻视管理,很少数经营者因为不是承包土地自己栽种茶树而是直接承包茶园,加上经营前景不明、签约的承包周期又短,往往不能确定下一次还能否继续承包,因此进行掠夺式管理,只重采不管养,短期内使所采鲜叶质量下降,长期则导致茶园退化。

(四)制茶技术急需提高

"十分茶叶七分炒",在鲜叶品质相近的前提下,炒茶技术的好坏就成为成品茶叶档次高低的关键,尤其是名优茶的制作上炒茶技术的好坏对茶叶品质的影响就更为明显。但从目前崂山茶行业整体的实际情况来看,普遍存在高档原料低档加工现象,造成这种现象的主要原因包括以下几方面。第一,各茶厂厂长中真正会炒茶并能经常练手的人连15%都不到。因为王哥庄街道茶叶企业的具体情况,厂长不是炒茶行家,对员工的水平就很难评价,炒出的干茶质量也就很难保证。第二,特性、温度、水分、形状、色泽等多种因素的差异决定了不同的鲜叶有不同的炒制手法。炒茶技术从根本上来讲是一种经验性的

积累,因此临时请来南方好茶手并不能将崂山茶鲜叶的特点在炒制中发挥到最好。

(五)加工销售混乱

不负责任的小茶厂和散户过多,造成了市场竞争等各个方面的混乱,主要表现在:质量上,许多小茶厂和散户除了销售不合格茶叶外,还用掺杂等办法生产假冒"崂山茶"拿到市场上销售,损害了崂山茶的整体形象;价格上,由于相互压价,加上一般消费者缺乏鉴别真假崂山茶的经验,结果使真正质量好的崂山茶难以保证合理的价位;经营上,由于这些散户和小茶厂的挤压,使恪守质量标准的正规茶厂承受了巨大的压力,经济效益上受到了不同程度的损失。长此以往,崂山茶的整体形象必将受到伤害,发展也必将遭遇困境。

(六)品牌的整体推介力度不足

这一点主要体现在:产品缺乏明确的界定和外在标识,使消费者难以识别;对有关企业获得的质量等级认证及其标识宣传不够,使得消费者对优质的品牌崂山茶难以有足够的了解;对崂山茶的真假和掺杂及因季节的不同、生产方式的差别等因素导致的质量差异没有进行必要的宣传介绍,使消费者对崂山茶的假劣和差异情况不知道或知道但无法辨别。

三、优化崂山茶产业发展的对策

(一)重视和保证茶园用地,将受保护地纳入全街道建设规划

崂山茶在经济、形象、环境三个方面都有区别于一般产业的特点和相对优势,在城市化的进程中也可以发挥相当积极的作用,主要体现在以下几方面。第一,茶园用地和一般农业用地征用成本不同,事先进行规划有利于降低在土地征用过程中的土地补偿成本,减少纠纷;避免农民的无序种茶和开发的有序征地之间的矛盾,相对减少提高土地征用成本的机会。第二,崂山茶的品质对土质有很高的依赖性,类似于下清宫之类的茶园土地,面积虽然不大,但具有不可再造的特性,一旦失去就很难再找到。第三,有利于保证茶园的管理质量。到规划的区域内进行生产,从业者和茶农对远景有信心,舍得投入,也相对精心。第四,崂山茶和一般产品不同,具有显著的地方特征。一方面,产品和产业的健康发展,除了品牌形象外直接有利于崂山区区域形象的丰富和提升;另一方面,崂山茶园兼有旅游观光功能,城市化改造并不排斥具有农业生态公园特征的休闲茶园点缀,过度密集的建筑反而会降低崂山区的环境竞争力,如果规划适当,既有利于保证茶业发展和农民收入与就业,也有利于城市建设。第五,成熟的崂山茶产业对环境来说,是没有破坏或污染的"无烟工业",也具有一定程度上的美化作用;从更广的视角看,崂山茶属于"新工业",随着社会和经济的不断发展,这一特征将会更为明显。因此,对茶园用地问题,王哥庄街道应适当调整用地观念和模式,在对全街道茶叶种植情况及适合种植优质茶叶的土地进行普查的基础上按重要性分级圈定受保护茶园,并把受保护茶园纳入全街道发展规划,从而在解决城区扩展与种茶的矛盾时,可以按重要程度的不同分别权衡解决;在规划上,不但要保证受保护茶园的用地需要,甚至在一定的范围内,还应该让某些效益一般的工业用地适宜地让步于茶园用地。

(二)强化政府的管理作用,制定科学有效的扶持政策

有效发挥崂山茶自然条件优势的关键,要立足实际,提高对崂山茶的再认识,理性地树立起以品质为核心的发展理念并发挥强有力的政府调控作用。调控作用的广度和力度需要以正确、有效的调控措施来保证,而措施则必须科学地量化为客观具体的标准和指标才能真正发挥期望的导向作用。因此,要以有利于挖掘崂山茶特有的内质属性和质量提高、体现高档精品形象为核心原则,尽快制定科学、完整、严格的崂山茶地方标准和长期性、宏观性的产业发展规划。

在政策的具体制定上,一是指导思想要从注重数量规模向注重质量效益转变;二是政策要体现入行机会放开和行业准入门槛抬高相结合的原则要求;三是要把崂山茶列为王哥庄街道重点发展的地方产业,给予必要的政策倾斜,并加大对产业整体和龙头企业的扶持力度;四是对龙头企业的选定要配套科学具体的衡量指标,以保证带动作用的切实、有效发挥;五是要以质量等级认证、专业性评比、签约茶农规模、优良品种、加工技术、创新能力六个方面作为基本内容,建立客观、科学、稳定、规范的百分制科学评价及管理扶持指标体系,使政策在具体操作上更加富于刚性;六是要实行崂山茶企业分级制度。按照质量和技术水平等级,将全街道崂山茶企业进行分级,不同级别的企业享受对应等级的扶持奖励待遇,差别要拉开;七是要创造良好的崂山茶企业生存和竞争、发展环境,促进崂山茶各企业间的有序竞争,保证发展上企业有压力、产业有动力、行业有活力。

(三)推行崂山茶名称使用许可制度

从保护、开发及运营崂山茶名称这一国有资源的角度出发,推行崂山茶名称使用许可制度,就等于扩充了崂山茶的资源容量,使得崂山茶实现了从单纯

的自然条件硬资源向自然条件和名称兼有的硬软复合型资源的转变,从而可以使崂山区在崂山茶产业链中始终居于上游地位,实现获得收益最大化,这同时也是加强对崂山茶资源和产业控制力的需要。名称所有权软资源的重要性将随着崂山茶产业升级的进度逐步提高,许可制度则是崂山区对崂山茶品牌这一软资源进行垄断开发、管理的直接体现,符合品牌数量统分结合的原则要求。

(四)正确处理好质量与规模的关系

鉴于崂山茶可耕地面积有限、生产成本高、产量低、销售压力大、消费群体能力有限等原因,崂山茶无论是做响品牌还是壮大规模,前提都必须是优良的内质。没有优质基础的规模只会是泡沫规模,品牌和形象无从谈起;没有优质基础的崂山茶产业只会是成长不健康的泡沫产业,不会有真正的市场竞争力和长远的发展前途;无质量基础的规模越大,泡沫也就越大,一旦泡沫破裂,其后遗症将不仅仅是经济问题。

从规模与品质的关系来看,规模是企业的事情,品质是行业的事情,管理上注重的应该是行业的整体质量、形象、效益和前途及总量规模而不是具体的某一企业的规模。因此,管理品质上,必须改变现有对崂山茶的管理和扶持奖励的观念、做法,从鼓励扩大规模转变为鼓励提高质量,促使生产者充分发掘崂山茶特有的内质属性,不断提高质量等级,从而切实保证崂山茶整体的质量和形象,保障整个产业的持续发展后劲;壮大规模上,基于崂山茶差别竞争的属性,只有让质量高、信誉好、市场竞争力强的企业在市场和竞争的考验中壮大规模,而不是人为地去催大规模,这才是真正适合崂山茶的规模增长之路。

【参考文献】

[1] 杨杰.崂山茶引种培育技术 [J].山西林业科技,2009(2).

[2] 牛玉芬,刘天真,殷梅.崂山茶文化产业发展对策研究 [J].青岛科技大学学报(社会科学版),2010(2).

[3] 李晓东.南茶北引茶叶品质变化的初步研究 [J].科技与生活,2010(4).

[4] 高秀艳.茶产业文化与茶产业竞争力分析——以崂山茶产业为例 [J].农业经济,2012(6).

[5] 李宝华.青岛崂山地区山茶资源调查报告 [J].防护林科技,2003(4).

推进青岛市城乡公交一体化发展的对策建议

王 潇[①]

摘 要:近年来,我国城市公共交通得到快速发展,技术装备水平不断提高,基础设施建设运营成绩显著,人民群众出行更加方便,但随着我国城镇化加速发展,城市交通发展面临新的挑战。城市公共交通具有集约高效、节能环保等优点,优先发展公共交通是缓解交通拥堵、转变城市交通发展方式、提升人民群众生活品质、提高政府基本公共服务水平的必然要求,是构建资源节约型、环境友好型社会的战略选择。2012年国务院出台了《关于城市优先发展公共交通的指导意见》,引起了社会各界的高度关注与广泛热议。2013年青岛市委工作要点和政府工作报告中明确指出,要推进全域公交统筹发展。本文就统筹理顺公交经营管理体制、加快推进城乡公交一体化问题进行了专题调研,提出对策建议。

关键词:城乡公交 一体化 规划

一、青岛市城乡公交客运现状及主要问题

2009年以前,青岛市公交主要覆盖范围是市内四区。2009年,青岛市对崂山、城阳、李村区域内运行的客运班线实施了公交化改造,实现了市内六区的公交覆盖。2011年,开通了8条由青岛主城区途经胶州湾隧道至黄岛区(含原胶南市)的公交线路,实现了七区公交全覆盖。

(一)城乡公交现状

目前,市内六区和四市主城区的公共交通以公交车运营为主,四市至市区

[①] 王潇(1986—),男,山东济南人,中国海洋大学2012级公共管理专业研究生。

及四市之间的公共交通主要由客运班线承担。

第一，市区。市内五区（市南、市北、李沧、崂山、城阳）：公交系统由公交集团、交运集团和青岛国际机场运输公司3家国有企业经营。截至2012年底，共有公交车辆4 519辆（其中公交集团3 795辆、交运集团691辆、机场公司33辆），公交线路226条（其中公交集团182条、交运集团41条、机场公司3条），线路总长度4 503.8千米，公交客运量占市民总出行量的30%以上。公交集团、交运集团享受市政府财政补贴，机场公司未纳入青岛市政策性亏损补贴范畴。黄岛区：原开发区公交巴士有限公司（民营企业）已由黄岛区政府收购，实现了客运班线的公交化改造，现有班线37条，公交车辆837辆，享受区政府财政补贴；原胶南市城区现有公交班线24条，公交车辆249辆。胶南主城区至乡镇仍以客运班线为主，共有班线22条，班车162辆。

第二，四市。主城区：四市城区范围内都形成了各自的公共交通系统，共有公交企业11家，全部为公车公营的经营体制。城区公交享受政府财政补贴。2012年，即墨市作为全省第一批城乡客运公交化试点市之一，对辖区内客运班线进行了公交化改造，客运班线全部退出市场，全市范围内实现公交全覆盖。农村地区：除即墨外，其他三市主城区至乡镇和乡镇之间仍以客运班线为主。截至目前，全市5 449个行政村全部实现了村村通客车，共有客运班线233条，客运班车859台，经营体制以个人承包、挂靠为主，自负盈亏，不享受政府补贴。

（二）存在的主要问题

1. 城区公交管理体制有待理顺

目前市内五区公交线路主要由公交公司和交运集团两家经营，形成了同区域同质竞争，造成公交资源不能有效整合。一是线路重叠现象突出。在人流密集、场站建设成熟的区域，两家公司竞相布置线路，如市政府车站就有20条公交线路。而在一些客流相对分散的地区，往往只有零星的几条线路，且发车间隔长、运营时间短。二是重复建设造成资源浪费。如两家公司在崂山仰口等公交车场重复配备后勤、管理、维修人员，造成公交资源的浪费。三是行业无法统筹管理。如由于服务标准和车容车貌不统一，全市公交GPS智能调度系统、车辆清洁机等都不能发挥最大效益，公交规划难以得到有效落实。

2. 公交客运线路难以满足区域发展需求

目前市区至四市间的客运线路基本为公车公营的经营体制，但是班次和时间还不能完全满足群众的出行需求。以平度为例，青岛发往平度的末班车时间为下午 6:00,给一些需要往返于两地的乘客带来不便,同时也对青岛的近郊游造成了一定影响。此外,高新区、蓝色硅谷核心区等新区的公交线路过少。例如,蓝色硅谷现仅有 617 一路公交车通往汽车东站,若乘客要到市区还需反复换乘,在一定程度上阻碍了新区人气的集聚和发展。

3. 农村地区公交覆盖率低,客运经营体制混乱

目前广大农村地区几乎没有公交车,而农村客运班线多数仍采取企业融资承包经营的方式,由客运企业通过各种方式向经营者融资购置车辆,办理营运手续后再将营运车辆向经营者发包,企业靠提取管理费生存,承包经营者自我经营、自负盈亏。车辆的经营权属于企业,驾驶员多数由承包车主担任或聘任,车辆产权不明晰,管理松散,企业的安全生产主体责任难以落实到位,服务质量、安全生产等问题比较突出。

二、部分地区推进城乡公交客运一体化的经验做法

2005 年国家首次提出实施公交优先战略,2012 年国务院下发《城市优先发展公共交通的指导意见》,进一步明确要以大力发展公共交通作为支撑城市发展加快城乡统筹的规划模式。近年来,各地在公交行业改革、统筹城乡公交发展方面的主要做法有:

第一,坚持相对区域和规模经营,优化市场经营格局。对同一区域经营的公交企业进行整合,提高市场集中度,实行相对区域经营。2004 年,武汉市将主城区 6 家公交企业整合为 1 家;2011 年,上海市将现有的 43 家公交企业整合为主城区浦东、浦西各 1 家,嘉定、松江等郊区"一区一骨干"的"2+7"模式,形成浦东、浦西、郊区 3 大相对区域经营格局;南京、大连、重庆等城市也已经或正在对现有多家公交企业进行整合。之所以出现这种整合趋势,主要是为了解决多家公交企业同区域竞争,在利益机制引导下造成公交线冷热不均、热门线路重复系数过高等问题。

第二,拓展公共交通覆盖范围,带动区域发展。公交的公益性和便捷性对区域发展的带动作用十分明显。以天津为例,2009 年天津滨海新区就实现了区内公交全覆盖。新区建设之初就超前研究公交线网优化方案,做到楼起车通,公交及时跟进重点工程和新建小区。同时加强主城区向近郊客运的公交化改造,形成了以中心城区为轴心,辐射滨海新区所辖的开发区、保税区、空港物流加工区等功能区和行政区,互联互通的公交网络,切实方便了百姓出行,有效聚拢人气,为加快新区和近郊区市建设提供了有力的支撑。

第三,政府加大对城乡公交,尤其是农村公交发展的扶持。近年来,多地普遍加大对公交停车场、枢纽站点等基础设施建设和公交车更新等方面的投入,通过政府购买公共服务等形式加大对企业因承担社会福利性项目和完成政府指令性任务以及票价倒挂、油价上涨等政策性亏损的补贴力度。在此基础上,开始将公共交通纳入公共财政预算体系,建立健全扶持公交行业健康发展的长效机制,如杭州市确定将每年土地出让金的2.5%用于支持城乡公交事业发展。2010年,大连市政府出资完成了22条乡镇客运班线的公交化改造,并将农村公交补贴补助纳入公共财政,建立了城乡公交财政发展专项资金。

第四,坚持国有主导,形成保障公益性要求的产权结构。政府对公交企业非国有经济成分进行回购,逐步实现骨干企业国有控股,使国有资本在公交投资、建设和营运管理中占主导和支撑地位以保障公交公益性的实现。自2005年开始,上海、北京、杭州、南京、武汉、大连等各城市纷纷由政府财政对原公交企业中外资、社会资金进行了回购;同时收回由个人承包的乡镇的客运班线,进行公交化改造,形成了公交行业国有经济的主导地位。

三、城乡公交一体化发展的建议

(一)理顺城市公交运营体制

参考外地成功经验,可采取以下方案。方案一:依托公交或交运集团,将市区现有公交企业纳入1家运营主体,在此基础上,根据经营区域、场站分布等因素下设3~5家具有法人资质、独立核算、自负盈亏的运营公司。四市一区(黄岛区)的公交企业由当地政府根据实际情况进行统筹。方案二:将全市所有公交企业(含四市一区)整合后,按照运营地域相对集中的原则,重新划分为2家资源相对均衡的独立法人公交企业。市内五区组建A公司,四市一区组建B公司,逐步取消青岛市区至各区市的线路班车,构建城乡一体化的大公交格局。

"方案一"的优点在于便于操作,短期内可见成效;缺点在于政府管理部门职责不清、职能交叉的现状仍未改变,与城乡公交一体化工作结合不够紧密等。"方案二"的优点是在全市范围内形成了两个分区域、独立经营的公司,既保障了区域内公交资源的合理分配,又可形成较为充分的竞争;缺点是调整幅度较大,涉及多个部门以及公交资源重组、企业资产划分、人员安置、两级财政体制等问题,操作难度大。

（二）加强全域公交互联互通

一是增加市区至四市间的客运班线。根据客流和季节适当延长班线运营时间、加开运营车次,在条件成熟的区市建设换乘枢纽,实现青岛主城区到四市城区的公交无缝衔接。二是促进"三城联动"。调整完善青岛市区、北岸城区和西海岸经济新区间跨区公交,增加跨区域公交快线,着重提升北岸、西岸城区公交覆盖率,实现环湾公交一体化,为"三城联动"提供有力保障。三是加强新区与重点组团间的公交互联。立足提升区域功能,加强高新区、蓝色硅谷等新区和重点组团的公交配套建设,推动域内单条线路公交化向区域整体客运线网的公交化升级。

（三）推进农村客运班线的公交化改造

一是规范农村客运管理经营体制。以新一轮道路客运班线经营权招投标为契机,在道路客运班线经营期限到期后,建立完善道路客运班线退出机制,彻底取消原有的融资承包经营体制,优化道路运输组织结构。在推进近郊公交一体化的过程中,可以按照"公交先覆盖、班线后退出"和"企业自愿"的原则,将原客运班车转换为客运出租汽车经营,实现平稳过渡。二是推进客运班线的公交化改造。在客运班线实现公车公营的基础上,按照城区、城乡、镇村三级公交有效衔接的模式,结合沿线群众出行需求,逐步开通城乡、镇村公交线路。对于客流不集中的农村偏远区域,通过政策补贴冷门线路的形式,开通服务偏远镇村的客运线路。

（四）统筹全域公交规划建设

一是加快统一编制公交全域规划,包括运营线路、公交场站、主枢纽站的建设,注重与其他公共交通线路统筹布局,力争实现公交与铁路、地铁、轮渡、机场等交通工具的无缝衔接。二是加强管理体制、运行机制、经营方式等软环境的一体化建设。按照"政府主导、行业引导、企业参与、属地管理、稳步推进"的原则高效推进,区市政府要按照全市总体规划,制定专项规划和具体实施方案并将公交投入纳入本级政府财政预算。通过优先发展公交和农村客运班线的公交化改造,逐步形成覆盖全市城乡的一体化公交网络,促进全域城市化进程。

（五）健全城乡公交一体化的政策扶持体系

落实城乡公交的财政扶持和税费减免、燃油(气)补贴、保险补贴、营收补贴等政策,并适当向农村地区倾斜。建立城市公交运营财务监控机制,掌握其经营成本和利润,合理确定相应的财政补贴政策和价格形成长效机制。在公平、合理、务实的基础上推行农村公交客运票价与城市公交统一化政策,执行(接近于)公交票价的价格水平;采用公交化票价结构,实施与公共汽车相同的特殊群体优惠政策等。对农村公交线路参照城区公交补贴政策,对新购公交车辆、特殊群体乘车、使用琴岛通卡优惠部分及经营性亏损,由市财政进行补贴。对城乡公交换乘站建设免征基础设施配套费,减半征收土地登记费、水土保持设施补偿费等费用。

【参考文献】

[1] 王瑾. 创新求实构建城乡公交一体化运作体系[J]. 交通企业管理, 2007(6).

[2] 潘艳辉,徐泽绵. 城乡公交一体化规划方法研究[J]. 交通科技, 2006(06).

[3] 潘国尧. 杭州加大公交投入、疏导拥堵[J]. 运输经理世界, 2010(8).

[4] 赵立彬. 推进城乡公交一体化、促进大连市全域城市化[N]. 大连日报, 2010-12-22.

[5] 张建旭,陶怀仁. 城乡客运一体化研究[J]. 重庆大学学报, 2012(5).